Nicolaus Georg

Das große Buch vom Käse

Grigio

Teubner Edition

Das große Buch vom

KÄSE

Das Buch für den vollkommenen Käsegenuß
Mit dem großen farbigen Bildlexikon

Idee und Konzept: Christian Teubner
Käse-Lexikon: Dr. Heinrich Mair-Waldburg
Küchenpraxis/Rezepte: Friedrich-Wilhelm Ehlert

INHALT

KÄSE

WIE WURDE DER KÄSE ERFUNDEN?

So weit die archäologischen Funde auch zurückreichen - darüber, wann und wie der erste Käse entstand, können nur Vermutungen angestellt werden. Fest steht jedenfalls, daß schon in vorgeschichtlicher Zeit Käse gegessen wurde. Und daß die Herstellung dieses von uns so geschätzten Nahrungsmittels, das uns heute in schier grenzenloser Vielfalt zur Verfügung steht, auf drei grundlegenden "Erfindungen" beruht, die schon vor vielen tausend Jahren gemacht wurden, doch bis auf den heutigen Tag unverändert gültig sind.

Marktszene aus dem Mittelalter. Dieser Holzschnitt aus "Hortus Sanitatis", im 15. Jahrhundert in Mainz erschienen, zeigt einen Käseverkäufer auf einem deutschen Markt.

Da ist zuerst die Gewinnung der Milch. Seit mehr als zehntausend Jahren benutzt sie der Mensch als Bestandteil seiner Nahrung, seit er auf die "Idee" kam, Tiere nicht nur zu jagen, sondern zu zähmen und für sich zu nutzen, sie zu melken, um ihre Milch zu trinken, und sie zu schlachten, wenn er Fleisch benötigte.

Noch viel älter ist die Kenntnis der Menschen über das Verhalten, die Eigenschaften der Milch. So haben sie möglicherweise Milch als Opfergabe für ihre Gottheiten aufgestellt und dann beobachtet, daß sie nach einiger Zeit dick wurde - Milchsäurebakterien gab es schon immer und überall. Auch der Einfluß der Temperatur bei diesem Prozeß wird ihnen nicht lange verborgen geblieben sein: In der wärmenden Höhle, neben dem Feuer, auch in der wärmeren Jahreszeit gerann die Milch schneller als in der Kälte - eine erste käsereitechnische Erkenntnis sozusagen, zu der bald eine weitere kam: wenn die geronnene Milch stehen blieb, setzte sich Flüssigkeit ab, das Geronnene wurde fester. Später hat man diesen Prozeß gefördert, indem man die gestockte Milch in geflochtene Körbe oder andere, mit Löchern versehene Behältnisse füllte und die Molke ablaufen ließ. So entstand eine feste, weiße Masse: der erste milchsaure Käse, der heute noch nach genau dem gleichen Prinzip hergestellt wird.

Die dritte "Erfindung" in Sachen Käse ist das Lab. Vielleicht hat ein frühgeschichtlicher Jäger im Magen eines erlegten Jungtiers, das vorher bei der Mutter gesäugt hatte, eine weißliche Masse vorgefunden, also nichts anderes, als eine durch Säure und Lab geronnene Milch. Damit war die gerinnende Wirkung des Mageninhalts "entdeckt", und sicher dauerte es nicht lange, bis sich der Mensch auch diese zufällige Beobachtung zunutze machte. Bis auf den heutigen Tag ist es bei diesem optimalen Gerinnungsmittel geblieben, der Mensch hat bisher kein besseres erfunden.

Wenn auch die ganz frühe Geschichte des Käses auf Vermutungen beruht, die ersten bildlichen Zeugnisse stammen immerhin aus dem 3. Jahrtausend vor unserer Zeitrechnung. Die älteste Abbildung über die Gewinnung und Verarbeitung von Milch ist der Fries von El-Obeid am Tempel der großen Lebensgöttin Ninchursag in Mesopotamien. Die ersten literarischen Zeugnisse gibt es dann in der griechischen und römischen Zeit. In Homer's Ilias ist die Rede davon, daß die "Milch schnell vom Feigenlabe" gerinnt (woraus ersichtlich wird, daß auch die gerinnende Wirkung mancher Pflanzen, wie der Säfte des Feigenbaums, von Labkraut und einiger Distelarten, schon früh genutzt wurde). Euripides läßt in seinem Satyrspiel "Der Zyklop" die Milch mit Feigensaft dick werden. In der Odyssee füllte Polyphem, der einäugige Riese, in seiner Höhle die "gelabte Milch in geflochtene Körbchen". An anderer Stelle "sorgte die hehre Aphrodite mit Käse und süßem Honig für Odysseus und seine Gefährten". Der griechische Satiriker Aristophanes läßt, 400 v.Chr. in Athen, einen Sohn aufbegehrend

Wie Käse im 16. Jahrhundert hergestellt wurde, dokumentiert dieser Holzschnitt aus der "Schweizer Chronik" des Historikers Johannes Stumpf aus dem Jahre 1548.

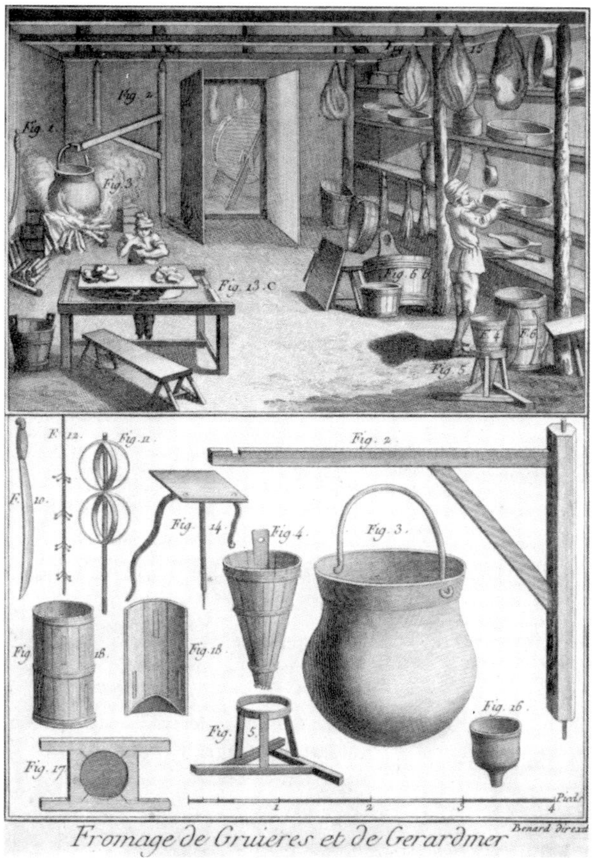

Eine Käserei mit Gerätschaften aus der zweiten Hälfte des 18. Jahrhunderts. Hier wurden Gruyère und Gérardmer hergestellt. Die Darstellung entstammt der berühmten Encyklopädie von Diderot und d'Alembert (um 1770).

zum Vater sagen: "... nichts hast Du davon, als einzig den Quark von Gerichtssold, den man Dir zumißt". Und Aristoteles wußte um 350 v.Chr. zu berichten, daß man in die Schafmilch Ziegenmilch mischt, "auf Sizilien oder wo sie sonst noch sehr fett ist". Für den verfeinerten Geschmack altrömischer Gourmets spricht Martial; geräucherter Käse schmecke nur gut, wenn er aus dem Velabrum, dem Delikatessen-Viertel am Aventin, stamme: "im Rauche des Velabrums geräuchert". Welchen besonderen Rang "caseus" im alten Rom einnahm, ist auch bei dem Komödiendichter Plautus nachzulesen; bei ihm ist das Wort Käse Bestandteil von so schmeichelnden Kosenamen wie "dulciculus caseus" (süßes Käslein) oder "meus molliculus caseus" (mein zärtlicher Käse).
In Rom blühte auch bereits der Handel mit Käse. Aus allen Provinzen wurde er in die Hauptstadt gebracht, aus dem italischen Raum, aber auch aus so fernen Gegenden wie der des heutigen Nîmes und Savoyens ebenso wie aus Dalmatien. Aus Raethien, dem Gebiet der heutigen Schweiz und des Allgäus, wurde der "caseus alpinus" nach Rom "exportiert".
Über den langen Weg des Käses und der Käserei durch die Jahrhunderte, von der Antike über das Mittelalter bis in die Neuzeit, wäre noch sehr viel und überaus Interessantes zu sagen; das würde allerdings den Rahmen dieses Buches sprengen. Darum soll im folgenden der Raum den Informationen vorbehalten sein, die zum besseren Verständnis des so vielgestaltigen Themas Käse in der Neuzeit dienen.

DIE MILCH

Im allgemeinen versteht man unter Milch die von der Milchdrüse verschiedener Säugetierarten (wie beispielsweise Kuh, Schaf, Ziege, Büffelkuh sowie Kamel, Lama, Yak und Rentier) produzierte biologische Flüssigkeit. Diese setzt sich aus meist etwa 85% Wasser sowie Milchzucker, Fett, Eiweißstoffen, Mineralstoffen (wie Calcium und Phosphor), verschiedenen Spurenelementen, Vitaminen und Enzymen zusammen.
Die Milch hat ganz bestimmte naturbedingte Aufgaben. Sie muß die leistungsfähige Übertragung der wichtigsten Milchinhaltsstoffe, die der Ernährung und dem Wachstum dienen, sichern und die angeborene, aber begrenzte Immunität des Neugeborenen gegenüber der neuen Umwelt unterstützen. Es besteht eine direkte Beziehung zwischen dem Gehalt an Eiweißstoffen in der Muttermilch und der Zeitspanne, die zur Verdoppelung des Geburtsgewichts benötigt wird, also der Ge-

schwindigkeit, mit der ein Säugling diesen empfindlichen Lebensabschnitt überwinden kann. Die Besonderheiten, die Zusammensetzung der verschiedenen Milcharten betreffend, sind im Laufe der Entwicklung und in Abhängigkeit von den Anpassungsmöglichkeiten an die Aufgabe, die Nahrungs- und Wachstumsbedürfnisse zu erfüllen, aufgetreten. Diese wichtigen artspezifischen Funktionen wie auch andere natürliche Merkmale (zum Beispiel Rasse, Laktationsstadium, Alter und Gesundheitszustand des Muttertiers) sowie Haltungs-, Fütterungs- oder Umweltfaktoren (wie Jahreszeit und Klimabedingungen) tragen zu der großen Vielfalt von Milcharten und zu den Qualitätsschwankungen bei, die für die Käseherstellung von entscheidender Bedeutung sind.
Aber auch unterschiedliche Milcharten haben gemeinsame Eigenschaften. Sie enthalten Inhaltsstoffe, die sich zu gleichen Stoffgruppen zusammenfassen lassen. Zum einen schwanken hauptsächlich die Mengenanteile; zum anderen kann die Zusammensetzung der einzelnen Bestandteile (wie zum Beispiel von Fett, Eiweiß oder Salzen) differieren. In der Tabelle ist die durchschnittliche Zusammensetzung einiger Milcharten, die für die menschliche Ernährung genutzt werden, wiedergegeben. Die menschliche Muttermilch weist einen vergleichsweise niedrigen Gehalt an Gesamteiweiß (0,9%) und halb soviel Caseine wie Molkenproteine auf (0,3 bzw. 0,6%, Verhältnis 0,5).

Eine wirtschaftliche Bedeutung für die Verarbeitung zu Käse besitzt die Milch von Kühen, Schafen, Ziegen und Büffelkühen. Der biologisch bedingte Laktationszyklus begrenzt die Verfügbarkeit der einzelnen Milcharten auf die jeweilige Laktationszeit, die sich im allgemeinen auf einen Zeitraum von 300 Tagen bei Kühen, 240 Tagen bei Ziegen und 150 Tagen bei Schafen erstreckt. Es gibt aber regionale jahreszeitliche Unterschiede, die besonders bei der Schaf- und Ziegenmilchproduktion anzutreffen sind. Die Milchleistungen dieser Tierarten tragen entscheidend zu ihrem Anteil

an der Käseherstellung bei. So erwartet man von einer ausgewachsenen Kuh eine jährliche Milchmenge, die mindestens das Zehnfache des Körpergewichts betragen soll. Je nach Rasse liegen die Jahresleistungen zwischen 5.000 und 7.000 kg Milch. Bei Ziegen schwanken diese Mengen gewöhnlich zwischen 500 und 800 kg und bei Schafen zwischen 400 und 500 kg. Die einzelnen Milchinhaltsstoffe sind für die Käseherstellung von unterschiedlicher Bedeutung. Die Laktose, deren Aufbau bei allen Säugetieren gleich ist, ist der einzige Zucker, der in Milch in größeren Mengen vorkommt und zu ihrem süßlichen Geschmack beiträgt. Obwohl der Mengenanteil von Laktose an der Trockenmasse bei den Milcharten von Kuh, Schaf und Ziege 37, 25 bzw. 40% beträgt, ist ihr Beitrag zur Käseausbeute sehr begrenzt. Denn der Großteil des Milchzukkers wird während der Fabrikation zusammen mit der Molke abgeführt. Die Laktose dient als wichtige Stoffwechsel-Energiequelle für die Käsereikulturen. Ihre technologische Bedeutung liegt für viele Käse-Erzeugnisse in der Erreichung der angestrebten Säuerung, durch die das Rohprodukt Käsereimilch auf ganz natürliche Weise haltbarer gemacht wird. Denn das wichtigste Abbauprodukt am Ende einer langen Kette biochemischer Umwandlungen ist die Milchsäure.
Von grundlegender Bedeutung ist die Stoffgruppe der Milchproteine. Hier spielen insbesondere zwei Hauptgruppen eine wichtige Rolle: die Caseine und die Molkenproteine. Sie unterscheiden sich in Aufbau und Eigenschaften sehr deutlich voneinander. Bei ersteren handelt es sich um den "Käsestoff", der auch prozentual den Großteil von dem Gesamtmilcheiweiß ausmacht, und zwar im Durchschnitt 80% bei Kuhmilch, 84% bei Schafmilch und 79% bei Ziegenmilch. Dies wiederum ist ein Hinweis auf die Käseausbeute, das heißt die Käsemenge, die aus einer bestimmten Milchmenge erreicht werden kann. Die Caseine stellen die Proteinfraktion dar, die unter Einwirkung von Lab und /oder Säure zum Gerinnen gebracht werden kann und dabei das "Gerüst" bildet, in dem alle anderen Milchinhaltsstoffe eingeschlossen sind. Sie enthalten auch den an das Eiweiß gebundenen Teil wichtiger Mineralstoffe organischer und anorganischer Natur (wie Calcium und Phosphor). Die Molkenproteine werden durch die übliche Säuerung und Labwirkung nicht in den Ausflockungszustand überführt. Dadurch verbleiben sie bei den gewöhnlich praktizierten Käseherstellungsverfahren in Lösung und werden nur in geringen Mengen im Käse zurückgehalten. Ihre besondere Hitzeempfindlichkeit, die eine Ausfällung möglich macht, setzt den Temperaturen bei der Wärmebehandlung der Milch Grenzen. Die Farbe ist für die Nahrungsmittel ein Qualitätsmerkmal. Das milchigweiße Aussehen der vielen kleinen Eiweißteilchen verleiht der Milch ihre typische Farbe.
Milchfett wird ausschließlich für die Ernährung des neugeborenen Säugetiers in der Milchdrüse gebildet. Das Fett-Leistungsvermögen und die Zusammensetzung

Der Vorgang des Melkens ist seit Jahrhunderten der gleiche: Genau so, wie dieser Arbeiter einer Molkerei im 12. Jahrhundert eine Ziege gemolken hat, gewinnt der sizilianische Bauer auf dem Foto heute noch die Milch seiner Schafe, aus der dann der berühmte Pecorino entsteht.

Säugetierart	Wassergehalt %	Trockenmasse %	Fettgehalt %	Gesamteiweiß %	Caseine %	Molkenproteine %	Caseine: Molkenproteine	Milchzucker %	Asche %
Kuh	87,3	12,7	3,7	3,4	2,8	0,6	4,7	4,7	0,7
Schaf	80,7	19,3	7,4	5,5	4,6	0,9	5,1	4,8	1,5
Ziege	88,7	11,3	3,5	3,4	2,7	0,7	3,8	4,5	0,8
Büffelkuh	82,5	17,5	7,6	4,2	3,6	0,6	6,0	4,8	0,9
Kamel	86,2	13,8	4,5	3,6	2,7	0,9	3,0	5,0	0,7
Lama	83,5	16,5	2,4	7,3	6,2	1,1	5,6	6,0	0,8
Yak	82,1	17,9	6,5	5,8	-	-	-	4,6	1,0
Rentier	66,9	33,1	16,9	11,5	-	-	-	2,8	-

des Milchfetts werden von den verschiedenartigen Fütterungsbedingungen beeinflußt, so daß sie starken Schwankungen ausgesetzt sind. In frischer Milch kommt das Fett in Form kleiner Kügelchen vor, die aus einem Fettkern bestehen, der von einer Schutzhülle umgeben ist. Der Großteil des Milchfetts besteht aus den sogenannten Triglyceriden, deren Grundbausteine je drei Fettsäuren sind. Gegenüber anderen tierischen und pflanzlichen Fetten enthält das Milchfett der Wiederkäuer einen hohen Anteil an kurzkettigen und mittellangen Fettsäuren, die in ihrer Kette weniger als 20 Kohlenstoffatome enthalten. Bei Kuhmilch ist jede zehnte Fettsäure eine Buttersäure. Schaf- und Ziegenmilch enthalten gegenüber Kuhmilch einen höheren Anteil dieser Fettsäuren, die eine besondere Rolle bei der typischen Aroma- und Geschmacksbildung spielen. Dieser Aufbau ermöglicht auch einen leichten Abbau durch fettreifende Enzyme.
Wichtige Begleitstoffe des Milchfetts sind die im Fett löslichen Bestandteile der Milch. Sie sind mengenmäßig sehr gering, haben aber eine große Bedeutung aufgrund ihrer Wirkung als Vitamine oder deren Vorstufen; unter ihnen sind die Vitamine A, D, E und K sowie Carotin. Letzteres ist jedoch immer pflanzlichen Ursprungs. Die Höhe des Gehalts an dem natürlichen Farbstoff Carotin ist von der Zufuhr durch die Nahrung abhängig. Deshalb ist beispielsweise Kuhmilch im Sommer etwas gelblicher als im Winter. Weil aber Carotin bei Schaf- und Ziegenmilch fehlt, sind diese Milcharten und die daraus hergestellten Käse rein weiß. Als wichtige Vitaminquelle enthält Milch auch eine Reihe wasserlöslicher Vitamine, zum Beispiel Vitamin B_1, B_2, B_6, B_{12} und andere; der Vitamin-C-Gehalt ist sehr gering. Die Milch enthält als natürliche Nebenbestandteile ein komplexes Gemisch an Salzen. Aus ernährungsphysiologischer Sicht sind sie sehr wichtig für die Versorgung des Menschen mit Calcium, Phosphor und Magnesium sowie mit Spurenelementen (wie Zink, Eisen und Kupfer), die am Aufbau von körpereigenen Enzymen und Hormonen beteiligt sind. Zum Zweck eines schnellen Wachstums ist der Calcium- und Phosphorgehalt der verschiedenen Milcharten auf ihren Caseingehalt abgestimmt. In frischer Milch ist das Calcium zum überwiegenden Teil an die Caseinpartikel gebunden; nur etwa ein Drittel befindet sich in gelöster Form. Das Calcium spielt deshalb auch bei der Gerinnung der Milch eine bedeutende Rolle. Es ist an der Vernetzung der Caseinteilchen untereinander beteiligt, die zur Ausbildung der Gallerte führt. In diesem Zusammenhang scheint erwähnenswert, daß mit voranschreitender Säuerung das Calcium aus dem Eiweiß abgelöst wird und in die Molke übergeht. Deshalb haben Sauermilchkäse einen sehr niedrigen, Labkäse aber einen hohen Calciumgehalt. Das Vorhandensein von Citrat in der Milch ermöglicht die Bildung einiger wichtiger Aromastoffe durch bestimmte Milchsäurebakterien.
Die oben dargelegten spezifischen Eigenschaften der Milch müssen bei der Käseherstellung natürlich berücksichtigt werden. Gelegentlich werden für die Käseherstellung aus wirtschaftlichen oder technologischen Gründen außer Rohmilch auch Milchpulver-Milch (Milchpulver mit Wasser gelöst), Sahne (Rahm), Buttermilch oder Molke verwendet.

DIE HERSTELLUNG VON KÄSE

Käse sind frische oder in verschiedenen Graden der Reifung befindliche Erzeugnisse, die aus dickgelegter Käsereimilch hergestellt sind. Die Grundzüge der Herstellung von Käse hat der Mensch der Natur abgeschaut. Sie beruhen bis auf den heutigen Tag auf dem schrittweisen, mehr oder weniger weitgehenden Abtrennen fester Milchinhaltsstoffe von dem Wasser, in dem sie vor dem Dicklegen in gelöster oder feinstverteilter Form vorliegen. Der abgetrennte feste Teil enthält noch Wasser und der flüssige Teil (Molke) noch feste Bestandteile. In einer vereinfachten Übersicht stellt sich das Grundprinzip der Käseherstellung als folgender Ablauf dar:

Milch	+	Koagulans (Lab und/oder Säure)	→	Käse	+ Molke

Die Rohmilchvorbereitung für die Käseherstellung dient der Erhaltung und sogar der Verbesserung ihrer Käsereitauglichkeit. Dabei müssen folgende wichtige Gesichtspunkte berücksichtigt werden.
Die Milch wird ungereift oder gereift verkäst, je nach Sorte oder regionaler Tradition. Bei einigen Käsen wird sie bald nach dem Melken verarbeitet, also noch warm. Sie kann aber auch einige Zeit stehen und reift bei Umgebungstemperatur bis zur Verarbeitung mehr oder weniger weiter. Manchmal läßt man die abends ermolkene Milch (die Abendmilch) über Nacht stehen und mischt sie, oft abgerahmt, mit der frisch ermolkenen Morgenmilch. Beim Stehen rahmt die Milch auf; wird der Rahm nicht wieder verrührt, sondern abgeschöpft, erniedrigt sich der Fettgehalt der Milch. Da das Abschöpfen des aufgerahmten Fettes nicht gleichmäßig ist, führt dies zu unterschiedlichen Fettgehalten der Milch. Man unterscheidet zwischen Vollmich, teilentrahmter oder aufgefetteter Milch (Rahmzugabe) bzw. Magermilch, die nur noch einen geringen Restfettgehalt enthält. Heutzutage wird, um die gesetzlichen Vorschriften einzuhalten, der Fettgehalt der Käsereimilch eingestellt (standardisiert), und dadurch auch der des daraus hergestellten Käses vorgegeben.
In modernen Käsereien wird die Rohmilch über Reinigungsseparatoren einem mechanischen Reinigungsschritt unterzogen. Wird die Käsereimilch nicht als Rohmilch zu Käse verarbeitet, erfolgt eine anschließende Wärmebehandlung (Thermisierung und/oder Pasteurisierung). Sie soll den unbedenklichen mikrobiologisch-hygienischen Zustand der Käsereimilch sichern. Dabei erhitzt man die angelieferte Rohmilch auf 63 bis 68°C bzw. 70 bis 72°C für kurze Zeit (15 bis 40 Sekunden).

Frische Milch ist nicht gleichbedeutend mit Käsereimilch. Je nach Käsesorte wird sie vorgereift, entrahmt oder aufgefettet, also mit Rahm angereichert.

Reifung mit Milchsäurebakterien

Nach Anwendung dieses Wärmebehandlungsschrittes kann eine kontrollierte Reifung der Milch vorgenommen werden. Man versetzt die auf etwa 6 bis 12°C gekühlte Milch mit wenig Milchsäurebakterien (etwa 0,05 bis 0,5%), die dann zu der gewünschten Reifung führen. Sie stellt auch eine zeitlich begrenzte Anpassungsphase für die Milchsäurebakterien an die Käsereimilch dar und dient der Vorbereitung für das Dicklegen durch eine zum Teil schon leichte Säuerung. Zusätzlich können noch Säuerungskulturen (Starterkulturen, englisch: "starter cultures") eingesetzt werden, durch die der Säuerungsprozeß weiter aktiviert wird; je nach Käsetyp sind 0,5 bis 2,5% üblich. Bei den Milchsäurebakterien unterscheidet man zwei große Gruppen: "mesophile", die bei mittleren Temperaturen, also bei 20 bis 30°C, und "thermophile", die bei 35 bis 45°C bevorzugt wachsen und beim Abbau des Milchzukkers hauptsächlich Milchsäure und deren Salze bilden können. Die Zusammensetzung der Milchsäurebakterien-Kulturen und die eingesetzten Mengen sind genau abgestimmt auf den erforderlichen Säuerungsvorgang sowie ihre Reifungsaktivitäten, durch die die erwünschten Stoffwechselprodukte gebildet werden, die zum Entstehen der typischen Qualitätsmerkmale einer Käsesorte führen. Die Verweilzeit bis zum Dicklegen ist auf den optimalen Reifegrad der Käsereimilch abgestimmt und schwankt allgemein zwischen 10 und 120 Minuten oder mehr.

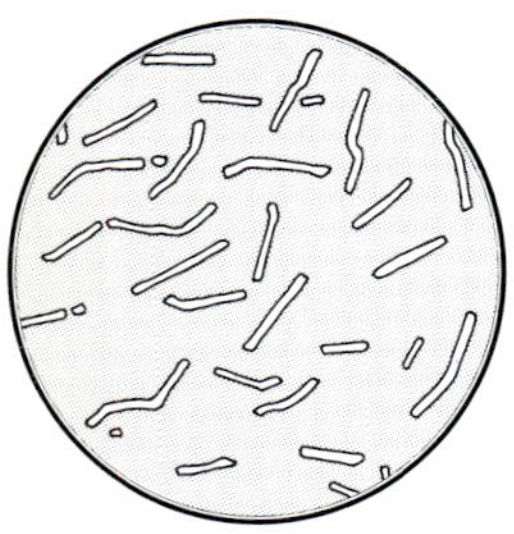

Milchsäurebakterien lassen die Milch reifen. Sie verwandeln den Milchzucker in Milchsäure und führen teilweise schon eine leichte Säuerung herbei, die als Vorbereitung für das Dicklegen erwünscht ist.

Labenzyme helfen beim Dicklegen

Säure und Labenzyme besitzen eine ausgeprägte gerinnende Wirkung auf die Milcheiweißstoffe. Genau wie im Magen eines säugenden Jungtiers, erfolgt die Dicklegung der Käsereimilch gewöhnlich durch ein ausgewogenes Säuerungs-Lab-Verhältnis. Die Wirkung des Labs steigt mit zunehmender Säuerung der Milch. Eine Eiweißfällung kann aber auch nur durch Säuernlassen mit Hilfe der Milchsäurebakterien zustande kommen. Es ist ein saures Dicklegen der Milch. Dieser Vorgang kann beobachtet werden, wenn Milch steht und sauer, eben dick wird. Auf diese Art werden manche Sauermilchkäse hergestellt. Dies kann aber auch durch das Zusammenwirken von Säure und Hitze (wie bei Ricotta) stattfinden. Manche Ziegen- und Weichkäse werden durch saures Dicklegen mit sehr wenig Lab hergestellt. Bei anderen Käsen wiederum (zum Beispiel dem Labfrischkäse Burgos) erfolgt das Dicklegen ausschließlich mit Labenzymen.
Man hat schon früh die gerinnende Wirkung des Mageninhalts junger Tiere, des Labs, erfahren und zum rascheren Dicklegen der Milch mitverwendet. Eine einfache Zubereitungsform stellen die sogenannten Labpasten dar, die heute hauptsächlich als Lämmer- und Zickleinlab angeboten werden und starke eiweiß- und fettreifende Eigenschaften aufweisen. Lab von Kälbermagen, das flüssig oder als Pulver zur Verfügung steht, wird der Milch in verdünnter Form zugefügt. Der darin enthaltene wirksame Stoff ist das Enzym Chymosin. Es wirkt beim Dicklegen auf das Casein und ist auch an der Käsereifung beteiligt, wobei es weiter eiweißabbauend wirkt. Das Kälbermagenlab des Handels besteht nicht nur aus Chymosin, es enthält mehr oder weniger große Mengen an Pepsin. Letzteres kann von Rindern, Schweinen oder anderen Tieren stammen und wirkt stärker eiweißreifend als Chymosin. Für eine Reihe von Käsen werden auch andere Labe, sogenannte Labaustauschstoffe, verwendet. Dazu zählen das mikrobielle Lab, dessen gerinnungs- und eiweißabbauende Enzyme von verschiedenen Schimmel- und Bakterienarten produziert werden, und auch Labaustauschstoffe pflanzlicher Herkunft (wie zum Beispiel Säfte des Feigenbaums, Labkraut und Distel), die jedoch einen begrenzten Einsatz finden.
Mit der Lablösung können je nach Sorte zusätzlich auch andere Reifungskulturen (wie Edelschimmel, Käserotflora oder Hefen) der Milch zugegeben werden.
Um den Dicklegungsvorgang der Käsereimilch und die Stoffwechselaktivitäten der Säuerungskulturen zu fördern, werden üblicherweise, je nach Käsetyp, Temperaturen zwischen 26 und 40°C angewandt. Bei den meisten Käsen liegt dieser Temperaturbereich zwischen 30 und 35°C. Eine Anzahl von Käsen, insbesondere Ziegenkäse, werden jedoch bei 20 bis 25°C dickgelegt, einige Pecorini und Butterkäse bei 35 bis 40°C.

Rotierende "Käseharfen" zerschneiden die dickgelegte Milch, die Gallerte, in - je nach Käsesorte kleinere oder größere - "Körner"; die zerteilte Masse bezeichnet man als "Bruch".

Berücksichtigt man nun die Dicklegungsweise der Käsereimilch, lassen sich drei Käse-Hauptgruppen unter-unterscheiden: die Sauermilchkäse, die Sauermilch-Labkäse und die Labkäse.
Wenn man die Milch während der Zeit des Dicklegens nicht bewegt, erhält man eine glatte, gallertige Masse, die als Gallerte ("Koagulum"), fachmännisch auch als Dickete, bezeichnet wird. Rührt man die Milch beim Dicklegen um, entsteht eine Art Gerinnsel aus Eiweiß-Fett-Flocken, die nur noch einen Teil der Molke einschließen. Damit ist der durch das Dicklegen der Milch ermöglichte Trennungsvorgang von festen und flüssigen Bestandteilen (Molkeabscheidung) eingeleitet. Über eine weitere Bearbeitung kann dieser Vorgang unterstützt werden, wobei eine stufenweise Aufkonzentrierung der wichtigen Milchinhaltsstoffe Caseineiweiß und Fett erreicht wird.

Handgeschöpft - zum Beispiel Camembert

Ein einfacher Arbeitsschritt, der direkt Käse zum Ergebnis hat, ist das Ausschöpfen: Man schöpft mit einem großen Löffel oder einer Kelle die Gallerte in die Formen. Dabei scheidet sich sofort Molke in ähnlicher Weise ab, wie man es beobachten kann, wenn man mit einem Löffel in Sauermilch oder Joghurt sticht. Dieses Ausschöpfen ist heute noch üblich beim traditionellen Formen, wie bei Brie de Meaux, Camembert oder Ziegenkäse (zum Beispiel Selles-sur-Cher).
Einfach bearbeitet wird die Gallerte auch durch Verrühren von Hand oder beispielsweise mit Zweigen. Meist aber wird sie systematisch zerkleinert, indem man Bruchstücke, "Würfel", von gewünschter Größe herstellt. Dafür wird die Gallerte mit einem Messer, einem Säbel oder einer Harfe längs und quer geschnitten.

Je kleiner der Bruch, um so fester der Käse

Bei weicheren Käsen bereitet man einen größeren Bruch, der etwa Walnußgröße hat; bei festeren Käsen einen mittleren Bruch in der Größe einer Haselnuß oder eines Maiskorns; für Hartkäse einen kleinen Bruch von Reis- oder Hirsekorngröße. Der Grund dafür liegt darin, daß größerer Käsebruch wasserreicher ist als kleiner. Durch Größe und Festigkeit des Käsebruchs läßt sich der Gehalt der Käse an Trockenmasse bzw. Wasser steuern. Es ist eine Kunst, zur rechten Zeit die Gallerte auszuschöpfen oder zu zerteilen und den Bruch zu bereiten. Auf diese Weise beeinflußt man die Beschaffenheit des Bruchs, das heißt, ob er weich oder fest, elastisch oder "kurz" wird.

Emmentaler-Bruch wird bis auf 52°C erhitzt. Durch dieses Nachwärmen (in der Fachsprache auch als "Brennen" bezeichnet) schrumpfen die einzelnen Käsekörner, sie werden fester.

Bei vielen Käsen wird zuerst ein mittlerer Bruch bereitet, der dann unter Rühren und Anwärmen weiter Molke abgibt (Flüssigkeitsaustritt, Molkeabsonderung). Zum einem wird der Bruch durch die manuelle oder mechanische Zerteilung kleiner, zum anderen auch durch ein von der voranschreitenden Säuerung (Bruchsäuerung) gefördertes Zusammenziehen (in der Fachsprache: Synerese). Eine zusätzliche, vorsichtige Temperaturanhebung des Gemischs aus zerteilter Gallerte und Molke (Bruch-Molke-Gemisch) oder eine Zugabe von heißem Wasser nach teilweisem Molkeabzug führt zu einer verstärkten Synerese und damit einem deutlichen Schrumpfen des Bruchs. Die angewandten Temperaturen beim leichten Nachwärmen liegen einige Grade über der Labtemperatur, bei mittlerem Nachwärmen um 10 bis 15°C und bei starkem Nachwärmen ("Brennen" oder "Kochen") sogar um 20 bis 25°C darüber. Im allgemeinen gilt: je fester der Käse, um so stärker wird nachgewärmt werden und um so kleiner muß der Bruch sein. Es gibt aber auch Hartkäse, die ohne Nachwärmen des Bruchs hergestellt werden ("pasta cruda"). Dies wird erreicht durch die Bereitung eines sehr kleinen Bruchs, was einen festen Käse er-

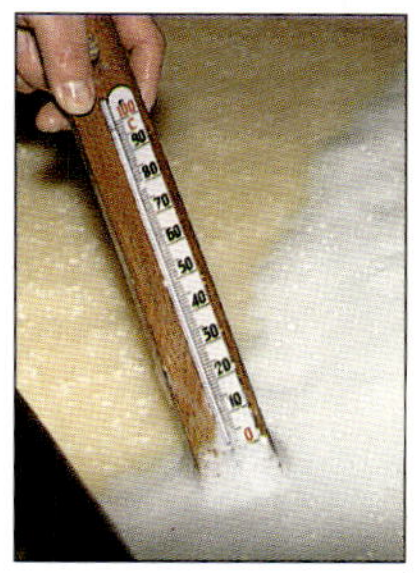

Nachwärmen nennt der Käser das Erwärmen des Bruch-Molke-Gemischs auf eine genau festgelegte Temperatur. Auf diese Weise kann die Beschaffenheit des Bruchs beeinflußt werden.

Handgeschöpft werden auch heute noch viele Käse. Üblich ist das Ausschöpfen von Hand vor allem beim traditionellen Formen, wie bei Brie, Ziegenkäse oder auch Romadur.

gibt und in Verbindung mit einem erhöhten Wasserverlust während einer längeren Reifung und Lagerung zu Hart- und Reibkäse (wie Fiore sardo) führt.

Den Bruch mit dem Tuch ausheben

Am Ende der beschriebenen Bruchbehandlung kann der Bruch direkt oder stufenweise in die Käseformen gebracht werden, oder es folgen weitere, sehr unterschiedliche Bearbeitungszwischenschritte. Beiden Varianten gemeinsam ist das Abtrennen der Molke von dem Bruch. Der direkte Weg besteht darin, den Bruch mit einem Tuch aus dem Kessel zu heben, wie das bei Parmesan, Asiago, Bergkäse und teilweise noch bei Emmentaler geschieht. Oder man läßt das Bruch-Molke-Gemisch in die Formen fließen, in die schon ein Teil der Molke abgelaufen ist (wie bei Emmentaler); auf diese Weise entsteht in jeder Form ein Käselaib. Man kann hier aber auch das Bruch-Molke-Gemisch in große rechteckige Wannen ablassen; die darin entstandenen Blocks werden gepreßt, dann in kleinere Stücke geschnitten und gesalzen, anschließend wie üblich weiterbehandelt und gereift. Diese technische Variante ist beim Swiss und entsprechend auch bei Viereck-Hartkäse eingeführt worden.

Mit einem Tuch wird der Bruch aus dem Kessel gehoben. Die Molke läuft durch das Tuch ab, und der Bruch wird mit dem Tuch in die Form gepreßt. So geht man bei Bergkäse, Asiago, Parmesan und vielen anderen Käsesorten vor.

Vorgepreßter Bruch wird hier in formgerechte Stücke geschnitten und zum weiteren Pressen in die Form gelegt. Eine Methode, die beispielsweise bei Gouda angewendet wird.

Gouda - der Bruch wird vorgepreßt

Das Formen des Bruchs zu Rohkäse in zwei Stufen praktiziert man bei Gouda, indem man das Bruch-Molke-Gemisch in eine Vorpreßwanne abläßt, wo die Bruchmasse leicht gepreßt und dann in formgerechte Stücke geschnitten werden kann. Früher verbreitet und auch heute noch üblich ist es, bei der Verarbeitung kleinerer Milchmengen in einer Wanne zu arbeiten, das heißt, die Molke abzulassen und dann die Stücke auszuschneiden. Neue technische Varianten des Stufenformens ermöglichen das Zusammenwachsen des Bruchs und leichtes Pressen in senkrechten Zylindern, an deren unteren Enden portionsgerechte Stücke abgeschnitten werden können, die in darunter befindliche Formen gleiten.

Bei Käsen mit Rundlochung muß sich der Bruch unter der Molke absetzen, um einen Lufteinschluß zu vermeiden. Ist eine sogenannte Bruchlochung (wie bei Tilsiter) erwünscht, wird die Molke vorher weitgehend entfernt, und der Bruch in die Formen überführt.

"Cheddaring" oder Bruchsäuerung

Ein ganz anderer Weg wird bei Cheddar, Cantal und ähnlichen, im Bruch gesäuerten und gesalzenen Käsen beschritten: Man läßt den Bruch absitzen und zusammenwachsen. Der Bruchkuchen, der intensiv säuert und dabei noch Molke abgibt, wird in Stücke geschnitten; diese werden aufeinandergelegt und anschließend umgeschichtet, so daß das jeweils obere Stück das untere preßt. Bei diesen Käsesorten herrscht die Bruchsäuerung vor; dieser Vorgang heißt englisch "cheddaring", deutsch "cheddarisieren" oder "chestern". Er wird so lange durchgeführt, bis die Bruchmasse eine faserige Textur, ähnlich der von gekochter Hühnerbrust, erreicht hat. Bei Cantal verläuft dieser Vorgang ähnlich. Dann wird die Bruchmasse meist maschinell in kleine Stücke geschnitzelt, die im Englischen "curd" heißen. Bei einem namhaften Cheddar-Typ, dem heute auch in größeren Mengen vor allem in den USA hergestellten Colby, wird auf das "cheddaring" verzichtet. Man läßt die Bruchkörner nicht zusammenwachsen, sondern man rührt sie, bis sie den richtigen Säuregrad erreicht haben, also bis die gewünschte Menge an Milchsäure gebildet wurde. Manchmal werden diese Körner mit kaltem Wasser gewaschen. Entsprechend heißen diese Käse Rührbruchkäse ("stirred curd cheese") und gewaschener Bruchkäse ("washed curd cheese"). Anschließend salzt man die Schnitzel oder Körner, bringt sie in die Formen und preßt sie.

Filata-Käse - der Bruch wird überbrüht

Ein dritter Weg geht in eine ganz andere Richtung. Bei den Filata-Käsen läßt man in einer ersten Stufe den Bruch ebenfalls absitzen, zu einem Bruchkuchen zusammenwachsen und säuern. Der entscheidende Schritt schließt sich an: Der Bruchkuchen wird zerkleinert, die Stücke mit heißem Wasser oder mitunter noch mit heißer Molke von etwa 65 bis 75°C überbrüht. Die auf diese Weise plastisch gemachte Bruchmasse wird dann geknetet. Je nach Käsesorte und regionaler Übung wird der Bruch kleiner und trockener (wie bei Provolone) oder größer und wasserreicher (wie bei Mozzarella) bereitet. Entsprechend geht auch die Säuerung mehr oder weniger weit. Dem Formen folgt ein Kühlen der Käse zur Festigung.

Pressen - ein formgebender Schritt

Die in die Käseformen eingebrachte Bruchmasse wächst nun unter weiterer Molkeabgabe zusammen. Das erste und einfachste Pressen geschieht bereits hier, da die obere Bruchschicht auf die untere drückt. Bei Käsesorten, die einen höheren Wassergehalt haben sollen, reicht eine solche Eigenpressung aus. Die erwünschte Verfestigung, die auch für die Formgebung erforderlich ist, findet im allgemeinen erst innerhalb von 4 bis 24 Stunden statt. Wird eine verstärkte Molkeabga-

Bei Cheddar wird der zusammengewachsene Bruch, der "Bruchkuchen", in Stücke geschnitten; diese werden übereinandergelegt, also durch das Eigengewicht gepreßt, und wieder umgeschichtet. "Cheddaring" heißt im Englischen dieses Verfahren, bei dem gleichzeitig der Bruch weitersäuert.

be und dadurch eine Beschleunigung des Zusammenwachsens der Bruchmasse angestrebt, und soll die Rindenbildung deutlich unterstützt werden, preßt man mechanisch. Pressen ist allgemein ein Vorrecht der Hart- und Schnittkäse, aber auch Halbfeste Schnittkäse nach Art des Saint-Paulin werden leicht gepreßt. Bei den heutigen mechanischen Pressen kann man den Preßdruck der Käsegröße und dem erforderlichen Molkeaustritt anpassen. Wichtig ist zu Beginn ein langsames Pressen, das mit steigendem Druck fortgesetzt wird. Es kann auch unter leichtem Vakuum gepreßt werden, wie das zum Beispiel bei Cheddar üblich ist. Nach dem Abfüllen des Bruchs in die Käseformen ist eine verstärkte Molkeabgabe zu beobachten, die auch durch die weitergehende Säuerung unterstützt wird. Man kann deshalb bei manchen Käsesorten, besonders aber bei den Weichkäsen, auf der Oberseite Verformungen feststellen. Um dem entgegen zu wirken, müssen die Käse gewendet werden. Käse mit weicherer Konsistenz werden öfter gewendet als die mit einer festeren. Das Wenden dient aber hauptsächlich der gleichmäßigen Wasserverteilung in der Käsemasse und trägt zur Haut- oder Rindenbildung bei.

Salz - zum Würzen und Konservieren

Wir kennen das Kochsalz als Würz- und Konservierungsstoff bei vielen Lebensmitteln. Auch bei den meisten Käsesorten ist es so, daß sie während oder am Ende der eigentlichen Herstellung gesalzen werden. Manchmal wird bereits im Bruch gesalzen (beispielsweise Cheddar und Colby). Man läßt bei einigen Käsen mit Bruchlochung (wie Tilsiter, Maribo oder dem finnischen Turunmaa) den größten Teil der Molke ablaufen, mischt dem Bruch etwas Salz zu, formt und salzt dann erst in einem Salzbad richtig. Bei einigen wenigen Käsen wird das Kochsalz bereits der Milch zugegeben (zum Beispiel in Ägypten), doch geht nur ein Teil davon in den Käse über. Beim sogenannten Trockensalzen kann das Kochsalz über die Käseoberfläche aufgestreut werden, wie das bei einigen Brie-Sorten üblich ist, auch in Mischungen mit pulverisierter Holzkohle, wie bei Ziegenkäse. Käse werden auch mit Kochsalz eingerieben und anschließend damit bestreut. Dieser Arbeitsgang kann während der Reifungszeit wiederholt werden (wie bei Pecorino oder Edelpilzkäse). Das Salzen in einer Salzlösung (Salzbad), deren Konzentration üblicherweise zwischen 15 und 20% liegen kann, wird bei den meisten Käsesorten praktiziert. Diese Art des Salzens ist wirtschaftlicher und ermöglicht einen gleichmäßigen Salzungsvorgang. Die dazu benötigten Salzungszeiten sind sehr verschieden, denn sie sind abhängig von der Käsesorte (Käseform, -oberfläche, -volumen und -fettstufe, dem Wassergehalt und anderen Faktoren) sowie von den Salzbadkenngrößen (wie Kochsalzkonzentration und Temperatur). Man legt die Käse je nach Größe und erwünschtem Salzgehalt 30 Minuten bis einige Tage in das Salzbad.
Während des Salzungsvorgangs konzentriert sich das Kochsalz in der äußeren Schicht und wandert erst allmählich in das Innere des Käses. Der Ausgleich in der gesamten Käsemasse wird je nach Käsetyp in unterschiedlichen Zeiten erreicht. Beim Bruchsalzen (wie bei Cheddar und Colby) ist das von Anfang an der Fall; bei Camembert ist er nach vier bis sechs Tagen abgeschlossen; bei größeren Käsen dauert es sehr lange (mehrere Wochen bis einige Monate), bis auch nur ein gewisser Ausgleich erreicht ist. Bei manchen Käsen, vor allem bei großen, dient das Salz auch zur Verfestigung der äußeren Schicht. Mit dem Salzen sollte allgemein der freie Molkeaustritt beendet sein. Wesentlich ist die Rolle des Salzes für jede Käsesorte und jeden Käsetyp, das heißt, zum Typ eines Käses gehört ein gewisser Salzgehalt innerhalb bestimmter Grenzen. Bei nicht wenigen Käsen können zwei bis drei Zehntel mehr an Kochsalz zur Schmackhaftigkeit beitragen. Für manche Käsesorten ist ein leicht salziger Geschmack für die Ausprägung eines bestimmten Typs wichtig.

Das "Salzbad", das Einlegen in eine Salzlösung, ist die überwiegend praktizierte Methode, um die Käselaibe zu salzen. Dieser Vorgang dauert je nach Käseform und -größe unterschiedlich lang.

Trockensalzen ist bei manchen Weichkäsen üblich. Dabei wird das Kochsalz auf die Käse aufgestreut.

Im Reifekeller

Das "Ambiente", in dem die Reifung der meisten Käse stattfindet, ist gewöhnlich das der Reifekeller. Die besondere Atmosphäre, die darin herrscht, ist soweit wie möglich dem natürlichen Höhlenklima nachempfunden, das seit Jahrhunderten für die Reifung von Käse genutzt wird (wie die Höhlen von Roquefort, um ein Beispiel herauszugreifen). Es kann darin feuchtwarm oder auch kühler sein. Das Kellerklima wird durch die Raumtemperatur, die relative Luftfeuchtigkeit sowie durch die Luftbewegung im Raum und den betriebenen Luftaustausch bestimmt. Normal kann die Temperatur zwischen 0 und 25°C schwanken, der Großteil der Käse wird jedoch bei 8 bis 16°C gereift. Die relative Luftfeuchtigkeit bewegt sich allgemein in einem Bereich von 75 bis 98%, im Regelfall sind es 85 bis 95%. Während der Reifung findet ein ständiger Austausch von Reifungsgasen statt, wie zum Beispiel Kohlendioxyd und Ammoniak, und dem für das Wachstum der aeroben Oberflächenflora oder/und Innenflora dringend benötigten Sauerstoff der Luft.
Für die meisten Käse ist es in der Anfangsphase der Reifung typisch, daß ein relativ langsam verlaufender Verteilungsausgleich wichtiger Inhaltsstoffe in der Käsemasse (wie Wasser, Kochsalz, Laktose oder Milchsäure) fortgeführt oder in Gang gesetzt wird. Dadurch werden wichtige Voraussetzungen für eine soweit wie möglich gleichmäßig verlaufende Reifung geschaffen. Das Wort Reifung steht gewöhnlich als Oberbegriff für

ALPKÄSEREI - eine aussterbende Kunst

Sie wird nur noch von wenigen beherrscht, die Kunst der Alpkäserei, und sie ist eine immer seltener werdende Kunst. Denn was sich da so romantisch darstellt, ist überaus harte Arbeit. Die kurze Vegetationszeit in den Hochlagen der Alpen wird schon seit Jahrhunderten von den Bauern zur Produktion von Milch genutzt, und daraus Käse, der trotz der relativ primitiven Herstellungs-Bedingungen von durchwegs bester Qualität ist. Schon deshalb, weil die Milch so gut ist; das Futter für die Kühe, das die Almweiden mit ihren würzigen Gräsern und Kräutern bieten, gedeiht schließlich unter optimalen Bedingungen, ohne künstlichen Dünger. So entstehen Käse mit ganz eigenem Charakter, der geprägt ist von der jeweiligen Landschaft, dem Wetter des kurzen Alpsommers und nicht zuletzt von den Menschen, die ihn herstellen. Da ist jeder Laib ein Unikat.

Eine Idylle im Berner Oberland ist die Alpe Iselten, die ein Senn mit zwei Helfern im Sommer bewirtschaftet. Der Tag auf der Alp beginnt sehr früh; die frisch gemolkene Morgenmilch wird mit der (entrahmten) Abendmilch im Kessel erhitzt, dickgelegt, dann gebrochen, mit dem Tuch herausgehoben, in die Formen gefüllt; die frischen Laibe werden gepreßt, gesalzen und gelagert. Ein Prozedere, das auf der Alp nur mit viel Erfahrung und großem Fingerspitzengefühl zu bewältigen ist.

Auf einer Alp ist man weitgehend Selbstversorger. Natürlich wird auch gebuttert, aus dem Rahm der Abendmilch. Auch die Molke ist keineswegs wertlos. Die Schweizer Senner vestehen sich darauf, durch Erhitzen den frischen, eiweißreichen Ziger zu isolieren.

die Umwandlungsprozesse von den im Käse zurückgehaltenen Milchinhaltsstoffen (wie Eiweiß, Restzucker, Fett). Diese Reifungsabläufe werden auf das Erreichen eines festgelegten Qualitätsstandes ausgerichtet. Die Triebkraft dazu stellen die Enzymaktivitäten dar. Diese können der Milch selbst oder verschiedenen Hilfsstoffen (beispielsweise dem Lab oder den Labpasten) entstammen, aber auch von Natur aus von Mikroorganismen freigesetzt worden sein, die durch den Kontakt mit den Gerätschaften, aus dem Salzbad oder aus der Umluft in oder auf den Rohkäse gelangt sind. Die Hauptquelle von Enzymen stellen die ausgewählten Säuerungs- und Reifungskulturen dar. Selten sind es nur die Säuerungskulturen (wie die Milchsäurebakterien bei Frischkäse). Gewohnheitsgemäß setzt sich die Reifungsflora aus einer Vielzahl von Mikroorganismen-Gruppen zusammen. Das können Milchsäurebakterien, Propionsäurebakterien (bei bestimmten Hartkäsen) oder Rotkultur sowie Hefen und Edelschimmel (Milch-, Weiß- und Blauschimmel) sein.

Das Klima im Reifekeller ist mitentscheidend für den Erfolg. Die verschiedenen Käsesorten verlangen nach unterschiedlichen, meist genau festgelegten und kontrollierten Reifungs-Bedingungen. In dieser Montasio-Käserei trägt jeder einzelne Laib das genaue Herstellungsdatum.

Die Rolle des Affineurs

Die Reifung und damit die Kontrolle der Entwicklung von spezifischen Qualitätsmerkmalen wird üblicherweise in eigenen Reifungskellern durchgeführt, kann aber auch von einem Käsepfleger, dem Affineur, übernommen werden. In spezialisierten Käsereifungsstätten verrichtet er seine Tätigkeit der Käsepflege bis zum Erreichen der gewünschten Packreife. Die angewandten Reifungstechniken sind zum Teil noch sehr traditionsgebunden, besonders dort, wo nach herkömmlicher Art und in kleineren Mengen Käse produziert wird. In modernen Käsereibetrieben werden auch in diesem Produktionsbereich die Reifungsvorgänge nach neuen Erkenntnissen und mit hohem technischen Aufwand gesteuert. Die Pflege während der Reifungszeit ist auf den Käsetyp abgestimmt. Wichtig sind immer die Größe und Form der Käse (besonders bei oberflächengereiften Käsen das Verhältnis Käsemasse zu Oberfläche) und die darauf abgestimmte Reifungsdauer. Die Arbeit im Käsereifungskeller beschränkt sich hauptsächlich auf die Rinden- oder Oberflächenpflege und die Steuerung der Klimakennwerte (Temperatur und relative Feuchte). Ganz allgemein gilt, daß mit zunehmender Reifung die Temperaturen leicht gesenkt werden und daß oberflächengereifte Käse eine höhere Luftfeuchtigkeit benötigen. Bei Käsen ohne Oberflächenreifung (wie bei Hart-, Schnitt-, zum Teil auch bei Halbfesten Schnittkäsen) wird die Käsepflege auf ein Minimum reduziert. Das geschieht durch Oberflächenbeschichtungen oder eine Reifung in sogenannten Reifungsfolien. Die Oberflächenbehandlung besteht in regelmäßigem Bürsten, Schmieren (Abreiben, "Waschen") mit Salzlake und Reifungskulturen sowie Salzauftragen. Alle Käse müssen von Zeit zu Zeit gewendet werden, um eine gleichmäßige Entwicklung der Oberflächenflora zu gewährleisten oder mögliche Verformungen zu vermeiden. Die Reifung kann durch die ganze Käsemasse verlaufen (wie bei Hart-, Schnitt- und einigen Halbfesten Schnittkäsen) oder von außen nach innen (typisch für Weichkäse mit Oberflächenschimmel oder Rotflora). Am Ende der Reifung hat jeder Käse seinen typischen Charakter erreicht, der durch besondere Merkmale, wie das Aussehen, das Aroma, den Geschmack, die Konsistenz und seine Bekömmlichkeit, bestimmt ist.

Verpacken zum Qualitätserhalt

Primär dient Verpackung im heutigen Alltag dem Produktschutz, das heißt, der Erhaltung der Qualität des Füllguts. Sie gewährleistet den Schutz vor Umwelteinflüssen hygienischer, mikrobieller und chemischer Art (Mikroben, Licht, Sauerstoff) sowie gegen Austrocknung und gegen Verlust der sensorischen Eigenschaften (Geruch, Geschmack). Verpackung beinhaltet aber auch den Schutz der Umgebung (wie beispielsweise des Kühlschrankinhalts) gegen starke Geruchsabgabe eines intensiv riechenden Lebensmittels, wie mancher Käse.
In zweiter Linie dient die Verpackung der rationellen Warenverteilung: Sie gestattet verbrauchergerechte Portionierung ohne Qualitätseinbußen, rationelle Handhabung, Information in Form von Angaben über Inhalt, Nährwert, Haltbarkeit und Zubereitung. Außerdem sollte das problemlose Öffnen und Wiederverschließen der Packung gewährleistet sein.
Ein vordringliches Anliegen unserer Gesellschaft ist heute die problemlose Entsorgung der funktionslos gewordenen Packmittel, die zu Abfall werden. Daher rührt die berechtigte Forderung nach Recycling und Wiederverwendung der Verpackung, um so die Menge des Verpackungsabfalls im Hausmüll verringern zu können. Vorreiter dieser Entwicklung sind die Packstoffe Glas und Papier; zunehmend werden auch Aluminium und Weißblech und sogar einzelne Kunststoffe über öffentliche Sammelcontainer einem Recycling zugeführt. Des weiteren verwendet man heute immer weniger Packstoffe, die bei der Entsorgung Schwierigkeiten bereiten könnten, beispielsweise Materialien, die Chlorverbindungen enthalten.
Bei der Betrachtung der verschiedenen Käsesorten wird deutlich, daß Verpackung insbesondere bei Frisch-, Weich- und Schmelzkäsen sowie bei portionierten Hart- und Schnittkäsen eine Rolle spielt.
Käse mit Rinde lassen sich meist unverpackt in Transportbehältnissen wie Holzkisten, Holzsteigen, Vollpappe- oder Wellkartons sowie auf Paletten befördern, da die Rinde grundsätzlich Schutz gegen mechanische, hygienische und chemisch-physikalische Beeinflussung bietet. Das Umhüllen mit einer Wachs- oder Paraffinschicht, wie für feste und halbfeste Käse üblich, erfüllt neben einer mechanischen Schutzfunktion auch den Zweck, den bei der Lagerung eintretenden Gewichtsverlust in Grenzen zu halten. Nach Erreichen des vorgegebenen Reifegrads werden die Rindenkäse entweder im Anschnitt verkauft oder aber portioniert und für den Detailverkauf vorverpackt.
Unter Vorverpackung versteht man das maschinell durchgeführte Aufschneiden, Zerteilen und Portionieren entrindeter bzw. gewaschener Hart- und Schnittkäse in verkaufsfertige Stücke, Blöcke oder Scheiben und deren sofortige Verpackung. Auf diese Weise werden der mikrobielle Schutz gewährleistet und eine Austrocknung verhindert.
Weichkäse werden traditionell in kleineren Stückgewichten hergestellt. Sie benötigen wegen ihrer empfindlichen Außenhaut grundsätzlich den Schutz einer Verpackung. Die viel rascher als bei Hart- und Schnittkäse verlaufende Reifung verlangt eine Umhüllung, die den weiteren Reifungsverlauf begünstigt und vor Austrocknung und Aromaverlust bewahrt.
Weichkäse mit Rotflora (Schmierebildung), wie Limburger, Romadur oder Münster, verpackt man vorzugsweise in lackierte oder papierkaschierte Aluminiumfolien oder in kunststoffbeschichtete Papiere. Bei kaschierten Verpackungen erlaubt die innere Papierschicht den Austausch von Wasserdampf und Reifungsgasen. Für Weichkäse mit Schimmel, wie Camembert und Brie, setzt man ähnliche Packstoffe ein - lackiertes oder kaschiertes Aluminium, beschichtetes Papier, Cellophan

Je weicher der Käse, desto komplizierter die Verpackung. Hier die wichtigsten Arten: von der einfachsten und ältesten, der Rinde, über beschichtetes Papier, Paraffinüberzug und Kunststoffbecher bis hin zu foliengereiften Käsen.

oder Kunststoff-Film. Wichtig für diese Käsesorten ist auch die Umverpackung, bevorzugt Holzspan- oder Kartonschachteln bzw. Dosen, die den mechanischen Schutz der empfindlichen Schimmelkäse sicherstellen. Zu dichte Umverpackungen könnten allerdings, wegen der fehlenden Luftzirkulation, ein Ersticken des Schimmelrasens bewirken.
Die bevorzugte Verpackung von Frischkäsen und Speisequark stellen heute weiß eingefärbte, tiefgezogene oder gespritzte Kunststoffbecher dar. Sie sind mehrheitlich mit einer peelfähig lackierten Aluminiumfolie verschlossen und tragen darüber einen Kunststoff-Schnappdeckel für den Wiederverschluß der angebrochenen Packung. Verschiedene Frischkäsesorten höherer Fettstufen finden wir nach wie vor in lichtdichten, lackierten und versiegelten Aluminiumfolien oder kunststoffbeschichteten Papieren verpackt, während Magerquark auch in transparenten Polyäthylen-Folien oder -Schläuchen angetroffen wird.
Schmelzkäse entstanden ursprünglich aus der Zielsetzung, Hartkäse durch Wärmebehandlung über längere Zeiträume haltbar zu machen. Dementsprechend wichtig ist eine hermetisch verschlossene Packung. Die für Kleinportionen häufigsten Formen sind das Kreissegment (Käseecke), das Quadrat, das Rechteck oder die Rundportion. Dominierender Packstoff ist die lackierte Alufolie. Diese Kleinportionen werden meist in runden oder rechteckigen Karton- oder Kunststoffschachteln in den Handel gebracht, die bis zu zwölf, vorwiegend aber sechs bis acht Einzelportionen enthalten. Die Schmelzkäse in Scheiben haben sich sehr verbreitet; das Aneinanderkleben der Scheiben kann durch Zwischenlagen aus Papier oder Kunststoff verhindert werden. Zur Scheibenverpackung wird vorwiegend Kunststoffverbundfolie eingesetzt.

F.i.T. und Wff
Zwei Kürzel, die Käse "transparent" machen

Im Gegensatz zu anderen Lebensmitteln birgt Käse, was seine Zusammensetzung betrifft, kein Geheimnis. Alles, was man wissen muß, um einen Käse richtig einordnen und bewerten zu können, ist genau deklariert. Dazu muß man natürlich wissen, was die auf den ersten Blick geheimnisvollen Kürzel F.i.T. und Wff über den Käse aussagen.

Die Einteilung der Käse nach der Festigkeit des Teiges

Für die Bewertung der Konsistenz eines Käses ist weitgehend das Verhältnis von Trockenmasse zum Wassergehalt entscheidend. Die Trockenmasse setzt sich aus Fett, Eiweiß, Milchzucker, Milchsäure sowie Salzen, Vitaminen und Enzymen zusammen; sie ist die Masse, die übrigbleibt, wenn man dem Käse das Wasser entzieht. Das bedeutet, je mehr Wasser ein Käse enthält, desto weicher ist er. Je höher umgekehrt der Anteil an Trockenmasse ist, desto härter ist der Käse. In mehreren Ländern bestehen für die traditionellen Käse Vorschriften, die den Mindestgehalt an Trockenmasse bzw. den Höchstgehalt an Wasser begrenzen.

Als Kriterium für die nicht klar definierten, im internationalen Handel aber zu klassifizierenden Käse hat sich seit längerem ein neuer Begriff eingeführt: Der "Wassergehalt in der fettfreien Käsemasse", kurz "Wff" genannt, dem englischen "water fat free" entsprechend. Die fettfreie Käsemasse ist die gesamte Käsemasse inklusive Wasser, jedoch ohne den Fettanteil. Enthält also ein Käse 25% Fett, so beträgt die fettfreie Käsemasse 75%, und der Wff ist der in diesen 75% enthaltene Wasseranteil. Dieser Wasseranteil/Wff wiederum ist mit einer einfachen Prozentrechnung zu ermitteln: Man benötigt dazu nur die Angabe des Wassergehalts bzw. der Trockenmasse (aus der sich ja der Wassergehalt ergibt). Wenn in unserem Beispiel der Käse also einen Wassergehalt von 50% aufweist (was einer Trockenmasse von 50% entspricht), kommt man zu einem Wff von 66,7, indem man den Wassergehalt (50%) mit 100 multipliziert und das Ergebnis durch die fettfreie Käsemasse (75%) dividiert.

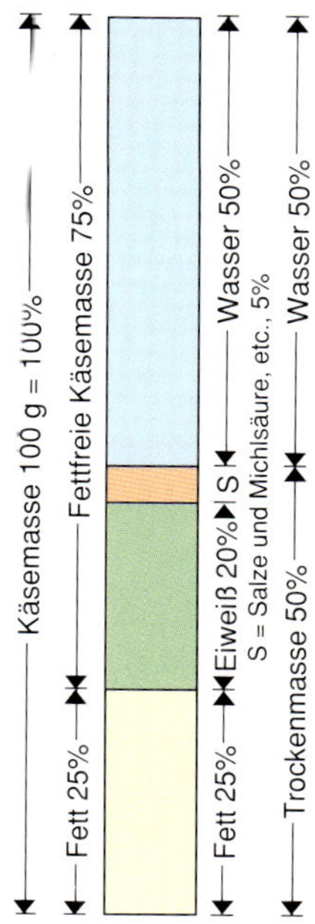

Nach diesem Kriterium wurden die Käse in Gruppen eingeteilt. Für die einzelnen Käsegruppen wiederum sind, wegen der ernährungsphysiologischen und ökonomischen Bedeutung von Käse, aber auch zum Schutz des Konsumenten und im Sinne von "Wahrheit und Klarheit im Handel", in Normen der Welternährungs- und Weltgesundheitsorganisation (FAO/WHO) und in der Gesetzgebung mehrerer Länder Grenzwerte niedergelegt worden. Die Grenzwerte sind teilweise, vorwiegend traditionell bedingt, verschieden, so daß sich die Käsegruppen je nach Land etwas unterscheiden können. Manche Länder, wie Frankreich, gruppieren beispielsweise die Hart- und Halbhartkäse nach Herstellungsmerkmalen (nachgewärmt, gepreßt oder nicht - pâte cuite, non cuite, pressée, non pressée) anstelle von konkreten Grenzwerten. Da die Klassifizierung also unterschiedlich sein kann, folgen als Beispiele die in Deutschland gebräuchliche und die von der FAO/WHO festgelegte Käse-Gruppierung:

Deutschland	
Käsegruppe	Wassergehalt in der fettfreien Käsemasse (Wff)
Hartkäse	56% oder weniger
Schnittkäse	mehr als 54% bis 63%
Halbfester Schnittkäse	mehr als 61% bis 69%
Sauermilchkäse	mehr als 60% bis 73%
Weichkäse	mehr als 67%
Frischkäse	mehr als 73%

FAO/WHO	
Käsegruppe	Wassergehalt in der fettfreien Käsemasse (Wff)
Extrahartkäse (extra hard)	weniger als 51
Hartkäse (hard)	49 bis 56
Schnittkäse (semi-hard)	54 bis 63
Halbfeste Schnittkäse (semi soft)	61 bis 69
Weichkäse	mehr als 67

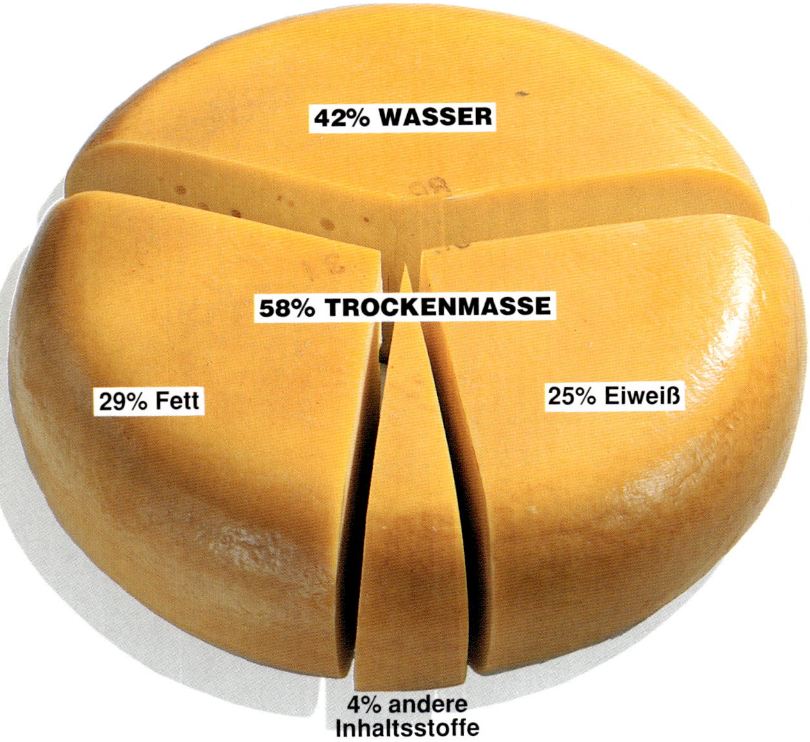

Anhand dieses Gouda-Laibs läßt sich die Zusammensetzung eines Käses veranschaulichen: 10 Tage nach der Herstellung besteht er aus 42% Wasser und 58% Trockenmasse. Der absolute Fettgehalt in diesem Käse beträgt 29%. Der Rest besteht aus Eiweiß (25%) und anderen Inhaltsstoffen (4%), wie Salz, Milchsäure und Mineralstoffen. Der Fettgehalt in der Trockenmasse (F.i.T.) beträgt bei diesem Käse 50%; er ergibt sich aus folgender Rechnung: 29% Fett x 100, geteilt durch die Trockenmasse von 58%.

Die Einstufung der Käse nach dem Fettgehalt

Für die qualitative Beurteilung eines Käses ist, wenngleich natürlich noch eine Reihe anderer Kriterien mitspricht, der Fettgehalt von ausschlaggebender Bedeutung. Je höher der Fettanteil ist, desto feiner und geschmeidiger ist der Käseteig.
Da ist zunächst der tatsächliche (absolute) Fettgehalt, der - ernährungsphysiologisch gesehen - durchaus wichtig ist, zum Beispiel, um den Kalorienwert berechnen zu können. Da ein Käse aber während der Lagerung Wasser verdunstet, werden der prozentuale Anteil der Trockenmasse und der Fettanteil mit zunehmendem Alter größer. Hingegen verändert sich der prozentuale Anteil des Fetts in der Trockenmasse kaum.

F.i.T. - für eine klare Deklaration

Ursprünglich von der Wirtschaft in den 1880er Jahren eingeführt und erst später in die gesetzlichen Regelungen vieler Länder übernommen, diente der Begriff mit Erfolg dazu, mehr Klarheit bei der Käsebeurteilung zu schaffen. Das Kürzel F.i.T. (im Englischen: fdm) steht für "Fett in der Trockenmasse" ("fat in dry matter"). Zieht man vom Gesamtgewicht eines Käses den Wasseranteil ab, erhält man die Trockenmasse; eine Konstante, die sich - im Gegensatz zum Wassergehalt - kaum verändert und daher für die Berechnung des Fettanteils eine verläßliche Basis ist. F.i.T. ist also der prozentuale Fettanteil in der Käsemasse ohne Wasser (Trockenmasse).

Die F.i.T.-Angabe ist gleichzeitig auch eine Aussage über die qualitative Beschaffenheit eines Käses, wenn man davon ausgeht, daß die Fettstufe Rückschlüsse auf die Geschmeidigkeit und das Aroma eines Käses zuläßt. Die Grafik auf Seite 17 zeigt es: Fett, Eiweiß, Salze und andere "feste" Inhaltsstoffe bilden die Trockenmasse. Je nach Sorte steigt oder fällt der Anteil der Trockenmasse, aber nicht unbedingt der Fettgehalt. Am besten läßt sich das am Beispiel von Käsen des gleichen Typs mit unterschiedlichen Fettgehalten verdeutlichen, wie Camembert mit 30%, 45% und 60% F.i.T. Ist der Teig beim 30%igen noch etwas zäh, wird er durch den höheren Fettanteil beim 45%igen schon wesentlich geschmeidiger, beim 60%igen ist er von nahezu cremiger Beschaffenheit. Durch die Kunst der Käsereifachleute ist es heutzutage jedoch mehr und mehr möglich, auch Käse in niedriger Fettstufe mit einem vergleichsweise geschmeidigen Teig zu erzeugen.
Der ernährungs- (und kalorien-)bewußte Verbraucher findet heute immer öfter, gerade bei den fettärmeren Sorten, neben der F.i.T.-Kennzeichnung auch die Angabe des absoluten Fettgehalts. Wenn aber diese Angabe fehlt, kann er den tatsächlichen Fettgehalt überschlägig auch selbst errechnen: die Prozentzahl der F.i.T.-Angabe wird mit folgenden Zahlen multipliziert: bei Hartkäse mit 0,7, bei Schnittkäse mit 0,6, bei Weichkäse mit 0,5, bei Frischkäse mit 0,3. Noch überschlägiger ist er mit folgender Faustregel zu ermitteln: Der absolute Fettgehalt beträgt in etwa die Hälfte des F.i.T.-Wertes, bei Frischkäse etwa ein Drittel.

F.i.T. - INTERNATIONAL

Land	Bezeichnung	Abkürzung
Australien	fat in dry matter	fdm
Belgien	Vetgehalte in de drogestof matière grasse de la matière sèche	V./D.S. M.G./M.S.
CSSR	tuk v susine	tvs
Dänemark	Fedt i tørstof	Fedt i t. oder F.i t.
Deutschland (BRD)	Fett in der Trockenmasse	Fett i.Tr.
Frankreich	% de matière grasse	mat. gr. auch m.g.
Italien	grasso sul secco	g.s.s.
Kanada	Fat on Dry Basis matière grasse de lait en substance sèche	F.D.B. Gras sur sec / Gss
Neuseeland	fat in dry matter	FDM
Niederlande	vet in droge stof	V.D.S.
Norwegen	Fett i tørrstoffet	F/T
Österreich	Fettgehalt in der Trockenmasse	F.i.T.
Schweden	fetthalt i torrsubstans	fett i. torrs.
Schweiz	Fett in der Trockenmasse	Fett i.T.
Spanien	Materia grasa sobre extracto seco	M.G. sobre E.S. oder M.G./E.S.
UdSSR	soderzanie zira v suchom vescestve	
USA	fat in dry matter	fdm
U.K.	Fat in Dry Matter	FDM

In einigen Ländern und im internationalen Gebrauch wird F.i.T. auch durch ein "Pluszeichen" ausgedrückt. Zum Beispiel: "Blue 50 +", "Edam 40 +", "Kaas 48 +", "Svecia 45 +", "Ost F. 45 +", auch "28% fett (F45 +)".

KÄSE-QUALITÄT

Käse richtig beurteilen

Nach welchen Kriterien ein Käse bewertet werden soll, hängt zunächst einmal davon ab, was der einzelne Konsument von einem bestimmten Käse erwartet. Diese Erwartungshaltung wird von vielen Faktoren beeinflußt. Da ist zum einen der ganz persönliche Geschmack, dann die bereits gemachten Erfahrungen und schließlich, als wichtigstes, der beabsichtigte Verwendungszweck, der Grund also, warum er diesen speziellen Käse gewählt hat.

Anhand einer Käsesorte läßt sich die Problematik einer solchen Beurteilung wohl am besten erklären. Ein Gouda soll als Beispiel dienen. Wie alle Käse, macht er einen (mehr oder minder) kontinuierlichen Reifungsprozeß durch; ab einem bestimmten Mindestalter kann er verzehrt werden, und ab diesem Punkt findet er in den folgenden, unterschiedlichen Reifestadien verschiedene Abnehmer:

- Als junger Käse, nach einer Reifezeit von mindestens 6 Wochen, entspricht er dem heutigen Trend nach milden Käsen mit geschmeidigem Teig, möglichst unauffällig im Geschmack, und ist zudem preiswert.
- Mit etwa 4 Monaten Reifungszeit hat sich der gleiche Käse zu einem festen Schnittkäse entwickelt, mit einem nunmehr unverwechselbaren, ausgeprägten Geschmack. Durch Wasserverdunstung hat er an Gewicht verloren und an Wert zugelegt und ist für Käsekenner ein durchaus akzeptabler Käse geworden.
- Nach 9 Monaten und länger wird er zum "alten" Gouda und ist gerade richtig für die Käseliebhaber, die seinen dann ausgesprochen kräftigen, aromatischen Geschmack bevorzugen und ihn am liebsten in Bröckchen zu einem Glas Wein genießen; er ist kaum mehr in Scheiben zu schneiden, sein Teig ist hart geworden.

Im Falle Gouda sind es hauptsächlich die geschmacklichen Eigenarten in den verschiedenen Altersstufen, die ebenso unterschiedliche Verbrauchergruppen ansprechen. Bei anderen Käsen spielen andere Kriterien eine Rolle. Zum Beispiel Camembert: Wer den mildgereiften Camembert des mitteleuropäischen Typs konsumiert und dessen geschmackliche und äußerliche Merkmale als camembert-typisch "gespeichert" hat, der wird einen "auf den Punkt" gereiften Rohmilch-Camembert aus der Normandie sicher als zu kräftig beurteilen; dem prononcierten Geschmack eines Gourmets hingegen wird er als optimal erscheinen.

Eine annähernd objektive Beurteilung ist also nur dann möglich, wenn man die sortentypischen Merkmale eines Käses genau kennt und entsprechend einordnen kann. Unabhängig von persönlichen Vorlieben, gibt es aber auch für den Endverbraucher eine ganze Reihe von Kriterien, die ihm Rückschlüsse auf die Qualität ermöglichen. Das beginnt beim äußeren Erscheinungsbild des Käses. Er soll zunächst einmal sortentypisch geformt sein und eine glatte Rinde ohne Risse und Falten haben. Bei Wachs- oder Kunststoffüberzügen sind die Fehler erst unter dieser Schicht erkennbar. Die Oberfläche solcher Käse muß trocken sein, darf keinesfalls feucht, schmierig oder gar von Schimmel befallen sein. Wachs- oder Kunststoffbeläge und Farbaufträge sollen sich leicht ablösen oder abkratzen lassen. Paraffin soll nicht brüchig sein, oder muß vor dem Aufschneiden entfernt werden, damit es nicht auf die ganze Schnittfläche gerät. Bei besonders altem Hart- oder Schnittkäse wird die Rinde zwar dicker, sie darf aber nicht rauh und krümelig wirken, denn sie könnte dann von Milben durchsetzt sein.

Das Innere eines Käses wird für den Endverbraucher, jedenfalls bei kleinen Weichkäsen, erst dann sichtbar, wenn er den Käse zu Hause aus der Schachtel nimmt und anschneidet. Bei Weichkäsen und einigen abgepackten Halbfesten Schnittkäsen kann man den Reifegrad bzw. die Konsistenz prüfen, indem man mit dem Finger auf den verpackten Käse drückt. Eine zweite wesentliche Eigenschaft des Teiges, nämlich die Teigstruktur, kann man allerdings durch Fingerdruck nicht abschätzen. Sie kann erst im Mund, durch die empfindsamen Tastsinn-Nerven, wahrgenommen werden. Bei einem "feinen" Käse muß der Käseteig sozusagen "glatt von der Zunge gehen", er darf kein rauhes Gefühl hinterlassen. Eigenschaften wie geschmeidig, schneidfähig, weich, klebrig oder gar pappig sind besonders bei den Käsebedienungstheken wichtig, wo es darauf ankommt, ob sich ein Käse glatt schneiden läßt und nicht Messer oder Schneidegerät verschmiert. Hier lassen sich gerade bei den Schnittkäsen erhebliche Unterschiede feststellen. Bei ihnen und den Hartkäsen läßt sich schon an der Käsetheke ersehen, ob der Anschnitt frisch ist, also nicht abgetrocknet, die Lochung sortentypisch und der Käseteig von angenehmer Farbe und Konsistenz ist.

Noch ein wichtiger Punkt ist zu beachten: Licht wirkt sich auf viele Lebensmittel ungünstig aus. Bei Käse sind es vor allem die fettreicheren Produkte, wie Cream cheese oder Speisequark mit 20 bzw. 40%. In einer lichtdurchlässigen Verpackung können sie, wenn sie zu lange im beleuchteten Regal stehen, einen gewissen "Lichtgeschmack" annehmen. Dem entgegen steht allerdings, daß der Verbraucher dunkel eingefärbte, und damit lichtundurchlässige, Verpackungen nur schwer akzeptiert.

Bei älteren Hartkäsen und besonders bei Reibkäsen treten mitunter typische Partikel der Eiweißreifung auf, oft als "Salzkristalle" bezeichnet, bei denen es sich aber meist um natürliche Konglomerate aus Aminosäuren, den Bausteinen des Eiweißes, handelt, die sich bei der Reifung gebildet haben. Bei aufgeriebenem Käse ist es wichtig zu wissen, wann der Käse gerieben oder geraspelt wurde. Bei zu langer Lagerung kann er, durch den einsetzenden Fettabbau, leicht ranzig oder talgig schmecken.

Bei Blauschimmelkäsen kann man - keineswegs selten auch bei großen Marken - beobachten, daß ein 2 bis 3 cm dichter "Salzrand" die Entwicklung des Blauschimmels bremst oder gar verhindert, wenn die Käse stark gesalzen sind und sich das Salz nur langsam verteilt. In Portionspackungen scheidet sich bei solchen Käsen salziges Wasser aus, wenn die vorverpackte Ware zu lange unterwegs war. Die empfindlichsten sind sicher die rasch reifenden Weichkäse, namentlich die aus Rohmilch, die im besonderen auf eine sachgerechte Behandlung im Handel angewiesen sind. Der Verbraucher tut gut daran, bevorzugt dort einzukaufen, wo er weiß, daß die Käsetheke kenntnisreich betreut wird, oder - soweit möglich - sich den leider recht wenigen Spezialisten anzuvertrauen.

Risse im Teig. Ein optimal gereifter Bergkäse, der erst durch falsche Lagerung (Kühlschrank) austrocknete und Risse bekam.

Grünschimmel gehört nicht in diesen Cheddar. Der Teig bei Hart- und Schnittkäse darf niemals von Schimmelpilz durchsetzt sein.

Milchschimmel ist oft erwünscht oder gar notwendig, doch "Wucherungen" wie auf der Oberfläche dieses Ziegenkäses sind eine Fehlentwicklung. Die "Krötenhaut" (peau de crapaud), wie sie von Fachleuten bezeichnet wird, kann durch zu warme Lagerung oder zu wenig Salz entstehen.

Inhaltsstoffe je 100g											
Käse	**Eiweiß** g	**Fett** g	**Kohlen-hydrate** g	**Calcium** (Ca) mg	**Phosphor** (P) mg	**Kochsalz** (NaCl) g	**Trocken-masse** g	**Wasser** g	**F.i.T.** %	**kJ**	**kcal**
Sbrinz 48%	32,0	33,0	+	1200	700	2,0	70,0	30,0	47,1	1833	438
Parmesan 32%	35,6	25,8	+	1290	848	2,0	70,4	29,6	36,6	1634	389
Emmentaler 45%	27,8	29,3	+	1180	860	0,8	63,6	36,4	46,1	1617	386
Hartkäse 30%	27,0	17,0	+	790	555	1,7	55,2	44,8	30,8	1125	268
Cheddar 48%	26,6	32,0	+	820	540	1,8	63,0	37,0	50,8	1655	394
Gouda 48%	27,0	29,6	+	840	470	2,5	59,8	40,2	49,5	1615	385
Gouda 30%	26,4	16,2	+	800	570	1,9	50,9	49,1	31,8	1112	266
Tilsiter 45%	26,3	27,7	+	858	522	1,8	59,4	40,6	46,6	1499	357
Tilsiter 30%	28,7	17,2	+	830	580	2,0	53,8	46,2	32,0	1184	282
Butterkäse 50%	22,0	28,0	+	700	400	1,7	54,0	46,0	51,8	1449	342
Butterkäse 30%	26,5	16,0	+	900	600	1,8	50,0	50,0	32,0	1095	262
Danbo 45%	23,2	25,4	+	750	500	1,5	55,0	45,0	46,2	1435	343
Saint-Paulin	24,0	29,0	+	650	360	2,0	58,0	42,0	50,0	1527	365
Edelpilzkäse 50%	21,1	29,8	+	526	362	3,5	57,2	42,8	52,1	1542	368
Camembert 45%	20,1	21,8	+	470	380	1,8	47,0	53,0	46,4	1225	293
Brie 45% französisch	17,0	20,9	+	185	190	2,7	43,0	57,0	48,6	1100	263
Munster-Géromé 45%	21,0	24,0	+	222	180	1,9	54,0	46,0	44,4	1347	322
Harzer Korbkäse mager	29,9	0,7	+	125	266	2,6	36,0	64,0	1,9	563	134
Limburger 40%	22,4	19,7	+	534	256	2,2	48,3	51,7	40,8	1156	275
Romadur 20%	23,9	9,2	+	448	325	2,8	39,7	60,3	23,2	773	184
Speisequark mager	13,5	0,3	4,1	92	160	-	18,7	81,3	1,6	323	77
Speisequark 20%	12,5	5,1	3,2	85	165	-	22,0	78,0	23,2	487	116
Speisequark 40%	11,1	11,4	3,1	95	187	-	26,5	73,5	43,0	701	167
Petit suisse 60% CH	9,4	20,0	2,9	110	100	-	33,0	67,0	60,6	939	224
Burgos	16,0	24,0	1,6	622	385	0,5	46,0	54,0	52,1	1197	286
Gjetost 35%	11,1	29,6	37,0	520	340	1,0	82,0	18,0	36,1	1928	459

+ = geringfügige Mengen von Kohlenhydraten, Milchsäure. Natriumgehalt: Kochsalzwert · 0,4 = **Na**
Quellen: AID - Renner - Souci, Fachmann, Kraut - Peeters

GESUNDER KÄSE

Milch und Milchprodukte liefern einen wesentlichen Beitrag zu einer gesunden Ernährung. Die große Vielfalt an Käsesorten macht es jedem leicht, dieses wertvolle Grundnahrungsmittel in den Speiseplan zu integrieren. Der ernährungsphysiologische Wert des Käses ist insbesondere durch seinen Anteil an Eiweiß, aber auch durch den Gehalt an Fett, Mineralstoffen und Vitaminen charakterisiert.
Die Fettzufuhr in der Ernährung ist in unserer heutigen Wohlstandsgesellschaft zwar reichlich, ja sogar überreichlich. Allerdings ist das kein Grund, das hochwertige Milchfett, das in gut verdaulicher, fein verteilter Form im Käse enthalten ist, zu verschmähen, das nicht zuletzt auch im Hinblick auf eine ausreichende Versorgung mit den fettlöslichen Vitaminen A und E von Bedeutung ist. Das Cholesterin - ein Begleitstoff von tierischem Fett und ein lebensnotwendiger Grundbaustein aller Körperzellen - wird zwar im Zusammenhang mit der Entstehung von Arteriosklerose heute viel diskutiert. Über Käse (5% des Gesamtfettverbrauchs 1985/86) erfolgt jedoch nur eine sehr geringe durchschnittliche Aufnahme von Cholesterin. Auch im menschlichen Organismus selbst wird diese Substanz täglich neu gebildet. Entscheidend ist auch hier letztlich eine individuell angepaßte, bedarfsgerechte Ernährung. Aversion gegen Fett heißt keineswegs, auf den Käsegenuß verzichten zu müssen. Und was die "Kontrolle" über die Fettzufuhr betrifft, so wird - wie das nur bei wenigen Nahrungsmitteln der Fall ist - der Fettgehalt für jeden Käse eindeutig deklariert.
Für die Leistungsfähigkeit des Menschen spielt die biologische Wertigkeit von Nahrungseiweiß eine we-

sentliche Rolle. Hochwertiges Eiweiß, wie es vor allem auch über Milch und Milchprodukte zur Verfügung steht, ist für den menschlichen Organismus unentbehrlich. Käse enthält alle essentiellen, lebensnotwendigen Aminosäuren, insbesondere Lysin, und ist daher hervorragend geeignet, pflanzliches Eiweiß aufzuwerten. Der tägliche Eiweißbedarf eines Erwachsenen kann bereits mit etwa 100 g Weichkäse oder 100 g Hartkäse zu durchschnittlich 35% bzw. 45% gedeckt werden. Milcheiweiß setzt sich aus rund 80% Casein und rund 20% biologisch noch hochwertigerem Molkenprotein zusammen. Bedingt durch den Prozeß der Käseherstellung, verbleibt das Casein vor allem im Produkt, während das Molkenprotein vorwiegend in die Molke übergeht. Die biologische Wertigkeit des Eiweißes im Käse liegt daher mit 80 bis 85 etwas niedriger als die des Milcheiweißes, aber höher als für Casein allein.
Die Käsereifung führt zu einer Art Vorverdauung und damit zu einer verbesserten Eiweißverdaulichkeit. Vor allem den Aminosäuren Asparaginsäure und Glutaminsäure wird eine fördernde Wirkung auf die Magensaftsekretion zugesprochen. Milcheiweiß ist aufgrund seiner leichten Verdaulichkeit gerade bei einer Tätigkeit, die mit geistigen Anstrengungen verbunden ist, besonders geeignet; Eiweißmangel würde zu einem Nachlassen der Leistungsbereitschaft und der Spannkraft führen. Eiweiß ist mehr als ein Baustein. Aminosäuren erfüllen unter anderem im Zentralnervensystem eine wichtige Rolle. Für eine gute Hirnfunktion im Alter sind neben Glucose und Sauerstoff insbesondere Eiweiß (Aminosäuren!) von Bedeutung. So können die Bildung der Langzeitgedächtnis-Moleküle sowie der Stoffwechsel der biogenen Amine allein durch eine ausreichende Zufuhr von Aminosäuren gesichert werden.
Die alte Volksweisheit "Käse schließt den Magen" hat nach wie vor ihre Gültigkeit. Neben der günstigen Beeinflussung der Darmtätigkeit durch die Bildung an Milchsäure aus Laktose (Milchzucker) wird die Magensaftsekretion neu angeregt, überschießende Magensäure jedoch durch Eiweiß und Mineralstoffe abgepuffert. Fettärmerer Frischkäse kommt - auch bei einem gegenüber anderen Käsesorten verringerten Gehalt an Eiweiß und Mineralstoffen - wegen seines geringen Fettgehalts und seiner guten Verdaulichkeit eine besondere Bedeutung in der Kost für Kranke und ältere Menschen zu.
Der Kohlenhydratgehalt in Käse ist vergleichsweise gering und besteht fast ausschließlich aus Milchzucker. Zuweilen besteht gegenüber Laktose eine Unverträglichkeit, die sich in Verdauungsstörungen äußert. Sauermilchprodukte wie Joghurt und Buttermilch, aber auch Käse, in dem die Laktose weitgehend zu Milchsäure abgebaut ist, bieten eine gesunde Alternative.
Die verschiedenen Käsesorten zeichnen sich auch durch ihren hohen Gehalt an Mineralstoffen aus. Das Calcium steht hier als Hauptmineralstoff zweifellos im Vordergrund. Mit 100 g Weichkäse beispielsweise kann der Tagesbedarf an Calcium zu 30 bis 40%, mit 100 g Hartkäse oder 50 g Quark sogar bis zu 100% gedeckt werden, der Phosphor-Bedarf zu 12 bis 20% bzw. 40 bis 50%.
Käse, wie andere Milchprodukte auch, besitzt eine antikariogene Schutzwirkung aufgrund seiner Pufferkapazität. Durch den Gehalt an Eiweiß und Mineralstoffen kommt es zu einer Reduzierung der Säurebildung im Mischspeichel. Die Kariogenität von Brot ist auf die Spaltung der Stärke im Speichel zu vergärbaren Zukkerstufen zurückzuführen. Daher erweist sich beispielsweise ein Schulfrühstück, das aus mit Käse belegtem Vollkornbrot besteht, als besonders sinnvoll. Der Gehalt an weiteren Mineralstoffen kann in verschiedenen Käsesorten wie folgt angegeben werden: Natrium (Na) 2,9 bis 11,7 g/kg, Kalium (K) 0,7 bis 1,5 g/kg, Chlorid (Cl) 1,5 bis 15,0 g/kg, Magnesium (Mg) 0,2 bis 0,6 g/kg. Daneben enthält Käse eine Vielzahl von Spurenelementen, wobei mengenmäßig der Gehalt an Eisen (1,0 bis 11,7 mg/kg), Kupfer (0,2 bis 3,6 mg/kg) und an Zink (2,7 bis 3,7 mg/kg) im Vordergrund steht.
Der Gehalt an fettlöslichen Vitaminen hängt vom Fettgehalt des Käses ab. 80 bis 85% des Vitamins A der Milch gehen in den Käse über, während naturgemäß die Übergangsrate der wasserlöslichen Vitamine des B-Komplexes geringer ist (Thiamin: 10 bis 20%, Riboflavin und Biotin: 20 bis 30%, Pyridoxin und Pantothensäure: 25 bis 45%, Cobalamin und Folsäure: 40 bis 60%). Einige schimmelgereifte Käse haben einen höheren Gehalt an B-Vitaminen als andere Sorten, wie zum Beispiel Blauschimmelkäse mit bis zu 30 mg/kg Niacin. Durch den Reifungsprozeß bestehen größere Schwankungen im Gehalt an B-Vitaminen, wobei diese von Mikroorganismen sowohl synthetisiert als auch verbraucht werden.
Diskutiert werden in Verbindung mit Käse auch unerwünschte Stoffe. Schimmelstämme zur Herstellung von Camembert *(Penicillium camemberti)*, Brie sowie Edelpilzkäse sind Verwandte der Schimmelarten, die Antibiotika bilden. Nach eingehenden Untersuchungen stellen die unter strenger Kontrolle in der Käsefabrikation verwendeten Schimmelpilzkulturen kein gesundheitliches Risiko für den Menschen dar. Was das Salz betrifft - Salz gehört zum Leben! -, kommt es vor allem auf die Menge an. Normalerweise reicht die über die Nahrung zugeführte Kochsalzmenge aus. Große körperliche Anstrengung, verbunden mit erheblichem Salzverlust über den Schweiß, kann jedoch eine zusätzliche Zufuhr erfordern. Andererseits erfordern manche Diätformen die Verwendung von nur wenig Kochsalz (Natrium). Die Vielfalt der Käsesorten erlaubt aber auch hier eine gezielte Auswahl. Zumal sich, infolge der Wünsche vieler Verbraucher, teilweise ein Rückgang des Kochsalz-Gehalts im Käse feststellen läßt.
Ein Zusatz von Natrium- oder Kaliumnitrat, um bei der Käsereifung Spätblähungen zu verhindern, ist nur bei einigen wenigen Käsesorten (Schnittkäse) zugelassen und unterliegt einer strengen gesetzlichen Regelung. Gemessen an der Aufnahme von Nitrat und Nitrit über die Gesamtnahrung, spielt der über Käse eingebrachte Anteil allerdings keine nennenswerte Rolle. Nitrit ist im Käse nicht nachweisbar.
Biogene Amine (u.a. Histamin, Tyramin, Tryptamin) entstehen während der Käsereifung aus freien Aminosäuren. Im Organismus werden sie jedoch verhältnismäßig rasch enzymatisch abgebaut. Bei der Käseherstellung wird großer Wert auf rückstandsfreie, hochwertige Rohstoffe gelegt. Der Rohstoff Milch gehört zu den wohl am besten untersuchten Nahrungsmitteln. Rückstände von Pflanzenschutzmitteln und Schwermetallen sind daher auch - wenn überhaupt nachweisbar - im Käse in der Regel nur in sehr geringen Konzentrationen, weit unterhalb der zulässigen Höchstmengen, vorhanden.

Aerob oder **anaerob** laufen Stoffwechselvorgänge ab, je nachdem, ob die Mikroorganismen, wie Bakterien und Schimmel, Sauerstoff benötigen (aër = Luft) oder nicht (an-aër = ohne Luft).

Affineur, Käsepfleger - übernimmt die Pflege der Käse bis zum gewünschten Reifegrad (siehe Seite 15).

Albuminkäse wird heute (meist) als Molkeneiweißkäse bezeichnet; er enthält viel wertvolles Milchalbumin aus der Molke.

Almkäse, Alpenkäse, Alpkäse sind Käse, die auf Almen und Alpen in den Bergen hergestellt werden.

Bauernkäse, Bouren kaas, Fromage fermier, Farmhouse cheese nennt man die auf Bauernhöfen, meist aus Rohmilch hergestellten Käse.

Blank ist die Oberfläche eines Käses mit oder ohne Haut oder Rinde, die keinen Belag aufweist, wie Schimmel- oder Käserotflora, Öl oder Plastiküberzug.

Bonde heißt in Frankreich eine zylindrische Käseform mit einem Durchmesser von maximal 65 mm und einer Höhe zwischen 5 und 7 cm.

Brebis - französisch für Schaf. Italienisch: pecora, spanisch: oveja.

Bruch, englisch curd, ist die dicke, geronnene Milch, bei der sich die festen Bestandteile bereits von den flüssigen (der Molke) trennen.

Bruchlochung - siehe Lochung.

Cacio (gesprochen: Katscho, im Dialekt auch Kascho) leitet sich vom lateinischen *caseus* (Käse) her, auch Caccio und Cascio, in Verbindungen wie Caciocavallo, Caciotta, Casciotta d'Urbino.

Casein, Kasein - wichtigstes Milcheiweiß bei der Käseherstellung.

Cendré (von cendre = Asche) bedeutet "mit Asche bedeckt". Wird für Käse, vornehmlich Ziegenkäse, verwendet, der mit pulverisierter Holzkohle (charbon de bois, charbon végétable) bestäubt (charbonné) ist.

Charbonné - siehe cendré.

Chèvre - französisch für Ziege. Italienisch capra, spanisch cabra. In Frankreich auch generell für Ziegenkäse gebraucht.

Definierte Käse sind solche, für die Eigenschaften und Zusammensetzung gesetzlich festgelegt sind.

Dicklegen - die Milch durch Säuerung oder Lab, oder beides, zur Gerinnung bringen.

Double curd cheese - Käse aus einer Mischung von am Abend bereitetem "curd" (Schnitzel), der über Nacht stehen bleibt (und säuert), und am nächsten Morgen frisch bereitetem curd.

Enzyme sind in lebenden Zellen gebildete spezielle Eiweißstoffe, sogenannte Biokatalysatoren, die biochemische Umsetzungen beschleunigen bzw. bewirken, in der Käserei beispielsweise bei der Vergärung des Milchzuckers zu Milchsäure. Sie wirken bei der Eiweißgerinnung und tragen durch eiweißreifende und fettreifende Umsetzungen zur Bildung produktspezifischer Aroma- und Geschmacksstoffe bei.

Filata-Käse - deutsches Lehnwort für Formaggio a pasta filata - "Käse mit gezogenem Teig" (von filare = ziehen). Englisch Stretched curd oder Plastic curd cheese, französisch Fromage plastifié.

F.i.T. - Abkürzung für "Fett in der Trockenmasse". Andere Abkürzungen sind: Fett i.T., in der BR Deutschland Fett i.Tr. (siehe auch Seite 17 und "F.i.T. international" auf Seite 18).

Gallerte - dickgelegte Milch, auch Koagulum.

Gärlochung entsteht durch das bei der Gärung gebildete Gas, meist Kohlendioxyd, das sich an einigen Stellen im Käseteig sammelt und die Gärlöcher bildet.

Gärung (Fermentation) - der Vorgang, bei dem durch Mikroorganismen der Zucker anaerob umgewandelt wird, um Energie für das Wachstum und die Vermehrung zu gewinnen. Je nach Gärungsprodukten spricht man von Milchsäure-, Propionsäure-, Buttersäure-, Alkohol- oder Essigsäuregärung.

Gerinnung - siehe Dicklegen.

Geschlossener Teig - das Innere eines Käses mit sehr wenigen oder keinen Löchern.

Käseflora - die Gesamtheit der Mikroorganismen-Gruppen, die im oder auf dem Käse während der Herstellung und Reifung vorhanden sind. Käserotflora, Rotflora oder Gelbflora bezeichnen den Hauptteil der nichtsäurebildenden Bakterienflora mit den wichtigen *Linens*-Bakterien an der Oberfläche. Sie gehören, neben verschiedenen Hefen, zusammen mit Mikrokokken zur typischen Flora der Rotschmierekäse, bei denen sie die farblichen Veränderungen an der Oberfläche während der Reifung hervorrufen.

Käsereimilch ist die für die Käseherstellung vorgesehene Milch, auch Kesselmilch genannt, oft mit Milchsäurebakterien vorgereift, roh oder wärmebehandelt und im Fettgehalt eingestellt.

Kennzeichnung - die Angabe wichtiger Informationen auf dem Käse oder auf der Verpackung: Verkehrsbezeichnungen (Standardsorte oder Käsegruppe), Fettgehaltsstufe oder Fettgehalt in der Trockenmasse, Name und Anschrift des Herstellers, Verzeichnis der Zutaten, Nettogewicht, Preis.

Koagulum - Gallerte oder Dickete.

Körnerkäse, körniger Käse - meist ein Ausdruck für Cottage cheese, früher auch für Grana ("Korn") verwendet.

Kümmel *(Carum carvi)* und **Kumin** *(Cuminum cyminum)*, zwei oft verwechselte, doch sehr unterschiedliche Würzzusätze für Käse. Kumin heißt im Deutschen auch Kreuzkümmel oder Römischer Kümmel, englisch cumin, französisch cumin de Maroc, italienisch und spanisch comino, niederländisch Komijn.

Lab - eine Substanz (Enzym) aus dem Magen von Kälbern oder anderen jungen Säugetieren, die zum Dicklegen der Milch verwendet wird. Es gibt auch pflanzliche Labe (Saft des Feigenbaums, Labkraut, Distelarten), die seit alters herverwendet werden, und mikrobielle Labe.

Lochung - genereller Begriff für Löcher im Käse. Rundlochung entsteht durch das bei Säuerungsvorgängen, wie der Propionsäuregärung bei Emmentaler, neben Aromastoffen gebildete Kohlendioxyd. Die unregelmäßige Bruchlochung bildet sich, wenn Bruch ohne Molke abgefüllt und damit Luft eingeschlossen wird. Eine Mischlochung liegt vor, wenn neben Bruchlöchern runde Löcher entstanden sind. Schlitzlochung entsteht, wenn der Käse gepreßt wird und dadurch die Bruchlöcher flacher werden.

Milchsäurebakterien vergären den Milchzucker zu Milchsäure und teilweise auch zu Aromastoffen.

Milchschimmel - siehe Schimmelkulturen.

Molke - der flüssige Teil der Milch, der sich nach dem Dicklegen vom Bruch trennt. In der Schweiz auch Sirte genannt.

Molkenkäse - ein Name für zwei völlig verschiedene Erzeugnisse: Molkeneiweißkäse (wie Ricotta und Zieger) und "Brunost" (Braunkäse), auch "Mysost" (Molkenkäse), in Norwegen, aus eingedampfter Molke hergestellt.

Nachwärmen - Erhitzen des Bruch-Molke-Gemischs; fördert das Schrumpfen des Bruchs.

Offener Teig - das Innere eines Käses mit reichlicher Lochbildung.

Pasteurisieren - kurzzeitiges Erhitzen der Rohmilch auf 70 bis 72°C.

ph-Wert - ein Maßstab für die Säuerung, durch eine physikalische Untersuchung bestimmbar.

Propionsäure - siehe Gärung.

Rindenschluß wird erzielt, wenn die Bruchkörner an der Käseoberfläche sich so verbinden, daß diese möglichst glatt wird und keine Einbuchtungen zeigt.

Rotflora - siehe Käseflora.

Rundlochung - siehe Lochung.

Salzbad - Einlegen der Käse in eine Salzlösung von 15 bis 20%; sie schwimmen so lange darin, bis sie den gewünschten Salzgehalt erreicht haben.

Saturei *(Satureja hortensis)* - Bohnenkraut. Englisch savory, französisch sarriette.

Schimmelkulturen ist die allgemeine Bezeichnung für ausgewählte Oberflächen- und Innenschimmel, insbesondere die beiden Pinselschimmel *Penicillium camemberti/candidum* und *Penicillium roqueforti,* sowie *Geotrichum candidum,* allgemein als Milchschimmel bekannt (früher *Oidium/Oospora lactis*).

Schlitzlochung - siehe Lochung.

Schmiere - siehe Käseflora.

Starterkulturen sind Milchsäurebakterien mit besonders günstigen Säuerungs- und Reifungseigenschaften, die in Milch "kultiviert" werden und sich in der Käsereimilch und im Käse gut entwickeln können.

Thermisieren - kurzzeitiges Erhitzen der Rohmilch auf 63 bis 68°C.

Teig ist das Innere eines Käses. Englisch body, auch curd, französisch pâte, italienisch und spanisch pasta.

Trockenmasse - alle Bestandteile des Käses abzüglich des Wassers.

Ultrafiltration heißt ein neues Verfahren, das teilweise auch bei der Käseherstellung angewendet wird. Dabei werden aus der Milch durch sehr feine Membranen mit dem Wasser sehr kleine Inhaltsstoffe, wie Salze und Milchzucker, abgetrennt (Permeat) und große, wie Eiweiß und Fettröpfchen, zurückgehalten (Retentat).

Vache - französisch für Kuh. Italienisch vacca, spanisch vaca.

Vakuumverpackt werden Käse, indem man sie in einen Kunststoffbeutel gibt und aus diesem die Luft absaugt.

Wff - der Wassergehalt in der fettfreien Käsemasse. Die fettfreie Käsemasse ist die gesamte Käsemasse inklusive Wasser, jedoch ohne Fettanteil.

Würzende Zutaten sind Gewürze und Kräuter. In weiterem Sinne auch andere geschmackgebende Zusätze, wie Salami und Schinken.

Ursprungs- oder **Herkunftsschutz** bedeutet, daß aufgrund von Gesetzen und Verordnungen Käse nur dann mit dem jeweiligen Namen bezeichnet werden dürfen, wenn sie aus einem meist genau umrissenen Gebiet stammen und den dort festgelegten Vorschriften für Herstellung, Eigenschaften und Zusammensetzung entsprechen. Sie dürfen dann das entsprechende Zeichen tragen. In Frankreich: AOC - Appellation d'Origine Contrôlée; in Italien: DO - Denominazione di Origine; in Spanien: AO - Apelación Oficial.

Zieger, in der Schweiz **Ziger,** heißt die aus Molke und /oder Milch durch Säure und Hitze abgetrennte, quarkartige Masse, ähnlich wie Ricotta.

KÄSE LEXIKON

Es ist noch gar nicht so lange her, da verband man mit dem Begriff "Käse" eben jene Käsesorten, die es auf den heimischen Märkten gab, und das waren nicht allzu viele. Käse war vor allem das Produkt einer bestimmten Region, einer Landschaft, allenfalls eines bestimmten Landes, manchmal aber auch nur eines einzigen Dorfes. Nur die lager- und transportfähigen harten Käsesorten wurden über große Distanzen hinweg gehandelt. Doch dank der "kurzen Wege" moderner Transportmittel ist eine Angebots-Vielfalt entstanden, die zu überblicken selbst dem Fachmann Probleme bereitet. Nicht allein die "Haltbaren", auch regionale Weichkäse, ja sogar Frischkäse werden europaweit gehandelt. Darüber hinaus werden traditionelle Käsesorten, die einst typisch für eine Region waren, heute weltweit hergestellt. Natürlich hat sich auch die Industrie der Käseproduktion angenommen und, nach marktwirtschaftlicher Logik, "Marken" kreiert, die in friedlicher Koexistenz mit den bekannten, traditionellen, teils national geschützten Sorten das Käseangebot auf dem Weltmarkt prägen, das wiederum von einer Vielzahl quantitativ unbedeutender, oft aber qualitativ interessanter regionaler Varianten "aufgelockert" wird.
All dies zusammen ist der Grund, warum in dem vorliegenden Käse-Lexikon die einzelnen Käsesorten nicht nach regionaler oder nationaler Zugehörigkeit, sondern nach Käse-"Familien" gruppiert wurden. Denn nur so ist es möglich, sich in dem ständig wachsenden Angebot zurechtzufinden, neue Käsesorten richtig zu bewerten und zuzuordnen.

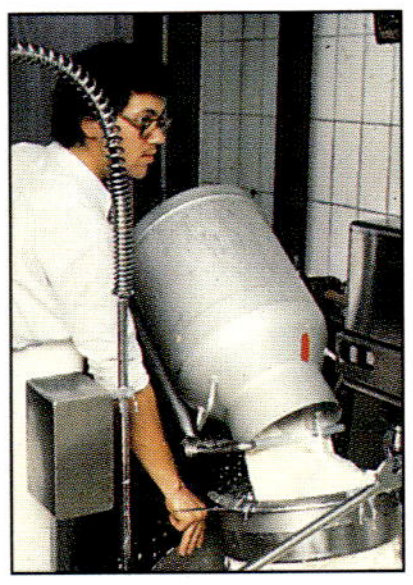
Milch liefern die Bauern zweimal täglich an die Käserei. Für Emmentaler-Typen beispielsweise wird dann die frische Morgenmilch mit der Abendmilch vom Vortag vermischt.

Bei **Hartkäse** denkt man in Mitteleuropa wohl meist an Emmentaler oder Alpkäse, in Frankreich etwa an Gruyère oder Cantal, in Italien an Grana oder Provolone, in Spanien an Manchego, in England an Cheddar, in Nordeuropa an Herrgårdsost, in Südosteuropa an Kaschkawal und in Amerika an Cheddar und Swiss. Gemeinsam ist den Hartkäsen ein sehr fester bis harter Teig von geschmeidig-schneidbarer bis rauh-körniger Struktur. Dank charakteristischer Eigenschaften, bedingt auch durch gemeinsame Herstellungsprinzipien, lassen sich die Hartkäse in vier Familien gliedern.
Für manche Hartkäse ist eine durch Propionsäuregärung bedingte Lochbildung typisch, wie bei Emmentaler oder Gruyère. Andere Hartkäse, wie Parmesan oder Sbrinz, werden auf ähnliche Weise mit kleinem Bruch und Nachwärmen hergestellt, zeigen jedoch keine oder nur eine sehr geringe Lochbildung; sie zeichnen sich dagegen durch eine besonders feste bis harte Konsistenz mit körniger Textur aus, die sie als Extrahartkäse oder Reibkäse charakterisiert. Die beiden weiteren Familien heben sich durch eine besondere Bruchbehandlung ab. Beim Cheddar und seinen Verwandten läßt man den Bruch nach Abtrennen der Molke zusammenwachsen (außer bei den Rührbruchkäsen, wie Colby), „nachsäuern", zerteilt dann den entstandenen Bruchkuchen, salzt die Schnitzel, formt und reift. Die Käse dieser Familie kann man als „im Bruch gesäuerte und gesalzene Käse" charakterisieren. Die Brüh- und Knetkäse mit den Filata-Käsen durchlaufen zunächst ein ähnliches Stadium - Abtrennen der Molke, Zusammenwachsen des Bruchs, Säuern, Zerteilen des Bruchkuchens. Die zerteilte Masse wird dann allerdings auf eine besonders prägende Weise bearbeitet: mit heißem Wasser gebrüht und dann geknetet, bei Filata-Käsen zusätzlich gezogen („filare"), geformt, gesalzen und gereift.
Unter den Hartkäsen, bei denen die Lochbildung zu den wesentlichen Reifungsvorgängen zählt, ist der Emmentaler, namentlich der **Schweizer Emmentaler,** der weltweit bekannteste. Traditionell wird er aus Rohmilch und in Laiben von 70 kg und mehr hergestellt. Sein Teig ist geschmeidig und gut schneidbar, der Fettgehalt liegt bei 45% F.i.T. Gute Qualitäten sind schön gleichmäßig von Löchern (Augen) durchsetzt, die kleiner oder größer, eher rund oder oval sein können. In Deutschland erzeugt man **Allgäuer Emmentaler.** Er reift kürzer als das Schweizer Original und bleibt dadurch milder im Geschmack. Nach mindestens 3 Monaten wird er verkauft.
Die **Herstellung des Emmentalers** ist durch einige Verfahrensschritte gekennzeichnet, die mit besonderer Sorgfalt durchgeführt und aufeinander abgestimmt werden müssen: Art und Menge der Milchsäurebakterien und Labmenge, Zeitdauer des Dicklegens, Bereitung und Größe des Bruchs und Nachwärmen („Brennen") unter Rühren des Bruch-Molke-Gemischs. Nach dem Formen (Abfüllen des unter der Molke abgesetzten Bruchs) wird gepreßt, gesalzen und gereift; 2 Wochen bei 10°C und 6 bis 8 Wochen bei 20°C, je nach Einsetzen der Propionsäuregärung und der Loch-

Daß Käse in der Schweiz eine wesentliche Rolle spielt, wird durch diese Briefmarke deutlich. Sie zeigt das Zerteilen der dickgelegten Milch mit einer Käseharfe.

1 **Milchsäurebakterien und Lab** werden der auf 30 bis 32°C erwärmten Rohmilch - oft einer Mischung aus Abend- und Morgenmilch - zugegeben.

2 **Dickgelegt** wird die Milch während einer 30-minütigen Ruhephase bei 30 bis 32°C. Hat die Gallerte die richtige Festigkeit, sie muß „glatt brechen", beginnt die Bruchbereitung.

3 **Mit einer Käseharfe** (oder mit anderen Schneidegeräten) wird die Gallerte zerteilt und das Bruch-Molke-Gemisch gerührt, bis der Bruch Maiskorngröße hat.

4 **Die einzelnen Bruchkörner** müssen genügend fest („rösch") sein. Dazu wird der Bruch „gebrannt": in 30 Minuten auf 52°C erwärmt und weitere 30 Minuten „ausgerührt".

Streng überwacht: die Herstellung des Emmentalers

5 **Mit Tüchern** schlägt hier der Käser die in Wannen stehenden „Körbe" aus, bevor sie gefüllt werden.

6 **Gleichmäßig verteilen** die Rohre der „Spinne" das Bruch-Molke-Gemisch aus dem Kessel in die Körbe.

7 **Der Käsebruch** setzt sich in den Körben unter der Molke ab; die Molke wird später abgelassen.

8 **Die Tücher** werden über den Körben zusammengebunden. Der Käsebruch ist darin eingeschlossen.

9 **Weitere Molke** fließt ab, wenn das Tuch samt Käsebruch mit einem Flaschenzug hochgehoben wird.

10 **In ein „Järb",** so heißt die Form, wird der Bruch mit Tuch umgebettet und dabei fest hineingepreßt.

11 **Kräftiges Pressen** festigt die Form des jungen Käselaibes und fördert gleichzeitig den Molkeaustritt.

12 **Die Ringform** wird abgehoben, wenn der Käselaib seine Stabilität erreicht hat. Das Tuch wird entfernt.

13 **Überstehende Bruchmasse** am Rand des Laibes schneidet der Käser rundherum gleichmäßig ab.

14 **Im Salzbad** ruht der Laib 1 bis 3 Tage. Dabei gibt er Wasser ab, nimmt Kochsalz auf, bildet eine Rinde.

15 **Sorgsam gepflegt,** mehrfach gewaschen, teilweise mit Salz bestreut wird der Laib während der Reifung.

16 **Zum Gärkeller** gebracht, reifen die Laibe unter strenger Kontrolle bei optimalen Bedingungen.

Emmentaler-Qualität hängt nicht zwangsläufig von Größe und Form der Löcher im Laib ab, denn während des Reifevorgangs sind unterschiedliche Einflüsse für die Entwicklung dieser „berühmten" Löcher und des Geschmacks verantwortlich. Typisch für jeden Rohmilch-Emmentaler ist ein gewisser Nußgeschmack, dessen Intensität letztlich vom Alter des Käses bestimmt wird. Mild bis süßlich-nußartig ist das Aroma bei jüngeren, etwa 3 Monate alten Käsen (wie meist beim Allgäuer Emmentaler), kräftig bis pikant bei älterem, 4 bis 5 Monate gereiftem Käse (wie beim Schweizer Original). Allein vom äußeren Erscheinungsbild kann man die Geschmacksrichtung eines Emmentalers nicht mit Sicherheit ableiten. Mit großer Wahrscheinlichkeit ist aber ein Käse mit großen, langgezogenen Löchern (wie sie der obere Laib hat) eher mild im Geschmack. Der ganze Laib ist hier „schön aufgegangen", also deutlich nach außen gewölbt. Der untere Laib hingegen reifte vermutlich „verhaltener", blieb mehr in Form und entwickelte kleinere und runde Löcher. Dieser Emmentaler-Typ repräsentiert eher die volle, kräftige und pikante Geschmacksrichtung. Schweizer Emmentaler, Allgäuer Emmentaler und der französische Emmental français grand cru werden übrigens nur aus Rohmilch hergestellt; sie sind an einem roten Stempel erkennbar.

US-Swiss, der amerikanische „Schweizer Käse", ist ein in den USA weit verbreiteter Hartkäse. Aus pasteurisierter Milch und mit 43% F.i.T., wird er in unterschiedlicher Form und Größe produziert: in Laib- oder Blockform, teils mit Rinde und Paraffinüberzug, oder ohne Rinde in Folie gereift. Sein Mindestalter beträgt 60 Tage. Im Geschmack ist er mild und leicht nußartig.

Hartkäse nach Emmentaler-Art nennt man die Gruppe der Viereck-Hartkäse, die aus pasteurisierter Milch hergestellt werden. Meist kommen sie unter dem Markennamen des Herstellers in den Handel. Gute Qualitäten können sich durchaus mit jungen Rohmilch-Emmentalern messen. Sie sind mild im Geschmack und von relativ geschmeidiger Konsistenz.

bildung. Anschließend wird der Käse dann bei 10°C weitergelagert, bis er fertig gereift ist.
Eine Schweizer Spezialität ist höhlengereifter Emmentaler. Er lagert erst 2 Monate im Gär- und Reifekeller der Käserei, anschließend noch etwa 6 Monate in Höhlen des Schweizer Mittellandes. Das für Emmentaler typische, nußartige Aroma erhält dadurch eine besondere, ausgeprägte Note.
In einigen Ländern ist der Name Emmentaler ausschließlich Käsen aus Rohmilch vorbehalten, wie in der Schweiz und (zur Zeit noch) in der BR Deutschland. In Frankreich gibt es den in den Regionen Franche-Comté und Savoyen aus Rohmilch hergestellten **Emmental français grand cru** (Emmentaler erste Wahl). Ein Mehrfaches an Tonnage erzielt allerdings der bis in den Westen, die Bretagne und die Normandie hergestellte und unter dem Namen Emmental vermarktete Käse aus pasteurisierter Milch. Hier werden Käse aus roher und aus pasteurisierter Milch in Form der traditionellen runden Laibe hergestellt und gehandelt. In Deutschland wurde für Käse aus pasteurisierter Milch die Viereckform vorgeschrieben; die runde Form, ebenso wie der Name Emmentaler, blieb den Käsen aus Rohmilch vorbehalten. Allerdings breitete sich daneben die rationellere Viereckform - bei im übrigen gleich gebliebenen, hohen Qualitätsanforderungen - auch in der Rohmilchkäserei immer mehr aus; eine Entwicklung, die durch eine verstärkte Nachfrage des Handels gefördert wurde.
In Deutschland verkauft man die Käse aus pasteurisierter Milch als **Hartkäse nach Emmentaler-Art** (vorher Viereck-Hartkäse) in Verbindung mit dem Markennamen des Herstellers. Nach der Angleichung der EG-Regelung wird derartiger Käse ebenfalls, wie vergleichbare Produkte anderer Länder, als Emmentaler bezeichnet werden können. Die Käse dieses Typs reifen im allgemeinen etwa 1 1/2 bis 2 Monate, sie haben eine weichere Konsistenz und ein milderes Aroma als Rohmilch-Emmentaler. International, vor allem im englischsprachigen Raum, kennt man die Käse nach Emmentaler-Art unter der Bezeichnung **Swiss.**
In den USA reifen die oft mehr als 10 kg, teilweise bis 100 kg schweren Käseblocks oder -laibe 2 bis 3 Wochen bei 16 bis 18°C und mehr, bis ihre Löcher etwa die Größe eines Pennys (knapp 2 cm) haben. Anschließend lagern sie bei höchstens 5°C. Verkauft werden sie in Form von kleinen Blocks, Riegeln, Scheiben oder geraspelt („shredded"). Der kleinere, wasserreichere und folglich weichere **Baby Swiss** ist oft mit roter Folie oder Wachs überzogen. Er ist jünger und schmeckt noch milder. Swiss gibt es auch mit dem niedrigeren Fettgehalt von 30% F.i.T., entsprechend ist der Teig weniger geschmeidig.
Käse nach Emmentaler-Art, aus pasteurisierter Milch und meist mit kleinerer Lochung, wird auch in vielen anderen Ländern hergestellt. Einige Beispiele: Moravský bochník (CSSR), Tal-ha-Emek (Israel), Bohinjski sir (Jugoslawien), Ementáli (Ungarn), Sovjetskij und Altaiskij syr (UdSSR). Manche dieser Käse ähneln mehr dem Emmentaler, andere eher dem Gruyère oder US-Swiss.

Vor einiger Zeit erst hat man entdeckt, daß in den Höhlen des Schweizer Mittellandes das Verhältnis von Temperatur und Luftfeuchtigkeit das nußartige Aroma des Emmentalers besonders gut zur Entfaltung bringt. Die bei der Lagerung entstehende braunschwarze Rinde ist das Markenzeichen dieser höhlengereiften Käsespezialität.

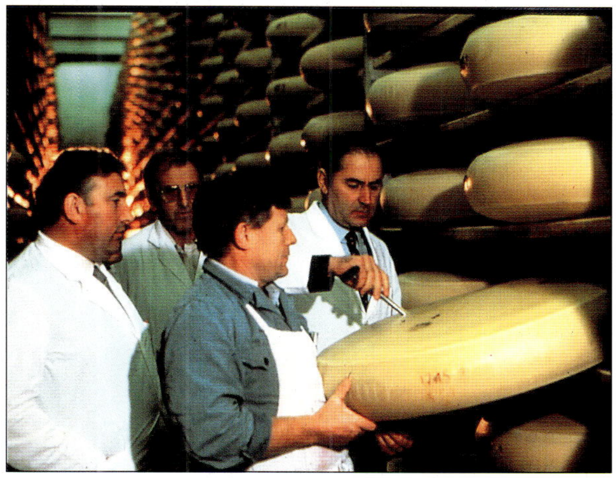

Der gute Ruf des Emmentalers fordert ständige Kontrollen während der Reifezeit. Der Riese unter den auch sonst nicht kleinen Hartkäsen wird aus Rohmilch hergestellt und reagiert auf die verschiedensten Einflüsse höchst sensibel. Die Monate bis zu seiner vollen Reife ruht er unter für ihn optimalen Bedingungen, wie in diesem Schweizer Käselager. Seine Entwicklung wird von Fachleuten in regelmäßigen Abständen geprüft. Nur wirklich einwandfreie Qualitäten gelangen in den Handel. Fehler, wie eine ungleichmäßige Lochung (zum Beispiel längs verlaufende Bruchlöcher), haben zwar auf den Geschmack häufig keinen großen Einfluß, stufen aber den Käse auf der Qualitätsskala herab.

Mit dem Käsebohrer kann der Fachmann prüfen, ob der Käse in der gewünschten Perfektion reift. Das Messer in Form eines längs halbierten Rohres mit scharfen Kanten und einem Holzgriff verhilft ihm zu einer genauen Diagnose: Schon durch das Abklopfen des Käselaibes mit dem Holzgriff kann der Käser hören, wie stark sich die Löcher (Hohlräume) entwickelt haben. Durch Einstechen und Drehen des Bohrers zieht er dann eine Probe aus dem Inneren des Käselaibes und kann so Aroma, Lochung und Konsistenz ziemlich genau beurteilen.

Die Burg Gruyère im Kanton Fribourg in der Westschweiz gab dem würzigen Käse den Namen.

Gruyère, Greyerzer wird aus Rohmilch hergestellt, mit oft mehr als 50% F.i.T. Von erstaunlich konstant bleibender Qualität, hat er - dank einer etwas feuchten, später feinkörnig trockenen Schmiere und 4- bis 8-monatiger Reifungszeit - ein kräftiges Aroma. Der in der Schweiz meistverzehrte Käse ist ideal in der Küche, zum Reiben und Gratinieren, für Saucen und Fondues.

Allgäuer Bergkäse ist ein deutscher Rohmilchkäse der Vollfettstufe. Er wird nach Emmentaler-Art hergestellt, reift aber kühler und länger; daher die kleinere Lochung. Ein delikater, aromatischer Käse, besonders, wenn er von einer der selten gewordenen Alpen stammt, auf denen noch Kühe weiden. Das ist zwar nicht sichtbar, aber zu schmecken.

Comté, Gruyère de Comté, ein französischer Hartkäse aus der Franche-Comté, schmeckt durch Schmierebehandlung und eine 4 bis 5 Monate dauernde Lagerung kräftig-aromatisch, Er hat einen Fettgehalt von mindestens 45% F.i.T., oft auch darüber. Man schätzt ihn als Dessertkäse, in der warmen Küche ist er ähnlich vielfältig verwendbar wie der Schweizer Gruyère.

Beaufort, Gruyère de Beaufort ist ein Bergkäse, der in den französischen Alpen zwischen Annecy und dem Mont Blanc hergestellt wird. Typisch für ihn ist der leicht nach innen gewölbte Rand. Durch seinen hohen Fettgehalt (oft mehr als 50% F.i.T.) hat er eine speckig-elastische Konsistenz. Ein guter Raclette-Käse, der schön sämig schmilzt.

Alpenbraunvieh ist eine typische Gebirgsrasse, die im ganzen Alpenraum verbreitet ist, vor allem in den Käsereigebieten. Als Brown Swiss wird es auch in Übersee weithin geschätzt.

Idiazabal ist ein gutes Beispiel für die spanischen Hartkäse aus Schafmilch mit dem für sie typischen, sehr kräftigen und, wenn sie alt sind, fast scharfen Aroma. Der bis zu 1 Jahr lang haltbare Idiazabal wird zusätzlich geräuchert. Man genießt ihn in kleinen Bröckchen zu Landbrot und Wein oder als Reibkäse zu Reisgerichten und Nudeln. Er ist salzig und recht würzig.

Kefalotiri, ein griechischer Rohmilchkäse aus Schafmilch oder Schaf- und Ziegenmilch, der sehr unterschiedlich lang reift. Oft wird er auch unter dem Namen der Herstellungsregion verkauft. Frisch findet er für viele griechische Gerichte Verwendung, gutgereift als Reibkäse. Eine Variante ohne Lochung, Kefalograviera genannt, wird überwiegend exportiert.

Internationale Favoriten aus hohen Regionen: Bergkäse

Bergkäse oder Alpkäse (Formaggio di montagna, Fromage de montagne) wird in höheren Bergregionen hergestellt, in unterschiedlichen Arten, Formen und Größen. Während in Deutschland und Österreich „Bergkäse" als Oberbegriff gilt, tragen viele Alpkäse der Schweiz Herkunftsnamen (z.B. Brienzer Käse, Grindelwalder Käse, Urner Alpkäse). Das Gewicht der Bergkäse liegt bei 30 bis 40 kg, oft auch darunter. Die Fettstufen reichen von mager (unter 15% F.i.T.) bis vollfett (45% F.i.T.). Entsprechend unterscheiden sich Trockenmasse, Teigbeschaffenheit und das von mild bis kräftig reichende Aroma. Ein bekannter Bergkäse aus Österreich ist der **Tiroler Alpkäse.** Den in Deutschland erzeugten **Allgäuer Bergkäse** gibt es nur in der Vollfettstufe. Wird er noch auf einer Alp hergestellt, bleibt er, je nach Größe der Keller, 3 bis 4 Wochen dort. Warme Witterung während dieser Zeit fördert Lochbildung und Reifung, kühle Witterung verzögert sie. Teils lassen sich diese Unterschiede bei der anschließenden Fertiglagerung im Tal noch ausgleichen. Der Teig ist geschmeidig, das Aroma je nach Herkunft und Alter aromatisch bis pikant, jedoch recht unterschiedlich ausgeprägt. In Italien gibt es verschiedene Bergkäse. **Gruyère, Greyerzer** oder (italienisch) **Gruviera,** der seit Jahrhunderten im Gebiet der heutigen Westschweiz (Welschschweiz) und des französischen Jura bekannt ist, gibt es in mehreren Varianten. Vom Emmentaler unterscheidet er sich durch kleinere Ausmaße, geringere und kleinere (etwa erbsengroße) Lochung und eine Schmierebehandlung auf der Oberfläche. Die Laibe haben einen Durchmesser von 40 bis 65 cm (im Durchschnitt etwa 55 cm), sind 9 bis 13 cm hoch (im Durchschnitt 11 cm) und 20 bis 50 kg schwer. In Frankreich zählt man zur „Gruyère-Familie" den Emmentaler aus roher oder pasteurisierter Milch, zusammen mit den anderen rundgelochten Hartkäsen Beaufort und Comté. Der **Comté** oder **Gruyère de Comté** ist ein Rohmilchkäse, der in Laib- oder Mühlsteinform („meule") hergestellt wird. Bei einem Durchmesser von 40 bis 70 cm sind die Laibe 9 bis 13 cm hoch und 20 bis 60 kg schwer. Je nach Jahreszeit ist der Teig elfenbeinfarbig bis gelblich und zeigt haselnuß- bis kirschgroße Löcher. Durch den hohen Fettgehalt (oft über 50% F.i.T.) ist er geschmeidig-fein. **Beaufort** oder **Gruyère de Beaufort** wird im Sommer als Beaufort de montagne (Berg-Beaufort) oder Beaufort d'été (Sommer-Beaufort) auf den Almen hergestellt. Im Winter stammt er aus den Tälern und heißt Beaufort d'hiver oder Beaufort laitier (Winter- oder Molkerei-Beaufort). Er wird aus Rohmilch hergestellt, die Laibe haben einen konkav gewölbten Rand und nach längerer Reifezeit trockene Schmiere. Die sehr sparsam auftretende kleine Lochung bezeichnen die Franzosen als „œil du perdrix" (Rebhuhnauge). Ähnliche Käse, oft aus pasteurisierter Milch hergestellt, gibt es, mit abgeleiteten Namen, auch in anderen Ländern, wie: Graviera (Griechenland), Grojer (Jugoslawien und Polen), Gravyer (Türkei).
Bindeglieder zwischen Hartkäsen und Extrahartkäsen zum Reiben stellen die Schweizer Käse

Auch Bergkäse werden mit Gewürzen angeboten, wie dieser **Ginepro** mit Wacholderbeeren, der aus dem italienischen Aosta-Tal stammt. Sein vollständiger Name: La Tometta di Giain al ginepro.

Schweizer Alpkäse gibt es in großer Vielfalt und in unterschiedlichen Fettstufen (von 15 bis 45% F.i.T.). Von oben nach unten: Müstair, Puschlaver, Bergeller, Brienzer Mutschli, Hasliberger, Bündner, Bündner viertelfett und Bündner halbfett.

Hobel für Hartkäse, beispielsweise **Sbrinz** (im Bild), sollten so beschaffen sein, daß sie beim Hobeln nicht wegrutschen können. Dieser hier hat eine Kerbe, durch die er an der Tischkante festgehalten wird.

Hobelkäse, wie der abgebildete **Saanen** oder der Spalen, werden als Schnittkäse hergestellt. Einige Exemplare reifen zu Hartkäsen heran. Der Teig bleibt durch den hohen Fettgehalt auch bei fortgeschrittenem Reifegrad geschmeidig, die Käse lassen sich in feine Späne hobeln, die nicht zerfallen. Man genießt sie am besten direkt aus der Hand oder gerollt zum Wein. Für die warme Käseküche sind Hobelkäse sehr beliebt, sie ziehen keine oder kaum Fäden.

Spalen und Saanen-Hobelkäse dar. Aus Rohmilch und ähnlich dem Emmentaler hergestellt, sind es gleichwohl Käse ganz eigener Art. Sie reifen 1 bis 2 oder gar 3 Jahre und bilden eine Kombination von zwei Käsetypen: Käse mit halbhartem, geschmeidigem, schneidbarem und raspelfähigem Teig, der dennoch schon mürbe ist, und Käse mit sehr trockenem und hartem Teig von feinkörniger Struktur, der gut reibbar ist. **Spalen** wird als Variante des Sbrinz angesehen, er wird jedoch stärker gesalzen und und mit höherer Trockenmasse hergestellt als dieser. Einige Monate alt kommt er als Schnittkäse in den Handel, verbreiteter ist jedoch seine Verwendung als Hobel- und Reibkäse. Sein durchschnittlicher Fettgehalt von etwa 47% F.i.T. erklärt die Geschmeidigkeit des Teiges, die auch beim geriebenen Korn noch erhalten bleibt. **Saanen,** auch als **Saanen-Hobelkäse** oder nur als Hobelkäse bekannt, hat seinen Namen vom Fluß Saane im Kanton Bern. Er wird als Schnittkäse hergestellt und reift unter leichtem Schmieren wenige Monate bei 13 bis 16°C. Ausgewählte Laibe lagern und reifen dann bei relativ niedriger Luftfeuchtigkeit zwischen 50 und 70% weiter, bis sie trockene Hobelkäse sind. Auch beim Saanen bleibt der Teig selbst bei weit fortgeschrittenem Reifegrad geschmeidig, bedingt durch den bis zur Rahmstufe reichenden Fettanteil in der Trockenmasse. Diese Käse sind für die warme Käseküche besonders beliebt, weil sie keine oder kaum Fäden ziehen.

Extrahartkäse werden ähnlich wie Emmentaler-Typen hergestellt. Allerdings findet keine oder nur eine geringe Propionsäuregärung statt, die Käse zeigen daher keine wesentliche Lochbildung. Ihre Trockenmasse liegt meist erheblich über 65%. Wegen ihres pikanten, extraharten Teiges, der von mürber, bröckeliger Struktur ist, eignen sie sich ausgezeichnet zum Reiben. Drei Varianten, mit den Leitkäsen Sbrinz, Grana und Pecorino, kann man unterscheiden. **Sbrinz** stammt ursprünglich aus der Innerschweiz, wo er auch heute noch produziert wird. Aus Rohmilch entstehen 20 bis 45 kg schwere Laibe mit einem Durchmesser von 50 bis 70 cm und 10 bis 14 cm Höhe. Junge Exemplare verwendet man wie Spalen und Saanen als Hobelkäse, die meisten jedoch reifen 1 1/2 bis 2 Jahre und finden dann als Reibkäse Verwendung. 45% F.i.T. und mehr bedeutet ein günstiges Verhältnis zwischen Fett und Eiweiß und bewirkt, daß auch das geriebene Korn eine feine Geschmeidigkeit behält. **Grana** („Korn") ist der charakterisierende Oberbegriff für zwei Arten: für Käse aus Provinzen eines begrenzten Erzeugungsgebiets, wie Parma und Reggio Emilia, die seit 1934 zum **Parmigiano-Reggiano** zusammengeschlossen sind, und für den weithin in Norditalien erzeugten **Grana padano** („körniger Käse der Po-Ebene") und den **Grana trentino** (aus dem Trentino). Es sind große, zylindrische Laibe mit Gewichten von 18 bis 25 kg, einer 4 bis 8 mm dicken Rinde und mindestens 32% F.i.T. Das Aroma ist würzig, keinesfalls scharf, der Teig hat eine feinkörnige, blättrige Struktur mit wenigen kleinen Löchern. Die - heutzutage ganzjährige -

Schwergewichte mit Format: Käse zum Hobeln und Reiben

Die bekanntesten Würzkäse aus drei klassischen Käseländern. Sie eignen sich dank ihres extraharten Teiges ausgezeichnet zum Reiben, sind ideal zum Abrunden von Saucen, Suppen, Nudel- und Reisgerichten, schmecken aber auch pur zum Wein vorzüglich. Einige Extrahartkäse werden von Beginn an als solche produziert, andere entstehen als Schnittkäse und reifen erst durch besonders lange Lagerung zum Reibkäse. **Parmigiano-Reggiano** (Italien, ganz oben) ist der berühmteste. Bei ihm werden, ebenso wie beim **Grana padano** (Italien, Mitte links), Struktur und Konsistenz bereits im Kessel angelegt. Der Schweizer **Schabziger** (Mitte rechts, in der typischen Kegelform) ist ein besonders pikanter Würzkäse. Er wird mit getrocknetem, gemahlenem Ziegerklee vermischt. **Overjarige Gouda** (Niederlande, unten links) entsteht aus Schnittkäse; die Bezeichnung „überjährig" für länger als 1 Jahr gereiften Gouda ist nicht vorgeschrieben, hat sich jedoch im Sprachgebrauch durchgesetzt. Der bekannte Schweizer **Sbrinz** (unten rechts) ist ein besonders feinschmelzender Extrahartkäse.

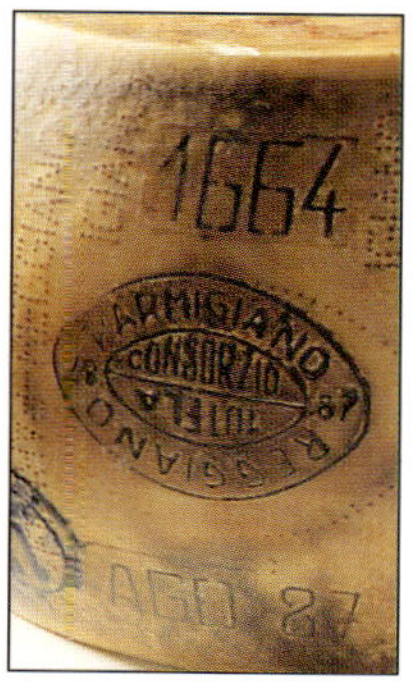

Parmigiano-Reggiano ist einer der ursprungsgeschützten Käse Italiens. Das eingebrannte Gütesiegel des Konsortiums der Region garantiert einwandfreie Qualität.

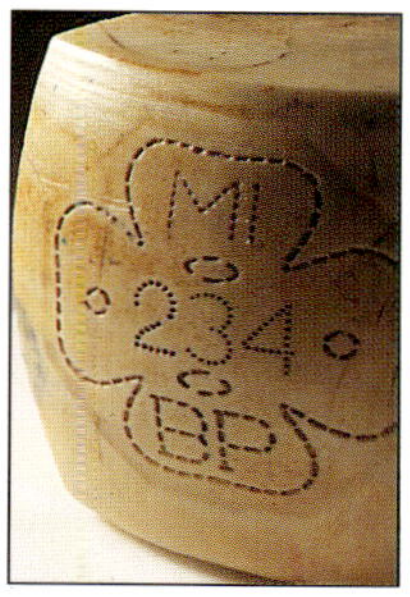

Grana padano, ebenfalls ein DOC-Käse, mit seinem typischen Kennzeichen, dem eingebrannten Kleeblatt.

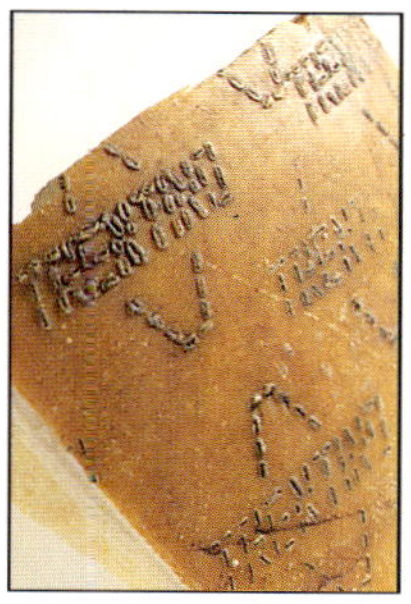

Grana trentino, aus Rohmilch hergestellt, mit dem Qualität garantierenden Gütesiegel des Konsortiums der Region.

HARTKÄSE

Das eingebrannte Siegel, hier beim Asiago vecchio, garantiert nicht nur die gute Qualtiät, sondern zeigt auch das genaue Produktionsdatum.

Asiago vecchio (Asiago piccante) wird durch eine 8 bis 24 Monate dauernde Reifung zu extrahartem Reibkäse.

Montasio vecchio (Montasio piccante) reift länger als 1 Jahr vom Schnittkäse zu aromatischem Reibkäse.

Provolone piccante entwickelt sich binnen 6 Monaten zu einem der würzigsten, in Italien bevorzugten Reibkäse.

Västerbotten ist ein recht harter, sehr aromatischer Käse aus Schweden. Seine Reifezeit beträgt mindestens 8 Monate.

Tiroler Alpkäse ist ein bekannter österreichischer Bergkäse. Er ist würzig, fast ein wenig herb, und leicht salzig.

Favorel, ein Beispiel aus den Niederlanden für einen neuen Hartkäsetyp. Er hat einen würzig-zarten Geschmack.

Mimolette vieille wird zum Teil in den Niederlanden produziert und in Frankreich gereift. Zum Raspeln und Reiben.

Pecorino romano darf nur in ganz bestimmten Regionen hergestellt werden. Seine Reifungszeit: mindestens 8 Monate.

Pecorino sardo mit der durch das Korbgeflecht typisch geprägten Rinde. Der Käse hier ist mittelalt.

Viele Käse, wie dieser junge Pecorino toscano, werden schon nach 2 Monaten Reifungszeit als Tafelkäse verkauft.

Pecorino toscano besticht mittelreif durch seine „dolcezza“, seine leichte Süße. Er variiert sehr stark.

Fiore sardo (hier ein recht alter, reifer Käse) ist eine Variante des Pecorino, die nur auf Sardinien hergestellt wird.

Pecorino pepato ist ein Pecorino, der - hier mit zerstoßenen - schwarzen Pfefferkörnern versetzt wird.

Herstellung der verschiedenen Arten zeigt Unterschiede, ist jedoch von vornherein auf Extrahartkäse angelegt. Grana padano reift 10 bis 18 Monate bei 15 bis 20°C, Parmigiano-Reggiano sogar mindestens 24 Monate, erst bei 16 bis 18°C, später bei 10 bis 12°C. Bei Altersangaben bedeuten die Bezeichnungen „nuovo" 1 Jahr, „vecchio" 2 Jahre, „stravecchio" 3 Jahre und „stravecchione" 4 Jahre. Brandsiegel auf den Käselaiben werden vom jeweils zuständigen Konsortium nach genauer Qualitätsprüfung angebracht und garantieren dem Käufer die Güte. Man nennt sie außerhalb Italiens oft einfach **Parmesan,** in Brasilien Parmezao, in Argentinien Parmesano und Reggianito,in den USA auch nur **Hard grating cheese.**

Pecorino-Käse werden in Mittel- und Süditalien und auf den Inseln Sardinien und Sizilien hergestellt. Allerdings umfaßt der Begriff in ganz Italien Käse sehr unterschiedlicher Beschaffenheit. Ursachen für die „mille varianti" (tausend Varianten) sind die Milchart bzw. die Mischungen aus Kuhmilch, Schaf- und Ziegenmilch, die Verwendung von Kälber-, Lämmer- oder Zickleinlab, außerdem natürlich die jeweiligen Herstellungsmethoden mit unterschiedlicher Bruchgröße, Nachwärmzeit, Reifungsdauer. Frischer, ungereifter **Pecorino fresco** oder wenig gereifter **Pecorino semifresco,** die manchen Caciotta-Typen nahe verwandt sind, und der nur wenig gesalzene **Pecorino dolce** werden meist als recht milde Tafelkäse genossen. Die Hart- und Reibkäse allerdings haben eine weit größere Bedeutung. Ihre bekanntesten Vertreter: Pecorino romano, Pecorino sardo oder Fiore sardo und Pecorino siciliano oder Canestrato. Auch sie werden in den ersten Monaten häufig als Tafelkäse verwendet, mit zunehmender Reife und Festigkeit jedoch als Reibkäse.

Pecorino romano genießt in Italien Ursprungsschutz, nur in bestimmten Regionen hergestellte Käse dürfen mit diesem Namen verkauft werden. 60% des in Italien erzeugten Pecorino romano werden allerdings auf Sardinien erzeugt, das von allen italienischen Regionen auch die meisten Schafe hat. Die Herstellung des Pecorino romano und einiger seiner nahen Verwandten ist vielgestaltiger und arbeitsaufwendiger als die anderer Pecorini. Die Milch wird thermisiert und bei 39°C mit Lämmermagenlab dickgelegt, die enststandene Gallerte auf Weizenkorngröße zerteilt. Der Bruch wird anschließend unter Rühren bis auf etwa 48°C nachgewärmt und in Formen gefüllt. Die Käse reifen bei 12 bis 16°C mindestens 8 Monate und werden während dieser Zeit immer wieder gesalzen und gewendet, mit Salzwasser abgerieben und gereinigt. Die Verwendung von Schafmilch und von Lämmermagenlab zum Dicklegen bedingen das charakteristische, pikante Aroma des Pecorino romano. Der weiße bis strohfarbene Teig ist sehr fest bis hart, geschichtetschuppig und bei vollfetten Käsen geschmeidig und schneidbar, bei fettarmen Käsen eher körnig, und mit den für alte Käse typischen winzigen „Käsekristallen" durchsetzt. Nur vereinzelt treten kleine Löcher auf, in denen sich bei lange gelagerten Käsen eine charakteristische Reifungsflüssig-

Ragusano, der sizilianische Filata-Käse, reift während einer langen Lagerung zum Reibkäse. Eine würzige Variante ist der **Ragusano pepato** (im Bild oben), dessen Teig ganze schwarze Pfefferkörner enthält.

Ein Beispiel für die vielseitige Verwendung des Pecorino in der sizilianischen Küche ist das Gericht „Sarde a beccafico". Frische Sardinen werden mit einer Farce, bei der alter Pecorino und Knoblauch dominieren, gefüllt und mit Lorbeerblättern gegart.

keit, „lacrima" (Träne) genannt, bildet. Mindestens 36% F.i.T. sind vorgeschrieben, 40% werden aber häufig überschritten. Die glatte Rinde der Käse ist gewöhnlich hellgelb-strohfarben und mit Öl, Talg oder Ton (terra gialla, „gelbe Erde") eingerieben. Mehr und mehr verwenden die Hersteller allerdings Kunststoffüberzüge unterschiedlich dunkler Brauntönung. Die zylindrischen Laibe haben einen Durchmesser von 20 bis 30 cm, sind 14 bis 30 cm hoch und 8 bis 22 kg schwer. Hergestellt werden sie im Winter und im Frühjahr, regional unterschiedlich bis Mai oder Juni.
Der **Romano** der USA, Kanadas und anderer Länder ist ein beliebter Reibkäse, der aus Kuh-, Schaf- oder Ziegenmilch, auch aus Mischungen, hergestellt wird und durch Lämmer- oder Zickleinlab sein typisch-pikantes Aroma entwickelt. In den USA muß Romano mindestens 38% F.i.T. und 68% Trockenmasse (höchstens 34% Wasser) enthalten, ähnlich in Kanada, Australien und Neuseeland. Oft werden fettreifende Enzyme zugesetzt. Andere Pecorino-Käse tragen den jeweiligen Namen des Herstellungsgebietes. Pecorino di Norcia aus Umbrien (aus ganz frisch gemolkener Milch), Pecorino di Crotone aus Kantabrien, Pecorino di Moliterno oder Canestrato di Moliterno, benannt nach dem gleichnamigen Städtchen in der Basilicata, Pecorino abruzzese, Pecorino del Frignano aus dem Apennin und Canestrato di Foggia aus Apulien sind nur einige Beispiele. In der Toscana wird eine Vielzahl an Käsen unter den Namen **Pecorino toscano** und **Toscanello** (auch als „pepato") hergestellt, in unterschiedlichen Verfahren und aus verschiedenen Milchsorten und -mischungen. Gelegentlich trifft man **Pecorino toscano sotto cenere** („unter Asche") an. Als Pecorino Sardiniens ist, neben dem Pecorino romano, der **Pecorino fiore sardo** (auch Pecorino sardo oder **Fiore sardo**) bekannt. Zwischen 1,5 kg und 4 kg wiegen die Laibe, die sich durch einen leicht gewölbten Rand auszeichnen, den sogenannten „schiena di mulo", den Eselsrücken. Er entsteht, indem zwei junge, konisch geformte Käse zum Reifen aufeinandergelegt werden. Schafmilch, Lamm- oder Zickleinlab und mindestens 40% F.i.T. sind Vorschrift, der Teig ist weißlich oder blaßgelb, bei entsprechender Reifezeit von oft mehr als 9 Monaten fest bis hart und pikant bis scharf. Ein anderer Hartkäse Sardiniens ist der **Pecorino di Macomer,** benannt nach dem bedeutenden Schafkäsezentrum gleichen Namens. Ein beliebter Tafel- und Reibkäse ist auch der mit schwarzen Pfefferkörnern versetzte **Formaggio sardo pepato,** der wegen seines individuellen und reichen Geschmacks bei den „buongastai" (Feinschmeckern) begehrt ist. Der bekannteste Hart- und Reibkäse Siziliens ist der **Pecorino canestrato siciliano** (oder **Pecorino siciliano, Canestrato siciliano**), der Ursprungsschutz genießt. Sein Name geht auf den Korb („canestra") aus Schilfgeflecht zurück, der ihm die typische Form und Struktur verleiht. Er hat mindestens 40% F.i.T., oft auch darüber. Auch hier gibt es einen **Pepato,** bei dem schwarze Pfefferkörner unter den Bruch gemischt werden.

In den sizilianischen Bergen stellen die Bauern den Pecorino noch auf traditionelle Weise her. Über einem schlichten Holzfeuer erhitzen sie die Schafmilch in Kupferkesseln. Die gestockte Milch wird zerkleinert, der Bruch zum Ablaufen in die typischen Körbe gefüllt, deren Form und Struktur die fertigen Käse später zeigen.

HANDARBEIT HAT TRADITION

Der ganze Stolz der sizilianischen Bauern ist ihr **Pecorino canestrato siciliano,** den sie nach wie vor in traditioneller Handarbeit herstellen und der für ihre Insel Ursprungsschutz genießt. Der Name geht auf den Korb („canestra") aus Schilfgeflecht zurück, in den die Bruchmasse zum Abtropfen gefüllt wird und der dem Käse die typische Form und Struktur verleiht. Schafvollmilch als Ausgangsprodukt, Lämmer- oder Zickleinlab zum Dicklegen der Milch und mindestens 40% F.i.T sind vorgeschrieben; tatsächlich liegt der Fettgehalt jedoch meist darüber. Die 4 kg bis mehr als 20 kg schweren zylindrischen Laibe haben einen Durchmesser von 25 bis 30 cm und eine Höhe zwischen 10 und 18 cm. Ihre harte Rinde ist durch das Korbgeflecht typisch geprägt. Sie ist zunächst weißlich-gelb, bekommt aber durch eine Behandlung mit Öl und Ölsatz („morchio") nach und nach eine goldbraune Tönung. Der kompakte, entsprechend seinem Alter weißliche bis strohfarbene Teig zeigt nur wenige Löcher. Er enthält 4 bis 5% Salz oder auch mehr, doch gibt es auf Sizilien auch einen **Pecorino dolce** mit niedrigerem Salzgehalt („primo-sale"), der ziemlich frisch, nur wenig gereift verzehrt wird. Noch würziger dagegen als der ohnehin schon pikante „gewöhnliche" Pecorino, der **Pecorino bianco** (oder Pecorino calcagno), ist der **Pecorino siciliano pepato** (auch Pecorino col pepe oder Canestrato pepato), unter dessen Teig ganze schwarze Pfefferkörner gemischt werden. Nach 4 Monaten Reifezeit gilt er als Tafelkäse, als Reibkäse wird er 6 bis 8 Monate alt. Ein solcher Käse aus der Gegend von Messina ist der **Piacintinu,** der manchmal mit Safran gelb gefärbt wird.

Schafzucht ist in den Bergregionen Siziliens nach wie vor ein wichtiger Wirtschaftsfaktor. Zum Melken werden die Tiere jeden Abend in den Pferch getrieben, aus dem sie nacheinander über den Melkstand wieder nach draußen gelangen. Zwar liefern sie nur wenig Milch, die aber ist dank der vielen Kräuter auf den Weiden besonders würzig.

Auf den italienischen Märkten ist der sizilianische Pecorino leicht vom Pecorino romano mit seiner meist dunklen Kunststoffrinde zu unterscheiden, denn er zeigt deutlich die ganz typische Struktur des Korbes. Produziert wird er in unterschiedlichen Größen, sein Gewicht kann zwischen 3 und 12 kg liegen. Er hat ein sehr pikantes Aroma und eignet sich daher ausgesprochen gut für die warme Käseküche, beispielsweise für Risotti und Nudelgerichte.

SPANISCHE KÄSE-VIELFALT

So vielgestaltig wie das Landschaftsbild, so zahlreich sind auch die Käsesorten, die in Spanien - schon seit Jahrhunderten - hergestellt werden. Daß dennoch relativ wenige über die Landesgrenzen hinaus, aber auch innerhalb Spaniens, wirklich bekannt sind, hat einen einfachen Grund: In dem weiten Land ist die Verbreitung der über 40 Käsesorten und –varietäten auf die nähere Umgebung des jeweiligen Herstellungsortes begrenzt, und so mancher Käse wird nur in einem einzigen Dorf produziert. Welche Art Käse wo hergestellt wird, ist vor allem auch von den landschaftlichen Gegebenheiten abhängig. Im Norden, Nordwesten (mit Galizien und Kantabrien), aber auch im Nordosten dominieren Käse aus Kuhmilch, weil die saftigen Weiden dieser Regionen ideal für die Rinderzucht geeignet sind. Aus dem Bergland Kataloniens im Nordosten beispielsweise kommt der Kuhmilch-Schnittkäse **Formatge de La Selva** (vierter von oben). Kühe gibt es auch auf den Balearen, von deren Insel Menorca der recht bekannte, kräftig schmeckende Kuhmilchkäse **Mahón** (der quaderförmige in der Bildmitte) kommt. Dagegen sind Andalusien wie auch die Extremadura und andere Berglandschaften für Ziegenkäse berühmt, wie **Los Ibores** (zweiter Käse von unten) **Tietar** (im Bild ganz oben) oder **La Breña** (ganz unten). Doch vorwiegend hält man in Spanien Schafe, und so wird Schafkäse in ganz Spanien hergestellt. Der bekannteste und meistproduzierte ist der **Manchego;** bei dem Laib im Bild oben links ist die typische, durch die Formen und Geflechte („pleitas") geprägte, wellenförmige Musterung an der Seite zu sehen.

San Simón, ein Kuhmilchkäse aus der nordwestspanischen Provinz Galizien. Oft wird er über Birkenholz geräuchert, was ihm nicht nur ein besonderes Aroma verleiht, sondern auch seine Lagerfähigkeit erhöht.

Manchego, der berühmte Schafkäse aus Spanien

La Mancha, die durch Cervantes' Roman „Don Quijote“ berühmt gewordene spanische Landschaft auf den Hochebenen von Neukastilien, ist die Heimat des **Manchego,** des bekanntesten Hartkäses Spaniens. Er wird aus der Milch der genügsamen und anpassungsfähigen Manchega-Schafe hergestellt, die ihm sein charakteristisches, sehr ausgeprägtes Schafkäsearoma verleiht. Die Manchega-Rasse ist die in Spanien am meisten verbreitete und wirtschaftlich bedeutendste Schafrasse. Für den Manchego, seit 1984 ursprungsgeschützt, besteht eine ganze Reihe von Auflagen: Herstellung ausschließlich in den zur Region La Mancha zählenden Provinzen Alicante, Ciudad Real, Cuenca und Toledo, nur aus Schafmilch mit mindestens 6% Fett, 4,5% Eiweiß und 16,5% Trokkenmasse, die Milch ist pasteurisiert, nur für handwerkliche Herstellung wird rohe Milch verwendet; mindestens 50% F.i.T. und 55% Trockenmasse (die oft jedoch deutlich höher liegen), und eine Reifungszeit von mindestens 2 Monaten bei 12 bis 15°C, Weiterlagerung bei weniger als 10°C. Darüber hinaus müssen der Name „Manchego“ und die Herstellungswoche aufgedruckt sein. Die harte, strohgelbe bis dunkelbraune, leicht gefurchte Rinde der zylindrischen, 2 bis 3,5 kg schweren Laibe ist blank oder mit Wachs, Plastikfilm oder Olivenöl bedeckt. Junger, nur wenige Tage alter Manchego wird als fresco bezeichnet, wenige Wochen alter als semifresco und 1 bis 2 Monate gereifter als tierno. Allerdings darf in Spanien Käse aus roher, unpasteurisierter Milch nicht vor 2 Monaten nach der Herstellung zum Konsum kommen. Nach der Mindestreifezeit von 2 Monaten und bis zu 3 Monaten werden die Käse als Manchego semi curado oder Manchego medio curado bezeichnet, Manchego curado oder viejo ist 3 bis 6 Monate lang gereift, 1 Jahr alte Käse werden als Manchego añejo gekennzeichnet. Manche Käse läßt man, in Olivenöl gelegt, bis zu 2 Jahren reifen; die sich während der Reifung bildende grauschwarze Rinde kennzeichnet diesen **Manchego en aceite.** Dem Manchego ähnliche, ebenfalls aus Schafmilch hergestellte Käse werden heutzutage in einer Vielzahl von Varianten und mit anderen Bezeichnungen in ganz Spanien hergestellt. Zu ihnen zählt auch der sehr feste bis harte **Grazalema** aus Cadiz. Andere Manchego-Typen sind die mit pflanzlichem Lab bereiteten **Los Pedroches** und **Serena** aus Córdoba in Andalusien. Kaum geringeren Anklang als die allein aus Schafmilch hergestellten Manchego-Typen finden, inner- und außerhalb Spaniens, aber auch Käse aus Mischungen von Schaf-, Kuh- und Ziegenmilch, vor allem mittelgereift. Bei der Kennzeichnung solcher Käse sind die Angaben über die verwendeten Milcharten und das Alter wichtig.

Einen harten bis sehr harten, reibfähigen Teig mit pikantem Geschmack und charakteristischem Aroma haben die Schafmilchkäse **Roncal** aus Navarra (mindestens 60% F.i.T. und 60% Trokkenmasse, über 4 Monate gereift) und der geräucherte **Idiazabal** aus dem kantabrischen Baskenland mit seinen vielen, örtlich begrenzten Varianten wie Gorbea, Orduña, Urbia, Aralar, Urbasa.

Manchego (im Bild unten) ist der bekannteste und wichtigste Schafkäse Spaniens. Ein Großteil der landesweit erzeugten Schafmilch wird zu diesem und ähnlichen Käsen verarbeitet, wie dem sehr festen **Roncal** (ganz oben). Der (unter ihm liegende) **Queso de Huerte** ist ein vergleichbarer Käse aus Schaf-, Kuh- und Ziegenmilch; die stark zunehmende Produktion solcher Käse aus Milchmischungen ging mit der erheblichen Steigerung der Kuhmilch-Erzeugung seit den 60er Jahren einher.

Ein gutes Beispiel für optimale Beschaffenheit (geschmeidiger Teig, gleichmäßige Bruchlochung) und sorgfältige Pflege ist dieser angenehm-pikante Käse nach Art des Manchego.

Die Familie des **Cheddar** zeichnet sich durch eine besondere Bruchbehandlung aus. Man läßt den wie üblich bereiteten Bruch (englisch: curd) absitzen, zu einem Bruchkuchen zusammenwachsen und säuern, unter wiederholtem Umschichten („cheddaring"). Darauf folgt das sogenannte Schnitzeln („milling") der Masse, das Salzen der Schnitzel (die ebenfalls als „curd" bezeichnet werden), das Formen, Pressen und schließlich das Reifen bei 7° (bis 10°)C. Etwas anders wird bei der weltweit, besonders aber in Amerika verbreiteten Variante, dem Rührbruchkäse **Colby,** verfahren. Man rührt den Bruch („curd"), wobei er säuert und ausreichend fest wird, salzt ihn und füllt ihn direkt in die Formen; das Cheddaring entfällt. Auf eine kurze Formel gebracht, zählen zu dieser Familie „im Bruch gesäuerte und gesalzene Käse". Bei der besonderen Art der Herstellung entwikkeln sie Eigenschaften, die sie für verschiedene Verwendungsmöglichkeiten interessant machen. Sie sind in unterschiedlichen Reifegraden als Tafelkäse beliebt und, besonders in den „Cheddar-Ländern", aus der Küche nicht wegzudenken. Dank ihrer Teigeigenschaften schätzt man jüngeren und mittelreifen Cheddar und ähnliche Käse sehr hoch für die Schmelzkäseherstellung.

Aus den Samen des Orleanstrauches *(Bixa orellana)* wird der Annatto genannte, rotgelbe Extrakt gewonnen, der vor allem zum Färben von Käse, aber auch anderer Lebensmittel, eingesetzt wird. Der eigentliche Farbstoff des Annatto, Bixin, ist mit dem Carotin verwandt.

Cheddar dürfte die der Menge nach am weitesten verbreitete Käsesorte sein. Der größte Teil der Weltproduktion entsteht heute in großen Käsereien, in gleichmäßig guter, den Wünschen der Konsumenten entsprechender Qualität. Eine Entwicklung, die auch im Vereinigten Königreich, dem Ursprungsland des Cheddar, und in Amerika noch fortschreitet. Einzelne Herstellungsprinzipien des Cheddar sind sehr alt, sie wurden aber regional sehr verschieden angewendet. Als Ergebnis werden Käse unterschiedlicher Typen, Formen, Größen und Qualitäten unter demselben Namen verkauft. Der **britische Cheddar** wird aus Kuhmilch hergestellt. Die zylindrischen Laibe haben einen Durchmesser von 35 bis 38 cm, eine Höhe von 33 bis 38 cm und ein Gewicht von 27 kg. Der Fettgehalt beträgt mindestens 48% F.i.T., die Trockenmasse mindestens 61%, der Wassergehalt entsprechend maximal 39%. **Truckles** nennt man kleinere, ebenfalls zylindrische Cheddar-Käse von 4 bis 6 kg Gewicht, **Cheddlets** solche mit etwa 1 kg Gewicht. In Plastikfolie verpackte Cheddar-Blocks wiegen zwischen 18 und 19 kg und weniger. Der vorwiegend naturbelassene, teilweise aber durch Annatto gelb gefärbte Teig ist je nach Reifegrad geschmeidig-krümelig. Er ist heute meist ziemlich „geschlossen", doch gibt es auf dem Markt noch häufig recht „offene", spaltenreiche Käse. Schottischer Cheddar ist gewöhnlich fester und stärker mit Annatto gefärbt. Als Spezialität gilt der **Farmhouse Cheddar,** der nußartig und butterig („buttery") schmeckt.

Eine ganze Reihe anderer britischer Käse sind dem Cheddar ähnlich. Die meisten werden im Lande herkömmlich als Hartkäse angesehen, in der internationalen Klassifizierung aber als Halbhart-Käse (Schnittkäse) eingestuft. Der Mindestfettgehalt beträgt 48% F.i.T. **Derby** ist eine regionale Sorte aus Derbyshire in Mittelengland, wo es

Zwei traditionell hergestellte Cheddar mit unterschiedlichen Reifezeiten: 16 Monate alt (Bild unten) und 3 Monate alt (ganz unten).

Longhorn ist die Bezeichnung für eine zylindrische Cheddar-Form mit 33 cm Länge, 15 cm Durchmesser, 6 kg Gewicht. In den USA wird Longhorn auch als Cheddar-Varietät angesehen.

Cheddar ist nicht gleich Cheddar. Nur noch selten wird er auf traditionelle Weise in Tüchern hergestellt, wie das Exemplar im Bild oben links, das 5 Monate lang gereift ist. Nach modernen Verfahren produzierte Cheddar-Käse sind meist foliengereift oder gewachst (wie rechts im Bild), oft auch mit Annatto orange gefärbt.

STOLZ DER BRITEN: CHEDDAR

Das Städtchen Cheddar zu Füßen der Mendip Hills in der englischen Grafschaft Somerset gab diesem Käse den Namen, dessen Ursprünge bis ins 12. Jahrhundert zurückreichen. Seither wird er in der Region südlich von Bristol und im Südwesten Schottlands hergestellt, inzwischen hat er sich jedoch zur weltweit meistverbreiteten Käsesorte entwickelt. Ob in Amerika, in Australien oder in Neuseeland - überall ist Cheddar ebenso bekannt wie beliebt. Vereinzelt noch trifft man in den Cheddar produzierenden Ländern Hersteller, die sich der in der Mitte des 19. Jahrhunderts auf den englischen Gutshöfen entstandenen arbeits- und personalaufwendigen Verfahren bedienen. Der größte Teil der Weltproduktion wird heute jedoch von großen Käsereien geliefert.

Traditionell hergestellte Cheddar-Laibe in den verschiedensten Größen reifen in diesem Lager unter optimalen Bedingungen. Auf Bestellung werden auch Riesen-Laibe wie im Bild oben produziert.

WIE CHEDDAR ENTSTEHT

Nach dem Bereiten des (etwa erbsgroßen) Bruchs, und nachdem dieser zu einem Bruchkuchen zusammengewachsen ist, beginnt ein für Cheddar ganz spezifischer Arbeitsabschnitt, das „cheddaring". Der Bruchkuchen wird in Fladen zerteilt, die wiederum mehrmals um- und aufeinandergeschichtet werden. Gleichzeitig findet das durch Milchsäurebildung bedingte „Nachsäuern" statt. Ist diese Säuerung genügend weit fortgeschritten, wird die faserig gewordene Bruchmasse in Stücke geschnitten und dann zu Schnitzeln zerkleinert („milling"). Der weitere Herstellungsverlauf wird in der Bildfolge veranschaulicht.

Cheddar curd ist in Kanada und den USA ein beliebter Snack. Curd sind die Schnitzel, die beim „milling", dem Schnitzeln der Bruchmasse, entstehen. Sie werden frisch, wie sie sind, gesalzen oder ungesalzen, angeboten.

Sage Derby ist unverwechselbar: Sage heißt Salbei, und dieses Gewürzkraut wird auch unter den Käsebruch gemischt.

1 **Aus der gesäuerten Bruchmasse** werden handliche Stücke geschnitten und diese dann geschnitzelt.

2 **In die Schnitzel,** „curd" genannt, wird Salz eingestreut und durch Umschichten gleichmäßig verteilt.

3 **In runde Formen,** die mit Tüchern ausgelegt sind, werden die gesalzenen Schnitzel eingefüllt.

4 **Gepreßt** wird Cheddar in zwei Abschnitten, hier in der horizontalen Presse, für jeweils 12 bis 16 Stunden.

5 **Aus der Form** gelöst wird der junge, das erste Mal gepreßte Käse durch vorsichtiges Stürzen.

6 **Das Tuch** wird vorsichtig entfernt. Die Oberfläche zeigt leichte Unebenheiten wie Furchen und Mulden.

7 **Das Eintauchen** des Laibes in heißes Wasser fördert den „Rindenschluß" und glättet die Oberfläche.

8 **Das Einfetten,** ein aufwendiger Vorgang bei konventioneller Produktion, verringert das Ankleben des Tuchs.

9 **Sorgfältig umgetucht** wird der Laib vor dem zweiten, sehr starken Pressen. Zuerst Ober- und Unterseite.

10 **Rundherum** wird der Laib exakt „bandagiert". Nach dem zweiten Pressen werden die Tücher dann entfernt.

11 **Das Lagern** der fertigen Laibe erfolgt bei 7°C oder - für eine schnellere Reifung - bei 10°C.

Cheddaring, Milling und andere Besonderheiten der Cheddar-Produktion

übrigens die ersten Käsereien Englands gab. Der Teig ist nie gefärbt und daher stets von heller, honiggelber Farbe. Er reift, gewachst oder in Folie verpackt, 3 bis 4 Monate bei 14°C, man bezeichnet ihn deshalb auch als schnellreifenden Cheddar. Ebenso wie der aus Schottland stammende **Dunlop** gilt er mit etwas wasserreicherem und daher weniger festem Teig als eine angenehm milde Variante des Cheddar. Vollreife Laibe sind manchmal von grau-grünem Schimmel überzogen. Beim **Sage Derby** werden dem Bruch zermahlene Salbeiblätter („sage") und andere Kräuter zugesetzt. Sie werden entweder gleichmäßig im Bruch verteilt, oder Schichten extra hergestellten „grünen" Bruchs werden zwischen Schichten weißen Teigs gelegt. Die Flachseiten der Laibe können zudem das Muster von Salbeiblättern zeigen. **Double Gloucester** stammt aus den Weidegebieten von Gloucestershire, wird aber heute überwiegend im Südwesten Englands hergestellt. Die Laibe wiegen etwa 28 kg, haben eine Höhe von 15 cm und einen Durchmesser von 36 cm. Höhe und Gewicht sind etwa doppelt so groß wie beim **Single Gloucester,** der aber heute nicht mehr produziert wird. Traditionell hergestellte Laibe reifen 4 bis 6 Monate bei 10 bis 13°C, folienverpackte Käse kürzere Zeit bei 4 bis 6°C. Gloucester, früher eher dem Cheddar nahestehend, gilt heute öfter auch als „hybrid cheese„. Der **Cheshire** steht im Ruf, noch älter als der Cheddar zu sein. Heute wird er besonders in den Midlands und in Nordengland geschätzt, wo er dem Cheddar an Bedeutung gleichkommt oder ihn gar übertrifft. Die zylindrischen Laibe wiegen 22 kg, bei einer Höhe und einem Durchmesser von jeweils 30 cm. Cheshire zeigt im Anschnitt ein durch zahlreiche Spalten geprägtes „offenes" Bild, der Teig ist krümelig, leicht bröckelnd, seidig glänzend. Für den Verkauf in Portionspackungen wird der Käse heute oft mit festerem, stärker „geschlossenem„ Teig, als „cheddary Cheshire", hergestellt. **Wensleydale** wurde zuerst in den Tälern von Yorkshire erzeugt, und zwar von Mönchen, die mit den normannischen Eroberern dorthin kamen und die Schafzucht wie auch die Methoden der Käseherstellung mitbrachten. Anfangs stellten sie einen dem Roquefort ähnlichen **Blue Wensleydale** her, heute kennt man fast ausschließlich den **Wensleydale** oder **White Wensleydale,** den es auch ungereift einfach als **White cheese** gibt. **Leicester,** wegen seiner starken rotgelben Färbung auch als **Red Leicester** bezeichnet, hat einen festen Teig mit offener, blattartiger Struktur. **Caerphilly** hebt sich, ähnlich wie der Lancashire, von den übrigen „im Bruch gesäuerten und gesalzenen Käsen" durch die deutlich weichere Konsistenz eines „semi-soft cheese„ (Halbfesten Schnittkäses) ab. **Lancashire** gilt als ein besonders zum Toasten geeigneter Käse. Als „Farmhouse cheese" wird Lancashire auch als **Double curd cheese** bezeichnet: gesäuerte Bruchmasse vom Vorabend wird dann mit dem Bruch vom Morgen weiterverarbeitet. Beim **Sage Lancashire** werden zerkleinerte Salbeiblätter unter die Schnitzel gemischt.

Chester, hier in Blockform, gilt als vorzügliche Grundlage für Schmelzkäse-Erzeugnisse. In Deutschland bezeichnen die Namen Chester und Cheddar den gleichen Käse.

Monterey, Monterey Jack stammt aus Kalifornien. In den USA wird der ungefärbte Käse viel bei der Pizzazubereitung verwendet. Gut gereifter, harter Dry Jack dient als Reibkäse.

Colby, eine mildere Variante des Cheddar in Amerika, ist auch in Neuseeland und anderen Ländern verbreitet. Ein Rührbruchkäse mit weicherem, orangegelb gefärbtem Teig.

Double Gloucester hat eine feine, seidige Struktur, ist ungefärbt oder orange gefärbt. Im Geschmack dem Cheddar ähnlich, aber milder und weniger scharf.

Die Säuerung des Cheddar-Bruch wird, hier als pH-Wert, immer wieder neu gemessen; dieser hat auf den genauen Verlauf des Herstellungsprozesses großen Einfluß.

Dunlop ist auf dem schottischen Markt seit langem bekannt. Der cremig-weiße Teig schmeckt anfangs mild, mit zunehmender Reife auch kräftig. Zum Überbacken ist er gut geeignet.

Laguiole, Laguiole Aubrac, schon 1560 erwähnt, ähnelt dem Cantal. Er reift zu einem Käse mit sehr kräftigem, eigenwilligem Aroma und ist, wie alter Salers, ein Käse für Liebhaber.

Cantal, in Frankreich auch als „Doyen de fromage" bezeichnet, ist mit dem Cheshire verwandt. Sein charakteristischer Geschmack reicht von mild bis fruchtig und pikant. Heute geht der Trend zu Cantal jeune bzw. Cantal doux; gut 70% der produzierten Menge werden als junger Cantal verkauft.

Der **amerikanische Cheddar** ähnelt dem britischen, wird aber als „wachsartig" und weniger krümelig beschrieben. Sein Fettgehalt beträgt mindestens 50% F.i.T., die Trockenmasse mindestens 61% (Wasser höchstens 39%). Die Käse werden gewachst hergestellt, einige zylinderförmig („longhorn"), andere in Blockform („loaf") oder in Wagenradform („wheel"). Vorbildlich ist die Kennzeichnung des Reifegrades. Man unterscheidet drei oder vier Altersstufen: „mild" bedeutet eine Reifezeit von wenigen Monaten, der Käse hat noch wenig Aroma. Als „medium" oder „mellow" bezeichnet man bis zu 6 Monate gereifte Käse mit einem entwickelten Aroma, mit „aged", „sharp" oder „extra sharp" gekennzeichnete Käse sind länger als 6 Monate gereift und in Geruch und Geschmack sehr ausgeprägt. **Coon,** ein „vintage Cheddar", reift 12 Monate oder mehr. **Cheedam** heißt eine australische Kombination von Cheddar und Edamer, ähnlich wie **Egmont** aus Neuseeland, der eine Verbindung von Cheddar und Gouda ist. Es gibt auch einen Cheddar mit niedrigem Natriumgehalt, den **Low sodium Cheddar cheese,** der nicht mehr als 96 mg Natrium („sodium") je pound bzw. 211,6 mg pro kg enthalten darf. Den Verbraucherwünschen angepaßt, gibt es Cheddar, Colby und **Monterey Jack,** die in den USA oft auch nur **American cheese** heißen, in Kleinpackungen, in Scheiben oder geraspelt zu kaufen. Monterey-Varianten mit höherem Wassergehalt sind **High-moisture Jack cheese,** der viel in pikanten Gerichten Verwendung findet, und **Jalapeño Jack,** ein mit Jalapeño chili pepper gewürzter Monterey Jack.

Cheddar und insbesondere Cheshire, der in Frankreich **Chester** heißt, stehen dem **Cantal,** auch **Fourme de Cantal** genannt, einem der ältesten, aus dem Massif Central stammenden französischen Käse, in Herstellung und Eigenschaften sehr nahe. Den ursprungsgeschützten Cantal gibt es in zylindrischer Form und in verschiedenen Größen, mit Gewichten von 35 bis 45 kg. Kleinere Formen sind der **Petit Cantal** mit 20 bis 22 kg Gewicht und der **Cantalet** mit 8 bis 10 kg. **Cantal fermier** ist ein Bauern-Cantal aus Rohmilch, **Cantal laitier** wird in Käsereien und aus pasteurisierter Milch hergestellt, für vorverpackte Käse auch in Blockform. Die Käse reifen bei 8 bis 10°C, höchstens jedoch bei 12°C, zwischen 1 und 12 Monaten. Frische, ungereifte Käse finden als **Tomme fraîche** oder **Aligot** vor allem in der Küche Verwendung. Mit 1 Monat gilt Cantal als jung (Cantal jeune oder Cantal doux), zwischen 2 und 6 Monaten als mittelreif (Cantal entre-deux, Cantal demi-vieux oder Cantal doré), über 6 Monate alt als reif (Cantal vieux oder Cantal caractère). Liebhaber schätzen auch länger gereifte, bis zu 1 Jahr alte oder noch ältere Käse aus höheren Regionen (über 850 m), wie **Salers** oder **Salers Haute Montagne** und **Laguiole, Laguiole-Aubrac,** benannt nach dem Städtchen Laguiole auf dem Höhenzug von Aubrac. Die Milch muß von Kühen der Aubrac-Rasse stammen, die Käse dürfen nur in den Sennhütten, den „burons", oder den Kellern der Gegend reifen und lagern.

Britische und andere Cheddar-Verwandte

Cheshire wird in den Midlands und im Norden Englands hoch geschätzt. Es gibt ihn in verschiedenen Varianten.

Dieser Cheshire erhielt seine kräftig-gelbe Farbe durch den Zusatz des pflanzlichen Farbstoffs Annatto. Wie fast alle Käse Großbritanniens, gibt es auch den Cheshire mit weißem ebenso wie mit gefärbtem Teig.

Wensleydale aus den Tälern der Grafschaft Yorkshire in Nordengland. Leicht säuerlich bis mild-aromatisch.

Red Leicester hat einen festen, stark rotorange gefärbten Teig. Er schmeckt meist kräftig und läßt sich gut schmelzen.

Ein junger Caerphilly aus South Wales. Der Teig ist weiß, sehr weich, das Aroma frisch und leicht säuerlich.

Ein alter Caerphilly mit ebenfalls weichem Teig. Er schmeckt etwas schärfer, durchgereift auch leicht bitter.

Lancashire hat einen halbfesten und krümeligen Teig. Er kann wie Butter aufs Brot gestrichen werden.

Farmhouse Lancashire, ein „Double curd cheese", wird noch nach altem Verfahren hergestellt. Vollreif eignet er sich gut zum Kochen, in England ist er vor allem auch zum Überbacken von Toasts und Aufläufen sehr beliebt.

FILATA-KÄSE
von Mozzarella bis Provolone

Die gebrühten Knetkäse Italiens werden als „Formaggi a pasta filata“ bezeichnet, also als „Käse mit gezogenem Teig“. Die bekanntesten Repräsentanten dieser Gruppe sind Mozzarella, Provolone und Caciocavallo, um die sich wiederum eine ganze Reihe weiterer Käse gruppieren. Allen gemeinsam ist die typische Struktur des Teiges, doch ansonsten können sie sehr verschieden sein. Je nach Herstellung und Alter kommen sie frisch und ungereift, weich bis fest, gereift und fest bis hart, geräuchert oder ungeräuchert, mit mildem oder pikantem Aroma und in den unterschiedlichsten Formen und Größen auf den Markt.

Im Anschnitt läßt sich bei diesem Provolone (rechtes Bild) erkennen, daß er schon ziemlich gereift ist. Die ursprünglich durch das Kneten gebildeten Schichten des Teigs sind kaum noch zu sehen. Im Bild oben dagegen sind sie deutlich sichtbar.

So wird Provolone hergestellt

Der Bruchkuchen, also die zusammengewachsene Bruchmasse, wird grob zerschnitten.

Die Stücke bleiben zum weiteren Säuern aufeinandergehäuft liegen, bis sich die typische, faserige Struktur herausgebildet hat, und werden dann kleingeschnitten.

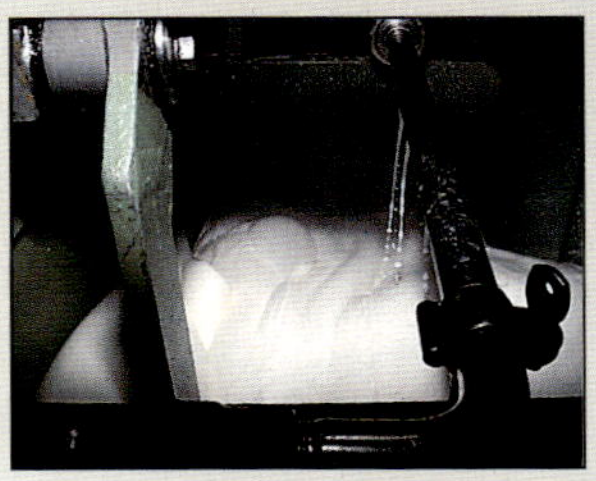

Die zerkleinerten und mit heißem Wasser überbrühten Stückchen werden durch nachhaltiges Kneten zu einer elastischen und formbaren Masse verarbeitet.

Der Teig wird in die Form gebracht und dann gepreßt. Zuvor wurde die plastische Masse zu Strängen gezogen und dann in Teilstücke geschnitten, die der Größe der Form entsprechen.

Verschnürt und aufgehängt werden die frisch geformten, fest gewordenen und aus der Form genommenen Käselaibe, nachdem sie zuvor noch in ein Salzbad gelegt wurden.

Die an den Schnüren aufgehängten Käse werden in ein „Bad“ aus Paraffin oder Wachs getaucht. Für eine längere Reifung vorgesehene Laibe erhalten diese Hülle allerdings nicht.

Zum Reifen werden die Käse an speziellen Gestellen aufgehängt. Reifungsdauer und -temperatur hängen vom gewünschten Reifezustand und anderen Faktoren ab.

In diesem Reiferaum sind Käse unterschiedlicher Form und Größe aufgehängt. Am typischsten für Provolone ist die Kegelstumpfform (in der Bildmitte).

Gebrüht und geknetet: Käse mit Sonderbehandlung

Bei **Brüh- und Knetkäse** einschließlich **Filata-Käse** läßt man den Bruch zunächst, ähnlich wie bei Cheddar, zu Bruchkuchen zusammenwachsen und säuern. Auch wird der gesäuerte Bruchkuchen wieder zerkleinert, doch die weitere Bearbeitung verläuft ganz anders: Die kleinen Bruchstücke werden mit heißem Wasser „gebrüht" und geknetet und teilweise zu Strängen ausgezogen („filare"). Von diesem Verfahren leitet sich der Name dieser Käsefamilie ab. Der Teig wird durch die spezielle Behandlung plastisch und formbar, er erhält eine besondere, typisch streifig-faserige bis geschichtete Textur, die sich mit der Reifung wieder verliert; der Teig wird feinkörnig.

In Südosteuropa wird die geknetete Masse meist in runde Formen gebracht, wie beim **Kaschkawal.** Die Laibe werden gesalzen und fast immer mehrere Monate gereift. In Rumänien heißt der Käse **Caşcaval,** aus Schafmilch hergestellt Caşcaval Dobrogea (Dobrudscha Kaschkawal), aus Kuhmilch Caşcaval Dalia, bei der Verwendung einer Kuh-Schafmilch-Mischung Caşcaval Penteleu. Das bei der Herstellung entstehende **Caş** (Kasch) wird auch frisch konsumiert. Kasch ist eine Bruchmasse, die aus zusammengewachsenem Bruch (Bruchkuchen) durch Zerbröckeln und Wiederzusammenpressen gewonnen wird. In Bulgarien schreibt sich der Käse (in transliterierter Form) **Kaskaval** oder Balkanski Kaskaval, in Jugoslawien **Kackavalj.** In Griechenland gibt es den **Kasseri,** in Laib- oder Blockform, oft aus jungem Kefalotiri hergestellt, in der Türkei den **Kaşar peyniri** („Kaschar-Käse").

Die gebrühten Knetkäse Italiens werden als **Filata-Käse (Formaggi a pasta filata)** bezeichnet. Sie entstehen sehr ähnlich, die geknetete, plastische Masse wird jedoch zu Bändern oder Strängen ausgezogen. Einer der bekanntesten Vertreter ist der **Provolone,** den man als Hartkäse kennt; 2 bis 3 Monate alt wird er als Tafelkäse angeboten, nach 6 bis 12 Monaten als Reibkäse. Dem Geschmack nach unterscheidet man zwischen dem milden **Provolone dolce** und dem pikanten **Provolone piccante,** bei dem reifungsaktives Zickleinlab zwecks schnellerer Reifung und Intensivierung des spezifischen Geschmacks mitverwendet wird. Provolone wird aus Kuhmilch hergestellt, mit einem Fettgehalt von mindestens 44% F.i.T. und einer Trockenmasse von mehr als 62%. Herkömmlich wird er an Schnüren aufgehängt, die Formen sind vielfältig. Bekannt ist vor allem der klassische Kegelstumpf, 35 bis 45 cm lang und 4 bis 6 kg schwer. Kleinere Käse in derselben Form heißen Calabresi und Silani, größere Exemplare Gigantini. Zylindrisch geformte Käse werden, je nach Größe, als Pancettoni, Pancette, Salami oder Giganti angeboten, Käse in Kugelform gibt es als Mandarini oder Melloni. **Caciocavallo,** aus dem Gebiet der einstigen Magna Graecia stammend, mit der bekannten Einschnürung und zu Paaren aufgehängt, wird wie Provolone hergestellt und gilt als delikater Tafelkäse und pikanter Reibkäse. Der quaderförmige, 5 bis 10 kg schwere **Ragusano** ist ein sizilianischer Caciocavallo; seine Herkunft verrät der von

Kaschkawal, ein gebrühter Hartkäse aus Bulgarien, aus meist roher Schafmilch oder Schaf- und Kuhmilch. Er hat mindestens 50% F.i.T. und schmeckt pikant, leicht salzig.

Kasseri kommt aus Griechenland. Der gebrühte Hartkäse (40% F.i.T.) wird aus frischem Kefalotiri, einem Schafkäse, hergestellt und ähnelt sehr dem Provolone und dem Kaschkawal.

Burrata ist eine Spezialität, die hauptsächlich in Süditalien hergestellt wird. In der Käsemasse ist ein Stück Butter oder etwas Butter-Zucker-Paste eingeschlossen.

Ostiepok, ein slowakischer Brühkäse aus der CSSR. Geschnitzte Holzformen verleihen ihm eine schön verzierte Oberfläche, die durch Räuchern zusätzlich gebräunt ist.

Burrata di Andria ist rundherum in frische Affodill-Blätter („foglie di asfodelo") eingeschlagen. Affodill oder Asphodelus ist eine Liliengewächs-Gattung, die im Mittelmeerraum verbreitet ist.

Mozzarella di bufala ist der traditionell aus Büffelmilch hergestellte Filata-Käse. Er hat ein mildes, doch durch die Verwendung von Büffelmilch ausgeprägtes Aroma.

Mozzarella-Blocks werden heute in zunehmendem Maße hergestellt. Diese rationelle Vermarktungsform wird vor allem von Restaurants und Supermärkten bevorzugt.

Treccia pugliese affumicata ist ein geräucherter, fester Mozzarella-Typ aus Apulien. Die leichte Formbarkeit der gebrühten, plastischen Käsemasse ermöglicht die bei diesen Käsen so beliebten fantasievollen Zierformen.

Mozzarella-Bällchen sind eine weitere Spielart der formenreichen Filata-Käse. Die portionsgerechten Häppchen sind ideal zum Aperitif und lassen sich gut für Salate aufschneiden.

String Cheese ist eine in Nordamerika beliebte Darreichungsform. Ungeräuchert oder geräuchert, auch mit Knoblauch oder Zwiebeln, ist der vorverpackte Käse vor allem als Imbiß beliebt.

Mozzarella aus Kuhmilch ist heute weiter verbreitet als das Original; mit der aus Büffelmilch hergestellten „echten" Mozzarella könnte der steigende Bedarf bei weitem nicht gedeckt werden.

Gouda und Emmentaler kombiniert: die „Goutaler"

der sizilianischen Stadt Ragusa abgeleitete Name. Auch in den USA, wo man die Filata-Käse als **Stretched curd-type cheese** bezeichnet, stellt man Provolone her. Er entsteht aus Kuhmilch, mit mindestens 45% F.i.T. und 55% Trockenmasse (höchstens 45% Wasser), ist also weicher als der italienische. **Provola** oder **Cicillo** ist ein kleiner, kugelförmiger Filata-Käse aus Büffel- oder Kuhmilch oder einer Mischung von beiden. Er reift kürzer als Provolone und ist etwas wasserreicher. Auch gereifte Mozzarella verkauft man gelegentlich als Provola. Den **Provolini, Provolette, Topolini** und **Bocini** gemeinsam sind die kleinere Form, ein weißlicher, halbweicher Teig und ein milder Geschmack. Einer der bekanntesten Filata-Käse ist die **Mozzarella.** Bei ihrer Herstellung ist die Bruchbehandlung weniger ausgeprägt als beim Provolone. Sie kommt frisch und ungereift, quasi als Frischkäse, auf den Markt, in sehr unterschiedlichen Formen, und ist, selbst bei kühler Lagerung, zum baldigen Verbrauch bestimmt. Mindestens 50% F.i.T. bei Mozzarella aus Büffelmilch und 44% bei Mozzarella aus Kuhmilch sowie bei ersterer eine Trockenmasse von mindestens 35% sind vorgeschrieben. Die traditionelle Mozzarella wird aus Büffelmilch **(Mozzarella di bufala)** in Kampanien und Latium hergestellt, heute überwiegt jedoch Kuhmilch-Käse, auch als **Fior di latte** bezeichnet. Herkömmlich wird Mozzarella in leichter Salzlake angeboten, heute aber auch in Blocks ohne Lake zum Aufschneiden an den Käsetheken. Je nach Herstellungsgebiet erhält Mozzarella zusätzliche Bezeichnungen oder andere Namen, wie **Bocconcini,** Ciliege, Nociolini, Nodini, Ovaline. Die gleichartige **Scamorza** aus den Abruzzen wird auch gereift und häufig geräuchert. In Dänemark wird Mozzarella mit 30, 40 und 45% F.i.T. und einer Trockenmasse von jeweils 40% erzeugt. In den USA kennt man, neben der meist in Plastikfolie ohne Lake angebotenen Mozzarella mit 45% F.i.T. und 40 bis 48% Trockenmasse (60 bis 52% Wasser), besonders für die Pizzaherstellung verwendete Varianten mit weniger Fett und Wasser (mehr Trockenmasse): die **Low moisture part skim Mozzarella** und die gleichartige Scamorza. In Kanada heißt eine solche Variante einfach **Pizza.** Geräucherte Filata-Käse kennzeichnet man mit „affumicato", in den USA mit „smoked". Eine besondere Spielart der Filata-Käse sind Erzeugnisse, bei denen die plastisch gemachte Masse dünner oder dicker um ein Butterstück oder eine Butter-Zucker-Paste geformt wird. Bei einer anderen, vorwiegend in Apulien und Kantabrien hergestellten Art werden kleine Stückchen Filata-Käse mit frischem Rahm in Mozzarella-Teig eingeschlossen und die Mozzarella-Hülle dann mit grünen Blättern umflochten. In Birnenform nennt man sie **Butirri,** in Form kleiner Luftballons **Burrate** und **Palloni** (di Gravina in Puglia). Andere Namen sind regional verbreitet: Burrini, Occhi di bufala, Burielli con occhi, Uova di bufala („Büffelaugen", „Büffeleier"). Wenn man diese Produkte 1 bis 2 Wochen lang reifen läßt, erhält ihr ansonsten süßlicher Geschmack eine pikante, an Provolone dolce erinnernde Note.

Leerdamer, ein zur Gruppe der Maasdamer zählender „Goutaler" aus den Niederlanden, entwickelte sich zu einem der bekanntesten Vertreter dieser neuen Käsegruppe. Die 6 kg oder 12 bis 14 kg schweren Laibe haben einen geschmeidigen Teig mit 45% F.i.T. Mit ihrem milden, nußartigen Geschmack eignen sich diese Käse gut zum direkten Verzehr, aber auch zum Kochen.

DIE „GOUTALER"

Ein neuer Käse-Typ mit interessantem Stammbaum: die „Goutaler". Vom Gouda wurde ihnen die schnittfeste Konsistenz und die Geschmeidigkeit vererbt, das feine Aroma haben sie vom Emmentaler. Tatsächlich sind sie dem Emmentaler nachempfunden, ihre Herstellung ist jedoch weniger arbeits- und zeitaufwendig. Sie haben einen höheren Wassergehalt und eine kürzere Reifezeit. Ursprünglich enthielten sie stets etwa 45% F.i.T., inzwischen werden sie auch fettärmer mit nur 30% F.i.T. hergestellt. Die Lochung kann sehr unterschiedlich groß ausfallen. Die neuen Käsesorten werden heute in mehreren europäischen Ländern in unterschiedlichen Qualitäten produziert.

Jarlsberg ist der „Prototyp" der Goutaler-Familie. Er stammt aus Norwegen. Der schnittfeste Teig schmeckt mild, süßlich.

Alpsberg, wie auch Felsberg einer der deutschen Käse dieses Typs, gibt es in zwei Fettstufen: mit 45 und 30% F.i.T.

Die Gruppe der **Schnittkäse** wird durch ihre bekanntesten Vertreter charakterisiert: Gouda - und andere Käse mit runder Lochung, wie die italienische Fontina -, Tilsiter und Havarti (mit Bruchlochung) sowie Cheshire und Derby aus der Cheddar-Familie. Sie werden, vor allem in anderen Ländern, auch als **Halbhartkäse** (Semi-hard cheese) bezeichnet. Beide Begriffe beziehen sich jedoch nicht allein auf die Konsistenz dieser Käse, sondern vielmehr auch auf ihren Gehalt an Trokkenmasse bzw. an Wasser. Schnitt- oder Halbhartkäse enthalten weniger Trockenmasse und entsprechend mehr Wasser als Hartkäse. Das erklärt auch, warum Schnittkäse schneller reifen als Hartkäse, also eine kürzere Reifungszeit benötigen. Allerdings sind die Übergänge zur festeren oder weicheren Käsegruppe fließend: Einige Käse kann man als Halbhartkäse oder als Hartkäse ansehen, wie den Rührbruchkäse Colby, je nachdem, ob er etwas wasserreicher oder wasserärmer geraten ist. Oder sie kommen, wie manche Appenzeller, in die Nähe von Hartkäse, beispielsweise Gruyère-Varianten. Andere Sorten tragen auch zu einem fließenden, kontinuierlichen Übergang zur Gruppe der Halbfesten Schnittkäse bei, wie kleine Gouda-Typen, weichere Wilstermarschkäse oder manche Trappistenkäse. Verständlich wird damit auch der Vorgang, wie durch Wasserverdunstung während der Reifung und der Lagerung aus Schnittkäsen Hartkäse oder extraharte Reibkäse werden können, wie das zum Beispiel bei Asiago, bei Gouda und einer Reihe von Pecorini der Fall ist.

Einer der namhaftesten Käse dieser Gruppe ist **Gouda.** In Holland kennt man ihn spätestens seit dem 16. Jahrhundert. Bereits damals wurde auf den Bauernhöfen in der weiteren Umgebung des Städtchens Gouda Käse hergestellt. Mit Beginn des 20. Jahrhunderts breitete sich der in Fabriken hergestellte **Goudse kaas** aus pasteurisierter Milch immer mehr aus und verdrängte den **Goudse boeren kaas,** den Bauernkäse aus Rohmilch, der allerdings heute wieder viele Liebhaber hat, nicht zuletzt verschiedener geschmacksgebender Zusätze wegen. Heute hat Gouda in den Niederlanden einen Fettgehalt von 48% F.i.T. Die Laibe haben ein Gewicht von 2,5 bis 15 kg, bei Bauernkäse auch bis 30 kg. Mehr und mehr wird Gouda auch in Blockform und foliengereift gehandelt. Als Mini-Variante gibt es den **Baby-Gouda** oder **Lunchies kaas** („Lunch-Käse") mit etwa 0,2 bis 1 kg. Vergleichbar ist der deutsche **Geheimratskäse** mit weichschnittigem Teig und 40, 45 und 50% F.i.T. **Mai** oder **Gras kaas** ist ein junger Gouda, der im Frühjahr aus der ersten Weidemilch entsteht, die infolge des hohen Carotingehalts zur gelben Farbe des Käses beiträgt. Noch etwas hat sich im Laufe der Jahre geändert: Früher stellten die Bauern täglich zweimal Käse her, und zwar unmittelbar nach dem Melken aus der ganz frischen Milch. Heute wird Abendmilch auf meist 8°C oder auch darunter abgekühlt und am nächsten Tag mit frischer Morgenmilch zum **Dagkaas,** dem „Tageskäse", verarbeitet. Die meisten Gouda reifen zwischen 1 und 6 Monaten,

Gouda aus Rohmilch, so wie ihn die holländischen Bauern jahrhundertelang herstellten, gibt es heute noch, auch aus Käsereien, wie die Käse Kollumer und Texelaar. Oft wird sein von mild bis kräftig-pikant reichendes Aroma durch geschmacksgebende Zusätze unterstrichen: Knoblauch, Zwiebeln, Kümmel *(Carum carvi),* Kumin (Kreuzkümmel, *Cuminum cyminum*), Brennessel oder andere frische Kräuter werden dann unter den Bruch gemischt.

Schnittkäse: die beliebten Milden

Ein fettreduzierter Gouda-Typ ist dieser holländische **Minell** (29% F.i.T.). Sein Teig ist dennoch geschmeidig.

Mit geringem Fettgehalt (20% F.i.T.) kommt **Vitadam,** ein deutscher Edamer-Typ, Verbraucherwünschen entgegen.

Mimolette hat einen stark rot-orange gefärbten Teig. Sie ist je nach Reifegrad geschmeidig bis fest und mürb.

Baby-Gouda, auch Lunchies kaas, ist nur 0,2 bis 1 kg schwer. Im Geschmack sahnig, milder als Gouda.

Brot-Edamer (Brood-Edammer) mit gelbem Paraffinüberzug, wie es ihn vorwiegend in den Niederlanden gibt.

Naturrinde umgibt diese Edamer-Kugeln. Je nach Alter der Käse ist die Rinde hellgelb bis mittelbraun.

Edamer-Kugeln werden fast immer mit einer roten oder gelben Paraffinschutzschicht überzogen.

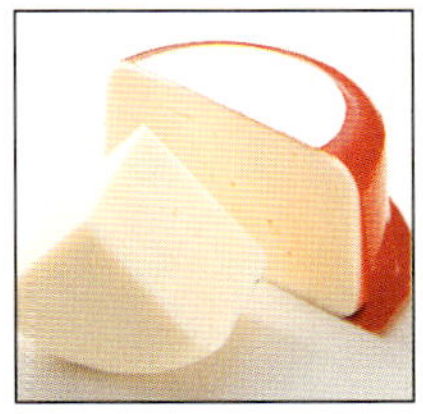

Geheimratskäse hat eine butterige, geschmeidige Struktur. Die mit Folie überzogenen kleinen Laibe wiegen 500 g.

Friesischer Nelkenkäse (Friese Nagelkaas) erhält durch Gewürznelken und Kumin ein eigenwilliges Aroma.

Leidener (Leidse kaas) ist immer mit "Komijn" (Kreuzkümmel, *Cuminum cyminum)* versetzt. Mit 20 und 40% F.i.T.

Gouda verändert mit zunehmender Reife Geschmack, Konsistenz, Struktur und Farbe. Junger, sehr milder Käse (ganz oben) hat einen geschmeidigen, hellgelben Teig. Der im Geschmack schon viel kräftigere mittelalte Gouda (Mitte) ist bereits raspelfähig, und nach 1 Jahr Reifezeit (unten) hat Gouda schließlich die bröckelige, krümelige Beschaffenheit eines Reibkäses; die Farbe ist dann dunkelgelb.

GLEICHBLEIBEND GUT: HOLLÄNDISCHER GOUDA

Daß der in alle Welt exportierte Holland-Gouda von so ausgezeichneter, dabei konstant bleibender Qualität ist, kommt nicht von ungefähr: Die modernen, standardisierten Herstellungsmethoden in den großen Käsereibetrieben garantieren die zuverlässig gleichbleibende Güte. Um jedoch die Prinzipien der Gouda-Herstellung anschaulich demonstrieren zu können, wurde die nebenstehende Bildreportage in einer kleineren Käserei fotografiert; in den weitgehend mechanisierten großen Betrieben wären die verschiedenen Stadien der Herstellung nur schwer bildlich darzustellen.

1 **Mit einer Käseharfe** wird die dickgelegte Milch zu maiskorngroßem Bruch geschnitten.

2 **Heißes Wasser** wird zugegeben, das Bruch-Molke-Gemisch wird nachgewärmt und leicht „gewaschen".

3 **Der Käsebruch** wird vorgepreßt und die abgetrennte Molke durch ein Rohr am Wannenboden abgelassen.

4 **Aus der Bruchmasse,** die schon leicht zusammengewachsen ist, werden Rechtecke gestochen.

5 **Die Käseblöcke** kommen in Plastikformen, die mit einem Tuch oder Sieb (wie hier) ausgekleidet sind.

6 **Unter die Presse** kommen die Käse für 1 1/2 Stunden, nach dem Wenden nochmals 1 bis 2 Stunden.

7 **Das Sieb** wird entfernt. Dazu werden die Käse aus der Form genommen, dann wieder zurückgelegt.

8 **In der Form** bleiben die Käse bis zum nächsten Morgen. In dieser Zeit werden sie mehrmals gewendet.

9 **Im Salzbad** liegen die Laibe für einige Tage. Aroma entwickelt sich, der Teig wird fester, die Rinde hart.

10 **Sobald die Laibe** ausreichend abgetrocknet sind, wird mit einem Schwamm die Schutzschicht aufgetragen.

11 **Im Reifungsraum** lagern die Käse, sorgfältig gepflegt, 4 Wochen bis 12 Monate, je nach gewünschter Reife.

sie werden ihrem Alter entsprechend als jung, mittelalt oder alt bzw. reif angeboten. Etwa jeder zehnte Käse (die ausgewählten Laibe müssen die optimale „Anlage" für die lange Reifung und die Umwandlung zum raspel- und reibfähigen Käse mitbringen) reift länger als 6 Monate, **Overjarige Gouda** („überjähriger Gouda") sogar länger als 1 Jahr. Eine Altersangabe allein ist allerdings noch keine Qualitätsgarantie. Während dieser langen Reifung werden die Käse immer fester im Teig und kräftiger im Geschmack. **Deutscher Gouda** kann in mehreren Fettstufen, mit 45 und 50%, auch fettärmer mit 30 und 40% F.i.T., hergestellt werden. Gouda ist ein über die ganze Welt verbreiteter Käse, unter seiner Originalbezeichnung oder unter anderen Namen, wie Drabant und Gårda in Schweden, Norvegia in Norwegen, Kol-Bi in Israel, Kostromskoj syr in der UdSSR, Petegrás in Argentinien, Prato in Brasilien.

Fast ebenso bekannt wie Gouda ist der **Edamer** oder **Edammer Kaas,** der nach dem Städtchen Edam in der Provinz Noord-Holland benannt ist. Bereits vor Jahrhunderten wurde er dort auf den Bauernhöfen hergestellt, aus Vollmilch, die noch abends gleich nach dem Melken verarbeitet wurde. Inzwischen jedoch entsteht Edamer aus einer Mischung von gereifter, teilentrahmter Abendmilch und frisch gemolkener Morgenmilch. Edamer wird in vielen Ländern hergestellt, in der typischen Kugelform, aber auch in Block- oder Brotform (in Holland: „Brood-Edammer"), mit sehr unterschiedlichen Gewichten, foliengereift oder mit Rinde, die mit rotem oder gelbem Wachs überzogen wird. Edamer-Teig ist geschmeidig und hat in den Niederlanden mindestens 40% F.i.T., in Deutschland zwischen 30 und 50%. Der finnische **Lappi,** mild und aromatisch, hat 45% F.i.T. **Bola,** ein kugelförmiger Käse nach Edamer-Art mit 45% F.i.T., ist in Spanien, Portugal (wo man eine andere Variante **Flamengo** nennt) und in Südamerika geschätzt. Mit dem großen und kugelförmigen **Commissiekaas** (der früher auf Anfrage aus Frankreich nach großem Edamer auf Bestellung, also „in Kommission", geliefert wurde) ist die **Mimolette** verwandt. Von dem in Holland hergestellten Käse wird ein großer Teil bei sogenannten „Affineurs" (auf die Pflege von Käse spezialisierten Fachleuten) in Frankreich gereift, heute aber auch dort fabriziert, mit 2 bis 4 kg Gewicht, mindestens 40% F.i.T. und 54% Trockenmasse. Der schnittfeste bis harte Teig mit wenigen Löchern ist gelborange bis rötlich. Je nach Herstellung und Reifung entstehen verschiedene Varianten. Junge Käse (Mimolette jeune oder Mimolette tendre) schmecken vor allem als Brotbelag, reifere, etwa 6 Monate alte (Mimolette demi-vieille oder Mimolette demi-étuvée) und die mit etwa 12 Monaten sehr reifen Käse (Mimolette vieille oder Mimolette étuvée) eignen sich gut als Imbiß zum Wein, als Appetithappen oder als Würze für warme Speisen. Aus der Schweiz stammt der **Appenzeller,** der einst Anlaß zu kriegerischen Auseinandersetzungen zwischen den abgabepflichtigen Bauern und dem Kloster St. Gallen, dem wichtigsten Marktplatz für Appenzeller Käse, war. Er ist heute

Schnittkäse aus der UdSSR. Aus der breiten Palette sowjetischer Käsesorten hier drei Käse, die zunehmend exportiert werden: **Rossiskij** (oben, 50% F.i.T.), ein Schnittkäse mit lebhafter Bruchlochung und vollem Geschmack, an Tilsiter erinnernd; **Estonskij** (Mitte, 45% F.i.T.), ein milder, gutgereifter Gouda-Typ in Rollenform; **Bauskij** (unten, 50% F.i.T.), ein halbfester Käse mit schöner Käserotflora und weichschnittigem Teig von angenehm säuerlichem Geschmack.

Deutscher Steppenkäse hat einen milden bis vollen Geschmack, sein Teig ist geschmeidig. Es gibt ihn mit 45 und 50% F.i.T., aber auch fettärmer mit 30 und 40%.

Schweizer Tilsiter hat mit dem Original-Tilsiter eigentlich nur noch den Namen gemein. Käse aus Rohmilch werden in der Schweiz rot, die aus pasteurisierter Milch grün etikettiert.

Appenzeller ist ein traditioneller, sehr aromatischer Schweizer Rohmilchkäse. Eine fettreduzierte, noch würzigere Variante ist als Appenzeller Räßkäse („scharfer Käse") bekannt.

Dänischer Höhlenkäse, ein gutgereifter Schnittkäse des Danbo-Typs. Er reift in Höhlen bei 8°C.

Danbo, ein dänischer Steppenkäse, schmeckt je nach Herstellung (ob mit oder ohne Käseflora gereift) und Alter unterschiedlich aromatisch bis würzig. Auch mit Kümmel erhältlich.

Geltinger, ein deutscher Steppenkäse aus Schleswig-Holstein mit 45% F.i.T. Je nach Alter schmeckt er aromatisch bis leicht pikant. Den Käse gibt es in Blöcken von 6 kg Gewicht.

Samsø (Samsoe) wurde nach der gleichnamigen dänischen Insel benannt. Es gibt ihn in Laib- und Blockform, mit 30 und 45% F.i.T. Er schmeckt mild, leicht säuerlich bis süßlich.

Herrgårdsost, der schwedische „Gutshofkäse", dort auch als Hartkäse bekannt, ist mild-aromatisch im Geschmack. Er wird als Brotbelag und für die warme Küche sehr geschätzt.

So verlassen die fertigen Asiago-Laibe das Lager. Deutlich zu erkennen: die eingebrannten, geschützten Gütesiegel.

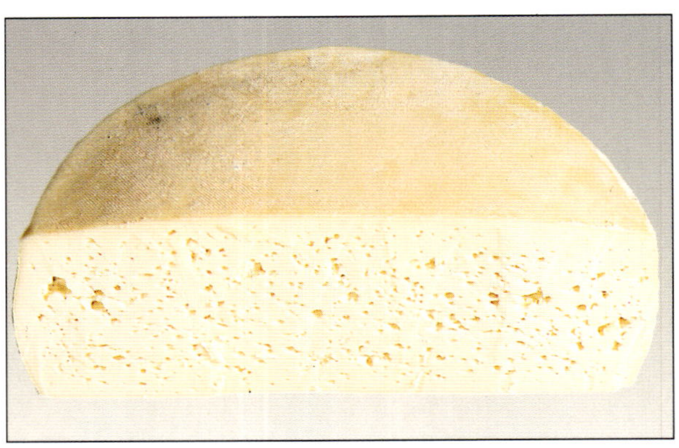

Asiago pressato, auch einfach Pressato genannt, kommt aus dem Veneto, dem Ursprungsgebiet des Asiago. Er wird ziemlich frisch, nach etwa 4 Wochen, als Tafelkäse verzehrt.

Asiago d'Allevo ist nach 3 bis 6 Monaten Reifung ein milder bis würziger Tafelkäse. Ausgewählte Laibe werden bis zu 1 Jahr, auch länger, gereift und dann als Reibkäse verwendet.

weit über die Landesgrenzen hinaus beliebt. Er wird aus Rohmilch und mit mindestens 50% F.i.T. und 58% Trockenmasse hergestellt. Der speckigschnittige Teig zeigt eine sparsame, gleichmäßige, kirschgroße Lochung. Die 6 bis 8 kg schweren Laibe mit Durchmessern von 30 bis 33 cm haben einen leicht gewölbten Rand und eine feste Rinde mit gelbbraunem Belag. Dieser besteht aus einer leicht angetrockneten Schmiere, die während der Reifung durch die Behandlung der Laibe mit „Sulz", einer Flüssigkeit aus Wein, Hefen, Salz und Gewürzen, entsteht. Sie trägt zu dem für diesen Käse typischen Geschmack bei. Er ist frühestens nach 90 Tagen konsumreif und wird je nach Reifegrad als „mild" und „recent" angeboten, als „extra", wenn er ein halbes Jahr alt ist. Eine fettarme Variante mit nur 20% F.i.T. (in der Schweiz „viertelfett") kommt als „Appenzeller 1/4 fett räß" auf den Markt, früher als Appenzeller Räßkäse, mit recht kräftigem Geschmack, nun auch in einer Variante „mild". **Steppenkäse** war vor allem im früheren Österreich-Ungarn weit verbreitet, ist aber auch heute noch in den südosteuropäischen Ländern sehr bekannt, ebenso wie in Deutschland, Skandinavien und der UdSSR. Wird er noch nach traditioneller Methode hergestellt, hat er eine gut angetrocknete, rotgelbe Käseflora; diese wird aber oft auch abgewaschen, der Käse getrocknet und anschließend gewachst. **Danbo** (früher Steppeost) ist ein dänischer Steppenkäse mit Rund- oder Bruchlochung, mit 30 und 45% F.i.T. Sein Geschmack ist, je nach Alter und ob mit oder ohne Käseflora gereift, unterschiedlich ausgeprägt. **Samsø** (für den Export: **Samsoe**), nach der gleichnamigen dänischen Insel benannt, wurde ursprünglich zwar dem Schweizer Emmentaler nachempfunden, doch ist er heute ein Käse mit ganz eigenem Charakter. Sein Teig (30 und 45% F.i.T.) ist recht fest, mit wenigen erbs- bis kirschgroßen Löchern durchsetzt und im Geschmack mild, leicht säuerlich bis süßlich. Verwandt sind **Elbo, Fynbo** und **Tybo. Herrgårdsost** („Gutshofkäse") und **Svecia** („Schweden") sind zwei in Schweden sehr verbreitete Käse mit 30 und 45% F.i.T. **Asiago** ist ein italienischer Schnittkäse. Allerdings bezeichnet man mit diesem Namen zwei ganz verschiedene Käse. **Asiago d'Allevo** (auch Asiago d'Allievo) stammt von der Hochebene von Asiago oder der Sette Communi in der Provinz Vicenza. Er wird hauptsächlich in der Region Veneto (Venetien) und den angrenzenden Gebieten hergestellt. Der Fettgehalt beträgt mindestens 34% F.i.T., liegt aber oft auch bei 40% und darüber. Die flachen Laibe sind 8 bis 14 kg schwer. Unter einer glatten, gelbrötlichen Rinde verbirgt sich ein schnittfester, hell-strohfarbener Teig mit einigen kleinen Löchern, der bei älteren Laiben zunehmend kompakter, körnig-krümelig und dunkel wird. Entsprechend ändert sich der Geschmack vom mild-würzigen, mehrere Monate alten Asiago dolce zum kräftigen Asiago medio bis zum harten, reibbaren Asiago piccante. **Asiago pressato** ist ein Käse ähnlicher Größe, mit einem Fettgehalt von 44% F.i.T. und mehr, jedoch mit weichschnittigem Teig und lebhafter Bruchlochung. Er wird

Jeweils von links nach rechts: Das Bruch-Molke-Gemisch läuft in eine Vorpreßwanne, wo der Bruch gleichmäßig verteilt wird und Molke abläuft. Nach leichtem Pressen werden Stücke ausgeschnitten, in Formen gelegt und 24 Stunden gepreßt. • Die Laibe werden mehrmals gewendet und die Tücher neu angelegt. • Im Salzbad liegen die Käse für 1 bis 2 Tage; zunächst flach, dann aufgestellt dicht nebeneinander. Die Lagerung erfolgt bei 14 bis 16°C und einer relativen Luftfeuchtigkeit von 80 bis 85%.

Die Herstellung von Montasio erfolgt heute auf moderne Art, doch nach den alten Prinzipien. Er wird vor allem in den Provinzen Udine und Gorizia und dort, ähnlich wie der Asiago, vor allem in Genossenschaftskäsereien produziert.

Montasio mezzano (mittelalter Montasio) wird nach etwa 2 bis 4 Monaten als Tafelkäse genossen. Dieser hier ist 6 Monate alt und sieht fast schon wie ein Reibkäse aus.

Montasio fresco, 4 Wochen alt. Wie beim Pecorino, der ebenfalls vor allem als reifer, pikanter Käse bekannt ist, wird in Italien auch gern der junge, kaum gereifte Montasio verzehrt.

Aus Schafmilch hergestellte feste Käse, wie **Yolo** (vorn) und **La Bergère** (Prince de Claverolle) aus dem Massif Central, haben einen feinschnittigen Teig, mildes Aroma und einen durch lange Reifung vollen Geschmack.

Raclette leitet seinen Namen vom französischen „racler" (schaben) ab. Dank seiner Eigenschaft zu schmelzen, ohne sofort zu zerfließen, eignet er sich bestens für das gleichnamige Walliser „Nationalgericht": Von der am offenen Feuer erhitzten Schnittfläche eines Käselaibs wird der geschmolzene Käse abgeschabt und mit Pellkartoffeln und Gewürzgurken gegessen.

Fontina darf in Italien nur ein im Aostatal hergestellter Rohmilch-Käse heißen. Zwischen Juni und September entsteht er dort auf den Alpen, während der übrigen Monate in den Käsereien im Tal. Mit seinem würzigen, angenehm süßlichen Aroma ist er ein vorzüglicher Tafelkäse, er eignet sich aber auch gut zum Kochen, da er sehr leicht schmilzt.

Morbier, ein fester französischer Schnittkäse mit 45% F.i.T., wird seit mehr als einem Jahrhundert in der Umgebung des gleichnamigen Städtchens der Landschaft Franche-Comté hergestellt. Warum er - seit jeher - eine etwa 1 cm dicke, traditionell mit Ruß, heute mit Holzkohle gefärbte Teigschicht in der Mitte des Laibes aufweist, ist nicht sicher überliefert.

Fontal ist der Name für nach Art der Fontina hergestellte Käse aus pasteurisierter Milch. Sie sind nicht nur in Italien verbreitet, sondern werden heute auch in anderen Ländern, wie in Dänemark oder in Frankreich, hergestellt und sogar nach Italien exportiert. Die beliebten, milden Tafelkäse mit weißem bis strohfarbenem Teig enthalten mindestens 45% F.i.T.

Käse in Portugal werden noch viel im häuslichen Bereich, immer mehr jedoch in modernen Betrieben hergestellt: **Monte Verde** aus dem Norden, mit 40% F.i.T. (im Bild links oben); **Queijo casteloes** (oben rechts) mit 50% F.i.T.; **Alvorca** (links) mit 50% F.i.T., ein Schnittkäse aus Schaf-, Ziegen- und Kuhmilch; im Vordergrund **Queijo Serra da Estrêla,** hier ein 10 bis 12 Monate gereifter Schafmilch-Hartkäse, also ein „Queijo velho" (alter Käse), mit 45% F.i.T. Für Queijo da Serra (meist kommt er aus der Serra da Estrêla) gibt es in Portugal gesetzliche Vorschriften. Andere Serra-Typen sind zum Beispiel Serpa und Queijo da Ovelha.

Würzige Spezialitäten, mit und ohne Rauch

als Tafelkäse schon nach wenigen Wochen, also noch ziemlich jung, verzehrt. Unter dem Namen **Pressato** trifft man entlang des Alpensaums bis nach Piemont auf ähnliche, aber auch andere Sorten, wie dem Fontal vergleichbare Käse (auch fettärmere, einfach **Magro d'Alpe** oder **Semigrasso d'Alpe** genannt). Dem **Asiago grasso di monte,** dem fetten Gebirgs-Asiago mit einem Fettgehalt von 45% F.i.T. und mehr, entsprechen Typen des **Monte Veronese** und die lombardischen Alpkäse **Bitto** und **Branzi,** in allen Reifestadien, vom jungen Tafelkäse bis zum alten Reibkäse. Der **Montasio** verdankt seinen Namen der gleichnamigen Berggruppe in den Julischen Alpen im Nordosten Italiens. Der Rohmilchkäse mit mindestens 40% F.i.T. wird in flachen Laiben mit 6 bis 9 kg Gewicht hergestellt, deren Rinde glatt und leicht rötlich ist. Montasio wird als milder Tafelkäse, als Montasio fresco, angeboten, mit mehreren Monaten als Montasio mezzano und mit einem Jahr und mehr als Montasio vecchio, als aromatisch-pikanter Reibkäse, hoch geschätzt. **Fontina** darf ausschließlich im Aostatal und nur aus Rohmilch hergestellt werden. Die Laibe mit mindestens 45% F.i.T. sind 10 bis 18 kg schwer und reifen 3 Monate. Die dünne, gelbliche bis hellbraune Rinde umschließt einen sehr hellen, elastisch-weichen Teig, der wenige kleine Löcher aufweist und angenehm süßlich-würzig schmeckt. Käse nach Art der Fontina aus pasteurisierter Milch hat sich unter dem Namen **Fontal** innerhalb und außerhalb Italiens weit verbreitet. **Raclette** wird hauptsächlich in der Schweiz und in Frankreich hergestellt und vor allem für das gleichnamige Käsegericht verwendet. In Frankreich gibt es **Fromage à raclette** oder **Raclette** und eine **Petite raclette** mit mindestens 45% F.i.T. und 53% Trockenmasse, die Reifezeit beträgt 8 Wochen. In der Schweiz unterscheidet man Raclette-Käse und Walliser Raclette-Käse. Raclette-Käse (Fromage à raclette, Formaggio da raclette) kann aus roher oder pasteurisierter Milch hergestellt werden, in Form flacher Laibe oder Blocks mit 4,8 bis 7,5 kg Gewicht. Auf der Järbseite (dem Rand) muß die Bezeichnung „Raclette" eingeprägt sein. **Walliser Raclette-Käse (Fromage à raclette Valaisan, Formaggio Valesano da Raclette),** aus Rohmilch, gibt es mit über 50 regionalen und lokalen Ursprungsbezeichnungen, wie Bagnes, Forclac, Gomser, Valais, Wallis. Die Namen sind in der Rinde eingeprägt. Raclette enthält mindestens 45% F.i.T. und 55% Trockenmasse, Walliser Raclette mindestens 50% F.i.T. und 57,5% Trokkenmasse. Der elfenbeinfarbene bis hellgelbe Teig ist schnitt- und schmelzfähig, der Geschmack mild, mit fortschreitender Reifung aromatischer. Raclette ist frühestens nach 60 Tagen konsumreif, Walliser Raclette nach 90 Tagen, wird also länger gereift. Der schwedische milde **Gräddost** mit 60% F.i.T., der weich, aber schnittfest ist, gilt als gut geeignet für die Pizzaherstellung, ebenso wie der deutsche **Prälat Pizza** mit 40% F.i.T. Zu den gewürzten Käsen zählen **Dietmarscher Landkäse** (55% F.i.T.) mit Paprika, **Diplomat** (55%

Geräuchert werden Käse seit alters her, schon die Griechen und Römer haben es praktiziert. Vorwiegend nimmt man dazu Hart- und Schnittkäse, wie die abgebildeten **Cave** (oben), **Bruder Basil** (links) und **Caram** (rechts), aber auch andere; sogar einige Frischkäse werden mitunter in den Rauch gehängt. Die Käse werden auf diese Weise nicht nur „schöner", das Räuchern wirkt sich insbesondere auf das Aroma und die Haltbarkeit aus.

Queso ahumado, ein geräucherter Käse aus der spanischen Provinz Navarra, wo diese alte Tradition noch heute fortlebt. Der aus einer Mischung von Kuh-, Ziegen- und Schafmilch hergestellte Käse mit 50% F.i.T. zeigt eine durch das Räuchern bräunlich gewordene Rinde. Der Teig ist schnittfest Aroma und Geschmack sind angenehm vom Rauch geprägt.

Havarti ist der "dänische Tilsiter", der bis zum Jahr 1952 auch als solcher gehandelt wurde. Sein weißer bis hellgelber Teig ist gleichmäßig mit vielen Löchern von unregelmäßiger Form und Größe durchsetzt. Im Vordergrund: ein dem Havarti sehr ähnlicher Tilsiter deutscher Herkunft.

Deutscher Tilsiter, 45% F.i.T. (oder 30, 40, 50, 60%), zeigt die typische Käserotflora. Charakteristisch sind auch die gleichmäßige Bruchlochung und der kompakt-geschmeidige Teig.

F.i.T.) mit verschiedenen Gewürzen, **Oldenburger Maurice** (50% F.i.T.) mit Kräutern und Gewürzen, **Molfseer Büttenkäse** (60% F.i.T.) mit Schnittlauch, Dill oder Knoblauch. **Tilsiter** verdankt seinen Namen der früheren ostpreußischen Stadt Tilsit. Heute wird er in verschiedenen Ländern hergestellt, mit weicherer bis kompakterer Konsistenz und verhaltener bis deutlicher Bruchlochung, gereift mit Käserotflora oder in Folie. Aroma und Geschmack reichen von mild bis auf typische Art kräftig-würzig. In Finnland kennt man ihn als **Kreivi,** mit Kümmel als **Kesti,** in Norwegen als **Edda,** in Schweden als **Ambrosia** (mit 55% F.i.T.), in Deutschland (DDR) auch als **Tollenser,** als **Stangenkäse,** in Österreich und Südtirol oft in Verbindung mit einem regionalen Namen, wie Schlanderser, Brunecker oder Eisacktaler. **Schweizer Tilsiter,** auch als **Royalp** exportiert, ähnelt mit seinen runden Löchern dem Appenzeller. Käse aus roher Milch werden rot, solche aus pasteurisierter Milch (kurz: Past-Tilsiter) grün gekennzeichnet. Bei Tilsiter beträgt der F.i.T. mindestens 45% und die Trokkenmasse 55%, bei Past-Tilsiter 52%. Tilsiter aus Rohmilch ist nach 50 Tagen konsumreif, Past-Tilsiter nach 3 Wochen. Nach einem Gut auf dem dänischen Seeland ist der **Havarti** benannt, der bis zur Einführung landeseigener Käsenamen 1952 als Dänischer Tilsiter bezeichnet wurde. Er kommt mit 30, 45 und 60% F.i.T. (Havarti mild) auf den Markt, mit weichschnittigem Teig und lebhafter, teilweise größerer Bruchlochung, und schmeckt je nach Alter mild-säuerlich bis kräftig aromatisch. Als pikante Varianten gibt es mit Dill gewürzten Havarti (der grün paraffiniert ist) und Kümmel-Havarti. Dem Tilsiter ähnlich ist der **Wilstermarsch,** jedoch hat er eine traditionell feinporige, gleichmäßige Bruchlochung. Sein Fettgehalt beträgt 45 oder 50% F.i.T., er reift 4 Wochen und schmeckt dann mild, oft leicht säuerlich. **Maribo** (mit einem Fettgehalt von 30 oder 45% F.i.T.) wird mit und ohne Rotflora hergestellt. Ohne Rotflora hat er ein mildes Aroma, mit Rotflora ist es kräftig-würzig. Verwandt mit ihm ist **Turunmaa** in Finnland. **Pyrenäenkäse** (Fromage des Pyrénées) war ursprünglich eine Sammelbezeichnung für in diesem Gebiet hergestellte Käse, steht heute aber oft für Käse aus Kuhmilch **(Pyrénées vache),** die auch, vielfach mit schwarzem Überzug versehen, exportiert werden. **Pyrénées pur brebis** wird nur aus Schafmilch hergestellt, mit meist mehr als 45% F.i.T. **L'Ossau-Iraty-brebis-pyrénées,** ursprungsgeschützt für Béarn und Pays basque (Baskenland) in den Pyrénées-Atlantiques und einem kleinen Teil der Hautes-Pyrénées, enthält mindestens 50% F.i.T. Die Laibe sind meist 4 bis 5 kg schwer, Fromage fermier auch 7 kg, Petit Ossau-Iraty 2 bis 3 kg. Die dicke Rinde geht von gelborange bis grau. Der Teig ist fest, geschmeidig und nußartig-schmackhaft. Käse aus Mischungen von Kuh- und Schafmilch werden als **Iraty** oder **Pyrénées fermier** angeboten. In Herstellung und Eigenschaften vergleichbare Käse begegnet man in den spanischen Berglandschaften südlich und südwestlich der Pyrenäen.

Maribo von der dänischen Insel Lolland. Mit lebhafter, kleiner Bruchlochung und von säuerlich-kräftigem Geschmack.

Wilstermarsch ist eine nicht sehr verbreitete Käsesorte aus Holstein. Dem ursprünglichen Tilsiter ähnlich.

Svecia ("Schweden") gibt es in vielen Varianten, jung und gereift, auch mit Gewürzen. Meist mit 45% F.i.T.

Prästost ("Priesterkäse") mit 50% F.i.T. Der traditionsreiche schwedische Käse schmeckt herb-aromatisch bis kräftig.

Kryddal ist mit dem Prästost verwandt. Durch den Zusatz von Kümmel *(Carum carvi)* ist er sehr würzig. Mit 50% F.i.T.

Hushållsost, ein milder, weichschnittiger "Haushaltskäse" aus Westgotland, Schweden. Mit 30 und 45% F.i.T.

Pyrénées pur brebis, ausschließlich aus Schafmilch und mit über 45% F.i.T., wird in den Pyrenäen hergestellt.

Hautes pyrénées aus den Hochlagen der Pyrenäen mit einer urigen Rinde und ausgeprägtem Schafmilch-Geschmack.

Pyrénées vache wird immer mehr zum Markennamen für alle für den Export bestimmten Pyrenäenkäse aus Kuhmilch.

Tourmalet, nach dem Col du Tourmalet im Parc National des Pyrénées Occidentales benannt. Er wird im Vallée d'Ossau gereift. Der feste Schafkäse mit 50% F.i.T. hat einen milden bis aromatischen, charakteristischen Geschmack.

Esrom wurde in den Jahren 1937/38 von Mitarbeitern des staatlichen dänischen Milchwirtschafts-Instituts wiederentdeckt und neu entwickelt. Lange Zeit war der ursprünglich von Mönchen des Klosters Esrom im nördlichen Seeland hergestellte, sehr aromatische Käse in Vergessenheit geraten.

Würzende Zutaten sind bei Esrom besonders beliebt und sorgen für ganz unterschiedliche Geschmacksrichtungen. Bevorzugte Zusätze: Kümmel (oben links), Pfeffer (oben rechts), Paprika (unten links) und Kräuter der Provence (unten rechts).

Halbfeste Schnittkäse sind, bedingt durch ihren Gehalt an Trockenmasse bzw. Wasser, weicher als Schnittkäse und fester als Weichkäse. International hat sich die Bezeichnung "Semi-soft cheese" (Halbweiche Käse) eingeführt. Die Käse dieser Gruppe sind sehr vielgestaltig. Die Oberfläche (ohne oder mit Rinde) kann blank, mit feuchter oder angetrockneter Käserotflora, mit Hefen und Schimmel bedeckt oder mit Wachs, Paraffin oder Plastikhaut überzogen sein. Die Farbe reicht von gelblich (ähnlich der des Käseteigs) bis rötlich, bräunlich und schwarz, von hell bis dunkel, wobei eine dunkle Färbung nicht selten den Eindruck bodenständiger Tradition vermitteln soll. Der Teig Halbfester Schnittkäse hat eine typische, weichgeschmeidige Konsistenz und ist gut schneidbar. Bereits in den dreißiger Jahren wurde in Dänemark der **Esrom** entwickelt, damals jedoch wurde er als Dänischer Port-Salut bezeichnet. Seinen heutigen Namen erhielt er erst 1952, als alle dänischen Käse nach einheimischen Landschaften und Orten benannt wurden. Die Brote sind etwa 1,3 kg schwer, aber auch kleiner und größer. Die dünne, gelbliche Haut ist mit einer leichten Flora überzogen oder gewachst. Der gelbliche Teig mit 45 und 60% F.i.T. hat zahlreiche kleine, unregelmäßige Löcher und ein kräftiges bis pikantes Aroma. Im Handel wird er auch als dänischer Butterkäse bezeichnet. Ein beliebter Käse aus Italien ist **Bel Paese** ("Schönes Land"). Er wird in flachen Laiben mit 2 kg Gewicht und 50% F.i.T. hergestellt. Für vergleichbare Käse-Typen wurde in Italien der Name **Italico** geschaffen. In Kanada setzte sich die Bezeichnung Butter cheese (mit 50% F.i.T.) durch, in Deutschland und Österreich Butterkäse. **Deutscher Butterkäse** kommt mit 45, 50 und 60% F.i.T. auf den Markt. Der Teig ist, dem jeweiligen Fettgehalt entsprechend, elastisch bis cremig-schmelzend, Geschmack und Aroma sind mild, haben aber eine besondere Note. Aus Frankreich stammt der milde, weichschnittige **Bonbel** mit 50% F.i.T., die Variante Bonbel "leicht" hat nur 25% F.i.T. Bonbel gibt es in Brotform mit 2,3 kg Gewicht. Beim **Babybel** handelt es sich um Laibchen von 200 g und beim Mini-Babybel um solche von 20 g, die mit einer dicken, gut ablösbaren Wachsschicht überzogen sind. **Brick** ("Ziegelstein") aus den USA enthält mindestens 50% F.i.T., in Deutschland 45%. Traditionell mit Käseflora hergestellter Brick steht zwischen Limburger und Tilsiter und schmeckt nach einer Reifungszeit von 3 Wochen bei 15°C mild, läßt man ihn noch 1 bis 2 Monate bei 7 bis 10°C weiterreifen, entwickelt sich ein kräftiges Aroma. Ein Halbfester Schnittkäse besonderer Art ist **Trappistenkäse** (Fromage de Trappiste). Ein namhafter ausländischer Herstellungsort war das Kloster Maria-Stern in Banja Luka in Bosnien, im heutigen Jugoslawien. Von dort aus gelangte diese Käsesorte in die Länder der ehemaligen österreichisch-ungarischen Donaumonarchie und weiter. Heute ist Trappistenkäse, allerdings recht unterschiedlicher Beschaffenheit, in vielen Ländern verbreitet. Die Oberfläche kann trocken sein, eine angetrocknete Käserotflora haben oder gewachst sein. Unter

Weich, doch schnittfest: Butterkäse

Bel Paese ist einer der berühmten Käse Italiens. Seinen unverwechselbaren Charakter verdankt er dem weichen, elastischen, strohfarbenen Teig und dem leicht säuerlichen, zarten Geschmack ganz eigener Art. In Italien ist der Name ("Schönes Land") für den ursprünglichen Hersteller geschützt; für Käse ähnlichen Typs wurde 1941 der Name Italico kreiert.

Bonbel, ein milder, weichschnittiger Käse aus Frankreich. Ursprünglich gab es ihn nur in Form kleiner Laibe, doch wird er heute für den Handel auch in der rationelleren Blockform hergestellt. Die verschiedenfarbigen Oberflächen geben Auskunft über den Fettgehalt: Laibe mit rötlicher Rinde enthalten 50% F.i.T., solche mit hellgelber 25% F.i.T.

Babybel und **Mini-Babybel** heißen die portionsgerechten, mit Wachs überzogenen Laibchen, die heute verbraucherfreundlich mit einem Aufreißband zum einfachen Öffnen versehen sind.

Deutscher Butterkäse hat bei traditioneller Herstellung eine feine, gelblichbraune bis rötliche Haut, einen cremigen, geschmeidigen Teig mit geringer Lochung und ein mild-säuerliches, charakteristisches Aroma. Weiter verbreitet ist heute allerdings ein Käsetyp ohne Haut, mit festerem, andersartigem Teig und teilweise reichlicher Lochung.

Brick ist ursprünglich ein amerikanischer Käse, dessen Name ("Ziegelstein") schon seine Form beschreibt. Er entstand bereits im Jahre 1875 in Wisconsin. Traditionell wird er mit rötlichbrauner, leicht angetrockneter Flora hergestellt, heute reift er großenteils ohne Rotflora und in Folie. Je nach Reife mild oder kräftig.

Schwäbischer Landkäse ist eine neuere Sorte, die verschiedene Merkmale traditioneller Herstellung verbindet. Der Käse (50% F.i.T.) ist mit einer eher trockenen, rotbräunlichen Flora bedeckt und hat einen leicht gelblichen, fein-geschmeidigen Teig mit kleiner Lochung. Sein zunächst mild-säuerlicher Geschmack wird bei reiferen Käsen aromatisch-würzig.

Bianco, wie auch der nebenstehende Almkäse, repräsentieren eine ganze Gruppe von Käsesorten, die erst in den letzten Jahren in Deutschland entwickelt wurden. Sie zeichnen sich durch einen weichschnittigen Teig mit meist reichlicher Bruchlochung aus. Der Bianco, mit 55% F.i.T., hat eine glatte, helle Rinde und einen mild-säuerlichen bis kräftigen Geschmack.

Almkäse hat einen vollen, ausgeprägten Geschmack, der bei fortschreitender Reifung herzhaft-würzig wird. Mit leichter Käseflora, 50% F.i.T.

TRAPPISTENKÄSE - von Mönchen weit verbreitet

Als die während der französischen Revolution ins Exil gezwungenen Trappisten nach Ende der napoleonischen Herrschaft in ihre Klöster zurückkehrten, begannen die Mönche der bei Entrammes gelegenen Abtei Notre-Dame de Port-du-Salut, einen wohlschmeckenden Käse herzustellen, der bald auch außerhalb des Klosters als Port-du-Salut oder Port-Salut bekannt wurde. Heute gibt es allein in Frankreich mehr als 10 ähnliche Käsearten. Auch in anderen Ländern kennt man Trappistenkäse, wenn auch in unterschiedlicher Beschaffenheit und Größe und in verschiedenen Fettstufen.

Port-du-Salut oder kurz **Port-Salut** heißen nur die in Entrammes in Lizenz des Klosters erzeugten Käse.

Echourgnac ist ein kleiner Trappistenkäse aus dem Périgord. Er hat einen angenehm kräftigen Geschmack.

Trappiste de Belval wird in der Picardie hergestellt, auf traditionelle Art mit Oberflächenflora.

Deutscher Trappistenkäse ist in Laib- und Brotform erhältlich. Er ist mild bis kräftig im Geschmack.

Mondseer, auch als Schachtelkäse bekannt, stammt aus Österreichs Salzkammergut. Er ist kräftig und würzig.

Loo véritable, ein leicht gewölbter Käse aus Belgien, mit schwarzem Film überzogen. Je nach Reife mild bis kräftig.

Steinbuscher, eine alte deutsche Käsesorte mit goldbraun-rötlicher Haut und wenig Florabelag. Schmeckt mild bis würzig.

Ridder aus Norwegen mit weich-geschmeidigem, doch gut schneidbarem Teig. Er schmeckt sahnig-aromatisch.

Brigand, ein belgischer Käse aus Flandern, schmeckt mild, mit zunehmender Reife kräftig, leicht edelbitter.

Tamié, Trappiste de Tamié aus Savoyen. Er hat ein volles Aroma und einen kräftigen Geschmack.

Pavé d'Auge, Pavé de Moyaux aus dem Pays d'Auge in der Normandie, ein pikanter Käse mit langer Tradition.

Pont l'Evêque ist einer der "großen" Käse der Normandie. Er hat einen weichspeckigen Teig und schmeckt würzig.

Nantais, auch Curé genannt. Mit seiner Käserotflora und dem speckigen Teig ähnelt er dem Herve kaas und Romadur.

Saint-Paulin wird teilweise noch mit Käserotflora gereift oder angereift, dann mit salzhaltigem Wasser abgewaschen, getrocknet, gefärbt und mit einem Filmüberzug versehen.

Kernhem, nach dem gleichnamigen holländischen Landgut benannt. Der feine Dessertkäse hat einen geschmeidigen und cremigen Teig und kann sehr pikant schmecken.

Reblochon aus einem streng umrissenen Herstellungsgebiet in den Departements Savoie und Haute-Savoie. Typisch die Verpackung in Schachteln mit eingelegter dünner Spanholzscheibe.

Tomme de Savoie wurde ursprünglich nur in Savoyen, heute weit darüber hinaus hergestellt. Die Oberfläche ist grau und bräunlich mit rötlichen Flecken, der Geschmack ausgeprägt.

dem Namen **Port-du-Salut** oder **Port-Salut** dürfen ausschließlich Käse gehandelt werden, die im französischen Entrammes in Lizenz des Trappistenklosters hergestellt werden. Dieser Entscheid hat zur Entwicklung eines Käses gleicher Art mit neuem Namen geführt, dem **Saint-Paulin.** Vorgeschrieben sind für ihn die Laibform mit einem Durchmesser von 20 cm und einer Höhe von 4 bis 6 cm sowie mindestens 40% F.i.T., für **Petit Saint-Paulin** 8 bis 13 cm Durchmesser und 3 bis 4,5 cm Höhe bei gleichem Fettgehalt. **Echourgnac** ist ein kleiner, nur etwa 300 g schwerer Käse aus dem Périgord, ihm ähnlich ist der **Mont des Cats** aus dem französischen Flandern. Beide Käse haben eine halbtrockene, gelbrote Flora und sind angenehm kräftig im Geschmack. Weitere kleine Trappistenkäse sind **Chambarand** in der Dauphinée, **Campénéac** in der Bretagne, **Citeaux** in der Bourgogne, **Igny** in der Champagne, **Oelenberg** im Elsaß, **Beaumont** und **Tamié** in Savoyen und der etwas größere **Bricquebec** in der Normandie. Von ähnlicher Art sind der britische **Penbryn** und **Oka** aus Kanada. **Deutscher Trappistenkäse** wird mit angetrockneter Käserotflora oder blank hergestellt. Er hat eine lebhafte Bruch- und Gärlochung, der Teig ist oft fest wie bei einem Schnittkäse und mild bis kräftig im Geschmack. Bekannte Sorten sind **Castor, Porta Prälat** und **Tegernauer.** Ein verbreiteter Name für verschiedene Varianten mit eigener Art ist **Klosterkäse.** Ein namhafter Käse in Norwegen ist **Ridder** (in Schweden **Riddar**). Er hat unter der goldorangenen Haut einen sahnigen Teig mit 60% F.i.T. Ein Käse anderer Art ist der belgische **Passendale,** mit 50% F.i.T., der sich durch einen gut schneidbaren, geschmeidigen Teig mit reichlicher Bruchlochung und ein von mild bis dezent-pikant reichendes Aroma auszeichnet. Auf der Rinde zeigen die gewölbten Laibe einen leichten Schimmelanflug. Eine altbekannte Käsesorte Deutschlands ist der **Steinbuscher.** Die Käse haben eine gelbbraun-rötliche Haut mit wenig Florabelag, einen Fettgehalt von 30, 45 und 50% F.i.T. und ein mildes bis leicht würziges Aroma. Die Landschaft Pays d'Auge in der Normandie ist die Heimat der eng verwandten **Pont l'Evêque** und **Pavé d'Auge,** auch **Pavé de Moyaux** genannt, denen mancher Vorgänger des heutigen Normandie-Camembert nahestand. Mit einer von gelbgrau bis rötlichbraun und orange reichenden, trockenen Flora und Milchschimmel reifend, schmeckt der weich-speckige Teig dieser Käse, je nach Alter, mild bis kräftig-voll. **Nantais,** auch **Petit Breton** oder **Fromage de Curé** genannt, wurde Überlieferungen zufolge erstmals von einem Pfarrer ("curé") bei Nantes hergestellt. Die Quader oder Laibchen wiegen nur etwa 200 g, haben eine Käserotflora und einen speckigen Teig. Der niederländische **Kernhem** reift mit Oberflächenflora bei 15°C in feuchten Kellern und entwickelt dabei ein pikantes Aroma. Der Fettgehalt liegt bei über 60% F.i.T., der Teig ist dadurch besonders geschmeidig. **Reblochon** ist in Frankreich ursprungsgeschützt. Der Name ist Käsen vorbehal-

Schweizer Mutschli sind kleine Alpkäse von den Hochlagen der Schweizer Bergtäler, die jünger oder reifer, weicher oder fester sein können.

Dieser Tomme de Savoie ist mit dem für ihn typischen grauen Schimmelrasen überzogen. Die Rinde wird vor dem Verzehr entfernt.

Vacherin fribourgeois, Freiburger Vacherin wird weicher und fester hergestellt, für Fondue oder zum direkten Verzehr. Je nach Reifegrad leicht säuerlich bis aromatisch.

Ein typischer Reifekeller für Vacherin und Gaperon bei dem Pariser Affineur und Käse-Spezialisten Pierre Androuët.

Vacherin Mont d'Or wird im Schweizer Jura (woher der abgebildete Käse kommt) und im Jura Frankreichs hergestellt. Der mild-aromatische Käse hat eine rotbräunliche Flora.

Saint-Nectaire, aus dem Massif Central in Frankreich, zeigt eine reiche, bunte und ziemlich trockene Oberflächenflora. Entsprechend kräftig sind Aroma und Geschmack.

Pavin, der aus der Auvergne in Frankreich kommt, ist in Aussehen und Geschmack mit dem Petit Saint-Nectaire nahe verwandt.

Banon, früher nur als kleines Ziegenkäschen, teilweise mit Würzkräutern, bekannt, gibt es nun auch als zarten, milden Kuhmilchkäse, doch immer noch in der typischen "Verpackung".

ten, die im Departement Haute-Savoie und in einem Teil von Savoie aus roher Vollmilch hergestellt werden, mit mindestens 45% F.i.T., oft aber mit 50% und mehr. Die flachen Laibe sind etwa 500 g schwer, bei **Petit Reblochon** 250 g. Die trockene Rinde ist blaßrosa bis gelblich und bräunlich, oft mit einem Anflug weißlicher Flora, der Teig strohfarben und weich-geschmeidig, mit geringer Lochung. Der Geschmack der gutgereiften Käse ist kräftig. Es gibt ähnliche Käse aus pasteurisierter Milch. In der Westschweiz gibt es ebenfalls eine Reblochon-Produktion, wie auch auf einigen Alpen des italienischen Gebirgsabhangs. Dort ist der Name **Reblosson** überliefert. Ähnliche, runde Käse kennt man als Tomme (früher Tome, italienisch Toma), in Verbindung mit lokalen Namen, allerdings mit größeren Varianten in der Beschaffenheit und teilweise niedrigerem Fettgehalt. **Tomme de Savoie** gibt es in sehr unterschiedlichen Größen. Ursprünglich wurde dieser Käse nur in Savoyen hergestellt, doch hat er sich auch südlich in den angrenzenden Bergregionen und im Massif Central verbreitet. Unter dem Namen **Vacherin** kennt man ähnliche, aber auch ganz verschiedene Käse in der Westschweiz und in Ostfrankreich. Die Stadt Fribourg gab dem **Vacherin fribourgeois** (Freiburger Vacherin, italienisch Vacherin friborghese) seinen Namen. Bei dem aus roher und pasteurisierter Milch hergestellten Käse mit mindestens 45% F.i.T. und 52% Trockenmasse, der frühestens nach 60 Tagen konsumreif ist, unterscheidet man zwei Varianten: den festeren Vacherin pour la main zum direkten Verzehr und den weichen Vacherin pour fondue, der ausschließlich für Fondue hergestellt wird. Die Laibe mit 6 bis 10 kg Gewicht haben eine dünne Haut mit braun-gelblicher Schmiere und einen gelblichen Teig, der je nach Reifezustand leicht säuerlich bis aromatisch schmeckt. Ein Käse ganz anderer Art entsteht in der Schweiz, am Fuß des Waadtländer Jura, zwischen September und März: **Vacherin Mont d'Or,** der eigentlich als Weichkäse zu betrachten ist. Die Laibe wiegen zwischen 0,5 und 3 kg und haben eine rötlichbraune Rinde. Der Teig mit oft mehr als 50% F.i.T. und 42,5% Trockenmasse ist weißlich und, in gutgereiftem Zustand sehr aromatisch und kräftig im Geschmack. Gelegentlich schmeckt er, dank der Reifung in einer Form aus Tannenrinde, leicht nach Tannenholz. Ein in der Gegend des Lac de Joux hergestellter Käse heißt **Vacherin de Joux.** Neben dem schweizerischen gibt es einen französischen Vacherin Mont–d'Or, der auch **Vacherin de Haut-Doubs** genannt wird, wenn er im Departement Doubs in mehr als 700 Metern Höhe erzeugt wird. Die Oberfläche der 0,5 bis 1 kg schweren Laibe, die in Spanholzschachteln aus Fichten- oder Tannenholz verpackt werden, ist wellig und gelb bis hellgelb, der Teig in reifem Zustand sehr weich bis zerlaufend. Ein enger Verwandter in Savoyen, **Vacherin de Beauges,** ist manchmal so weich, daß er mit dem Löffel gegessen werden kann. Er wird während der Reifung mit einem Gemisch aus Weißwein, Salz und Gewürzen eingerieben und nur in Spanholzschachteln

Von mild bis würzig: weichschnittige "Halbfeste"

Tomme de brebis, ein französischer Schafmilchkäse mit mildem Geschmack, in der runden Tomme-Form Savoyens.

Tomme de Beaujolais aus dem für seinen Wein berühmten Landstrich zwischen Lyon und Macôn. Dezentes Aroma.

Crimlin wird nach Art des Port-Salut in Irland hergestellt. Er hat 45% F.i.T. und einen für ihn typischen Geschmack.

Plateau d'Herve aus Belgien hat ein ausgeprägtes Käsearoma. Er schmeckt kräftig, aber nicht scharf. Mit 45% F.i.T.

Airiños, ein spanischer Kuhmilchkäse mit Weißschimmel aus Asturien. Cremiger Teig, mild-würzig. Mit 60% F.i.T.

Marzolino wird in der Toscana hergestellt, aus Schaf- oder Schaf- und Kuhmilch. Er schmeckt mild bis leicht pikant.

Murol zeigt, als besondere Eigenheit, ein Loch in der Mitte. Der Käse aus der Auvergne ist mild bis kräftig im Aroma.

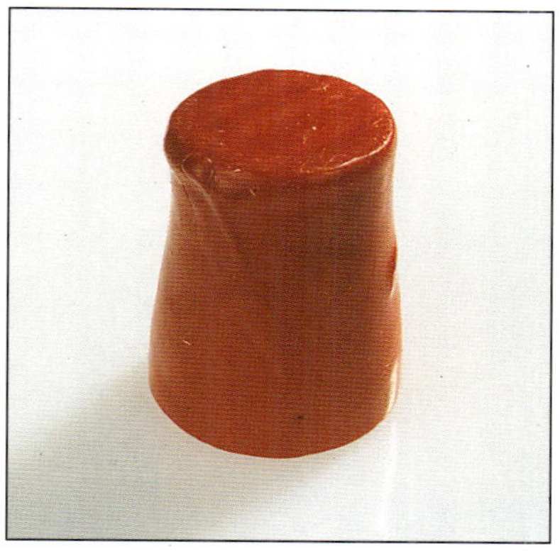

Trous du Murol ist das Mittelteil des Murol, das mit rotem Wachs überzogen wird. Mild im Geschmack.

Robiola valsassina gibt es mild und pikant. Der hier abgebildete Käse ist ein milder "tipo dolce" mit geringer Rotflora.

Passendale aus Belgien, hier mit einer leichten, weißlichen Flora, schmeckt mild, mit zunehmender Reife kräftig.

Gaperon aus der Auvergne. Zusätze von Pfeffer und vor allem Knoblauch verleihen ihm Aroma und Geschmack.

Tête de Moine ("Mönchskopf") ist ein sehr schmackhafter, zum Schaben gut geeigneter Käse aus der Schweiz.

Mit der "Girolle", einem speziellen Schneidegerät, läßt sich Tête de Moine kreisförmig abhobeln. Zuvor schneidet man einen Deckel ab, der hinterher wieder aufgelegt wird, damit der restliche Käse nicht austrocknet.

Pannerone aus Norditalien, ein Käse mit sehr starker Gärung, die überwiegend durch gasbildende Colibakterien und bestimmte Hefen hervorgerufen wird.

Taleggio, nach dem gleichnamigen Tal nördlich von Bergamo benannt, wird schon seit langem in den Voralpentälern der Lombardei erzeugt; bis zu Beginn dieses Jahrhunderts kannte man ihn als Stracchino Quartirolo. Der variantenreiche Käse (heute mit 48% F.i.T.) reift bei nur 5 bis 6°C teilweise in Höhlen der Bergtäler und entwickelt dabei ein typisches, würziges Aroma.

Quartirolo ist ein dem Taleggio ähnlicher Käse, der wie dieser in unterschiedlichen Reifegraden auf den Markt kommt. Der abgebildete Käse ist noch recht jung, er hat nur eine leichte Oberflächenflora und den typischen Teig junger, säuerlicher Käse. Der leicht milchsäuerliche Geschmack wandelt sich bei der Reifung zu mild-aromatisch, der Teig wird geschmeidiger.

Évora, nach der gleichnamigen Stadt im südlichen Teil von Portugal benannt, wird aus Schaf- oder Ziegenmilch oder aus Mischungen hergestellt. Als kleines, festes, gut gesalzenes Laibchen mit 45% F.i.T., vielfach ohne Rinde, wird er gern in Öl aufbewahrt. Oft läßt man ihn über Monate zu Hartkäse heranreifen, er schmeckt dann scharf und mitunter salzig.

Aragón, auch Tronchón genannt, wird aus Schafmilch oder einer Mischung mit Ziegenmilch hergestellt. Der spanische Käse mit 50% F.i.T. zeigt einen weißgelblichen Teig mit vielen kleinen Löchern. Die für ihn typische Form eines Brotlaibes mit einer Mulde ist durch die Käseform bedingt. Er reift 1 bis 2 Wochen, sein Geschmack ist mild und charakteristisch.

Corsica, ein nach alter korsischer Schäfertradition hergestellter Schafmilchkäse mit 50% F.i.T. und einer mit Weißschimmel bedeckten Rinde, auf der sich bei fortschreitender Reifung eine leichte, bräunlichrote Flora entwickelt. Der geschmeidige Teig mit einer lebhaften, kleinen Bruchlochung ist in Aroma und Geschmack mild, mit zunehmender Reife kräftig und voll.

Bambolo ist ein italienischer Käse, der aus einer Mischung von Kuh- und Schafmilch hergestellt wird. Auf seiner Oberfläche sind deutlich die Eindrücke der Käseform zu erkennen. Der Teig ist ziemlich geschmeidig. Bambolo kommt wenig gereift mit leichtem Schimmelanflug (wie auf dem Bild) oder in reiferem Zustand auf den Markt. Sein Geschmack ist mild-säuerlich.

Zwei Beispiele für neue Käsesorten aus Österreich: **Steirischer Hirtenkäse** (im Bild oben) mit vom Schafmilchanteil geprägten Aroma, und **Steirischer Bauernkäse** (unten), eine Weiterentwicklung der aus dem dortigen Koralmgebiet stammenden Mischkäse aus Kuh- und Schafmilch, mit fein-säuerlichem bis herb-aromatischem Geschmack. Beide haben mindestens 45% F.i.T. und werden aus einer Mischung von 55% Schaf- und 45% Kuhmilch hergestellt.

verpackt verkauft. Eine Schweizer Spezialität ist der **Tête de Moine** ("Mönchskopf"), der früher in Form eines Kegelstumpfes hergestellt wurde. Die Herkunft seines Namens ist ungeklärt; ob es sich um einen Spottnamen aus der Zeit der französischen Revolution handelt oder um die Bezeichnung für eine Art Vorratshaltung (pro Kopf bzw. Mönch blieb nur ein Käse im Kloster, die anderen wurden verkauft), mag dahingestellt sein. Sein zweiter Name, **Bellelay,** deutet auf die Gutshöfe des Prämonstratenser-Klosters in Bellelay im Berner Jura hin. Heute sind die Laibe zylindrisch haben einen Durchmesser von 8 bis 20 cm und ein Gewicht von 0,7 bis 4 kg. Ihre Rinde ist mit einer rötlichbraunen Flora überzogen, der Teig (mit 51% F.i.T.) hat nur wenige Löcher, ist elfenbeinfarben bis hellgelb, fein, schab- und schnittfähig und je nach Alter mild bis kräftig-würzig im Aroma. **Banon,** mit einem Fettgehalt von 40 bis 60% F.i.T., kann aus reiner Ziegenmilch, einer Mischung aus Ziegen–, Schaf- und Kuhmilch oder aus reiner Kuhmilch entstehen. Banon aus Kuhmilch wiegt bis zu 1 kg, sonst nur 80 bis 120 g. Er wird in Kastanienblätter eingeschlagen und mit Raphia-Bast oder Kunststoffbändern verschnürt. Bei der Herstellung des **Murol** aus der Auvergne entstehen gleich zwei Käse: eben der Murol, dessen typisches Kennzeichen ein großes Loch in der Mitte ist, und das schon vor der Reifung herausgestochene Mittelteil, das, mit rotem Wachs überzogen, als **Trous du Murol** verkauft wird. Der Murol, auch **Grand Murol** genannt, hat einen Durchmesser von 12 bis 13 cm, ist 3,5 cm hoch und 400 bis 500 g schwer, das Loch in der Mitte hat einen Durchmesser von 3 bis 4 cm. Die Oberfläche ist mit einer Rotflora überzogen, der Teig ist geschmeidig und anfangs mild, mit zunehmender Reifung dank der Rotflora kräftig und typisch ausgeprägt. Käse mit dem Namen **Saint-Nectaire** stammem aus einem begrenzten Gebiet der Departements Cantal und Puy-de-Dôme im französischen Massif Central. Es gibt sie in zwei Größen: mit 0,6 oder 1,7 kg Gewicht. Der Fettgehalt beträgt mindestens 45% F.i.T. Die Käse reifen zwischen 3 und 8 Wochen in Naturkellern und haben eine ausgeprägte, recht trockene Oberflächenflora, die aus verschiedenen Bakterien, Hefen und Schimmeln besteht. Teilweise sieht man braune, gelbe oder rötliche Flecken und einen weißgrauen Schimmelbelag, manchmal ist dieser auch ockerfarben getönt. Den bäuerlichen **Saint-Nectaire fermier** erkennt man an einer grünen, ovalen Kaseinmarke und den in Käsereien hergestellten **Saint-Nectaire laitier** an einer grünen, quadratischen Marke. Mit Saint-Nectaire nah verwandt sind **Pavin** und **Savaron.** Der französische **Gaperon** aus der Auvergne verdankt seine etwas "zähe" Teigstruktur (mit vielen kleinen Bruch- und Gärlöchern) dem Fettgehalt von 40% F.i.T. und der Verwendung von Buttermilch oder teilweise abgerahmter Milch. Aroma und Geschmack werden durch den Zusatz von zerkleinertem Pfeffer und Knoblauch sowie durch die Reifung mit Weißschimmel bestimmt. Ein italienischer, aus der Lombardei kommender Käse mit

Eine Käsespezialität aus Bayern ist die **Franken-Rolle,** ein mit Knoblauch leicht gewürzter Weißschimmelkäse.

HALBFESTE SCHNITTKÄSE

St. Achatz, ein schnittfester Käse mit 55% F.i.T. Würzig und ausdrucksvoll im Geschmack.

Latwijskij sir aus Lettland (dort: Latvijas siers) wird durch seine kräftige Rinde mit Rotflora charakterisiert. Sein geschmeidiger Teig enthält mindestens 45% F.i.T. Sehr schmackhaft.

Cushlee ist ein irischer Käse des Port-Salut-Typs mit leichter, trockener Käserotflora, weichschnittigem Teig mit einer lebhaften Bruchlochung und mild-würzigem Geschmack. 46%F.i.T.

Coburger Knappenvesper mit Knoblauch und Schnittlauch (hinten im Bild) und **Comtesse,** beide mit 56% F.i.T. und Weißschimmelflora. Im Geschmack mild-säuerlich.

Mainauer, ein deutscher Käse aus dem Bodenseegebiet, mit 45 und 50% F.i.T., auch fettärmer mit 30 und 40%. Der cremefarbene, geschmeidige Teig ist mild bis voll im Geschmack.

Wasserburger Bauernkäse mit ockergelber Oberfläche (hinten, 45% F.i.T.) schmeckt je nach Reifegrad mild bis würzig, **Rahmkäse** (55% F.i.T.) dezent säuerlich und mild.

Die verschiedenen Caciotta-Arten, es gibt etwa 3 Dutzend, werden vor allem in den Regionen Mittelitaliens (Toscana, Umbrien, Latium, Marchen) sowie auf Sardinien hergestellt. Überwiegend aus Kuhmilch, manchmal noch aus Schafmilch, oft auch aus Mischungen von Kuhmilch mit Schaf- und Ziegenmilch. Der delikate Teig kann weich bis fest sein und je nach Alter eine butterige Struktur haben. Aroma und Geschmack sind angenehm mild und leicht süßlich.

Durch Einlegen haltbar gemacht: Lake-Käse

vielgestaltiger Oberflächenflora ist die **Robiola valsassina.** Man unterscheidet die milde Robiola tipo dolce und die pikante Robiola tipo piccante mit ausgeprägter Rotflora und daher kräftigerem Geschmack. Form und Größe der verschiedenen Typen sind nicht einheitlich. Sie ist auch als (der Caciotta nahestehender) Frischkäse erhältlich. Der Name **Caciotta** steht für eine ganze Anzahl sehr verschiedenartiger Käse, die sich vor allem nach der verarbeiteten Milch und der Reifungsdauer unterscheiden. Hauptsächlich werden frische, ungereifte oder nur wenig gereifte Käse aus Schafmilch (beispielsweise ungereifte Pecorini), aber auch länger gereifte Käse und solche aus Mischungen von Schaf- und Kuhmilch oder allein aus Kuhmilch als Caciotta bezeichnet. Der **Taleggio** (Norditalien) wird zum Teil noch traditionell aus Rohmilch, immer mehr jedoch aus pasteurisierter Milch, mit 48 bis über 50% F.i.T. hergestellt. Die Quader haben eine braun-grünlich-weiße oder rötliche, manchmal leicht wellige Haut mit leichtem Schimmelanflug. Bedingt durch unterschiedliche Herstellungsmethoden, gibt es mehrere Varianten. Beispiele für die Vielfalt der Käse aus wechselnden Mischungen von Schaf-, Ziegen- und Kuhmilch sind der italienische **Bambolo,** der spanische **Aragón (Tronchón)** und der von halbfest bis hart variierende portugiesische **Évora.** Nur aus Schafmilch und auf traditionelle Weise hergestellt ist der **Corsica,** der 50% F.i.T. enthält.

Das **Einlegen von Käsen** in Lake, Öl (Olivenöl), Wein oder Essig hat in vielen Ländern eine lange Tradition. Auf diese Weise wird, bei weitergehender Reifung, das Wachstum von Bakterien und Schimmeln auf der Oberfläche oder ein Austrocknen vermieden; die Käse können für längere Zeit, für einige Wochen oder mehrere Monate, oft bis in die milcharme Zeit hinein, aufbewahrt werden. Sie werden frisch oder nach einigen Tagen eingelegt, in Fäßchen oder große Kanister, heute vielfach auch einzeln in Verbraucherpackungen. Bei den in Lake (eine Lösung von 5 bis 15% Kochsalz in Wasser) eingelegten Käsen **(Lake-Käse),** die als **Feta** bezeichnet werden, kann man heute drei Arten unterscheiden: Feta aus Schafmilch, allenfalls mit etwas Ziegen- oder Kuhmilch vermischt; Feta-artige Käse aus Kuhmilch, die auf traditionelle Weise hergestellt werden; und Käse mit dem Namen Feta, die mit modernen Verfahren (Ultrafiltration) produziert werden, in Zusammensetzung und Teigstruktur aber von dem herkömmlichen Typ abweichen und Käse weitgehend eigener Art darstellen. Bekannte traditionelle, oft nach alter Hirten- und Nomadenkultur entstandene Lake-Käse in Südosteuropa und im Nahen Osten sind: in Bulgarien **Bjalo salamureno sirene** (Schafmilchkäse), in Israel **Brinza** (bei dem bis zu 25% Kuhmilch erlaubt sind), in Jugoslawien **Beli sir** und **Bijeni sir,** in Rumänien **Telemea,** in der Türkei **Beyaz peiniri.** In weiteren Ländern **Baladi, Gibbneh beda** (Weißkäse), **Daani** (Schaf), **Domiati** oder **Damietta, Kariesch** (in Ägypten aus Büffelmilch und/oder Kuhmilch), in der UdSSR, neben anderen, **Jerevanskij sir.**

Feta, hier ein Schafmilch-Feta aus Griechenland, ist der bekannteste Lake-Käse. Er ist von halbfester bis weicher Konsistenz, die weiße Farbe ist typisch für ihn. Mit 50% Fi.T.

Halloumi, ein Lake-Käse auf Zypern. Er wird gebrüht und geknetet, oft mit Minze gewürzt. Ähnlich sind Halloum im Libanon, Hallomy in Australien.

Lake-Käse nach Feta-Art wird heute in vielen Ländern in unterschiedlichen Varianten hergestellt. In immer größerem Umfang auch aus Kuhmilch, wie der Feta im Bild unten.

Weit über eine halbe Million Schafe weiden auf den Causses, den kargen Kalkhochflächen südwestlich des Massif Central. Sie liefern den größten Teil der Milch für den berühmten Roquefort. Außerdem wird Schafmilch auf Korsika und in den Pyrénées-Atlantiques zu Käselaiben verarbeitet. Die jungen, frischen Käse werden dann in die Gegend von Roquefort gebracht, wo sie zusammen mit den dort hergestellten Laiben in Kalksteinhöhlen heranreifen. Hier bestehen die gewünschten Bedingungen: konstante Temperatur, hohe Luftfeuchtigkeit, eine optimale Luftzirkulation.

ROQUEFORT - DER BLEU MIT GESCHICHTE

Glaubt man der Legende, entstand Roquefort rein zufällig: Ein junger Schäfer hatte sich mit Brot und frischem Käse aus der Milch seiner Schafe zur Vesper in eine kühle Felsengrotte zurückgezogen. Als ein schönes Mädchen des Weges kam, vergaß er seinen Hunger und folgte ihr. Erst mehrere Wochen später kam er erneut in die Grotte. Brot und Käse waren inzwischen verschimmelt, der Schäfer jedoch so hungrig, daß er in den jetzt blaugrün geäderten Käse biß. Und der schmeckte ihm so gut, daß er künftig jeden seiner Käse für einige Zeit in die Grotte brachte. Seither reifen in den Höhlen und Grotten des Städtchens Roquefort und dessen Umgebung die überall in der Welt begehrten Laibe mit ihrem einzigartigen Aroma heran.

Roquefort genießt in Frankreich Ursprungsschutz. Ausschließlich Laibe, die - mit mindestens 52% F.i.T. - aus roher Schafmilch hergestellt wurden und die in den Höhlen der Region um Roquefort reiften, dürfen diesen Namen führen.

Der weltberühmte "Blaue": Roquefort

Zur großen Familie der **Käse mit Innenschimmel** zählt man, wie schon der Name besagt, alle Käse, in deren Innerem Schimmel wächst. Sie können dabei eine recht unterschiedliche Oberfläche aufweisen. Auch werden sie aus verschiedenen Milcharten hergestellt. Der Konsistenz nach kann man die meisten als Halbfeste Schnittkäse ansehen, einige als Weichkäse. Der Schimmel kann sich in der Bruchlochung und den dazwischenliegenden "Adern" oder in Stichkanälen befinden. Meist handelt es sich dabei um dunkelblau, blau bis blaugrün und grün bis dunkelgrün wachsende Stämme des *Penicillium roqueforti*. Die Intensität der Reifung und damit Kässearoma und -geschmack hängen von der Art des Schimmels und seiner Reifungsaktivität ab, aber auch von Form, Größe, Zusammensetzung und Oberfläche der Käse, insbesondere auch von den Reifungsbedingungen, also dem Mikroklima des Reifungskellers und der Reifungsdauer. Für diese *Penicillium*-Stämme hat sich der Name Edelschimmel oder Edelpilze eingebürgert, und in einigen Ländern für die damit hergestellten Käse der Name Edelpilzkäse. In der BR Deutschland allerdings hat der Begriff **Edelpilzkäse** zweifache Bedeutung: er ist zum einen der Oberbegriff für alle Käse mit Edelschimmel im Inneren, zum anderen bezeichnet er zusätzlich einen bestimmten Typ dieser Käsegruppe, dessen Eigenschaften in der Käseverordnung festgelegt sind. International haben sich weithin die Namen **Blauschimmelkäse** oder **Blaugrünschimmelkäse,** kurz **Blaukäse** oder **Blaugrünkäse,** eingeführt. Im englischen Sprachraum werden die Käse als **Blue veined cheese** ("blaugeäderter Käse"), **Blue cheese** oder einfach **Blue** bezeichnet, in Frankreich als **Fromage bleu** oder **Bleu** bzw. **Fromage persillé** oder **Persillé** ("grüngesprenkelt"). In Italien stehen für diese Käse die Bezeichnungen **Formaggio erborinato,** in den spanisch sprechenden Ländern **Azul, Queso azul** oder **Pasta azul,** bei Schafmilchkäse **Azul de oveja.** Dem marmorierten Aussehen entspricht die Bezeichnung **Marmorkäse.**

Der weitaus bekannteste Bleu ist der französische **Roquefort.** Bereits im Jahre 1411 wurden Schutzbestimmungen für ihn erlassen. Ursprünglich war seine Herstellung auf die Gegend um Roquefort-sur-Soulzon, ein Städtchen im Departement Aveyron am südlichen Rand der Cevennen, beschränkt. Mit der in den 70er Jahren des letzten Jahrhunderts steigenden Nachfrage wurde das Herstellungsgebiet jedoch ausgeweitet, sogar Korsika und die Atlantischen Pyrenäen wurden einbezogen. Überall wird rohe Schafvollmilch verwendet und der Milch oder dem Käsebruch der spezielle Schimmelpilz *Penicillium roqueforti* zugefügt. Dieser wird heute überwiegend in Form gut kontrollierbarer flüssiger Kulturen angewendet. Herkömmlicherweise läßt man den Schimmel in speziellem Brot wachsen, das man dann vorsichtig trocknet und zu Pulver vermahlt, das dann wiederum dem Bruch beigemischt wird. Die in der näheren und weiteren Umgebung von Roquefort sowie auf Korsika und in den westlichen Pyrenäen produzierten Käse

Das "Pikieren" ist ein entscheidender Vorgang bei der Herstellung von Edelpilzkäse. Die Laibe werden mit Nadeln durchstochen, so daß durch die entstehenden Kanäle Luftsauerstoff eindringen kann, den die Schimmelpilze für ein gleichmäßiges Wachstum benötigen.

Maschinen zum Pikieren gibt es schon lange. Hier ein altes Exemplar, das die Roquefort-Laibe mit jeweils 30 Stichen versah.

Entwicklungsstadien bei Edelpilzkäse. Der Blauschimmel wächst zunächst innen, dann nach außen. Und zwar in dem Maße, wie sich das anfangs in der äußeren Schicht konzentrierte Kochsalz im Käse verteilt, sich die Wachtumsbedingungen also für den Blauschimmel nach außen hin verbessern. Gut sichtbar wächst er in den Bruchlöchern und entlang der Stichkanäle.

Auf diesen Abbildungen ist deutlich zu sehen, wie Oberfläche bei Blauweißschimmelkäsen allmählich von einem gleichmäßig feinen Weißschimmelflaum überzogen wird.

Edelpilzkäse (hier mit 50% F.i.T. und gutem Schimmelbewuchs) gibt es auch in Brotform. So eignet er sich gut für die Käsetheke, in Scheiben auch als Toastauflage.

Deutsche Edelpilzkäse, wie dieser **Bergader,** werden ähnlich wie Roquefort, allerdings aus Kuhmilch, hergestellt. Die Käse sind ohne Rinde. Ihre Oberfläche ist blank und weißlich. Ein bröckelig-krümeliger, dennoch geschmeidiger Teig gilt als Qualitätsmerkmal. Das Aroma dieser lebhaft marmorierten Käse ist deutlich ausgeprägt, mit zunehmender Reife pikant.

Bleu d'Auvergne ist ein namhafter Bleu aus dem Massif Central, aus Kuhmilch und mit 50% F.i.T. hergestellt. Er wird zwar noch auf Bauernhöfen, mehr und mehr aber in Käsereien produziert und reift teilweise noch in Höhlen. Die gelbbräunliche Rinde zeigt einen leichten Florabelag. Der Teig ist gut marmoriert und geschmeidig, er schmeckt kräftig bis pikant.

Ein dänischer Edelpilzkäse mit 70% F.i.T., also mit sehr hohem Fettgehalt, und einem verhältnismäßig weichen Teig ist der **Castello blue.** Die Oberfläche des horizontal geschnittenen Laibes zeigt sehr schön die Stichkanäle. Der Käse reift gewöhnlich 1 1/2 bis 2 Wochen, teilweise jedoch auch länger. Er schmeckt besonders sahnig und mild.

Bleu de Causses erhielt seinen Namen von den Causses im südlichen Massif Central und er genießt für diese Region Ursprungsschutz. Ein Kuhmilchkäse mit mindestens 45% F.i.T. und sehr kräftigem Geschmack. Der Edelpilz wird dem Bruch beim Einfüllen in die Formen zugegeben. Die 2 bis 3 kg schweren Laibe reifen 2 bis 6 Monate in feuchten Höhlen.

Bleu de Laqueuille wird seit 1845 in dem gleichnamigen Ort südwestlich des Puy-de-Dôme hergestellt. Er ist etwas milder als der Bleu d'Auvergne.

Bleu de Gex, auch Bleu du Haut-Jura, Bleu de Septmoncel, wird in den Departements Ain und Jura hergestellt. Er hat eine lange Tradition. Der Geschmack der 1 bis 4 Monate reifenden Käse (mit mindestens 50% F.i.T.) reicht von mild bis kräftig-pikant. Typisch ist die Beschaffenheit der Rinde und das auf der Unterseite eingeprägte Wort "Gex".

Danablu ist der international am weitesten verbreitete Edelpilzkäse aus Kuhmilch. Die Laibe wiegen 3 kg und haben keine Rinde. Der Teig ist leicht krümelig, aber schneidfähig und lebhaft geädert. Danablu gibt es mit 50% F.i.T., dann ist sein Geschmack kräftig, fast scharf, und mit 60% F.i.T.; der höhere Fettgehalt verleiht ihm ein mildes Aroma.

Edelpilzkäse in vielen Variationen

werden jung, ein paar Tage nach der Herstellung, als **Fromage blanc** ("weißer Käse") in die mehrstöckigen Höhlen des Bergmassivs Combalou von Roquefort gebracht. Demnach besagt der Name Roquefort, daß die Käse auch aus Milch anderer Gegenden hergestellt sein können, doch immer unter kontrollierten Bedingungen im Raum Roquefort gereift werden. Nach dem wiederholten Salzen von Hand während der ersten 3 bis 5 Tage werden die Laibe "pikiert", damit die Kellerluft mit dem für das Schimmelwachstum unentbehrlichen Sauerstoff eindringen kann. Dann bringt man die Käse in die Reifungskeller, die eine Temperatur von 7 bis 10°C und eine hohe Luftfeuchtigkeit aufweisen, ein Klima, das auf natürliche Weise durch einen leichten Luftstrom erhalten wird, der ständig durch den Kalkberg mit seinen zahlreichen Spalten, "fleurines" genannt, streicht. Hier bleiben die Käse, hochkant auf Regalen gelagert, für 3 bis 4 Wochen. Erscheinen die ersten grünen Flecken auf der Oberfläche der Laibe, verpackt man diese luftdicht und läßt sie, ständig kontrolliert, weitere 3 bis 4 Monate reifen. Das Ergebnis ist ein Käse mit einzigartigem, je nach Reifegrad würzigem bis pikantem Aroma und einem Gehalt von 52% F.i.T. und mehr. Die bröckelig-krümelige Teigstruktur des fertiggereiften Roquefort ist übrigens ein Qualitätssignum, auch wenn sich der Käse weniger gut aufschneiden läßt. Dem Roquefort ähnlich ist der **Bleu de Corse.** Auf Korsika hergestellt, reift er ebenfalls in Höhlen, wie auch der spanische **Azul de oveja.** Der weitaus größte Teil an Blauschimmelkäse wird heute nicht mehr aus Schafmilch, sondern aus Kuhmilch hergestellt. Auch hier werden überwiegend Kulturen von *Penicillium roqueforti* verwendet, die Reifung erfolgt in feuchten Kellern. Ein bekannter Vertreter dieser Käse ist der **Bleu d'Auvergne** (50% F.i.T.), dessen Ursprungsschutz die Herstellung und Reifung in der gleichnamigen Region regelt. Ähnliche Käse aus dem Massif Central sind **Bleu de Causses** und **Bleu de Laqueuille.** Eine lange Tradition hat der aus dem französischen Jura stammende **Bleu de Gex** mit mindestens 50% F.i.T., zusammen mit **Bleu de Septmoncel,** auch als **Bleu du Haut-Jura** bezeichnet. Verwandt mit ihnen ist der formenreiche **Sassenage.** Auf Alpen des nördlichen Massif Central wird **Fourme d'Ambert** hergestellt, in Höhen von 600 bis 1600 m. Es gibt mehrere lokale Namen für sehr ähnliche Käse, wie Monts du Forez, Fourme de Pierre-sur-Haute, Fourme de Montbrison. Sie alle heißen nunmehr offiziell **Fourme de Pierre-sur-Haute dite d'Ambert ou de Montbrison.** Die zylinderförmigen Laibe sind 2 kg schwer, 20 cm hoch und haben einen Durchmesser von 13 cm. Sie enthalten mindestens 50% F.i.T. Bei der Herstellung wird dem Bruch bereits während des Formens Salz, vorzugsweise grobkörniges Meersalz, zugegeben. Die Molke muß gut abtropfen; dazu stellt man die Formen bei traditioneller, bäuerlicher Herstellung in den warmen Kuhstall. **Deutsche Edelpilzkäse,** mit 45, 50 und 60% F.i.T., können aus Kuhmilch, Schafmilch oder einem Gemisch dieser beiden Milcharten hergestellt werden. Beispiele

Ein bayerischer Blaukäse mit 60% F.i.T. ist der **Blue Bayou.** Die Käserollen wiegen [illegible] kg, sind ohne Belag an der Oberfläche und entwickeln ein angenehm pikantes Aroma. Der Anschnitt zeigt, wie die Rollen für eine gleichmäßige Reifung pikiert wurden: wie eine Perlenkette reihen sich die Stichkanäle aneinander.

Bleu Termignon wurde nach dem gleichnamigen Ort am Fuß des Col du Mont Cenis benannt. Der blaue Schimmel wächst in den vielen kleinen Bruchlöchern. Weitgereift, wie der abgebildete Käse, schmeckt er ausgewogen kräftig.

Bayerhofer blue, ebenfalls ein Blauschimmelkäse aus Bayern, mit Käserotflora an der Oberfläche. Dank der Rotflora reift er von außen nach innen, der Teig - mit 60% F.i.T. - wird zunehmend cremig-weich. Aroma und Geschmack wandeln sich von fein und pikant bis voll-würzig.

Fourme d'Ambert wird im nördlichen Massif Central seit mehr als tausend Jahren hergestellt. Sein Geschmack ist sehr ausgeprägt, auch dank der 4- bis 5-monatigen Reifung und der Oberflächenflora.

Fineform blue, ein Bleu mit leichtem, weißem Außenschimmel aus Frankreich. Dem niedrigen Fettgehalt von 20% F.i.T. entsprechend, ist der Teig etwas zäher als bei den fetteren Sorten.

Cabrales, Cabraliego aus der Berglandschaft um die Picos de Europa ist der "campeón" unter den Blauschimmelkäsen Spaniens. Ein Hartkäse mit 44% F.i.T., 1 bis 5 kg schwer, der aus Kuhmilch, manchmal mit Schaf- und Ziegenmilch gemischt, hergestellt wird. Er reift 6 Monate, in Platanenblätter eingeschlagen, in den luftigen Höhlen der Kalksteinberge Asturiens.

sind **Bergader** und **Paladin** mit jeweils 50% F.i.T. und **Montsalvat** mit 60% und 65% F.i.T. Es gibt auch Varianten mit niedrigeren Fettgehalten. **Danish blue cheese,** kurz **Danablu** genannt, ist der international verbreitetste Edelpilzkäse aus Kuhmilch. Mit 50% F.i.T. schmeckt der Käse kräftig und scharf, mit 60% F.i.T. mild. **Mycella,** ein anderer dänischer, milder Blaukäse, steht dem Gorgonzola nahe. **Gorgonzola,** der große Käse aus dem Norden Italiens, ist eine varietätenreiche Sorte mit mindestens 48% F.i.T. Erstklassige Gorgonzola verdanken das Einzigartige bei Aroma und Geschmack einem gelungenen Zusammenspiel des Schimmels im Inneren und der kräftigen Käseflora auf der Rinde. Die Vielfalt wird durch unterschiedliche Herstellungs- und Reifungsbedingungen verursacht, wenngleich sich seit längerem zwei Grundtypen herausgebildet haben: der milde **Gorgonzola dolce** und der würzige bis kräftige **Gorgonzola piccante,** mit unterschiedlich reifungsaktiven Schimmelstämmen und einem Kochsalzgehalt von 2 und 3% (weniger beim Gorgonzola dolce, mehr beim Gorgonzola piccante). Der Name Gorgonzola kommt von der gleichnamigen Stadt nordöstlich von Mailand, wo früher im Herbst die von den Bergen kommenden Kuhherden überwinterten und dann der Vorläufer des Gorgonzola, der Stracchino bzw. Stracchino di Gorgonzola, entstand. Mehr und mehr führte sich eine Verarbeitung der Milch ein, die sich ausgewählter Kulturen und Milchsäurebakterien sowie kontrollierter Schimmelstämme bedient, letztere werden in Italien als *Penicillium gorgonzola,* vereinzelt auch noch als *Penicillium glaucum* bezeichnet, sonst wissenschaftlich heute als Stamm des *Penicillium roqueforti* beschrieben. Ein besonders milder Gorgonzola-Typ ist **Dolcelatte.** Als Gorgonzola-Variante wird, neben Gorgonzola piccante und dolce, ein Erzeugnis aus Gorgonzola mit Mascarpone-Schichten angeboten, eine Käsekomposition, deren qualitative Haltbarkeit durch den fettreichen Frischkäse und die reifungsaktiven Schimmel recht begrenzt ist. Wie bei mehreren traditionellen Blauschimmelkäsen, kommen auch beim "Gorgonzola verde" (die traditionelle Bezeichnung für Gorgonzola in Italien) Käse ungereift oder wenig gereift, vor der Schimmelentwicklung, auf den Markt: **Gorgonzola bianco,** auch **Pan(n)erone,** jedoch in recht unterschiedlicher Qualität. Ein regionaler Formaggio erborinato aus dem westlichen Piemont ist der **Castelmagno** mit 34% F.i.T.

Als **Blauweißschimmelkäse** kann man Blauschimmelkäse bezeichnen, die außen von einem mehr oder weniger dichten weißen Schimmel überzogen sind und mit zunehmender Reifung meist vom Rand her eine leichte Käserotflora entwickeln. Mitunter nennt man sie auch **Blue Brie** (blauer Brie). Beispiele dafür sind die **Bavariablu, Cambozola** und **Ramee Blue,** die in Teig und Aroma aber deutliche Unterschiede aufweisen. Der französische **Bresse Bleu** oder **Bleu de Bresse,** in den 1950er Jahren aus dem Saingorlon, einer Gorgonzola-Variante, entwickelt, mit 50% F.i.T., hat außen einen weißen Schimmel. Mit zu-

Von edlem Blau durchsetzt

Außen mit weißem Camembert-Schimmel, innen von blau-grünem Edelpilz durchsetzt - so präsentieren sich diese drei typischen Vertreter der Blauweißschimmelkäse: **Bavariablu** (oben) und **Cambozola** (unten) sind Weichkäse mit einem cremigen, mild-aromatischen Teig; beide haben 70% F.i.T. Der französische **Bresse bleu** oder Bleu de Bresse (Bild unten Mitte), mit 50% F.i.T., wurde in den 50er Jahren als Gorgonzola-Variante mit weißem Außenschimmel entwickelt. Je nach Reifegrad schmeckt er mild bis kräftig aromatisch.

Gorgonzola, der italienische Klassiker der Blauschimmelkäse. Er ist zu einer der weltweit bekanntesten Käsesorten geworden. Seinen Namen verlieh ihm die gleichnamige Stadt im Norden Italiens, auf deren Gebiet früher die Wanderherden aus der Gegend von Como und Bergamo überwinterten. Die Herstellung breitete sich später auf die benachbarten Provinzen aus, für die Gorgonzola Ursprungsschutz genießt. Vorn im Bild ein Gorgonzola dolce, hinten ein Gorgonzola piccante.

Saint-Agur aus Frankreich schmeckt, wenn er so weitgereift ist wie dieser, kräftig und würzig.

Eine dänische Version des Gorgonzola mit grünbläulichem Schimmel ist **Mycella,** der seinen Namen von dem griechischen Wort für Pilzgeflecht (Mycel) ableitet. Mit seinen 50% F.i.T. schmeckt er aromatisch-mild.

Montagnolo ist ein Blauweißschimmelkäse mit 70% F.i.T. aus Deutschland. Als junger Käse schmeckt er cremig-mild, mit zunehmender Reife voll-aromatisch.

Die Londoner Käsespezialisten Paxton & Whitfield, die nicht nur Käse verkaufen, sondern auch als "Maturers" einen guten Ruf haben, fühlen sich im besonderen der Pflege traditioneller englischer Käsesorten verpflichtet. Selbstverständlich gehört der Stilton mit dazu, der auch in Keramikdosen zu 12 ounces (340 g) verkauft und vor allem exportiert wird, ein in England und in Übersee beliebtes Geschenk.

STILTON - FÜR ENGLÄNDER "DER KÖNIGLICHE"

Durch den mittelenglischen Ort Stilton führte ehemals eine wichtige Straße - die Great North Road, die London mit Schottland verband. Wer auf seiner Reise von Nord nach Süd oder von Süd nach Nord in Stilton Rast machte, kehrte im Dorfkrug "Bell Inn" ein und stärkte sich mit Brot und einem cremigen, blaugeäderten Käse. Vielen schmeckte dieser Käse so gut, daß sie ihn mit auf ihre weitere Reise nahmen und so auch außerhalb von Stilton bekannt und berühmt machten. All das spielte sich Mitte des 18. Jahrhunderts ab. Der Käse wurde jedoch bereits lange vorher auf den Gutshöfen in Leicestershire (er hieß dort auch Leicester cream cheese oder einfach Cream cheese) und in den angrenzenden Grafschaften Derbyshire und Nottinghamshire hergestellt. Auch heute noch liegt das Zentrum der Stilton-Herstellung in dieser Region.

Blue Stilton kommt in zwei Varianten auf den Markt: entweder gleichmäßig blau marmoriert (mit gut sichtbaren, blauen bis bräunlichen Adern in einem cremig-weißen Teig), oder mit dunkelblauen Adern in einem kreideweißen Teig. Je nach Herstellung, Reifestadium, Schimmelbewuchs und Oberflächenflora schmeckt Stilton mild bis kräftig oder säuerlich bis salzig pikant.

Shropshire Blue stammt aus der Region südlich der heutigen Grafschaft Cheshire. Äußerlich gleicht er, mit seiner braunrötlichen Oberfläche und den weißgrauen Flecken, aber auch mit seinem häufig recht ausgeprägten Aroma, einem alten Stilton.

nehmender Reifung drängt eine orange-rotbräunliche Käseflora den Außenschimmel zurück, das Aroma wird immer kräftiger. Der britische **Lymeswold** hat die Form eines flachen Laibes. **Montagnolo** wird in aufwendiger Handarbeit hergestellt und enthält mindestens 70% F.i.T. Anfangs hat er eine weißlichgraue, später eine dunkelgraue und leicht bräunliche Oberfläche, der cremig-würzige Geschmack wird mit zunehmender Reifung kräftiger. Der französische **Saint-Agur** mit 60% F.i.T. zeigt einen kräftigen Bewuchs mit Blauschimmel.

Der bekannteste englische Blaukäse, von den Briten auch als "König der Käse" apostrophiert, ist der **Stilton.** Er wird heute überwiegend aus pasteurisierter Milch und mit 48% F.i.T. hergestellt. Farbe des Innenschimmels und Beschaffenheit der Rinde sind käsereispezifisch. Rohmilchkäse entwickeln oft ausgeprägte rotbraune Beläge. Junge, nur kurz gereifte Laibe noch ohne Schimmelwachstum werden als **White Stilton** oder **White cheese** verkauft. Von **Wensleydale,** einst zur Normannenzeit von Mönchen des Zisterzienserordens nach Britannien gebracht, kennt man heute zwei völlig verschiedene Käse: den meist nur wenige Wochen gereiften **White Wensleydale** und den **Blue Wensleydale,** einen Käse eigener Art, entsprechend der Reifezeit von 2 bis 6 Monaten und darüber aromatisch bis kräftig. Im **Shropshire Blue** kommt ein alter Grafschaftsname, Cheshire südlich von Chester und somit **Blue Cheshire** benachbart, zu Ehren. Sie bieten, dank ihrer traditionellerweise offenen Teigstruktur, der Schimmelentwicklung im Käse ein gutes Klima und entwickeln einen kräftigen bis durchdringenden Geschmack. Ein in Form, Rindenbeschaffenheit und Marmorierung ähnlicher Käse kommt aus Irland: **Cashel Irish Blue,** als Farmhouse cheese im Geschmack edelbitter und voll. **Dorset Blue, Blue Vinny** oder **Blue Veiny** wird aus einer von Hand abgerahmten, über Nacht gestandenen Milch gemacht.

Andere Länder stellen vergleichbare Käse her: in den USA müssen **Roquefort cheese, Blue mold cheese from sheep's milk** (Blauschimmelkäse aus Schafmilch) mindestens 50% F.i.T. aufweisen. **Nuworld** ist ein Käse mit weißem Innenschimmel, einer Mutante des *Penicillium roqueforti.* **American blue** umfaßt in einigen Staaten Edelpilzkäse nach Art des Roquefort, jedoch aus Kuhmilch hergestellt, mit mindestens 50% F.i.T. Der Teig ist halbfest mit bläulich-grünen Schimmeladern und mit kräftigem bis leicht salzigem Geschmack. Der **Blue cheese** muß mindestens 60 Tage alt sein. **Oryzae** ist ein Blaukäse in Japan mit einem speziellen Schimmel. In Kanada kennt man **Ermite,** in Neuseeland **Blue vein.** In Schweden stellt man **Ædelost** her, in Finnland **Aura,** in Norwegen den kräftigen Edelpilzkäse **Normanna** und den milderen **Norzola,** in Österreich **Österola,** in Israel **Galil,** in Spanien **Cabrales.** Die Ungarn schätzen **Marvány sáyt,** in der UdSSR ist **Syr rokfor** aus Kuh-, Schaf- oder Ziegenmilch bekannt. Ein sehr scharfer Schafmilch-Blaukäse in Tunis heißt **Numidia.**

Blue Wensleydale wurde zuerst in den Tälern der Grafschaft Yorkshire von Mönchen des Zisterzienserordens hergestellt. Zur damaligen Zeit verwendete man Schafmilch, heute jedoch Kuhmilch. Ein gut gelungener Käse ist cremig und vollmundig und kann durchaus mit einem Stilton konkurrieren, dessen Aroma allerdings etwas ausgeprägter ist.

Galil, ein israelischer Blauschimmelkäse des Roquefort-Typs mit 42% F.i.T. Er wird traditionell aus Schafmilch hergestellt, doch dürfen bis zu 25% Kuhmilch beigemischt werden. Angenehm pikant, leicht salzig.

Blue Cheshire ist eine "blaue" Variante des bekannten Cheshire. Der blaugrüne Schimmel bildet einen deutlichen Kontrast zum orangefarbenen Teig. Er enthält 48% F.i.T. und schmeckt dank einer längeren Reifung meist kräftig. Bei der Herstellung wird ein bereits mit leichtem Schimmel durchwachsener Käse zerkrümelt und dem neuen Bruch beigemischt.

Beenleigh blue, ein Schafmilchkäse aus dem Süden der Grafschaft Devonshire, ist in Aroma und Teigbeschaffenheit dem Roquefort sehr ähnlich.

Cashel Irish Blue ist eine neuere, irische Blue-Variante mit graugrünlichem Schimmel, der überwiegend in den meist großen Bruchlöchern gewachsen ist. Der Käse, mit 45% F.i.T., wird in Form von Zylindern mit einem Gewicht von 1,5 kg hergestellt. Er schmeckt würzig, teilweise leicht salzig und bitter. Er wird wie deutscher Edelpilzkäse oder Danablu verwendet.

Géromé aus Lothringen. Heute werden Géromé und Munster nicht mehr unterschieden, sondern als Munster-Géromé für ein Ursprungsgebiet zusammengefaßt.

Munster, nach dem elsässischen Munstertal benannt. Er ist durch eine kräftig orangerote, feuchte Haut, einen geschmeidigen Teig und ein ausgeprägt kräftiges Aroma gekennzeichnet.

Dauphin stammt aus der Thiérache im Norden Frankreichs. Neben der üblichen Stangenform sind auch Fantasie-Formen gebräuchlich, wie Herz, Fisch, Mondsichel und Wappen.

Baguette Laonnaise, eine der vielen Maroilles-Varianten, gibt es als rechteckiges Brot, aber auch als Würfel. Er reift bis zu 3 Monaten und kann entsprechend kräftig schmecken.

Les Beaux Prés zeigt die Merkmale der belgischen Herve-Familie: Die dünne Haut ist mit einer feuchten Rotflora bedeckt, die wesentlich zur Reifung und zum kräftigen Aroma beiträgt.

In der Gruppe der **Weichkäse** sind sehr unterschiedliche Käsesorten zusammengefaßt, die aber alle aufgrund ihrer Zusammensetzung und der Konsistenz ihres Teiges zwischen Halbfesten Schnittkäsen und (sehr weichen) Frischkäsen einzuordnen sind. Die Oberfläche der Käse kann blank und trocken oder von einer Flora überzogen sein. Bei nicht wenigen Sorten der Weichkäsegruppe setzt sich die Oberflächenflora aus einer bunten Mischung zusammen, aus Milchschimmel, verschiedenen Hefearten, Linens-Bakterien, Mikrokokken, Schimmelstämmen. Ihre Zusammensetzung ändert sich mit der Reifung, unter dem Einfluß des Mikroklimas im Reifungskeller und der Käsebehandlung. Manche Weichkäse sind in jungem Zustand ziemlich fest. Ihr Weichkäsecharakter entwickelt sich erst mit fortschreitender Reifung, dann allerdings kann die Konsistenz von weich-geschmeidig bis fließend reichen. Manche Käse werden auch mit Asche oder Holzkohle bestäubt oder mit Heu bedeckt, um sie vor dem Austrocknen und vor Schimmelbefall zu schützen.
Eine bedeutende Untergruppe der Weichkäse bilden die **Käse mit Käserotflora** oder **Rotschmierekäse.** Diese "Flora" kann, je nach den Stämmen, auch gelblich oder goldgelb wachsen und ist, je nach Behandlungsmethode und Feuchtigkeit im Käsekeller, mehr oder weniger feucht bis trocken. Schon lange bekannte Sorten dieser Art sind der aus dem Elsaß stammende **Munster** und der **Géromé** (oder **Gérardmer,** nach der gleichnamigen Stadt) aus Lothringen, die manchen Sorten anderer Länder zum Vorbild wurden, sei es mit dem Namen, sei es mit ihrem Typ. Die besondere Art der französischen Munster und Géromé wird durch eine deutliche Vorreifung der Käsereimilch angelegt. Darin unterscheiden sich normalerweise die Käse anderer Länder mehr oder weniger deutlich. Munster gibt es in zwei Größen: mit einem Gewicht von 500 g und als **Petit Munster** mit 150 g. Die Laibe reifen 1 bis 2 Monate bei 15°C. Ihr hellgelber Teig ist cremig bis weich-geschmeidig, vollreif leicht fließend, enthält 45 bis 50% F.i.T. und schmeckt kräftig-aromatisch. Munster mit Kümmel heißt **Munster au cumin.** Munster und Géromé werden heute als zwei Varianten einer Sorte angesehen, man unterscheidet nicht mehr wie früher. Für beide ist ein gemeinsames Gebiet für den Ursprungsschutz festgelegt. Deutscher **Münster** hat eine gelblichrote Flora und einen weißgelben, geschmeidigen Teig mit mildem Aroma. Der Munster oder **Muenster** der USA wird etwas fester und mit goldgelb gefärbter Oberfläche hergestellt. Er enthält mindestens 50% F.i.T. **Maroilles** in Frankreich ist Vorbild für mehrere, zum Teil nur regional bekannte Käse unterschiedlicher Form und Größe. Beispiele sind **Sorbais** und **Mignon.** Der Maroilles selbst ist quadratisch. Seine Haut ist von braungelber Flora überzogen, der Teig ist weich bis weichschnittig und enthält mindestens 45% F.i.T. Während der 2 bis 5 Wochen dauernden Reifung wird der Käse im Reifungskeller mehrfach mit Salzwasser abgerieben. Dem jeweiligen Reifestadium entsprechend, haben die Käsestücke

Käse mit Rotflora: viel Würze unter der Haut

Saint-Rémy, in Form eines Carré de l'Est, reift, ähnlich wie Munster-Géromé, mit rotbrauner Flora. Schmeckt kräftig.

Herve Kaas, Fromage d'Herve ist einer der bekanntesten belgischen Käse. Im Geschmack ist er kräftig bis pikant.

Weißlacker, in Bayern oft als Bierkäse bekannt, schmeckt kräftig-deftig. Auch als Würfel in Portionsgröße erhältlich.

Während der Reifung (im Bild: Limburger) wird die sich bildende Käserotflora immer wieder verrieben, "geschmiert"; daher auch der Name Rotschmierekäse.

Knappenkäse, ein weitgereifter Käse mit kräftiger, bräunlicher, aromabildender Käseflora und würzigem Geschmack.

Langres aus Frankreich. Die bei jungen Käsen halbkugelförmige Oberseite ist bei reifen Käsen muldenförmig eingefallen.

Tartufella ist ein dank der Oberflächenflora von außen nach innen reifender Käse, mit nur leicht pikantem Aroma.

Schloßkäse mit Rotflora und feinem, weichem Teig. Je nach Reifung mild bis pikant. Ein beliebter Käse Österreichs.

Noch wenig gereift präsentieren sich drei der beliebtesten Käse in Deutschland (rechtes Bild): **Weinkäse** (auf dem Brett links), **Romadur** (in der Mitte) und **Limburger** (rechts). Die typische Art der Reifung ist bei diesen noch jungen Käsen nicht zu erkennen, dafür um so deutlicher auf dem oben stehenden Bild: eine reife, weiche Zone außen, zum Rand hin, und innen ein festerer, weißlicher Kern.

Andechser, der Klosterkäse aus dem bayerischen Wallfahrtsort Andechs, mit leichter Rotflora. Würziger Geschmack.

Ob beim Hersteller oder beim Fertiglagerer (der in der Normandie übrigens "caviste" und nicht "affineur" genannt wird) - das Reifen des Livarot ist eine aufwendige Sache: Die frisch geformten Stücke werden trocken gesalzen und bei 16 bis 18°C stehengelassen, damit die Molke abfließt. Nach 3 bis 4 Tagen kommen die Laibe für 2 Wochen in einen 16°C warmen Trockenraum. Während dieser Zeit werden sie zwei- bis dreimal in der Woche mit einer schwachen Salzlösung abgerieben ("geschmiert"). Die typische Flora bildet sich. Die weitere Reifung vollzieht sich während 2 Monaten bei 12 bis 14°C in einem feuchten Keller. Der Käse kann auch länger gelagert werden. Er reift dann weiter und bildet seinen kräftigen Geschmack noch stärker aus.

Mit Blättern des Rohrkolbens, die längs geteilt wurden, ist dieser Livarot umwickelt. Eine vor allem früher übliche Methode, um das Verlaufen des reifen Käses zu verhindern.

Livarot wird auch heute noch an der Seite mit einer mehrfachen Banderole versehen. Meist ist sie, wie auf dem Bild, aus speziellem, grün oder rot gefärbtem Papier.

verschiedene Namen: Frisch geformt werden sie "blancs" genannt, halbreif heißen sie "blondins". Die "vieux" (wie Vieux Gris, Vieux Lille und Vieux Puan) sind besonders reife und scharfe Varianten. Auch **Baguette Laonnaise** ist eine Variante des Maroilles. Die 500 g schweren Brote haben eine ziegelrote Käseflora und einen weichen Teig mit 45% F.i.T. Der runde **Rollot** und der herzförmige **Rollot cœur** haben eine dünne, leicht ockerfarbene Haut, ähnlich auch der **Cœur de Thiérache. Dauphin** wurde nach dem Sohn und Kronprinzen ("dauphin") des Sonnenkönigs, Ludwig XIV., benannt. Bei der Herstellung wird frischer Käse, Maroilles blanc, gemahlen und mit Estragon und Pfeffer, teils auch mit Molkepulver und Schnittlauch, vermischt, von Hand geformt und 2 bis 3 Monate weitergereift. Der Teig ist geschmeidig-weich und enthält 45 bis 50% F.i.T. Aus dem Gebiet um Herve bei Lüttich stammt **Herve Kaas** oder **Fromage d'Herve.** Die Quadrate oder Stangen wiegen 200 bis 400 g, kleinere Käse kennt man als "bouchée" (Mundbissen). Herve Kaas hat eine braungelb bis rosaorange gefärbte, feuchte Flora und enthält 45 bis über 50% F.i.T. Länger gereifte und stärker gesalzene Käse ergeben die herzhaften Varianten "Le piquant" und "Remodou". Eine süddeutsche Spezialität ist **Weißlacker** oder **Bierkäse.** Überwiegend kommt er als kleiner, portionsgerechter Würfel in den Handel, er wird aber auch mit 1 bis 2 kg Gewicht hergestellt. Seine rindenlose Oberfläche ist feucht und zeigt eine weißliche, lackartige Schmiere (daher der Name), der Teig ist leicht brüchig bis speckig und enthält 40 bis 50% F.i.T. Ein ähnlicher Käse in der CSSR ist der Krkonossky pivní sýr ("Riesengebirgs-Bierkäse") oder, kurz, Pivní sýr (Bierkäse). **Weinkäse, Romadur** und **Limburger** haben eine feine Haut mit gelblicher, gelblichbrauner bis rötlicher, feuchter Käseflora. Der Teig der Käse soll im ungereiften Kern mattglänzend und weißlich sein, im reiferen Randbereich hellgelblich und weichschnittig, bei Weinkäse besonders geschmeidig. Letzterer wird in Laibform und mit 40 bis 60% F.i.T., Romadur und Limburger in unterschiedlich großen Stangen und in verschiedenen Fettstufen (von 20 bis 60% F.i.T.) hergestellt. Je höher der Fettgehalt der Käse, desto weicher ist ihr Teig und um so vollmundiger das Aroma. Je nach Größe und Umgebungstemperatur reifen Weinkäse und Romadur 1 1/2 bis 2 Wochen, Limburger 2 bis 4 Wochen. Limburger nennt man wegen seiner Form auch **Backsteinkäse** oder **Stangenkäse.** In den USA kennt man ihn, allerdings mit einer weniger ausgeprägten Rotflora, als **Liederkranz.** Er wird nach der Herstellung kurz bei 12 bis 15°C angereift, dann bei den in den USA üblichen Temperaturen von nur 4 bis 6°C weitergereift und gelagert. **Langres,** benannt nach der gleichnamigen Stadt nördlich von Dijon, die im Mittelalter ein bedeutender Käse-Handelsplatz war, sind Käse unterschiedlicher Zusammensetzung und Teigbeschaffenheit. Ähnlich ist der **Chaumont. Epoisses, Pierre-qui-vire, Soumaintrain** und der ähnliche **Saint-Florentin** sowie **Aisy cendré** sind weitere Kä-

Maroilles und die würzige Verwandtschaft

Maroilles, ein bekannter Käse Frankreichs, ist der Grundtyp zahlreicher lokaler und überregionaler Varianten.

Rollot aus der Picardie gibt es in runder oder in Herzform (Rollot cœur, im Bild). Er schmeckt kräftig aromatisch.

Vieux Lille ist, dank längerer Reifung und Rotflora, eine besonders würzige Variante des Maroilles. Aus Nordfrankreich.

Soumaintrain, wie die ähnlichen Käse Saint-Florentin und Epoisses, ist in reifem Zustand meist sehr weich, fast fließend.

Pierre-qui-vire aus dem Burgund, mit den anderen Käsen der Region verwandt. Leicht gelbliche bis rötliche Flora.

Epoisses, durch die Käserotflora kräftig in Aroma und Geschmack, aber nicht scharf. Mit weichem, zerfließendem Teig.

L'ami du Chambertin hat einen sehr weichen Teig (daher die Schachtel). In vollreifem Zustand schmeckt er sehr kräftig.

Olivet cendré, ein mit Asche bedeckter Olivet. Mitunter ist die Asche von blaugrünem Schimmel durchwachsen.

Aisy cendré wird während der 2-monatigen Reifezeit mit Marc de Bourgogne abgerieben, später in Asche gewendet.

Rigotte wiegt nur 50 bis 70 g. Oft werden die mit Rotflora gereiften kleinen Käschen auch mit Wein abgerieben.

Boscaiola ist eine von mehreren Rabiola-Varianten. In reifem Zustand ist der Teig weich-schmelzend und würzig.

Rougette ist ein feiner, mit zunehmender Reife würzig-pikant schmeckender Käse mit weichschnittigem Teig.

Chaumes, ein weich-geschmeidiger Käse mit feiner, leichter Käserotflora, schmeckt mild-dezent. Mit 50% F.i.T.

Saint-Albray mit orangerötlicher und weißer Oberfläche. Der milde Geschmack wird von der Flora mitbestimmt.

Einer der ältesten Brie-Käse mit großer Tradition ist der Brie de Meaux. Er genießt in Frankreich Ursprungsschutz.

se aus dem Burgund. Sie werden während der Reifung mit Marc de Bourgogne oder Wein abgerieben. Dank des stark milchsauren Dicklegens sind sie in reifem Zustand meist sehr weich, teilweise fließend. **Rigotte** im Lyonnais wird überwiegend aus Kuhmilch hergestellt, wie **Rigotte de Condrieu.** Die Käschen werden etwa 2 Wochen mit Rotflora gereift, mit Wein abgerieben oder mit Annatto orangegelb gefärbt, als **Rigotte blanche** auch in Öl eingelegt und gereift. Ein würziger Rotflorakäse ist **Livarot,** der nach dem gleichnamigen Städtchen in der Normandie benannt ist. Er wird in zwei Größen, mit 500 und 350 g Gewicht, hergestellt. Ein besonderes Kennzeichen der Käse ist die Umwicklung der Seite, sie diente vor allem früher dazu, ein Verlaufen des reifen Käses zu verhindern. Eine rote Papierbanderole hat dem Käse auch den Spitznamen "le colonel" (der Obrist) verliehen. Das Papier ist ein Ersatz für die früher verwendeten, längs geschnittenen Blätter des Rohrkolbens *(Typha latifolia)*. Der flache, leicht gewölbte Laib des **Chaumes** ist mit einer leichten Käserotflora und einer darüber liegenden Papierauflage bedeckt. Der Teig mit 50% F.i.T. ist weichschnittig und hat eine lebhafte Bruchlochung. Aroma und Geschmack sind mild bis würzig. Ein ähnlicher, wenn auch festerer Käse ist **Vacherol.** Charakteristisch für den **Saint-Albray** ist seine Form, ein am äußeren Rand gebogter "Kranz". Die Oberfläche ist rötlichorange und mit feinem Milchschimmel bedeckt. Der Teig mit deutlicher Bruchlochung ist weich-geschmeidig, Aroma und Geschmack sind mild bis aromatisch, von der Flora mitbestimmt. **Rougette** reift mit einem Belag von Käserotflora und leichtem weißem Schimmel.

Einen zweiten großen Bereich innerhalb der Weichkäse nehmen die **Weißschimmelkäse** ein. Ihre Oberfläche ist von einem feinen, kurzen Schimmelrasen bedeckt oder flaumig blühendem Camembert-Schimmel bewachsen, auch grauer oder bläulicher Schimmel kann auftreten. Die größte Bedeutung innerhalb dieser Käsegruppe haben Brie und Camembert. Beide stammen ursprünglich aus Frankreich, waren mit einer rötlichbraunen Flora bewachsen, gelegentlich mit einem bläulichen Schimmel. Inzwischen haben sich Brie und Camembert auch in anderen Ländern zu eigenständigen Käsen entwickelt.

Brie verdankt seinen Namen der gleichnamigen Landschaft östlich von Paris, früher wurde er auch als "Juwel der Ile-de-France" gerühmt und oft zusätzlich mit dem Namen des Ursprungsortes gekennzeichnet (wie Meaux, Melun, Coulommiers). In Frankreich ist Brie heute gesetzlich definiert, als Weichkäse mit Oberflächenschimmel, mindestens 40% F.i.T. und 44% Trockenmasse. Die Laibe (in Form einer flachen Torte) müssen einen Durchmesser von 22 bis 36 cm aufweisen, kleinere Laibe mit 14 bis 22 cm Durchmesser werden als **Petit brie** bezeichnet. Die wie ein Tortenstück aus dem Laib geschnittenen Segmente werden **Pointe de brie** ("Brie-Spitze") genannt. Zwei Brie-Sorten sind in Frankreich ursprungsgeschützt: Brie de Melun und Brie de Meaux. Beide werden

Die Herstellung von Brie de Meaux

Die im Fettgehalt standardisierte Milch wird in große, 100 Liter fassende Kessel gepumpt und dickgelegt.

Die Gallerte wird in den Kesseln mit einem Metallstab zu "Bruch", in größere Stücke, zerteilt.

Mit einer flachen Schöpfkelle, der "pelle de Brie", wird der zarte Bruch entnommen und in die Formen gefüllt.

Die perforierten Formen werden bis zum Abend zum Abtropfen übereinandergestellt. Danach kommen die Käse in verstellbare Schließringe, "éclisses" genannt.

Salz aufgestreut wird nun auf die abgetropfte, zusammengewachsene und geformte Bruchmasse. Jetzt wird auch die Camembert-Schimmelkultur aufgesprüht.

Die Seiten der Käse werden ebenfalls mit Salz eingerieben. Für diesen Vorgang müssen die Schließringe vorsichtig entfernt werden.

Im Trockenraum bleiben die Käse für eine Woche bei etwa 10°C und 80 bis 85% relativer Feuchte, teilweise auch nur 1 bis 2 Tage bei 14 bis 15°C.

Die fertigen Käse werden auf hygienische Plastikmatten (anstelle der früher üblichen Strohmatten) gesetzt. Dann reifen sie, einzeln oder übereinandergelegt, in Holzregalen.

Brie de Meaux, ein mit dichtem Weißschimmel bedeckter Rohmilchkäse, läßt am Rand eine leichte bräunliche Färbung erkennen. Gut gereift schmeckt er kräftig, aber nicht scharf.

Vollgereifter Brie de Melun hat einen weichen, zerlaufenden Teig und eine bräunliche Flora, mit weißen Schimmelflecken durchsetzt. Er riecht und schmeckt durchdringend bis scharf.

BRIE - ein klassischer Weichkäse

Seinen Ursprung hat er in der gleichnamigen Landschaft der Ile-de-France. Bis in die zweite Hälfte des 19. Jahrhunderts stammte Brie ausschließlich aus bäuerlicher Produktion, wo er meist mit einer rötlichbraunen Käseflora und teilweise bläulichem Schimmel reifte. Ausgelöst durch eine immer stärker werdende Nachfrage, setzte sich aber in der zweiten Hälfte des letzten Jahrhunderts mehr und mehr die Herstellung in Käsereien durch. Doch erst seit Anfang dieses Jahrhunderts gibt es den mit einer gleichmäßigen Weißschimmelflora bedeckten Brie, wie wir ihn heute kennen.

In solchen Reifungsregalen wird Brie de Melun 4 bis 6 Wochen, bis zur Vollreife 8 Wochen, bei etwa 10°C und einer relativen Feuchte von 90 bis 95% gereift.

Ein Brie de Melun mit Weißschimmel und schon deutlich entwickelter Käserotflora. Weit gereift, jedoch, wie der helle "Kern" erkennen läßt, noch nicht vollreif.

Coulommiers ist bereits nach dem ersten Erscheinen des Schimmelrasens verzehrreif. Der abgebildete Käse ist ziemlich durchgereift und zeigt auch eine leichte, rotbräunliche Flora.

Deutscher Brie wird auf ähnliche Weise wie Camembert hergestellt. Er zeigt einen gleichmäßigen weißen Schimmel. Feines Schimmelaroma, mit mildem bis dezent-würzigem Geschmack.

Brie mit Alpenkräutern ist eine der verschiedenen Geschmacks-Varianten des Brie. Kräuter und Gewürze werden gleichmäßig im Bruch verteilt oder auf die Oberfläche gestreut.

Camembert, die aus der Normandie stammende Käse-Spezialität, ist heute weltweit verbreitet. In Deutschland, wo sich der Käse zu einem Standarderzeugnis eigenen Charakters entwickelte, wurde seine Herstellung Ende des letzten Jahrhunderts aufgenommen.

aus Rohmilch und mit mindestens 45% F.i.T. hergestellt. **Brie de Melun** reift mindestens 4 Wochen bei 10°C, jedoch auch mehr als 2 Monate. Währenddessen wird der ursprüngliche Weißschimmel deutlich von rotbräunlicher Flora überwachsen, ein kräftiges Aroma bildet sich heraus. Liebhaber finden auch die sehr weit gereiften Laibe, die bereits nach Ammoniak riechen und schmecken. **Brie de Melun frais** oder **Brie de Melun blanc** ist ungereift und hat eine blanke Oberfläche ohne Haut oder Rinde. Bei **Brie de Meaux** wird während der mehr als 4 Wochen dauernden Reifung bei 10°C der weiße Schimmelbelag nach und nach mit bräunlicher Flora durchwachsen. Dabei verändern sich Aroma und Geschmack von fruchtig-würzig zu ausgeprägt kräftig, bleiben aber mild. Die Käse werden häufig noch klassisch auf Strohmatten, immer mehr aber auch auf Stroh-Imitationen aus Plastik angeboten. **Coulommiers** wurde früher, und wird es teilweise auch heute noch, zur Familie der Brie-Käse **(Brie de Coulommiers)** gezählt, er ist jedoch seit längerem als eigenständiger Käse definiert. Die 3 cm hohen und 0,5 kg schweren Laibe nannte man früher, im Gegensatz zu **Tortenbrie (Tarte de brie),** auch **Brie petit moule.** Coulommiers kommt heute oft mit deutlichem Camembert-Schimmel auf den Markt, er wird aber auch sehr jung mit nur leichtem Schimmelbelag verkauft. Er muß mindestens 40% F.i.T. aufweisen, kann sehr weich und wasserreich oder fest sein. Aus der Ile-de-France kommt auch der **Brie de Montereau.** Brie anderer Gebiete oder Länder zeigen eine meist gut entwickelte bis dichte Weißschimmelflora, einen weich-geschmeidigen Teig und das charakteristische Aroma eines feinen Camembert-Schimmels. Der anfangs milde Geschmack verstärkt sich mit zunehmender Reifung und einer sich ausbildenden Käserotflora, meist am Rand beginnend. **Deutscher Brie** wird mit 45, 50 oder 60% F.i.T. hergestellt. Er soll aromatisch, leicht säuerlich bis leicht pikant schmecken. **Melbury** ist ein Brie in Großbritannien. In den USA sind für Brie mindestens 50% F.i.T. vorgeschrieben. Der cremig-feste Teig ist elfenbein- bis goldfarben und darf mit Kräutern, Pfeffer und Pilzen gewürzt werden. Kanadischer Brie enthält ebenfalls mindestens 50% F.i.T.; seine Oberfläche bezeichnet man als "bloomy rind". Ein weiterer Klassiker unter den französischen Weichkäsen ist **Camembert,** der ebenfalls aus der Normandie stammt. Der dortigen Tradition entsprechend, wurde er früher überwiegend mit rotbrauner Käseflora hergestellt, ähnlich wie Livarot, Pont l'Evêque und Pavé d'Auge. Je nach Umgebungsbedingungen siedelte sich an der Oberfläche auch Schimmel, häufig bläulicher Schimmel, an. Mit der Geschichte des Camembert eng verbunden ist der Name der fermière Marie Harel aus dem Ort Vimoutiers in der Normandie. Ihr war es offenbar gelungen, etwa ab 1790 die Märkte der Umgebung erstmals mit einem gleichmäßigen Käse zu beliefern. Ob sie deshalb als "Erfinderin" des Camembert angesehen werden kann, mag dahingestellt sein. Die Wahrheit über den Ursprung des

Weißer Schimmel, weicher Teig: Camembert

Bei dem Pariser Käse-Spezialisten Pierre Androuët wird der aus der Käserei gelieferte frische Rohmilch-Camembert unter optimalen Bedingungen gelagert.

Die verschiedenen Reifegrade beim Camembert sind hier deutlich zu erkennen. Der oberste Laib ist frisch, etwa 1 Tag alt, durchgehend weiß und nahezu ohne Schimmelbelag. Der unterste Laib ist, nach 5 Wochen, vollständig durchgereift.

Französischer Camembert aus der Normandie, aus Rohmilch hergestellt und ursprungsgeschützt, mit gleichmäßigem Weißschimmel und leichter Käserotflora. Von vielen Gourmets wird er in vollreifem Zustand favorisiert, wegen seines dann kräftig-würzigen Geschmacks.

Saint-Marcellin schmeckt als junger Käse (im Bild oben) leicht milchsäuerlich, weit gereift (unten) kräftig und würzig.

Gratte-paille aus der Ile-de-France, mit Weißschimmel und deutlicher Linens-Flora. Im Geschmack würzig.

Tomme de Vaudois, ein Schweizer Käse nach Camembert-Art, in zwei Fettstufen: mit 25% (oben) und 45% F.i.T.

Pierre Robert mit weißem Camembert-Schimmel und, reifend, gelbbräunlicher Käseflora am Rand. 75% F.i.T.

Romans, der "größere Bruder" des Saint-Marcellin. Je nach Reifegrad mild bis würzig. Auch mit Gewürzen.

Cœur de Neufchâtel ist die Herzform dieses berühmten Käses aus der Normandie. Er schmeckt mild bis herzhaft.

Oreillier de Ciboulette schmeckt durch die Käserotflora und den Schnittlauch im Teig kräftig und eigenwillig.

Feuille de Dreux, ein recht reifer Käse mit weißlichem und dunkelgrauem Schimmel und einer bräunlichen Flora.

Bondard ist ein Neufchâtel in Rollenform, bei dem die leichte Rotflora zum delikaten Käsegeschmack beiträgt.

Bouquet des Moines, ein kräftiger belgischer Käse mit weißer Schimmelflora, am Rand weit gereift und zerfließend.

Frinault stammt aus dem Orléanais. Leicht mit Asche bestäubt, sehr kräftiger Geschmack. Mit 50% F.i.T.

Pithiviers au foin trägt, wie auch Bondaroy au foin, eine Heuauflage als Verzierung. Markanter Geschmack.

Fougeru mit dekorativem Farnkraut auf der Oberfläche. Er ähnelt, auch im Geschmack, dem Coulommiers.

Mit dem Camembert verwandt: verschiedene Weißschimmelkäse

Camembert wird man, wie der französische Käse-Experte Pierre Androuët zum Ausdruck bringt, wohl niemals erfahren. Berühmt wurde Madame Harel durch ein 1928 von den Amerikanern in Vimoutiers errichtetes Denkmal, das 1944 im Krieg zerstört wurde; nach dem Krieg stellte man eine neue Statue auf. Heute ist Camembert weltweit bekannt und beliebt. Zwei "Erfindungen" waren für diese Entwicklung von großer Bedeutung. Die eine ist die Einführung der Spanholzschachtel um 1890 durch Monsieur Ridel. Mit dieser neuen Verpackung erhielt der Camembert seine endgültige Form, vor allem aber konnte er ohne Schaden längere Transporte überstehen. Der zweite große Schritt erfolgte 1910, als durch die Laboratoires Roger ein weißer Schimmel *(Penicillium candidum)* propagiert wurde, der sich dann allmählich durchsetzte. Eine Spezialität ist der ursprungsgeschützte **Camembert du Normandie.** Er darf nur aus Rohmilch und mit 45% F.i.T. hergestellt werden. Seine dünne Haut ist mit leichtem Schimmel bedeckt, der rötlichbraune bis gelbliche Flecken sichtbar werden läßt. Die Laibe haben einen Durchmesser von 10,5 bis 11 cm, sind 3 cm hoch und 250 g schwer. Typisch ist nach wie vor die Verpakkung in Spanholzschachteln. Ähnlich wie bei Brie, wird Camembert ziemlich sauer hergestellt. Die Laibe reifen mindestens 21 Tage. Der geschmeidige Teig wird währenddessen weicher, er verflüssigt sich jedoch nicht. Aroma und Geschmack sind fruchtig bis deutlich ausgeprägt. Käse außerhalb der Camembert-Zone in der Normandie, aus roher oder wärmebehandelter Milch hergestellt, werden wegen ihrer würzigen, aber weniger pikanten Art als der ursprüngliche Camembert geschätzt. Neben dem ursprungsgeschützten Camembert aus der Normandie kennt man in Frankreich heute viele Varianten. Für sie sind zwei Größen vorgeschrieben: 10,5 bis 11 cm Durchmesser bzw. 8 bis 8,5 cm bei **Petit Camembert.** Sie müssen mindestens 40% F.i.T. enthalten, für die Trockenmasse gibt es keine feste Grenze. Camembert muß je Laib mindestens 110 g Trockenmasse enthalten, bei Petit Camembert sind es 60 g. Camembert gleichmäßiger Qualitäten wurde auch in anderen Ländern schon früh hergestellt. In Deutschland kennt man mehrere Fettstufen, bedeutend sind 45, 50 und 60% F.i.T. mit 44, 46 und 52% Trockenmasse. Auch fettärmere Varianten mit 30 und 40% F.i.T. gibt es. Einen ähnlichen Käse mit nur 20% F.i.T. nennt man **Weichkäse mit Schimmelbildung.** Dem Camembert ähnliche runde Weichkäse mit Weißschimmel gibt es ebenfalls in vielen Ländern. Beispiele sind **Tomme Vaudoise** aus der Schweiz, **Weißer Prinz,** ein Schafmilchkäse aus Österreich, und **Bonchester** von der Insel Jersey. **Neufchâtel** aus dem Pays de Bray der Normandie umfaßt Käse mit 45% F.i.T. in verschiedenen Reifestadien, frisch und leicht gesalzen, mit leichtem Schimmelanflug und, gereift, voller Schimmelflora. Es gibt sie in Form kleiner Rollen (Bonde, Bondon und **Bondard de Neufchâtel**), in Herzform **(Cœur de Neufchâtel, Cœur de Bray),** als flache Laibchen (Malacoff), quadratisch (Carré)

Carré de l'Est wird hauptsächlich in Lothringen und in der Champagne hergestellt, hier mit Weißschimmel bedeckt. Er schmeckt mild, milchsäuerlich, mit zunehmender Reife würzig.

Weißer Prinz aus Österreich, mit 50% F.i.T. und aus Schafmilch hergestellt. Mit mildem, charakteristischem Aroma.

Weiße Lady ist ein bayerischer, brotförmiger Weißschimmelkäse mit fein-geschmeidigem Teig (60% F.i.T.), der manchmal auch mit Kräutern oder Meerrettich versetzt ist.

Eine Auswahl feiner Weichkäse (mit Reifegarantie), mit gut entwickeltem, fein-aromatischem Weißschimmel und gleichmäßig durchgereiftem Teig, doch von unverwechselbarer Individualität. Im Uhrzeigersinn: Le Carré, Géramont, Val des Moines, Crème de Prés, Champignon de Luxe.

Auf sogenannten "Horden" lagert Butte de Doue im Reiferaum. Nach knapp 1 Woche setzt eine leichte Schimmelbildung ein, nach etwa 2 Wochen ist der Käse reif für den Verkauf.

Butte de Doue hat eine leichte, weiße Flora und einen geschmeidigen, weichen, frischkäseartigen Teig. 70% F.i.T.

Paglietta, ein italienischer Weichkäse aus dem Piemont mit gleichmäßig durchgereiftem Teig. 50% F.i.T.

Lucullus ist der von Pierre Androuët eingeführte Name für den zart-cremigen Käse mit weißer Schimmelflora. 75% F.i.T.

Explorateur, mit dichter Weißschimmelflora überzogen, hat einen milchsäuerlichen Teig mit 75% F.i.T.

Brillat-Savarin aus der Normandie mit 75% F.i.T., hier mit leichter Flora. Milchsäuerlich, frischkäseartig.

Pavé d'Affinois mit frischkäseartigem Teig von sehr feinem Gefüge, 45% F.i.T. Sehr mild und sahnig.

Vignotte, ein französischer "Weinbergkäse" mit leichter weißer Schimmelflora. Cremig-schmelzender Teig mit 75% F.i.T.

Brillador hat einen dichten Schimmelbewuchs. Der Teig mit 75% F.i.T. ist cremig-weich und schmeckt sahnig-mild.

Bresso ist eine Weichkäsetorte mit herzhaft-würzigem Geschmack. 60% F.i.T. Auch mit Pfeffer oder Knoblauch gewürzt.

Prestige de Bourgogne wird mit weißlicher oder rötlicher Flora gereift. Milchsäuerlich frisch, mit 75% F.i.T.

Boursault ist sehr weich und geschmeidig, frischkäseartig. Leichter, weißer oder rötlichbrauner Florabelag. 70% F.i.T.

Ramee Royal, ein gleichmäßig durch den Teig reifender Käse mit leicht milchsäuerlichem, aromatischem Geschmack.

und rechteckig (Briquette, ähnlich dem **Gratte-paille**). In den USA ist Neufchatel ein Frischkäse, ähnlich dem Cream cheese, jedoch mit weniger Fett und etwas weicher. Die Namen **Saint-Marcellin,** auch nur **Marcellin,** und seines größeren Verwandten **Romans** oder **Tomme de Romans** aus dem Departement Isère wecken bei Kennern eine Erinnerung an Ziegenkäse gleicher Namen. Heute werden die Käse, überwiegend aus Kuhmilch, als frische und mit weißem und bläulichem Schimmel gereifte Käse geschätzt, die teilweise mit Gewürzen wie Pfeffer, Paprika, Rosmarin oder Saturei bestreut, auch in Kastanienblätter eingeschlagen sind. Eine alte Tradition hat sich bei den heute noch angewendeten Auflagen von Heu, Blättern oder Farn bewahrt; ursprünglich eine Methode des Reifens und um die Käse von der milchreichen bis zur milcharmen Zeit aufbewahren und vor dem Austrocknen schützen zu können. Das Bestreuen mit Asche, bei Käsen mit oder ohne Wachstum von bläulichem Schimmel angewendet, diente dem Abtrocknen und manchmal auch (da die Asche alkalisch ist), dem Entsäuern. Beispiele dafür sind **Olivet bleu** und **Frinault,** dem Coulommiers nahestehend, mit bläulichem Schimmel, die es beide auch "cendré" gibt. **Rocroi cendré** aus den Ardennen wird aus abgerahmter Milch in der Halbfettstufe erzeugt. Von Ostfrankreich aus nahm **Carré de l'Est** (mit Weißschimmelflora) seinen Weg. Er wird in drei Größen hergestellt. **Petit carré de l'Est** wiegt 125 bis 160 g, Carré de l'Est 100 bis 300 g, **Grand carré de l'Est** 800 bis 1200 g. Alle enthalten mindestens 40% F.i.T. und 44% Trockenmasse. Normal ist eine Besiedlung mit Weißschimmelflora. Vereinzelt überwiegt auch eine Flora, die im wesentlichen durch rötlichbraune Linens-Bakterien bestimmt ist. Deutsche Beispiele für ähnliche Weißschimmelkäse sind **Weiße Lady** wie auch der festere, trapezförmige **Tettnanger.** In den 70er Jahren verbreitete sich zunehmend ein neuer Typ von Weißschimmelkäsen, die dank einer Änderung von Herstellungsprinzipien "durch den Teig" reifen, also nicht ausgeprägt von außen nach innen, wie bei Camembert. Teilweise ist der Fettgehalt erhöht. Ihre Form ist oval mit mehr oder weniger abgerundeten Enden. Beispiele für solche Käse mit durchgereiftem Teig, jedoch unverwechselbarer Individualität sind **Caprice de Dieux, Champignon de Luxe, Crème des Prés, Géramont, Le Carré, Val des Moines** und neuere Sorten wie **Bresso** (den es auch mit Zusätzen gibt) sowie **Ramee Royal** in Tortenform und **Cremeroll.** Das frühere Neufchâtel-Prinzip - Übergang des Frischkäses zu einem leicht reifenden Weichkäse - trifft man bei mehreren Sorten an, wie bei **Boursault, Brillat Savarin, Butte de Doue, Explorateur, Vignotte,** ebenso bei **Chaource** oder italienischen Sorten wie **Formagella,** oder manchen Toma-Arten wie kleineren **Robiola** und **Tomini.** Die Artenvielfalt wird durch neue Herstellungsverfahren bereichert, die zu Erzeugnissen mit einem kompakten, gleichwohl fein-geschmeidigenTeig führen, wie beispielsweise bei **Henry IV.** oder **Pavé d'Affinois.**

Cremeroll, ist eine Weichkäsespezialität, die sich durch ihre Rollenform gut für Käseplatten eignet. Mild und zart-sahnig, von cremig-weicher Konsistenz. Mit 60% F.i.T.

Formagella aus dem italienischen Voralpengebiet um Bergamo und Brescia. Sie gilt, mit 45 und 20% F.i.T., sowohl frisch und gereift (im Bild mit Weißschimmel) als typischer Tafelkäse.

Tomino schmeckt frisch (Tomino fresco, links im Bild) leicht milchsäuerlich. Mit feinem Weißschimmelrasen gereift (stagionato) entwickelt er ein feines Camembert-Aroma.

Chaource mit Weißschimmel (50% F.i.T.). Am Rand hat sich während der Reifung eine bräunliche Flora entwickelt. Der frischkäseartige Teig ist in Geschmack und Aroma milchsäuerlich.

Im Anschnitt zeigt dieser frische Chaource, wie die Reifung am Rand unter der Haut aus Weiß- und Milchschimmel beginnt.

Formaggini heißt "kleine Käse". In Italien bezeichnet man damit frische Tafelkäse mit weich-geschmeidigem Teig, wie bei dem Käse im Bild. Ganz frisch ("freschissimi") werden sie als **Latticini,** eine Art Milcherzeugnisse, angesehen. Sie reifen mitunter einige Wochen; dabei entwickelt sich ihr anfangs mild-säuerliches Aroma zu einem delikaten, vollen Geschmack.

Robiola ist der Name für recht verschiedene italienische Käse, wie den sahnigen, mild-säuerlichen Frischkäse **Robiola Osella** (im Bild, 70% F.i.T.) aus dem Piemont. Manche Robiola-Arten, meist mit 45% F.i.T., reifen mit einer rötlichen Haut, wie Robiola di Roccaverano oder Robiola del bec, einige mit Weißschimmel. Kleine Käse nennt man Robiolette oder Robiolini.

Burgos ist neben dem Manchego der bekannteste Käse in Spanien. Er wird als Labfrischkäse, also nur mit Lab und ohne Milchsäurebakterien, aus Schafmilch hergestellt, die ihm sein charakteristisches Aroma verleiht. Zudem kann er leicht salzig schmecken. Der milchig-weiße, weich-gallertartige Teig gibt in den ersten Tagen nach der Herstellung noch etwas Molke ab, ein Zeichen für Frische. Der Käse wird täglich frisch verkauft und ist nur wenige Tage haltbar.

Flor de oro aus der spanischen Provinz Valencia, mit 40% F.i.T., ist ein Queso fresco valenciano. (Andere, ähnliche Käse heißen Puzol und Cervera.) Er wird aus Ziegen-, Kuh- und Schafmilch hergestellt. Mit seinem geschmeidigen Teig und dem milden Aroma ähnelt er der Cuajada, die man auch in Venezuela, in den Anden, kennt.

Frisch, mild und für den baldigen Verzehr bestimmt

Unter **Frischkäse** versteht man allgemein frisch hergestellte, ungereifte Erzeugnisse, die unmittelbar nach der Herstellung genußfertig und für den baldigen Verbrauch bestimmt sind, wie zum Beispiel Speisequark (Fromage blanc, Cottage cheese). Auch Sorten wie Ricotta zählen dazu, die entweder frisch verzehrt oder durch Salzen, Räuchern oder Trocknen haltbar gemacht werden, oder solche wie Caciotta, die eine leichte "Reifung" durchmachen. In weiterem Sinne wird der Begriff auch auf Käse angewendet, die für eine längere Reifung bestimmt sind, aber auch frisch oder nur leicht angereift angeboten werden, wie das bei manchen Pecorini ("primo sale"), bei Cantal ("Tomme fraîche") oder bei Stilton ("White Stilton") der Fall ist. Nicht zuletzt fallen unter diese Sammelbezeichnung Erzeugnisse wie Kasch, Zieger oder Curd, also bei der Herstellung anfallende Zwischenprodukte, die frisch, wie sie sind, verzehrt werden. Allerdings werden die Begriffe "frisch" und "Frischkäse" einschließlich Frischkäse-Erzeugnisse ("Zubereitungen") in verschiedenen Ländern auch unterschiedlich verstanden.
Einige zur Frischkäse-Gruppe zählende Sorten, wie Mozzarella, werden wegen ihrer besonderen Eigenschaften an anderer Stelle besprochen.
Ihrem Gefüge (der Struktur) entsprechend, unterscheidet man bei den Frischkäsen mehrere Arten: Frischkäse mit zart-festem Gefüge (wie Schichtkäse, Burgos, Cambridge), weich-körnigen Käse (wie Cottage cheese), Käse mit einer gewissen Festigkeit und Formbarkeit (wie Suisse, Cream cheese, Doppelrahmfrischkäse) und Käse mit pastenartigem Gefüge (wie Speisequark, Ricotta, Zieger, Molkeneiweißkäse), aufgeschäumte Frischkäse und Frischkäse-Zubereitungen.
Robiola wird als Gattungsname für sehr verschiedene runde, meist kleine Käse verwendet. Manche erinnern an Taleggio, andere an Caciotta. Der spanische **Burgos** ist ein Labfrischkäse aus Schafmilch, mit meist mehr als 50% F.i.T., den es als gewölbten Laib mit 1 bis 2 kg Gewicht gibt. Ihm ähnlich ist **Villalón,** mit 0,5 bis 2,5 kg Gewicht, wegen seiner Form auch Pata de mulo ("Eselsfuß") genannt. In südlichen Provinzen kennt man Frischkäse aus Schaf- und Ziegenmilch, auch gemischt mit Kuhmilch, wie **Queso fresco valenciano, Flor de oro,** auch **Puzol** und **Cervera,** aus Andalusien **Málaga** und **Cádiz.** In Form und Größe sind diese Käse variabel. **Stracchino,** der **Crescenza** ähnlich, ist ein italienischer Frischkäse aus der Lombardei. Verdienterweise ist der deutsche **Schichtkäse** heute wieder mehr gefragt. Er wird in Fettstufen zwischen 10 und 60% F.i.T. hergestellt. Den Varianten mit 40 bis 60% F.i.T. wird bei der Herstellung Sahne zugegeben, sie dürfen die Bezeichnung **Sahneschichtkäse** tragen. **Cambridge** und **York** sind vergleichbare traditionelle "geschichtete" Sorten ("sandwich", "cream slice") in Großbritannien. Der Name **Körniger Frischkäse** verrät bereits, wie sein Gefüge beschaffen ist: Die Käsemasse besteht aus kleinen, weich-geschmeidigen Körnchen. Besonders beliebt ist er in den USA, wo man drei Arten kennt: **Cottage cheese**

Stracchino ist ein Frischkäse mit zartem, aber formfestem Teig und mildem bis fein-säuerlichem Geschmack, der frisch oder bis zu 2 Wochen gereift konsumiert wird. Eng mit der Crescenza verwandt, wird er auch als Stracchino-Crescenza angeboten. Ursprünglich wurde er nur nördlich von Mailand hergestellt, heute in der gesamten Lombardei und im Piemont.

Schichtkäse verdankt seinen Namen dem geschichteten Teig, der durch das Schöpfen der Gallerte bei der Herstellung entsteht. Sein milchsäuerlich, aromatisch schmeckender Teig ist mattglänzend und zart-geschmeidig, mit nur wenigen Bruch- und runden Gärlöchern versehen. Je nach Fettgehalt weist er einen milchweißen bis rahmgelben Farbton auf.

Körniger Frischkäse, der aus den USA kommende Cottage cheese, ist weithin verbreitet, meist als Typ "creamed cottage cheese". In Deutschland gibt es ihn auch mit 10 und 20% F.i.T. Das Bild zeigt einen 20%igen: gut zu erkennen die weichen Körner im Sieb, in der Schüssel zusammen mit dem Sahnedressing. Auch mit Zusätzen wie Früchten, Kräutern oder Gewürzen.

Die Größe der einzelnen weichen Körner bei Frischkäse (Cottage cheese) ist unterschiedlich; kleiner (small style, Bild oben) und größer (large style).

Petit-suisse heißen diese kleinen Frischkäserollen, die nicht aus der Schweiz, sondern aus der Normandie stammen. Aroma und Teig sind mild-delikat und fein.

Cream cheese ist ein mild-aromatischer Frischkäse in Nordamerika mit über 70% F.i.T. Von kompakter, dabei fein-cremiger Struktur. Auch in aufgeschäumter Form und mit Zutaten.

Mascarpone stammt aus Italien. Der weißliche bis strohgelbe, sahnig-milde Frischkäse ist kompakt, doch geschmeidig und streichfähig. Eine ideale Grundlage für süße Desserts.

Aufgeschäumte Frischkäse, wie dieser **Bresso** mit fein zerteilten, aromatischen Kräutern, haben eine luftige, weichcremige Konsistenz, die sie "auf der Zunge zergehen" läßt.

Das Angebot an Frischkäsesorten ist riesig. Sie finden "pur" und, als Frischkäse-Zubereitungen, mit allerlei würzenden Zutaten großen Anklang: wie Le Tartar mit Kräutern oder Boursin als "Triple-crème" mit Knoblauch oder Pfeffer. Auch aufgeschäumt sind sie sehr beliebt, wie Bresso, Cantadou, Colette oder Mirée. Seit einiger Zeit gibt es auch halbfeste, schneidbare Erzeugnisse, wie Dania-Torten mit Schnittlauch, Tolko-Kränze mit Rum und Pfeffer, Danslot mit Ananas, Nougat und Madeira oder Gourmos in Weinblättern mit Olivenstückchen und leichtem Knoblauchgeschmack.

dry curd ist der weich-körnige, aus Magermilch hergestellte Käse, der weniger als 0,5% Milchfett enthält. **Cottage cheese low fat** muß einen Fettgehalt zwischen 0,5 und 2% haben, **Cottage cheese** mehr als 4%. Letzterer wird durch das Mischen von Cottage cheese dry curd und einem Sahnedressing hergestellt und heißt deshalb auch **Creamed cottage cheese.** Dabei unterscheidet man zwischen Californian style, Popcorn style und Country style sowie large und small style. **Farmers' cheese** ist zu einem Block gepreßter Cottage cheese. In Deutschland kennt man **Frischkäse nach Cottage-cheese-Art,** den es in den Fettstufen 20 und 10% sowie in der Magerstufe (unter 10% F.i.T.) gibt. In Großbritannien überwiegt der Typ Creamed cottage cheese. Die festeren Frischkäse mit kompakterem Gefüge sollen einen sehr feinen, auf der Zunge schmelzenden Teig haben. Zu ihnen gehört **Suisse,** ein kleiner, rollenförmiger Käse aus der Normandie. Es gibt ihn heute als **Petit-suisse** mit 60 g und 60% F.i.T. sowie mit 30 g und 40% F.i.T. **Demi-sel** mit 40% F.i.T. ist ähnlich, enthält jedoch 2% Salz. Ähnliche Käse wurden Mitte des 19. Jahrhunderts mit mäßigem Erfolg in Paris vermarktet, bis - und hier gibt es zwei Versionen - ein Käser aus der Schweiz mit seinem Rat, Rahm unter den Käse zu mischen, einen großen Aufschwung bewirkte; die zweite Version lautet, daß die Bäuerin selbst aus der Schweiz kam und diese Idee hatte. Die Nachfrage stieg, so daß man den Käse fortan als "Suisse" erfolgreich verkaufen konnte; in einigen Ländern führte er sich als eigene Sorte unter dem Namen des späteren Herstellers Gervais ein. **Cream cheese** ist ein Frischkäse in den USA, der mindestens 33% Fett enthält, was über 70% F.i.T. gleichkommt. Eine weichere Variante des Cream cheese ist der amerikanische **Neufchatel** mit 20 bis 33% F.i.T. und einer Trockenmasse von über 35%. Der bekannteste Cream cheese wurde Ende des 19. Jahrhunderts entwickelt und als "Philadelphia", populär "Philly", vermarktet, manchmal mit Schnittlauch oder Erdbeeren. Deutscher **Rahmfrischkäse** enthält mindestens 50% F.i.T., **Doppelrahmfrischkäse** mindestens 60%. Beide sind durch ein mild-säuerliches Aroma und einen leicht salzigen Geschmack gekennzeichnet. In Großbritannien kennt man **Single cream cheese** mit mindestens 45% F.i.T. und **Double cream cheese** mit mindestens 65%. Der bekannteste hochfette Frischkäse Italiens ist **Mascarpone** oder **Mascherpone.** Bei der Herstellung wird 30%ige Sahne auf 90°C erhitzt und mittels Zitronensaft, einer Zitronensäurelösung oder einer anderen Säure zum Gerinnen gebracht. Anschließend läßt man die Masse abtropfen und abkühlen. **Speisequark,** kurz als **Quark,** in Bayern und Österreich bevorzugt als **Topfen** bezeichnet, ist ein Frischkäse mit pastenartiger Beschaffenheit. Es gibt ihn in allen Fettstufen, neben 20 und 40% F.i.T. am meisten in der Magerstufe. Der 20%ige Quark hat mit etwa 5% absolut einen nur geringen Fettgehalt, der sich aber auf die Geschmeidigkeit, das feine Gefüge, sehr positiv auswirkt. Sehr beliebt ist auch die Zubereitung mit Früchten und an-

Sahnig und mild, pur oder mit würzenden Zutaten

Feingehackte Kräuter sorgen bei dieser **Frischkäserolle** innen und außen für Aroma und Würze.

Magerquark enthält lediglich 1 bis 2% F.i.T. (etwa 0,3% Fett absolut). Da der Eiweißgehalt im Vergleich zum Fett sehr hoch liegt, ist die Masse fest und eher krümelig-trocken als cremig.

Quark mit 10% F.i.T. ist noch leicht krümelig im Gefüge, aber schon etwas cremiger und geschmeidiger als Magerquark. Der tatsächliche (absolute) Fettgehalt beträgt nur etwa 2,5%.

Quark mit 20% F.i.T. ist bereits deutlich weicher und auch cremiger als der 10%ige. Man kann den Unterschied nicht nur sehen, man spürt ihn auch auf der Zunge. Fett absolut: um 5%.

Quark mit 40% F.i.T. ist, wie im Bild deutlich erkennbar, sehr geschmeidig und cremig, sein Geschmack ist entsprechend sahnig. Der tatsächliche Fettgehalt liegt bei etwa 11%.

deren Zutaten, wie Cerealien, oder Kräutern **(Kräuterquark).** Ein dänischer geräucherter Quark mit Kümmel ist **Rygeost.** Ein weicher, säuerlicher Frischkäse in den USA ist **Bakers' cheese,** gern verwendet für Käsekuchen. Für Großbritannien sind noch die teils mehr pastenartigen, teils mehr kompakteren Sorten zu erwähnen, wie **Lactic cheese** aus durch Milchsäuregerinnung dickgelegter Milch, **Colwick cheese** und **Cottager's cheese** (der nichts mit dem körnigen Cottage cheese zu tun hat), eine Zubereitung im "farmhouse style", manchmal gesalzen, auch mit Sahne, Kräutern, Gewürzen, Zwiebeln, Oliven oder Nüssen versetzt. Die französischen weichen **Caillebotte** und **Jonchée** (auch aus Ziegenmilch) entsprechen der italienischen **Giuncata.** Der französische **Fromage frais battu maigre** (geschlagener Mager-Frischkäse) enthält unter 1% F.i.T. und über 85% Wasser. Die italienische **Ricotta** wurde ursprünglich nur aus Schafkäsemolke **(Ricotta di pecora)** hergestellt, oft nach den Pecorino-Gebieten benannt, wie Ricotta romana, Ricotta canestrata, Ricotta siciliana. Ein ähnliches Erzeugnis ist **Ricotta di vacca** oder **Ricotta vaccina** aus Kuhkäsemolke. Zu ihrer Herstellung wird das Molkeneiweiß durch Erhitzen der Molke abgetrennt, teilweise unter Zufügung von gesäuerter Molke oder Säuren. Normalerweise entsteht sie als ungereifte und ungesalzene **Ricotta tipo dolce,** aber auch gesalzen als **Ricotta salata,** sowie gesalzen und gereift als **Ricotta tipo forte.** Sehr feste bis harte **Ricotta secca** dient auch als Reibkäse. Der Begriff Ricotta wird sogar für Quark verwendet. **Cacioricotta** ist eine Art Labfrischkäse aus Milch. **Schafkäse-Ricotta** enthält, dank des höheren Fettgehalts der Schafkäsemolke, normalerweise mehr Fett als **Kuhkäse-Ricotta.** In Spanien entspricht **Requesón,** in Portugal **Requeijão** weitgehend der italienischen Schafkäse-Ricotta. In Brasilien umfaßt der Begriff Requeijão quarkartige Erzeugnisse, die mit Sahne oder Butter und Kochsalz versetzt und geschmolzen werden. Unter **Zieger** (auch **Ziger**) wird allgemein die frische Masse, die sich beim Erhitzen von saurer Molke abscheidet, verstanden. Es handelt sich dabei um eine streichbare, krümelig-weiche Masse, die weiß oder cremig-gelb sein kann. Da man Zieger jedoch auch aus Milch oder Milch-Molke-Mischungen gewinnt, wird zwischen **Molkezieger, Milchzieger** und **Mischzieger** unterschieden, Molkezieger sind zudem als **Molkeneiweißkäse** oder **Albuminkäse** bekannt. In Savoyen kennt man als Zieger **Sérac** oder **Cérat,** im Piemont **Seirass.** Neben dem unmittelbaren Genuß dient Zieger der Herstellung von Produkten wie **Glarner Schabziger,** Urda und **Manouri.** Ein sehr populärer Frischkäse in Lateinamerika ist **Queso blanco** oder Queso del País. Er wird bei etwa 80°C aus Milch mit saurer Molke, sauren Fruchtsäften oder Säuren (bevorzugt Essigsäure) gewonnen, teilweise gepreßt, geformt und leicht gesalzen. Varianten sind Campesino, Queso de hoja (in Blattform), Queso de Puna (jedoch mit Lab und Milchsäurebakterien hergestellt, in den USA Spanish cheese genannt) und **Queso fresco.**

Ricotta di pecora entsteht aus der Molke, die bei der Schafmilchkäserei anfällt. Schafkäse-Ricotta (im Bild eine geformte) hat einen weißlichen, fein-geschmeidigen Teig.

Ricotta di vacca, ein im Körbchen geformter Molkeneiweißkäse aus der Molke von Kuhmilchkäse. Diesen Typ kennt man vor allem in den Provinzen Norditaliens.

Auf den Märkten Italiens gehört Ricotta salata zum täglichen Angebot, ebenso wie die typisch geformten Pecorini aus Sizilien.

Ricotta piacentina aus der Po-Ebene. Eine Kuhkäse-Ricotta, die im bei der Herstellung verwendeten Abtropftuch angeboten wird. Mit cremiger, leicht krümeliger Struktur.

Ricotta salata heißt "gesalzene Ricotta". Sie ist vor allem als - durch längeres Abtropfen etwas trockenere - **Ricotta tipo moliterno** (hier aus Schafkäsemolke) bekannt.

Ricotta salata aus Kuhkäsemolke, mit kompakt-geschmeidigem Teig. Im Hintergrund eine **Ricotta salata affumicata,** deren Haut durch das Räuchern braun gefärbt ist.

Ziegenmilch-Ziger aus der Schweiz hat einen feinen, mild-aromatischen Teig. Er wird durch Abscheiden des Eiweißes mit Säure bei starker Erhitzung der Milch gewonnen.

Ziger aus Kuhmilch, also ebenfalls ein Milchziger, hier geformt. Er wird frisch verzehrt oder für die Schabziger-Herstellung verwendet.

Ricotta salata al forno ist eine gesalzene Ricotta, durch Herausbacken im Ofen schmackhaft gemacht. Man findet sie des öfteren auf den Speisekarten in Mittel- und Süditalien.

Manouri ist ein getrockneter Ziegerkäse aus Griechenland mit höherem Fettgehalt und besonders feinem Teig. Er ähnelt den gesalzenen und getrockneten Erzeugnissen aus Ricotta.

Gekäst wird jeden Morgen - von Ostern bis Allerheiligen. Spätestens um 7 Uhr kommt Bauer Merlot mit der frisch gemolkenen Milch seiner 30 Ziegen aus dem Geißenstall, um sie mit der Milch vom Vorabend zu mischen.

Die **Ziegenkäse** bilden eine ganz spezielle Käsegruppe, die eine nahezu unüberschaubare Vielfalt an Sorten und Varietäten umfaßt. Nicht immer wird bei der Herstellung ausschließlich Ziegenmilch verwendet, oft wird Kuh- oder Schafmilch beigemischt. Aus der Kennzeichnung muß das deutlich hervorgehen. In Frankreich, wo das Wort "chèvre" (Ziege) auch die Kurzbezeichnung für Ziegenkäse ist, wird ein Käse nur aus Ziegenmilch "chèvre" genannt, ein zur Hälfte aus Ziegenmilch hergestellter "mi-chèvre". Bei Käsen mit einem Hinweis auf die Mitverarbeitung von Ziegenmilch muß der Zusatz mindestens 20% betragen (berechnet als Trockenmasse der Milch). In einigen anderen Ländern bestehen ähnliche Vorschriften.
Es kann sich um rohe oder um pasteurisierte Milch handeln. Bei Teigbeschaffenheit und Reifungsverhalten, davon abhängig teilweise auch bei Aroma und Geschmack, lassen sich drei Grundtypen erkennen. Beim ersten dominiert beim Dicklegen die Milchsäurebildung, während die Labwirkung deutlich zurücktritt. Der weißliche, feste Teig mit charakteristischer, feinkörniger Struktur bleibt nach dem Abtropfen erhalten (Beispiel: Selles-sur-Cher). Beim zweiten Grundtyp sind Milchsäure- und Labwirkung ausgewogener, wie bei camembert-ähnlichen Käsen (Beispiel: Bougon). Der Käseteig wandelt sich bei der Reifung von fest-säuerlich zu weich-geschmeidig, nicht zuletzt unter dem Einfluß einer reifungsaktiven Oberflächenflora. Beim dritten Grundtyp überwiegt leicht die Labwirkung, wie bei Chevrotin. Zur Käsevielfalt trägt auch das je nach Käse sehr unterschiedliche Formen bei. Vier Arten kann man unterscheiden: Die Gallerte wird direkt und vorsichtig mit einem Löffel in die Formen geschöpft, wie bei Selles-sur-Cher. Oder man füllt die Gallerte in Säcke oder Tücher und läßt sie mehrere Stunden abtropfen, wie bei Crottin. Für einige Käse wird die Gallerte ganz fein verrührt und die möglichst homogene, pastenartige Masse in die Formen eingefüllt, wie bei Rocamadour. Bei anderen Käsen wiederum wird, wie üblich, ein Bruch bereitet, bearbeitet und geformt, wie bei Bougon oder Chevrotin.
Ziegenkäse gibt es ohne Belag, blank, weißlich, goldgelb oder bräunlich, mit weißlichem Milchschimmel oder mit weißlichem und/oder graubläulichem Schimmel, Hefen, Rotflora und "cendré". Der Schimmel (Stämme des *Penicillium album,* früher als *Penicillium glaucum* bezeichnet) wächst zunächst weißlich an und wird dann allmählich bläulich. Bei Chèvre cendré wird gepulverte Holzkohle aufgestäubt. Der Holzkohle ist oft etwas Kochsalz beigemischt, so daß mit dem Bestäuben zugleich ein Salzen erfolgt. Aroma und Geschmack variieren entsprechend stark. Je nach Milchart, Herstellung und Reifung kann der Geschmack cremig-mild oder ausgeprägt kräftig sein. Spezielles Lab mit fettreifenden Komponenten (Enzymen) kann den "chèvre"-Charakter verstärken. Einige Sorten erhalten ein ganz eigenes Aroma durch Reifung in Trester, andere werden mit Kräutern, Gewürzen oder Weinblättern umhüllt und nehmen das entsprechende Aroma auf, oder sie werden direkt mit würzenden Zutaten vermischt.

Der frische Käsebruch, mit ein paar Körnchen Salz darüber und einem Stück Brot dazu, ist eine Delikatesse für sich. Vom typischen Geschmack der Ziegenmilch, der nicht jedermanns Sache ist, merkt man bei diesem ganz frischen Käse noch nichts. So läßt er sich auch gut mit Obst zu süßen Desserts verarbeiten.

Von Hand geschöpft: Ziegenkäse im Bergell

Im ersten Morgenlicht wird die Herde in den Bergwald, oberhalb von Stampa, getrieben. Die schwarzen Ziegen gehören zur Rasse der Frigias, die nur in diesem Tal des Bergell zu Hause ist. Die Milchleistung mit etwa 6 Litern pro Tag und Ziege ist beachtlich; für den Schweizer Staat Grund genug, die Haltung dieser Ziegenrasse zu subventionieren. Übrigens ist das "schwarze Schaf" im Fall der Herde des Bauern Merlot eine weiße Ziege.

Frische Luft ist bei der Lagerung wichtig. Von einem Fliegengitter geschützt, reifen die Käse bei Guiseppe Merlot in einem luftigen Regal heran. Vermarktungsprobleme kennt er nicht; die gesamte Produktion ist in der Regel vorbestellt; die Kunden können vorher bestimmen, in welchem Reifegrad sie die Käse erhalten.

Die traditionelle Herstellunsgsmethode hat sich bewährt. Erhitzt wird die Milch im Kupferkessel über einem Holzfeuer. Mit bewundernswerter Präzision weiß Bauer Merlot die exakte Hitzezufuhr zu steuern. Ebenso sind das Dicklegen der Milch und das Ausschwenken des Kessels reines Fingerspitzengefühl. Der Bruch wird in Blechdosen geschöpft, in die Löcher geschlagen wurden, damit die Molke ablaufen kann. Nach etwa einer Stunde werden die Käse vorsichtig gestürzt, in Salz gerollt und zum Reifen auf ein Brett gesetzt.

ZIEGENKÄSE - aus bäuerlicher Produktion

Die Herstellung von Ziegenkäse liegt auch heute noch weitgehend in den Händen kleiner Handwerksbetriebe und Bauernhöfe. Vor allem in Frankreich tragen die "bäuerlichen" Käse zur legendären Käse-Vielfalt bei. Von den ganz frischen bis hin zu den deftig ausgereiften, Ziegenkäse ist wieder gefragt. Was sicher auch damit zusammenhängt, daß die individuell produzierten Käse noch geschmackliche Überraschungen bieten. Die Bildreportage entstand auf dem Hof von Bauer Guiseppe Merlot in einem Tal des südschweizerischen Bergell.

Ziegenfrischkäse aus Italien mit 45% F.i.T., cremig, mild im Aroma, schwach gesalzen und leicht säuerlich.

Chavroux ist ein französischer, feingallertartiger Frischkäse mit sehr mildem Aroma. In handlicher Verpackung.

Los Vazquez, ein spanischer Frischkäse aus Ziegen- und Kuhmilch mit relativ festem Teig und kräftigem Geschmack.

Lingot blanc ("weißer Barren") aus dem Poitou in Frankreich ist ein Ziegenkäse mit relativ mildem Aroma.

Limburgse Geitekaas ist ein holländischer Frischkäse mit 50 bis 60% F.i.T. Kräuter verleihen ihm besondere Würze.

Zick de Zwiener, deutscher Frischkäse mit 50% F.i.T. Er hat einen milden, dennoch ausgeprägten Geschmack.

Cabri Doux aus der Bourgogne. Der geschmeidige Teig schmeckt deutlich nach der Schnittlauchauflage.

Frische Ziegenkäse mit Kräutern und Gewürzen werden in verschiedenen Ländern hergestellt. Sie enthalten gewöhnlich zwischen 45 und 50% F.i.T.

Ziegenfrischkäse sind, wie bei Frischkäse allgemein, ungereifte Erzeugnisse, die für den unmittelbaren Verzehr bestimmt sind. Manche werden noch über einige Tage hinaus als "frisch" angesehen. In Spanien kennt man **Fresco de cabra** mit 45% F.i.T., den **Fresco valenciano,** in Andalusien **Cádiz** und **Málaga** (teilweise in Öl aufbewahrt), im Norden **Camerano (Logroño), Soria** und **Valdeteja.** In Italien erzeugt man verschiedene **Caprini** in den Bergregionen Piemonts, Formagetta in Ligurien und weiche und feste Caprini auf Sardinien, auch Ziegen-Caciotta, Caciotella und Cacioricotta. Auf Korsika gibt es, oft aus Mischungen mit Schafmilch, **Broccio** und **Canestrelli,** in der Provence **Brousse.** Andere französische Frischkäse sind **Jonchée Niortaise** und **Aunis** (in Dreiecksform **Trois cornes** oder **Sableau**) und **Cremet.** In Deutschland und Österreich haben Ziegenkäse, Ziegenfrischkäse und Zubereitungen einen großen Zuwachs erfahren, oft in regionaler Verbreitung. Aus den Niederlanden kommt **Limburgse Geitekaas.** Im Nahen Osten gewinnt man **Labneh** durch Abtropfen von Laban, einer joghurtartigen Sauermilch.
Ziegenkäse wird in vielen Ländern, in großer Vielzahl jedoch in Frankreich, hergestellt, alle mit mindestens 45% F.i.T. und, meist, mindestens 40 bis 45% Trockenmasse. Die Vielfalt französischer Ziegenkäse liegt auch darin, daß sich in den verschiedenen Orten und Landschaften unterschiedliche Namen für gleiche oder ähnliche Käse herausgebildet haben, es andererseits auch gleiche oder ähnliche Namen für verschiedene Käse gibt. Für Käsetheken gedacht sind große Käse, wie **Lingot** ("Barren"). Er kommt mit blanker Oberfläche als **Lingot blanc,** mit Holzkohle als **Lingot cendré** auf den Markt und wird auch aus Kuhmilch hergestellt (Kennzeichnung!). **Ligueil** mit 48% F.i.T. trägt auf seinem Etikett den Aufdruck "Poitouraine" als Hinweis auf das Produktionsgebiet. Ähnliche große Käse sind **Soignon, Bûche du Poitou** und **Géant du Poitou,** der "Riese vom Poitou", von mildem bis leicht würzigem Aroma, mit Weißschimmel oder, je nach Reifungsklima, auch mit Rotflora. Käse, der wie eine abgeschnittene Pyramide geformt wird, heißt einfach **Pyramide.** Ohne Belag nennt man sie Pyramide blanche, mit Holzkohle Pyramide cendré. Bekannte Sorten sind **Valençay** aus dem Departement Indre und der sehr ähnliche **Levroux.** Nach mindestens einwöchiger Reifung schmecken die Käse mild bis deutlich nach Ziege. Der milchsäuerliche, weiße Teig ist fest, auf der Zunge jedoch fein schmelzend. **Valençay de l'Indre** ist mit einem regionalen Qualitätsetikett, dem "centre-val de loire-berry", versehen. Ein rotes Etikett besagt, daß der Käse in der Molkerei oder beim Fertiglagerer ("affineur") hergestellt wurde, ein grünes Etikett mit dem Aufdruck "fermier" dürfen nur Käse aus bäuerlicher Herstellung tragen und bei denen Milch ohne Mitverwendung von tiefgefrorenem, gelagertem Bruch verarbeitet wurde. Der **Pouligny-Saint-Pierre** ist ursprungsgeschützt. Er darf nur im Westen des Departement Indre hergestellt werden. Aroma und Geschmack

Crottin de Chavignol ist ein kleiner, fester Ziegenkäse aus Frankreich mit mindestens 45% F.i.T. Wie viele junge, ungereifte Ziegenkäse, wird er oft zusammen mit Kräutern in Öl aufbewahrt. Ebenso der **Geißkäse** aus Österreich (hinten im Glas), bei dem neben Kräutern auch verschiedene Gewürze dem Öl zugesetzt wurden. Im Bildvordergrund: junge Crottins.

Ziegenkäsehappen mit einer Hülle aus Kräutern oder Gewürzen, deren Aroma sich auch auf den relativ mild schmeckenden, weichen Teig überträgt.

Valençay, nach einem Ort im Departement Indre benannt. Mild, doch mit ausgeprägtem Ziegenmilcharoma.

Pouligny-Saint-Pierre erhielt wegen seiner hohen Form den Beinamen "Eiffelturm". Er schmeckt mild bis fruchtig.

Pavé blésois mit leichtem Belag von Weißschimmel, Milchschimmel und Holzkohle. Weicher Teig, mild im Geschmack.

Graçay stammt aus dem Berry in Frankreich. Unter der recht festen Haut hat er einen weichen, würzigen Teig.

Clochette in der typischen Glockenform. Der Schimmel wächst weißlich an, wird dann bläulich. Volles Ziegenaroma.

Selles-sur-Cher wird handgeschöpft. Der zarte Teig unter Schimmel und Holzkohle schmeckt angenehm mild.

Cœur de Selles ist ein Käse in Herzform nach Art des ursprungsgeschützten Selles-sur-Cher. Mild-aromatisch.

Crottin de Chavignol. Als junger Käse mild-cremig, ausgereift trocken, doch charakteristisch und kräftig im Aroma.

Sancerre, wie Crézancy und Santranges eine Variante des Crottin de Chavignol. Mit ausgeprägtem Geschmack.

Bougon aus dem Poitou in Frankreich. Ein pikanter Käse mit weichem Teig.

La-Mothe-Saint-Héray, ein Weißschimmelkäse mit geschmeidigem Teig und zunehmend würzigem Aroma.

Chabichou, im Bild ein Käse mit Holzkohlebelag, zeigt die traditionelle Bonde-Form. Würziges Aroma.

Chabichou mit anwachsendem Schimmel. Er hat einen charakteristischen und, wenn gereift, recht kräftigen Geschmack.

Pavé Touraine zeigt die typische Pavé-Form (pavé heißt Pflasterstein). Er ähnelt dem Pavé blésois, ist jedoch oft mehr abgetrocknet und daher fester. Voller Geschmack.

Sainte-Maure ist als bäuerlicher Käse bläulich, als Molkereikäse weißlich. Ein Strohhalm verleiht dem zarten, zerbrechlichen Teig in der langen Form Festigkeit. Sehr mild im Geschmack.

Bûchette d'Anjou ähnelt dem Saint-Maure. Die Holzkohleschicht wird mehr und mehr von weißlich-grauem Schimmel überwachsen. Er ist mild, mit ausgeprägtem Ziegenmilcharoma.

Ziegenrolle aus Holland. Sie ähnelt einem Chèvre long aus der Touraine. Typisch sind der weiße Teig mit mildem, doch ausgeprägtem Aroma und der weiße Schimmelrasen.

ändern sich im Verlauf der 2- bis 4-wöchigen Reifung von mild bis zu ausgeprägt typisch. Der Teig ist milchsäuerlich, weiß und fest-geschmeidig. Die Pyramide ist mit 9 cm etwas höher als bei anderen Sorten, der Käse erhielt darum auch den Beinamen "Tour Eiffel" (Eiffelturm). **Selles-sur-Cher** ist nach einem Ort im Departement Indre benannt und ebenfalls ursprungsgeschützt. Er hat einen Durchmesser von 9 cm, ist 2,5 bis 3 cm hoch und 150 g schwer und ist mit Holzkohle bestreut. Nach etwa 10-tägiger Reifung entwickelt sich weißlicher, bläulich werdender Schimmel. Der Teig ist weich und auf der Zunge schmelzend, das Aroma mild, zunehmend pikant. Der Käse wird gern als Dessertkäse genossen. Kenner schaben die Haut nicht ab, da diese zu seinem besonderen Charakter beiträgt. **Cœur de Selles** (andernorts ein **Cœur de chèvre**) ist wegen seiner dekorativen Herzform beliebt. Eine weitere Variante des Selles-sur-Cher ist **Pavé blésois** aus der Gegend um Blois an der Loire. **Pavé Touraine,** dessen Name bereits seine Herkunft verrät, ist rechteckig und meist etwas fester als Pavé blésois. **Graçay** ist kegelstumpfförmig. **Montoire,** ziemlich fest, sonst ähnlich, wurde nach einem nördlich von Tours gelegenen Zuchtort für Ziegen benannt. **Clochette** aus Charentes-Poitou ist ein glockenförmiger Käse von 250 g Gewicht und mit relativ festem Teig. **Sainte-Maure** ist nach dem gleichnamigen Ort südlich von Tours benannt, wird jedoch in verschiedenen Regionen hergestellt, ohne oder mit Holzkohle und Halm. Die Bezeichnung **Sainte-Maure de Touraine** ist durch das Qualitätsetikett der Region "centre-val de loire-berry" geschützt. Molkereikäse tragen rote, traditionell hergestellte Käse grüne Etiketten. Bäuerlicher Käse ("fermier") ist eher bläulich, Molkereikäse weiß. Das Aroma dieses Tafelkäses ist typisch und ausgeprägt, der Teig ist milchsäuerlich-zart. Vergleichbare Käse heißen einfach **Chèvre long.** Ähnlich, aber kleiner, ist die **Bûchette d'Anjou.** In verschiedenen Regionen Frankreichs wird **Chabichou** oder **Chabi** hergestellt. Diese Bezeichnung darf nur für Käse in der traditionellen Bonde-Form verwendet werden: einem Zylinder mit maximal 6,5 cm Durchmesser und 5 bis 7 cm Höhe. Der Schimmelbelag ist bei Molkereikäsen weißlich, bei Bauernkäsen bläulichgrau, manchmal entwickelt sich auch eine leichte Rotflora. Zum Teil tragen sie Holzkohle. Es gibt viele Varianten des Chabi, teilweise auch in anderen Formen. Einige Namen sind Chabichou-de-Chaunay, Chabichou-de-Civray, Chabichou-de-Saint-Gelay, Chabichou de Chaumont. Aus der Landschaft zwischen Poitou und Cognac stammen zudem kleine runde Käse wie **Rond-de-Lusignan,** Saint-Loup, auch Petit fromage de bique ("kleiner Ziegenkäse") und Sauzé. **Mothais** ist laut Pierre Androuët der Archetyp der **Fromages à la feuille** in dieser Region. Er stammt vom Plateau mellois, wie **Bougon** und **La-Mothe-Saint-Héray,** ein Laibchen mit 50% F.i.T. Varianten enthalten Gewürze wie Knoblauch. Quadratische Käse, die in Platanen- oder Kastanienblättern reifen und teilweise als Chèvre feuille angeboten

Typisch: die Vielfalt der Formen und Größen

Im Reifekeller für Ziegenkäse sind Temperatur und Luftfeuchte konditioniert, damit ein qualitätsgerechtes Abtrocknen der Käse und der gewünschte Schimmelbewuchs gewährleistet sind.

Bûchette Sarriette mit dem dekorativen, namengebenden Satureizweig. Sie schmeckt mild-aromatisch.

Cabécou de Rocamadour oder **Rocamadour,** einer der bekanntesten dieser sehr kleinen "chèvres", mit zarter, goldgelber Haut, manchmal auch leichtem Schimmel. Mild-aromatisch.

Pélardon des Cévennes aus dem Languedoc, eng mit dem Cabécou verwandt, gibt es in vielen Variationen. Er hat einen milden bis aromatischen Geschmack.

Picodon de la Drôme ist ursprungsgeschützt und wird, wie viele Picodon-Käse, im Departement Drôme hergestellt. Sein mittelfester Teig schmeckt würzig.

Picodon de l'Ardèche, auch unter dem Namen Picodon de la Drôme bekannt, reift mit weißem und bläulichem Schimmel und/oder Milchschimmel, manchmal auch mit Rotflora.

werden, sind die pikanten **Ruffec, Couhé-Vérac** und **Saint-Maixent** mit graubläulicher, manchmal rötlich pigmentierter Haut. **Pigouille** aus dem Marais Poitevin ist würzig, ohne Schimmel. Unter dem Namen **Crottin,** meist kombiniert mit dem Herkunftsort, werden verschiedene kleine Ziegenkäse angeboten. Der bekannteste ist der **Crottin de Chavignol.** Sein Name, der Ursprungsschutz genießt, stammt von dem gleichnamigen Ort im Departement Cher. Die kleinen Laibe haben einen Durchmesser von 4 bis 5 cm, sind 3 bis 4 cm hoch und 60 bis 80 g schwer, die Oberfläche ist blank, gelblich bis braun und zunehmend mit graubläulichem Schimmel bewachsen. Der Käse ist oft trocken, fest. Ähnliche Käse aus der Region sind **Sancerrois, Sancerres,** die etwas größeren **Crézancy** und **Santranges.** Im nordwestlichen Burgund (Yonne) gruppieren sich dem Crottin ähnliche Käschen um **Vezelay,** wie Dornecy, Lormes, Vermenton. **Gien** reift auf Blättern von Edelkastanien mit bläulichem Schimmel. **Bouton de culotte** ("Hosenknopf") ist ein sehr kleiner Käse, der nur 40 bis 60 g wiegt. Er wird in allen Reifestadien verzehrt, von jung und weich bis gereift und hart. Um Mâcon heißt er **Mâconnais, Cabrion de Mâcon** (und **Cabrion de Beaujolais** oder **Chevroton de Mâconnais**). Ähnlich sind Baratte und der feste Bressan. **Charolais** oder Charolles, kleine tonnenförmige Käschen, und **Montrachet** mit bläulichem Schimmel sind oft pikant. **Mont-d'Or de Lyon** schmeckt kräftig, wie **Rigotte de Pelussin** und **Rigotte des Alpes. Brique de Forez** (Brique de Saint-Etienne), Chevroton d'Ambert, die bläuliche Galette de la Chaise Dieu und Chevroton de Bourbonnais (Chevroton de Moulins) sind rechteckige Käse, manchmal auch rund, wie die verwandte, fruchtige bis pikante **Tomme de Belley** oder Chevret und Chevroton des Boutières. Von **Cabécou** (umgangssprachlich "kleine Ziege") sind zwei Varietäten berühmt: **Cabécou d'Entraygues** mit 90 bis 130 g Gewicht hat eine weiße, auch bläuliche Schimmeloberfläche. **Cabécou de Rocamadour,** mit 30 bis 40 g, ist ein Ziegenkäse, bei dessen Herstellung die Gallerte möglichst fein verrührt, mit Salz vermischt und die pastenartige Masse in die Formen leicht eingedrückt wird. Die Haut ist entweder gelblich, rosafarben oder mit anfangs weißem, später bläulichem Schimmel bedeckt. Ähnlich sind **Gramat** und **Mayrinhac.** Gut gereift nennt man sie Cuffi oder Truffi. Ein Verwandter des Cabécou im Languedoc heißt **Cajassous;** dort ist der Ort Ganges bekannt für seine würzigen Käse. **Picadou** ist ein eingemachter Käse **(Cabécou confit).** Aus den Cevennen stammt der **Pélardon,** ein kleiner, runder, mit Cabécou verwandter Käse, von dem viele Varianten angeboten werden. Die Berglandschaften westlich und östlich der Rhône zwischen Valence und Orange sind die Heimat des **Picodon.** Ursprungsgeschützt sind **Picodon de l'Ardèche** und **Picodon de la Drôme.** Die Laibchen sind 80 bis 100 g schwer. Aroma und Geschmack sind charakteristisch und mit zunehmender Reife kräftig ausgeprägt. Man verarbeitet sie mit Wein, Öl

Spezialitäten aus Frankreich

Poivre d’âne (“Eselspfeffer”), dem Banon ähnlich, wird in Saturei und Rosmarin gerollt. Entsprechend aromatisch.

Banon aus der Provence wird traditionell mit Kastanienblättern umhüllt, oft mit Saturei bedeckt. Mild bis würzig.

Arômes au gène de marc wird aus mehreren zerkleinerten, reifen Ziegenkäsen gemischt, reift in Weintrester weiter.

Meusnois stammt aus dem Berry. Er hat einen halbfesten Teig und schmeckt leicht säuerlich-aromatisch.

Pourly aus dem Burgund. Frisch und mild geschätzt, oder gereift mit üppigem Milchschimmel und Nußgeschmack.

Bouton de culotte aus dem Burgund, je nach Alter weich bis hart, kann im Geschmack kräftig bis pikant werden.

Chevreton de Mâcon, Mâconnais kann, als Variante des Bouton de culotte, fest und recht scharf werden.

Brique de Forez oder **Chevreton d’Ambert** ist kräftig, bei Mischung mit Kuhmilch eher mild im Geschmack.

Brique du Livradois, Briquette ähnelt dem Brique de Forez, ist aber kleiner. Mild bis kräftig.

Persillé Bourguignon ist mit Holzkohle bestäubt und hat innen zwei Holzkohle-Schichten. Mild bis leicht würzig.

Brin d’amour oder **Brindamour,** auch Fleur du maquis genannt, schmeckt nach der würzenden Kräuterauflage.

Chèvre feuille, aus dem Périgord, wird in Kastanien- oder Platanenblätter gehüllt. Je nach Käsetyp mild bis kräftig.

Roves des Garrigues aus der Provence hat einen festen Teig und ein sehr kräftiges, doch angenehmes Aroma.

Ziegen-Camembert wird in verschiedenen Ländern hergestellt. Hier ein Weichkäse aus Österreich mit feinem Camembert-Bouquet und würzigem Ziegenmilchgeschmack.

Ziegenkäse aus Deutschland haben eine alte Tradition. Man denke nur an die bekannten Altenburger Ziegenkäse aus dem östlichen Thüringen und Einetaler Ziegenkäse aus dem Unterharz. Die Palette der meist regionalen Sorten hat sich seit den 70er Jahren erweitert. Neben Frischkäsen (ohne oder mit würzenden Zutaten) werden traditionelle Käse aus Ziegenmilch hergestellt, wie **Inntaler Camembert** (unteres Bild), und neue Sorten wie die **Inntaler Ziegenrolle** (Bild oben) mit dem Teig von Milchsäure-Labkäsen und einer Kräuterauflage nach provenzalischer Art.

Tomme de chèvre wird in den Bergregionen Savoyens bis zu den provenzalischen Alpen und auf Korsika hergestellt. Ebenso breit gefächert sind die Sorten: Die Oberfläche kann blank, mit weißlichem oder bläulichem Schimmel oder mit Käserotflora überzogen sein, der Teig ist milchsäuerlich-weiß oder durchreifend, der Geschmack mild bis kräftig.

oder Gewürzen, legt sie in Wein oder Trester ein und läßt sie unter Blättern reifen. Bekannte Sorten sind **Picodon de Dieulefit** und **Picodon de Valréas,** neben Tomme du Mont Ventoux, Cachat d'Entrechaux, Cachat de Gavoie und Malaucène, in den Cevennen **Rogeret** und **Picodon des Cévennes.** Frische, weiße Picodons im Ardèche nennt man auch **Pidances. Ardéchois** ist dort ein allgemeiner Name für kleine Käse. **Banon,** benannt nach einem kleinen Ort östlich von Avignon, wird heute meist andernorts hergestellt, aus reiner Ziegenmilch und Mischungen mit Schafmilch oder aus Kuhmilch. Er wird blank und frisch angeboten, manchmal mit einer Auflage von Saturei, oder gereift und von weißlichem oder bläulichem Schimmel überzogen, eingewickelt in Kastanienblätter (Banon au feuille), mit Raphia-Bast oder Kunststoffbändern verschnürt, manchmal vorher in Eau-de-vie getaucht. Manche der genannten Käse werden zerkleinert, mit Gewürzen vermischt und zu **Fromage fort** weiter gereift. Im Bergland von Nizza werden festere Käse aus Ziegenmilch und Mischungen mit Schafmilch erzeugt, wie **Bairols** und **Annot,** auch **Tomme d'Annot,** Laibe mit etwa 1 kg, ähnlich Tomme de Val de Blore und Sospel. Auf Korsika werden, außer **Sartène** im Süden, feste Käse aus Ziegen- oder Schafmilch oder aus Mischungen vorwiegend im Norden der Insel hergestellt, wie die quaderförmigen **Niolo, Ascot, Venaco** und **Calenzana.** Auch von **Tomme de chèvre** gibt es, neben Tomme aus Kuhmilch und aus Schafmilch, allerlei Variationen, in unterschiedlicher Größe und Beschaffenheit hergestellt. Die Käse werden oft mit lokalen Namen verkauft. Neben den schon genannten sind bekannte Sorten Tomme de Drôme, Tomme de Crest, Tomme de Vercors, Tomme de Chabeuil und **Tomme de Romans,** die an Varianten des Saint-Marcellin erinnert. In den Bergen östlich von Annecy, Chambéry und Grenoble trifft man auf die bekannten **Chevrotin des Aravis, Chevrotin des Bauges (Chevrette des Bauges),** neben Chevrotin de Hauteluce, Grataron d'Arèches, Tomme de Tarantaise (Praslin), Tomme de Courchevel, Tomme de Pralognans und Tomme des Allues. Sie werden wie Schnittkäse und Halbfeste Schnittkäse mit geschmeidigem Teig hergestellt und reifen teilweise länger als 3 Monate. Man kann sie auch mit den übergeordneten Begriffen **Chevrotin des Alpes** oder **Chevrotin de Montagne** kennzeichnen. Auch in anderen Ländern leiten sich aus alter Tradition Käse unterschiedlicher Beschaffenheit her, im Schweizer Graubünden **Bündner Geißkäse,** im Berner Oberland **Frutigkäse,** in Deutschland **Altenburger Ziegenkäse** und **Einetaler Ziegenkäse, Geitekaas** in den Niederlanden, **Getost** in Schweden und **Hardanger,** ein Gjetost in Norwegen, der dort **Rosendal** heißt. In den USA kann man Cabecou, Calistogan und Chèvrefeuille (Kalifornien) antreffen, und milden, cremigen **Texas Goat Cheese,** entweder pur oder mit Kräutern, Paprika, Pfeffer oder "vegetable ash", wie auch pikanten Ziegen-Monterey und kräftig-scharfe Tome als Reibkäse.

Hardanger, ein norwegischer Schnittkäse aus reiner Ziegenmilch und mit 45% F.i.T. Der Teig ist kompakt-geschmeidig und schneidbar, der Geschmack aromatisch und leicht herb. In Norwegen wird er auch Fosendal genannt.

Monte Caprino (oberes Bild) aus dem Schweizer Tessin mit 45% F.i.T., aus Ziegen- und Kuhmilch, mit Weißschimmel bedeckt, hat einen würzigen Ziegenmilch-Geschmack. **Ziegett** aus Österreich (unteres Bild), der aus 55% Ziegen- und 45% Kuhmilch hergestellt wird, hat ein angenehm mildes Aroma.

Ziegen-Gouda aus Holland (oberes Bild) ist ein Schnittkäse mit gut ausgeprägtem, angenehmem Aroma. Der würzige Ziegen-Gouda aus Deutschland (unteres Bild) zeigt einen deutlich gereiften Teig unter einer festen Rinde.

Ziegen-Schnittkäse aus Spanien gibt es in vielen Varianten, auch von den Inseln, wie beispielsweise den festen Majorero auf Fuerteventura. Oft werden sie aus Mischungen von Ziegen- und Schafmilch oder Ziegen- und Kuhmilch hergestellt. Bei guter Reifung haben sie einen kräftigen, teilweise pikant-säuerlichen Geschmack. Im Bild: **Queso Sierra Ibores** (links oben), mit Wachsüberzug, festem Teig und kräftigem Geschmack. **Queso del Casar** (rechts oben) hat eine dunkle Rinde, einen festen Teig und schmeckt kräftig, leicht säuerlich. **El Risquillo** (auf der Platte) ist mit Käserotflora bedeckt, sein geschmeidiger Teig schmeckt leicht salzig.

Bauern-Handkäse mit goldgelber Oberfläche und, rechts daneben, **Vienenburger Schimmelkäse** mit Edelschimmel. Mild bis leicht würzig.

Ein Korbkäse mit leichter Käsegelbflora. Der schmackhafte Frühstückskäse ist mildwürzig bis pikant.

Harzer-Käse, hier als pikanter Gelbkäse. Klein im Format, aber voll und kräftig im Geschmack. Traditionell als "Handkäse" populär.

Hausmacher Bauern-Handkäse, mit Kümmel gespickt, und **Korbkäse** (links) mit Edelschimmel, der vor allem als mild-aromatischer Frühstückskäse angeboten wird.

Gamalost, ein bekannter norwegischer Schimmelkäse mit braunem und körnigem Teig, wird mit dem Köpfchenschimmel *Mucor* versetzt. Wegen seines charakteristisch-pikanten Geschmacks geschätzt.

Olmützer Quargel, die nur als Gelbkäse hergestellt werden, mit der typischen Oberflächenflora, einem sehr festen Teig und kräftigem Geschmack. Sie wurden nach dem in der heutigen CSSR liegenden Olmütz benannt, wo man sie als Olomoucké tvarôzky und Olomoucké tvarû zky kennt.

Mager, doch kräftig im Geschmack

Unter dem Begriff **Sauermilchkäse** versteht man in verschiedenen Ländern ganz unterschiedliche Produkte, teilweise Frischkäse wie Lactic cheese in Großbritannien oder Caillé lactique in Frankreich. In Deutschland, Österreich und in der CSSR verwendet man diesen Begriff für Käse, die aus Sauermilchquark hergestellt werden. In Deutschland unterscheidet man zwei Typen: Gelbkäse und Edelschimmelkäse. **Gelbkäse,** goldgelb bis rötlichbraun und pikant im Geschmack, sind **Harzer-Käse** und **Mainzerkäse,** mit 25 bis 125 g Gewicht, und die 12 bis 17 g schweren **Olmützer Quargel.** Der Typ **Edelschimmelkäse** ist mit Camembert-Schimmel bedeckt, Geruch und Geschmack sind milder. Einige Käse gibt es sowohl als Gelbkäse wie auch als Edelschimmelkäse: **Handkäse, Bauern-Handkäse, Korbkäse, Stangenkäse, Spitzkäse.** Traditionell sind Sauermilchkäse, die übrigens oft Kümmel enthalten, Magerkäse, entsprechend dem Wassergehalt zählen sie zu den Halbfesten Schnittkäsen und Weichkäsen. Bei der Herstellung wird zunächst **Sauermilchquark** mit Kochsalz und Reifungssalzen vermischt und nach ein paar Stunden zu Laibchen geformt. Diese werden für Gelbkäse mit Gelb- oder Rotschmierebakterien gereift. Für Edelschimmelkäse werden die frisch geformten Laibchen mit Camembert-Schimmel besprüht. Im alpenländischen Raum kennt man mehrere Arten magerer Sauermilchkäse, die mit oder ohne Schimmel oder Käserotflora reifen. **Steirischer Graukäse,** im Volksmund Steirerkas genannt, stammt aus der Steiermark. Wie bei **Tiroler Graukäse** spiegelt der Name die durch den Schimmelbewuchs bedingte Farbe wieder. **Sura-Käs,** ein Sauerkäse aus Vorarlberg, hat Ähnlichkeit mit Quargel. Ein Schweizer Sauerkäse ("Surchäs") ist **Toggenburger Ploderkäse,** eine altangestammte Käsesorte. Weithin bekannt ist **Glarner Kräuterkäse (Schabziger)** aus der Schweiz. Gereifter Ziger wird mit Kochsalz und Zigerklee ("Zigerchruut") vermischt, zu Zigerstöckli geformt und, gemahlen, in Streudosen angeboten. Ein Sauermilchkäse mit charakteristischer Note ist **Gamalost** in Norwegen.

Erzeugnisse ganz anderer Art sind die norwegischen **Brunost** ("Braunkäse") wie auch der **Gudbrandsdal Gjetost** mit 35% F.i.T. Daneben gibt es in Norwegen eine Vielzahl von regionalen Mysost-Arten (von "Myse", Molke), die sich hauptsächlich durch das Mischungsverhältnis von Kuh- und Ziegenkäsemolke und den Sahnezusatz unterscheiden, oder auch völlig aus Ziegenkäsemolke mit Sahnezusatz bestehen, wie **Ekte Geitost,** oder nur aus Kuhkäsemolke, wie **Fløtemysost. Prim** enthält 20% F.i.T., **Mager Mysost** 10% F.i.T., beide sind streichbar. Sie werden durch Eindampfen der Molke, oft unter Zugabe von Sahne, hergestellt (ganz im Gegensatz zu den Molkeneiweißkäsen, bei denen das Eiweiß aus der Molke durch Säure unter Erhitzen abgetrennt wird). Die bräunliche Farbe entsteht durch die natürliche Karamelisierung des Milchzuckers beim Eindampfen, daher schmecken die Käse leicht süßlich und nach Karamel.

Tiroler Graukäse wird schon seit alters her in den bäuerlichen Haushalten und Käsereien hergestellt. Der bei 60°C nachgewärmte Sauermilchquark wird geformt und 2 bis 3 Wochen gereift, teils mit natürlicher Schimmelentwicklung, teils mit Roquefort-Schimmel geimpft. Der säuerliche bis scharfe Käse wird gern mit Essig, Öl und Zwiebeln gegessen.

Zillertaler Zieger, ein kräftiger Koch- und Reibkäse. Aus Rohmilch hergestellt, von Hand geformt, getrocknet und mit blaugrauem Schimmel gereift.

Steirischer Graukäse, im Volksmund Steirerkas genannt, wird herkömmlich, durch spontane Säuerung aus abgerahmter Milch, gewonnen. Die frischen Käse trocknen einige Tage ab (früher oft neben dem warmen Ofen oder Herd) und schmecken dann, einen Monat lang gut gereift, als kräftiger Reibkäse auf den traditionellen "Ennstaler Fladen" oder auf Butterbrot.

Gjetost, in Norwegen und international am meisten als Gudbrandsdal Gjetost (35% F.i.T.) verbreitet, wird durch Eindampfen aus Kuh- und Ziegenkäsemolke unter Zusatz von Sahne hergestellt. Dieser sehr feste "Brunost" (Braunkäse) schmeckt karamelig-süßlich und ist als Brotbelag ebenso wie für Desserts, Obstsalate und in der warmen Küche beliebt.

Gjetost läßt sich besonders gut in dünne Scheiben schneiden oder hobeln.

Schmelzkäse-Vielfalt

Das Sortiment an Schmelzkäse ist reichhaltig, seine Verwendungsmöglichkeiten sind vielfältig: Ob pur oder gewürzt, streichfähig oder schneidbar - Schmelzkäse dient nicht nur als Brotbelag, sondern als vielseitige Zutat in der kalten und warmen Küche, für Party-Snacks, Suppen, Saucen und Aufläufe. Großer Beliebtheit erfreuen sich vor allem die cremig-weichen Zubereitungen mit Sahne, Kräutern, Schnittlauch, Gurken, Paprika, auch Salami oder Schinken. Convenience-Produkte, wie die populären Scheiben zum Überbacken oder - besonders in den USA geschätzt - speziell für die Pizzabereitung fertig geraspelter und gewürzter Schmelzkäse oder gar Schmelzkäse-Pasten aus der Plastikdose ("squeezable cheese") finden immer mehr Verwendung. Über die Hälfte der Schmelzkäse-Produkte wird übrigens mit 45% F.i.T. hergestellt, es gibt aber auch fettreichere und fettärmere Sorten.

Schmelzkäse: Thema mit Variationen

Schon früh waren vornehmlich die Käse-Exportländer bemüht, den Käse haltbarer zu machen, um ihn vor Qualitätsminderungen beim Versand in ferne Erdteile zu bewahren - was schließlich zur Erfindung des Schmelzkäses führte. Den Beginn der Herstellung von **Schmelzkäse** datiert man auf das Jahr 1911, als in der Schweiz durch das Schmelzen von Emmentaler mit Salzen der Zitronensäure ein - im Vergleich zum stets weiterreifenden Käse - haltbares, in Geschmack und Konsistenz befriedigendes Produkt entstand. In den USA gelang 1916 das gleiche bei Cheddar, der mit Salzen der Phosphorsäure geschmolzen wurde. Es war damit möglich geworden, die zerkleinerten Käse zu erhitzen, ohne daß das Eiweiß gummiartig wurde und sich das Fett absonderte; mit dem neuen Verfahren ließen sich das Eiweiß ganz fein verteilen und Fett und Wasser unter Rühren darin emulgieren. In den 20er Jahren verbreitete sich das Produkt rasch auch in anderen Ländern. Aus dem einstigen "Emmentaler-Schachtelkäse" oder "Emmentaler ohne Rinde", wie man sie damals bezeichnete, hat sich in wenigen Jahrzehnten eine vielgestaltige Palette von Schmelzkäse-Erzeugnissen entwickelt, für deren Herstellung und Zusammensetzung in den Haupterzeugungsländern sehr genaue Vorschriften bestehen. Voraussetzung für die Qualität solcher Produkte sind die nach Qualität und Reifegrad, Aroma und Geschmack sorgfältig ausgewählten Käse. Diese werden zunächst zerkleinert und gemahlen, dann mit etwa 2 bis 3% Schmelzsalzen und anderen Zusätzen wie Sahne, Butter, Molkepulver, aber auch Salami oder Schinken sowie würzenden Zutaten wie Kräuterklee, Gurken oder Paprika vermischt und, je nach gewünschter Festigkeit, auch mit Wasser. Durch Erhitzen unter Rühren entsteht ein flüssiger bis pastöser, feiner Teig, der sofort, noch heiß, abgefüllt und in Kühltunneln abgekühlt wird. Das Angebot an Sorten variiert in den verschiedenen Ländern entsprechend den Verzehrgewohnheiten. In der Schweiz beispielsweise dominieren Produkte aus festen Käsen, wie Emmentaler, in den USA solche aus Cheddar, in anderen Ländern weichere Varianten. Sehr verbreitet haben sich überall, nicht zuletzt mit der Fast-food-Welle, die Schmelzkäse-Scheiben, die vorzugsweise zum Überbacken Verwendung finden. Ganz milde, süßlich schmeckende Erzeugnisse werden vor allem von Kindern und Jugendlichen geschätzt. Dem Wunsch nach Abwechslung kommen Mini-Packungen in Form von Ecken, Talern und Schälchen entgegen, die es auch sortiert in Schachteln oder Dosen gibt. Besondere Bedeutung haben Schmelzkäse-Erzeugnisse in warmen und heißen Ländern, wo es kaum Milch gibt.

Kochkäse, der heute zwar als Schmelzkäse-Zubereitung angesehen wird, nimmt eine Sonderstellung ein: er wird durch Schmelzen von Quark (auch mit Zusätzen) hergestellt. Vergleichbare Erzeugnisse in Österreich sind **Abgesottener Käse** und **Glundner Käse,** in Frankreich **Cancoillotte,** hergestellt aus Metton, einem gereiften Molkezieger. In den USA ist Kochkäse als **Cook cheese** oder **Koch Kaese** bekannt.

Räucherkäse sind die Schmelzkäse oder Schmelzkäse-Zubereitungen, die zusätzlich geräuchert werden. Die braunrote Haut umschließt einen schnittfesten Teig mit würzigem Rauchgeschmack. Die Käse im Bild wurden sorgfältig geräuchert; in manchen Ländern, wie den USA, ist es erlaubt, "geräucherte" Produkte durch den Zusatz von Raucharoma zu erzeugen.

Schmelzkäse aus Edelpilzkäse ist eine weitere Bereicherung der ohnehin schon bunten Palette streichfähiger Käse-Erzeugnisse. Im Bild ein neues, würziges Produkt mit Roquefort, das einen sehr feinen "Schmelz" aufweist - Kennzeichen für die gelungene Qualität solcher Erzeugnisses, die übrigens auch in der warmen Küche vielseitig verwendbar sind.

Fjäll Brynt aus Schweden, ein feincremig geschmolzenes Produkt mit leicht süßlichem Geschmack.

Kochkäse wird durch Schmelzen von Sauermilch- oder Labquark hergestellt, mit Zusätzen von Kochsalz, Kümmel, manchmal etwas Schmelzsalz, und, zur Einstellung des Fett- und Trockenmassegehalts, mit Sahne, Butter, Butterschmalz, Wasser oder Magermilch. Der würzige Teig ist entsprechend den Fettstufen (10 bis 60% F.i.T.) mehr oder weniger streichfähig.

Eine bunte Palette

bilden Erzeugnisse aus Käse und mit Käse, die vielfältiger kaum sein kann. Zu den geschmolzenen Ecken und Scheiben haben sich Torten mit Auflagen von Walnüssen, Trauben und anderen Früchten oder Gewürzen gesellt, immer mehr auch wärmebehandelte Erzeugnisse aus Frischkäse wie CremAlp, Silhouette, Joghi oder der schneidbare Fino. Darüber hinaus beleben fantasievolle Käse-Kompositionen das Bild, wie Pasteten mit Schichten aus Lachs oder Frischkäse und mit würzenden Auflagen, oder Torten aus Gorgonzola und Mascarpone. Manche dieser Erzeugnisse stehen den in den USA unter der Bezeichnung "Cold-pack cheese food" zusammengefaßten Zubereitungen nahe. Dazu zählen auch Club cheese und Pot cheese ("Topfkäse"), die durch Zerkleinern von Käse und Würzmitteln ohne Wärmebehandlung und ohne Reifung entstehen. Die wiederum ähneln manchen, allerdings reifenden "Fromages forts" in Frankreich, aus gemischtem, frischem oder reifem Käse, mit Gewürzen und Kräutern vermischt, manchmal in Wein oder Schnaps mazeriert, oder erneut zu Boules und Boulettes geformt und oft weiter gereift. Wieder ganz andere Erzeugnisse sind Käsezubereitungen wie Mamselle Babette mit geräuchertem Schinken oder Bonchampi mit Champignons. Oder Zubereitungen wie angemachter Liptauer aus echtem Schafmilch-Liptauer, auch Brimsen genannt, heute meist mit Quark, Rahm, Butter, Zwiebeln, Paprika hergestellt ("nachgemachter Liptauer"); ein Erzeugnis, das zum raschen Verzehr bestimmt ist, ebenso wie der bayerische Obatzte, der vor allem aus reifem Camembert mit Zwiebeln und anderen Zutaten zubereitet wird.

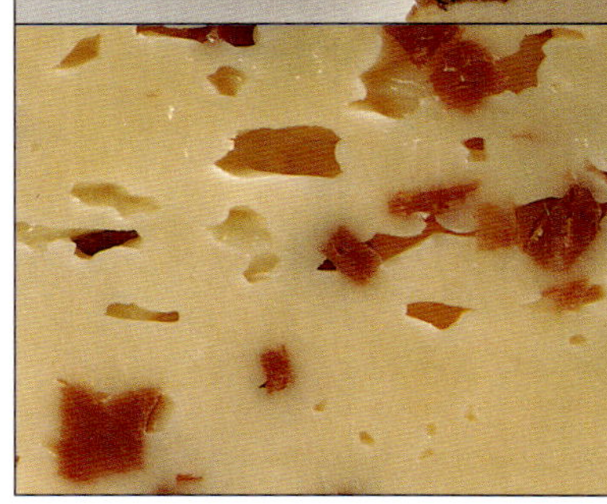

Fantasievolle Kompositionen mit Käse

Larzac ist eine Käsezubereitung aus roquefort-artigem Käse und Caillé, einem dem Spe sequark ähnlichen Frischkäse.

Geschichtete Torten gibt es in großer Vielfalt. Wenn sie (wie hier) mit Frischkäse zubereitet sind, sollten sie auch frisch verzehrt werden. Oben: Eine Komposition aus schnittfestem Käse mit Mascarpone und Walnußstücken. Unten: **Torta Crema** aus fettreichem Mascarpone mit eingelegten Gorgonzola-Schichten.

Boules und Boulettes sind beliebte Formen für Käsezubereitungen in Frankreich. Oben: **Boule de Périgord** aus zerkleinertem Ziegenkäse und mit Würzkräutern. Mitte: **Boule des moines,** eine mit Kräutern aromatisierte Käsemischung. Unten: **Boulette d'Avesnes** aus zerkleinertem Käse, mit Estragon, Pfeffer, Petersilie gemischt und gefärbt.

Zwei "angemachte" Spezialitäten: Aus Quark, Sahne, Butter und Paprika wird der **Liptauer** (im Schüsselchen) zubereitet; in Österreich wurde er früher aus echtem Schafmilch-Brimsen angemacht. **Obatzter** (auf dem Brett) wird in Oberbayern und Österreich gern zu Bier gegessen. Dazu vermischt man reifen Camembert mit Zwiebeln und Paprika, oft auch Pfeffer.

Cold-pack cheese food aus den USA, in Form von Rollen oder Bällchen beliebt, mit süßenden oder würzenden Auflagen.

KÄSE KÜCHEN PRAXIS

Über den richtigen Umgang mit Käse: Einkaufen, Aufbewahren und Lagern, Schneiden und Reiben

Käse erfüllt in der Küche zwei wesentliche Funktionen: erstens als Nahrungsmittel, das pur ohne weitere Bearbeitung oder Veredelung genossen werden kann; zweitens als Grundzutat für viele Gerichte der kalten und warmen Küche. Aber Käse ist auch ein lebendiges Naturprodukt, das ständigen Veränderungen unterliegt und auf unterschiedliche Einflüsse, denen es ausgesetzt ist, sehr empfindlich reagiert. So ist es sicherlich lohnend und informativ für all jene, die mit Käse umgehen, sich genauer mit diesem Genußmittel zu befassen. Dies beginnt schon beim Einkauf, wo man sehr genau auf Qualität achten muß. Wer Käse in größeren Mengen kauft, sollte wissen, wie er während seiner Lagerung behandelt werden muß, um optimal weiterzureifen. Schneiden und Reiben sind grundlegende Schritte der Käse-Verarbeitung in der Küche. Hier ist es wichtig, Käse in seinem optimalen Reifegrad mit möglichst wenig Verlust beim Schneiden so appetitlich wie möglich zu präsentieren.
Die folgenden Rezepte sind, soweit nicht anders angegeben, für 4 Personen berechnet.

Fachgeschäft mit Beratung. Bei Paxton & Whitfield in London (im Bild) gehören exzellente Auswahl und Service zusammen. Schwerpunkt: die traditionellen englischen Sorten.

Käse kaufen und lagern

Käse-Einkauf ist Vertrauenssache! Dies wird zwar auch vom Kauf anderer Lebensmittel behauptet, trifft jedoch für Käse ganz besonders zu. Dabei ist es unerheblich, ob man als Single seinen geringen Bedarf im Käseladen nebenan deckt oder als Großverbraucher beim Käse-Großhändler kauft. Deshalb sollte auf den Fachmann Verlaß sein, der als Spezialist sein Sortiment kennt, pflegt und optimal lagert. Natürlich gibt es einige wichtige Kriterien, wie beispielsweise Reifegrad, Teigqualität, reines Aroma und eine gepflegte Rinde, auf die der Verbraucher selbst achten kann. Tatsächlich fehlt dem Käufer heutzutage meist die Möglichkeit, solche Kontrollen durchzuführen, zumindest an den großen Käsetheken der Kaufhäuser und Supermärkte. So wird eine fachkundige Beratung immer wichtiger. Von einem guten Händler sollte man verlangen können, daß er das sich ständig verändernde Naturprodukt Käse in jeder Reifephase beurteilen kann.

Per Fingerdruck kann man abgepackten Weichkäse prüfen. Junger Käse fühlt sich fest an, reifer gibt nach.

Die moderne Aufschnitt-Theke großer Kaufhäuser garantiert in der Regel frische und große Auswahl. Der Käsekenner kann hier gut einkaufen, wenn es sich um gängige Sorten oder regionale Spezialitäten handelt. Die Beratung wird dem breiten Angebot allerdings nur selten gerecht. Im Zweifelsfall ist eine Kostprobe die beste Entscheidungshilfe.

Auf regionalen Märkten werden hauptsächlich Käse der Umgebung angeboten, wie hier auf einem der Märkte Palermos. Es dominieren natürlich die sizilianischen Käse, wie die Pecorini, Ragusani und Ricotte salate, die dafür aber in allen Reifegraden zur Auswahl stehen. Parmigiano oder gar Edelpilzkäse aus deutscher Produktion sind ein offensichtliches Zugeständnis an die sich wandelnde Nachfrage.

Die richtige Pflege beim Handel und Verbraucher

Käse ist ein Naturprodukt, das vom Tag der Herstellung bis zum Moment des Verzehrs reift. Wichtig bei seiner Lagerung ist die Temperatur: Große Wärme läßt Käse zu schnell reifen, strenge Kälte kann ihn bitter machen. Deshalb sollte man Käse auch nur in Ausnahmefällen einfrieren. 4 bis 6°C sind für eine längere und etwa 12°C für eine kurzfristige Lagerung erforderlich. Ideal ist ein dunkler, kühler und luftiger Keller oder eine Speisekammer; im Kühlschrank sollte Käse im Gemüsefach aufbewahrt werden. Er muß während der Lagerung so geschützt sein, daß er nicht austrocknet, aber atmen kann. Angeschnittenen Hartkäse kann man in einen Steinguttopf mit Salz legen und mit einem wein- oder salzwassergetränkten Tuch abdecken, oder die Stücke in Folie mit Löchern wickeln. Schnittkäse wird ebenfalls mit Folie oder feuchten Tüchern geschützt. Käse mit Innenschimmel wickelt man in Alufolie. Weichkäse sollte, in Pergamentpapier oder in ein feuchtes Tuch gewickelt, im Kühlschrank aufbewahrt werden; Frisch- und Schmelzkäse sind im Kühlschrank sogar am besten aufgehoben. Wichtig: den Käse während der Lagerung regelmäßig prüfen.

Konstante Temperatur und Luftfeuchtigkeit sind wichtig. Ideal sind etwa 5°C und 80 bis 90% Luftfeuchtigkeit.

Ein Käselager im Restaurant oder Handel verlangt viel Aufmerksamkeit: Die Luftfeuchtigkeit und Temperatur müssen stimmen. Jeder angeschnittene Käse muß einzeln verpackt sein. Außerdem sind unverpackte Käse keine Stapelware: Die riesigen Emmentaler-Laibe zum Beispiel dürfen nie gestapelt werden, dagegen können beim kleineren Gouda zwei Laibe übereinanderliegen.

Eine Käseglocke eignet sich nur für die kurzfristige Aufbewahrung. Die Glasglocke sollte nicht völlig luftdicht schließen, denn der Käse braucht Luft zum Atmen.

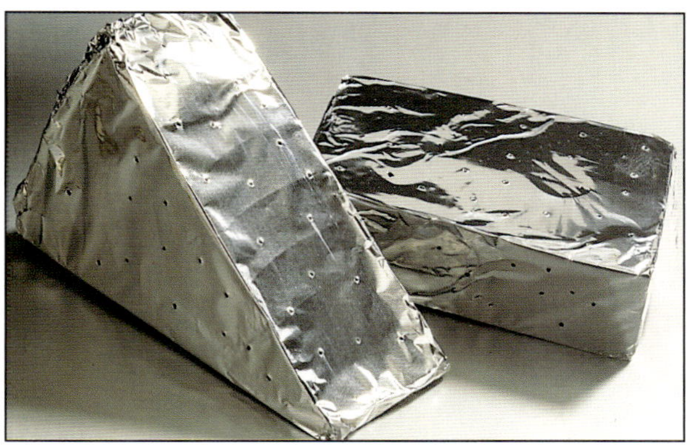

Angeschnittenen Käse zu lagern, heißt immer, die Schnittflächen gegen Austrocknung zu schützen, indem man den Käse umhüllt, aber atmen läßt. Feuchte Tücher haben sich sehr gut bewährt, müssen allerdings mindestens einmal täglich befeuchtet werden. Klarsichtfolie ist wohl die beste moderne Alternative. Auch Alufolie kann verwendet werden, muß aber in kleinen Abständen perforiert werden.

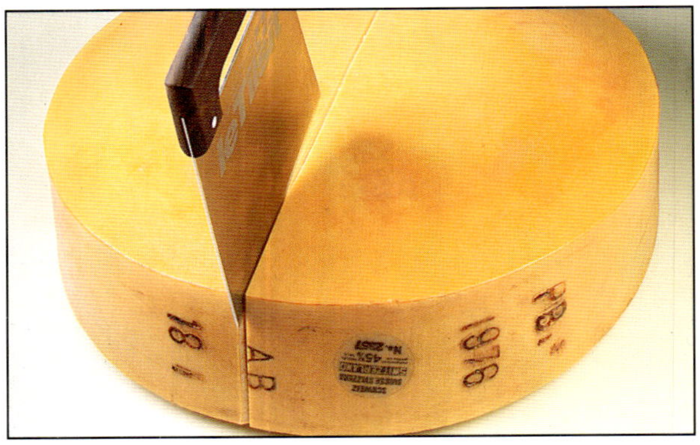

Extrahartkäse zu brechen, ist eine Tradition. Im Bild wird dies am Beispiel eines Sbrinz demonstriert: Den Laib mit einem Messer (hier einem Käsespaten) ringsum etwa 1 bis 2 cm tief einschneiden, mit dem Einschnitt auf eine Holzleiste legen und an beiden Seiten herunterdrücken. So bricht der Käse an der gewünschten Stelle. In der Praxis wird aber heutzutage auch der „Extraharte" mit modernen Geräten geschnitten, weil glatte Schnittflächen mit Folie leichter isoliert werden können.

Mit dem typischen Parmesanmesser werden auch die großen Grana-Trommeln eingeritzt und dann gebrochen.

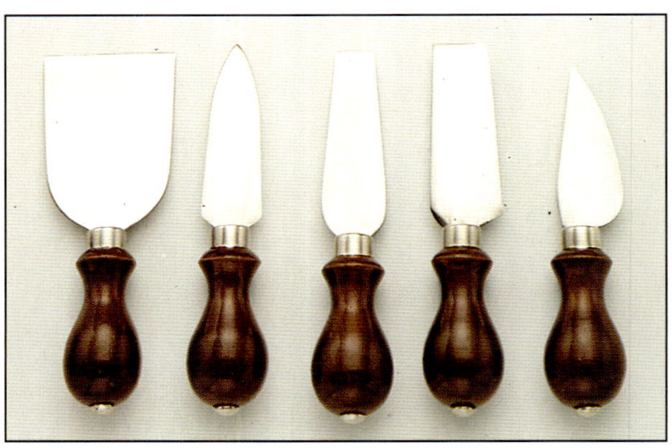

Mit solchen Hartkäsemessern bricht man von extraharten Reibkäsen, die man nicht mehr schneiden kann, kleine Stücke ab.

Gerieben wird er zum Gewürz

Ob Gratin oder Spaghetti - vielen Gerichten verleiht Käse eine feine Würze. Die Bequemlichkeit, abgepackten, bereits geriebenen und geraspelten Käse zu verwenden, geht aber auf Kosten des Geschmacks. Die Käsequalität ist nicht nachprüfbar, und zerkleinerter oder geriebener Käse verliert schnell an Geschmack und Aroma. Daher sollte Käse ausschließlich am Stück gekauft und bei Bedarf frisch gerieben oder geraspelt werden. Dafür stehen verschiedene Hilfsmittel zur Verfügung. Einfache Handreiben (ganz oben) leisten gute Dienste, solange sie noch scharf sind, eignen sich aber nur für kleine Mengen. Die Holzreibe (Bildmitte) ist optimal für das Zerkleinern von Extrahartkäse, auch von größeren Mengen. Eine Walze „zermahlt" den Käse zu Granulat, das in einer Lade darunter aufgefangen wird. Bei Handmühlen (ganz rechts) ermöglichen verschiedene Einsätze, feine und gröbere Raspeln herzustellen. Wichtig ist, daß das Gerät gut in der Hand liegt.

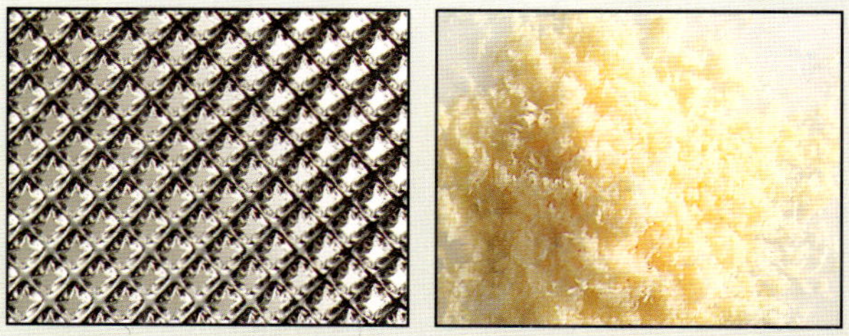

Zackig-sternförmige Reiben eignen sich gut für fettarme Hartkäse, wie zum Beispiel Parmigiano. Man erhält feinkörniges Granulat.

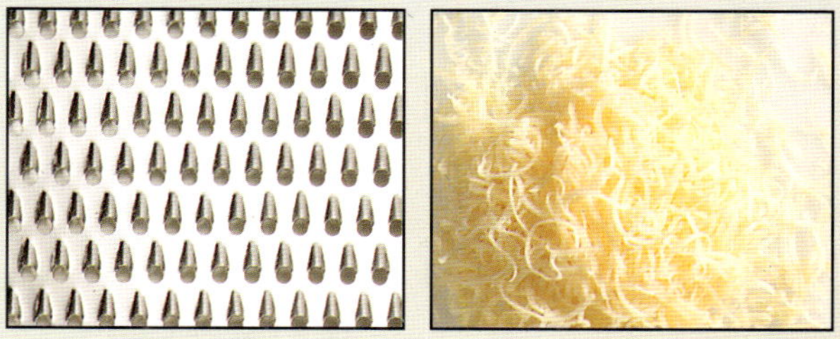

Eine kleine, gerade Lochung stellt feine Käsestreifen her. Diese Reibe läßt sich auch für weichere Käse verwenden.

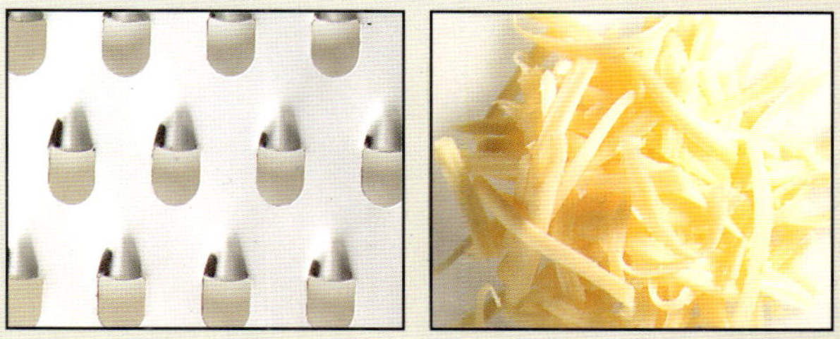

Grobe Lochung erzeugt ebenso grobe Käsestreifen. Mit dieser Reibe lassen sich auch halbfeste Schnittkäse problemlos raspeln.

Optimale Nutzung und wenig Abfall beim Teilen sind im Handel wie in Profiküchen oberstes Gebot.

Runde Schnittkäse-Laibe werden mit einem Käsespaten in Keilstücke von der gewünschten Größe geschnitten.

1 **Die verlustfreie Methode,** mittelgroße Käselaibe zu portionieren. Zuerst mit dem Draht halbieren.

Tilsiter und andere Schnittkäse in Brotform schneidet man mit einem Doppelgriffmesser in Scheiben.

Mit einem Draht lassen sich Hart- und Schnittkäse relativ leicht schneiden. Um den Draht problemlos ansetzen zu können, wird die Rinde nur an der Kante eingeschnitten.

2 **Ein trapezförmiges Mittelstück** markieren und dann die äußeren Stücke abschneiden.

Mit einer Drahtschneide lassen sich gleichmäßig dicke Scheiben von einem Käsestück abziehen.

3 **Das Mittelstück** an der Markierung abtrennen. Die Stücke können ohne Abfall aufgeschnitten werden.

1 **Quadratische Schnittkäse,** wie dieser Steppenkäse, lassen sich mit dem Doppelgriffmesser am besten halbieren, aber auch ein Draht ist geeignet.

1 **Kleinere Laibe,** von einem Durchmesser bis maximal 30 cm, kann man mit dem Doppelgriffmesser noch ohne große Kraftanstrengung teilen.

2 **Die Käsehälften** dann weiter portionieren, beispielsweise in Viertel, Stücke oder dicke Scheiben. Eingriff- oder Doppelgriffmesser verwenden.

2 **Den halbierten Käselaib** schneidet man mit dem Eingriffmesser in keilförmige Stücke oder teilt ihn nach der verlustfreien Methode (Seite 118).

Käse-Brote und ziegelförmige Käse lassen sich mit einer Hand gut schneiden. Mit einem kurzen Zweigriffmesser geht es allerdings leichter und genauer.

Schneiden mit System

Alle festeren Käsesorten, vom Hartkäse bis zum halbfesten Schnittkäse, lassen sich mit den abgebildeten Schneidewerkzeugen gut teilen. Allerdings haben sich bei bestimmten Käsesorten ganz bestimmte Werkzeuge bewährt. Außerdem gibt es traditionelle regionale Methoden, Käse zu schneiden oder zu brechen; beispielsweise das dekorative Brechen von Asiago oder Montasio in Norditalien. Mit Käsespaten werden vor allem Emmentaler und verwandte Käse geteilt; ein glatter Schnitt durch den ganzen Laib ist damit aber nicht möglich. Dafür wird Draht verwendet, der eine saubere, glatte Schnittfläche ergibt, wenn er ohne abzusetzen durch den Käse gezogen wird. Für die Spezialität „Tête de Moine" gibt es ein spezielles Schneidegerät (ganz links); auf einem Holzteller ist eine Klinge angebracht, die in Kreisen über den Käse geführt wird und so „Locken" abschabt. Das obere Eingriffmesser (links) ist durch seine Vertiefungen für die weicheren Typen der halbfesten Schnittkäse geeignet. Die Gravur der beiden Messer darunter verhindert ein Ankleben des Käses nach dem Schnitt. Mit Doppelgriffmessern lassen sich die festeren Käsetypen besonders gleichmäßig schneiden, auch in relativ dünne Scheiben.

Muß man große Zylinder ohne Führung teilen, sollte man sie in „einem Zug" durchtrennen. Sonst gibt es wellige Scheiben!

1 **Zylindrische Schimmelkäse,** wie Blue Bayou, werden mit dem Draht in Scheiben geschnitten.

1 **Halbe Schimmelkäse** mit dem Draht längs halbieren. Etwas anheben, damit er ganz durchtrennt wird.

Außenschimmel bei Schimmelkäse vor dem Schneiden mit einem Messer einritzen. So geht es leichter.

2 **Der gebogene Draht** schneidet den Käse nicht ganz durch. Rollen und dadurch trennen.

2 **Die Tortenstücke** dann mit dem Draht nacheinander vom halbierten Käse abschneiden.

Kleine Würfel aus Schimmelkäse lassen sich mit einem Eierschneider aus Draht bequem schneiden.

Dieses Schneidegerät ist die ideale Hilfe. Die Führung des Drahts erzeugt einen gleichmäßigen Schnitt. Und durch die Fuge im Marmorsockel kann der Käse vollständig durchtrennt werden.

Scheiben und „Tortenstücke" lassen sich mit diesem Gerät mühelos schneiden. Der straff gespannte Draht und die solide Führung erlauben, auch dünne Scheiben zu schneiden.

Schimmelkäse: Der Draht ist die beste Lösung

Die Schneidbarkeit ist bei Käsen mit Innenschimmel sehr unterschiedlich. Vom Roquefort mit seinem eher bröckeligen Teig lassen sich kaum dünne Scheiben abtrennen, bei Edelpilzkäse mit geschmeidigem Teig ist das unproblematisch. Auch der Reifegrad hat einen wesentlichen Einfluß; je reifer und weicher der Käse ist, desto schwieriger ist er zu zerteilen. Unabhängig von Sorte und Reifegrad ist die Temperatur wichtig. Zu warm aufbewahrte Käse werden weich und schmierig und kleben nach dem Durchtrennen mit Draht aneinander. Wenn Käse frisch aus dem Kühlraum kommen, lassen sie sich besser schneiden. Entsprechend sollten sie in der Käsetheke an einem möglichst kühlen Platz liegen. Wird ein Messer zum Schneiden verwendet (am besten ein Weichkäsemesser), sollte es möglichst oft in heißes Wasser getaucht werden. Denn das Fett im Käseteig schmilzt durch die Hitze der Klinge leicht. Das optimale Hilfsmittel ist jedoch der Draht, wenngleich es ohne ein Schneidegerät bei großen Käsen sehr schwierig ist, exakt senkrecht zu schneiden. Man muß den Käse dann schon „in einem Zug" durchschneiden, sonst sind Wellen unvermeidlich.

Das richtige Schneidewerkzeug macht den Unterschied

Weichkäse hat seine Tücken

Je nach Sorte und Reifegrad variiert sein Teig von fest bis weich-zerlaufend. Man sollte deshalb vor dem Anschneiden eines Weichkäses per Daumendruck prüfen, wie weit er gereift ist - bei vollreifen Käsen kann man das „Auslaufen“ durch das Anlegen einer schmalen Leiste an die Schnittfläche verhindern. Ebenso wichtig ist das Prüfen der Oberfläche; schmierigen Schimmel sollte man vor dem Schneiden des Käses stets etwas abkratzen, damit er nicht an den Teig kommt. Spezielle Weichkäsemesser ermöglichen fachgerechtes Zerteilen. Der Griff liegt höher als die Klinge, so daß sich der Käse ganz durchschneiden läßt. Die kurze Klinge ist geätzt und hat einen sehr schmalen Rücken, damit der Käse nicht daran haften bleibt. Die Klinge ist aus diesem Grund bei einigen Messern perforiert oder extrem schmal, aber stark und keilförmig geschliffen. Solche Messer schneiden Weichkäse mühelos, ohne daß er, aufgrund der Stärke der Klinge, gleich wieder zusammenklebt. Draht ist auch für das Zerteilen von Weichkäse ein gutes Hilfsmittel. An Käsetheken sollten stets mehrere Schneidebögen und Weichkäsemesser für die verschiedenen Käsesorten bereitliegen, damit unerwünschte Aromaübertragungen vermieden werden. Bei dem „Schnittmuster“ ist darauf zu achten, daß möglichst alle Portionen den gleichen Anteil an Rinde aufweisen.

Brie wird traditionell in keilförmige Stücke geschnitten. Ein gutes Weichkäsemesser ist besonders wichtig, wenn der Käse schön reif ist.

Pyramiden- oder kegelförmiger Käse, wie dieser Ziegenkäse, wird mit dem Draht geviertelt und dann eventuell noch in Dreiecke zerteilt.

Ovale Weichkäse werden am besten in Form von Scheiben portioniert. Die Stärke der Scheiben dem Käse entsprechend, aber nicht dünner als 1 cm schneiden.

Für Camembert ist das extrem schmale und keilförmig geschliffene Messer die ideale Schneidehilfe, sowohl für junge als auch reife Käse.

Für Käsezubereitungen, zum Beispiel eine Mischung aus Schmelz- und Naturkäse, eignet sich das Weichkäsemesser ebenfalls am besten.

Rotschmierkäse in Brotform lassen sich mit dem Weichkäsemesser oder Draht (Eierschneider aus Draht) problemlos in Scheiben schneiden.

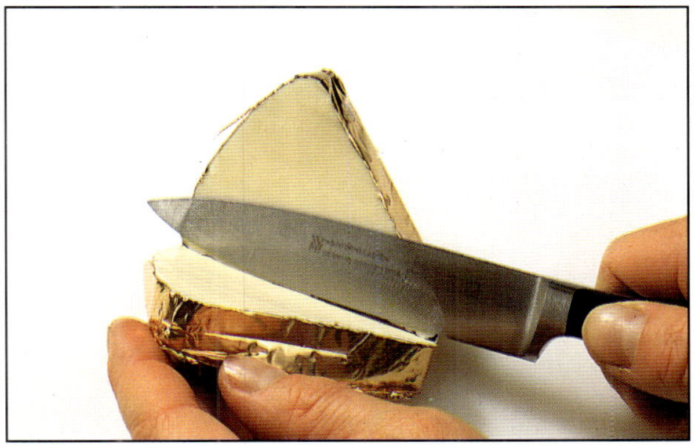

Schmelzkäse-Ecken inklusive Folie teilen, ohne dabei die Unterseite zu zerschneiden. Zum weiteren Aufbewahren kann der Käse einfach wieder zusammengeklappt werden.

KALTE KÄSE KÜCHE

Käse von guter Qualität sollte möglichst pur genossen werden, denn er bedarf keiner Aufwertung. Ein besonderer Anlaß kann aber eine entsprechende Präsentation erfordern - nicht nur aus optischen, sondern auch aus ganz praktischen Gründen. Bei einem Stehempfang beispielsweise ist es sinnvoll, Häppchen anzubieten, die verzehrt werden können, ohne das Glas abstellen zu müssen. Käse-Zusammenstellung und Präsentation müssen dem jeweiligen Anlaß gerecht werden; Käse zum Frühstück, zum Nachtisch oder als Zwischenmahlzeit wird jeweils mit anderen Zutaten kombiniert. Er sollte aber immer so angerichtet werden, daß er, zum Beispiel durch Austrocknen, nichts von seiner Qualität verliert. Dies gilt auch für Käsezubereitungen, wie Kugeln und Cremes.

Tilsiter und Roquefort, eine höchst harmonische Kombination. Zwischen zwei 4 mm dicke Tilsiterscheiben legt man eine (ebenso dicke) Scheibe Roquefort und schneidet das Ganze in kleine Quadrate.

Paprikaherzen von Greyerzer. Die aus 1 cm starken Scheiben ausgestochenen Herzen werden mit der Oberfläche in edelsüßes Paprikapulver gedrückt.

Mycella-Würfel. Mildere Schimmelpilzkäse lassen sich mit frischem Obst, wie Trauben oder Kiwis, gut kombinieren.

Cheddar und scharfe Schoten passen gut zusammen. Der Käse nimmt den eingelegten Peperoni (Piri Piri) die Schärfe.

Kräuter-Schnittkäse, möglichst mit etwas Knoblauch drin, wird mit frisch gehackten Kräutern noch würziger. Sauergemüse, wie Silberzwiebeln, sind eine gute Ergänzung.

Saint-Paulin und Ananas ergänzen sich geschmacklich sehr gut. Käse dieser Art vertragen sich aber auch bestens mit allen pikanten, scharfen Zutaten.

Cheddar und Fontina. Von jedem Käse eine Scheibe von 6 mm Stärke schneiden, zusammenlegen, dann Quadrate von 2 cm Kantenlänge schneiden. Die Würfel können mit pikanten Zutaten dekoriert werden. Weitere, sehr empfehlenswerte Zweier-Kombinationen: Junger Gouda mit Ziegenschnittkäse oder Roquefort mit Port-du-Salut oder einem ähnlichen, milden halbfesten Schnittkäse.

Bergkäse mit Trauben. Auch ähnliche Käsesorten, wie Comté oder Gruyère, werden durch säuerliches Obst geschmacklich bestens ergänzt.

Mittelalter Gouda in Paprikahülle. Am besten edelsüßes Paprikapulver verwenden und die Käsewürfel darin wenden. Auch ein Kaschkawal aus Ungarn ist gut geeignet.

Bissen für Bissen

Sie sollten gerade so groß sein, daß man sie auf einmal in den Mund stecken kann: die beliebten Käsehäppchen. Wenn die Käseauswahl gut ist, sind Garnierungen eigentlich überflüssig. Durch süße oder pikante Dekorationen ergeben sich allerdings geschmacklich interessante Kombinationen. Die Formen für Mundbissen sollten einfach sein, damit beim Zurechtschneiden kein Abfall entsteht. Anderseits gibt es für die Reste fast immer Verwendungsmöglichkeiten: für Cremes, für Saucen oder zum Gratinieren.

Emmentaler hat ein „nussiges“ Aroma. Deshalb schmeckt er auch besonders gut mit Walnüssen.

Kräuterkäse-Herzen. Dafür gibt es viele geeignete Schnittkäse mit Kräutern. Gut dazu passen Sauergemüse.

Guter englischer Cheddar schmeckt zum Martini pur am besten. Doch wenn schon garniert, dann klassisch: mit einer Olive.

Milder Blauschimmelkäse, wie Gorgonzola dolce oder Montagnolo, vertragen sich gut mit Senffrüchten und Maraschinokirschen.

Edelpilzkäse mit Cheddar. 6 mm dicke Scheiben zusammenlegen und rund oder (da wirtschaftlicher) rechteckig ausstechen.

Kümmelkäse mit Zwiebelringen, zum Beispiel Esrom mit Kümmel (*Carum carvi*). Keinesfalls Käse mit Kreuzkümmel (*Cuminum cyminum*), wie es ihn in Holland gibt, verwenden, Zwiebelgeschmack paßt dazu nicht.

Räucherkäse mit Schinken, eine fast klassische, sehr gute Kombination. Aber nur, wenn man luftgetrockneten Schinken verwendet, weil mit geräuchertem Schinken der Rauchgeschmack zu stark wäre.

Runden Camembert und **Brie** nur in Stücken servieren. Camembert in ovaler Form in mindestens 1 cm dicke Scheiben schneiden. Ihre Schimmelrinde kann jeder auf seinem Teller selbst abschneiden.

Gouda, Gruyère und **Emmentaler,** also große Käsestücke, sollten auf dem Käsebuffet leicht zu schneiden sein. Deshalb vorher die Rinde abschneiden oder die Wachsschicht entfernen. Zylindrische Käse (wie diesen Cheddar) kann man sowohl in dicke Scheiben als auch in Ecken schneiden.

Blauschimmelkäse werden je nach ihrer Festigkeit bei zylindrischer Form in "Tortenstücke", bei Stangen- oder Brotform in dicke Scheiben geschnitten.

Käseauswahl in Stücken und Scheiben

Egal ob Käseplatte, Käsebuffet, Käsebrett oder Käsewagen im Restaurant - immer wenn Käse pur angeboten wird, stellt sich die Frage: wie? Soll er in ganzen Stücken oder mundgerecht in Scheiben oder kleinen Würfeln angerichtet werden. Grundsätzlich so, daß er wenig an Qualität einbüßt. Muß aber bereits angerichteter Käse längere Zeit ungeschützt überdauern, serviert man ihn in möglichst großen Stücken. Auf diese Weise trocknet er nicht so schnell aus. Darüber hinaus sollte Käse so lange wie möglich mit Folie abgedeckt bleiben.

In Scheiben geschnittenen Käse sollte man nur servieren, wenn sich die Gäste selbst bedienen. Bereits angerichteter Käse in Scheiben bleibt durchaus mehrere Stunden frisch, wird er überlappend auf eine Platte gelegt. Vorausgesetzt er wird so lange wie möglich durch eine Folie geschützt.

Purer Käsegenuß

Aufgeschnittenen Käse - seien es Scheiben oder Stücke - möglichst frisch zu halten, ist gar nicht so einfach, denn die Schnittflächen trocknen mehr oder weniger schnell aus. Dagegen hilft nur, den Käse mit einem leicht feuchten Tuch oder mit Folie abzudecken. Ein feuchtes Tuch hat den Nachteil, daß es oft Flecken auf den Anschnitten hinterläßt und darüber hinaus nicht sehr appetitlich ist. Folien hingegen schützen auch mühevoll arrangierte und dekorierte Platten, weil man sie locker darüberlegen kann. Um luftdicht zu schließen, müssen sie aber am Rand fest angedrückt werden.

Foliengereifte Käse, wie Esrom und Tilsiter, haben keine Rinde und bedürfen, außer dem Abschälen der Folie, keiner Vorbereitung. **Ziegenkäse,** wie diesen Saint-Maure und Chabichou, in dicke Scheiben schneiden. **Extrahartkäse** zerfallen beim Schneiden in Bröckchen und werden so auch gegessen.

Rustikale Käsebuffets mit Käse in möglichst großen Stücken arrangieren (wie oben). Allerdings sind dafür die richtigen Schneidewerkzeuge die Voraussetzung.

Eine pikante Auswahl in Stücken bietet sich ebenfalls für "Selbstbedienungs"-Buffets an. Denn in größeren Stücken trocknet Käse nicht so schnell aus. Die Stücke werden auf einer Platte arrangiert und pikant dekoriert. Nicht vergessen, die entsprechenden Käsemesser dazuzulegen. Bis zum Servieren mit Folie abdecken.

"Die milde Richtung" kann eine große Vielfalt bieten. Käse so unterschiedlicher Geschmacksrichtungen wie Saint-Paulin, Emmentaler, Gorgonzola dolce, Ziegenfrischkäse, milder Brie und junger Bergkäse lassen sich sehr gut mit Früchten und Nüssen kombinieren. Diese Kombination paßt im übrigen auch zum Frühstück oder Brunch.

Mit Frischkäse gefüllt

Frischkäse - vom gehaltvollen Doppelrahmfrischkäse bis hin zu Magerquark - hat zwei große Vorzüge: Er schmeckt erfrischend und paßt sich geschmacklich hervorragend an. In Kombination mit Gebäck sollte er möglichst "frisch" zubereitet genossen werden. Denn sein hoher Feuchtigkeitsgehalt weicht knusprige Hüllen aus Brand- oder Blätterteig schnell auf. Frischkäse-Häppchen daher immer als letzte vorbereiten. Gebäck und Füllung lassen sich aber separat gut vorbereiten. Mittels Spritzbeutel ist das Gebäck schnell gefüllt oder dekoriert. Hier das Grundrezept:

FRISCHKÄSECREME

600 g Doppelrahmfrischkäse, 60 g Sahne
1/2 TL Salz, etwas frisch gemahlener Pfeffer

Frischkäse, Sahne, Salz und Pfeffer mit einem Schneebesen oder Handrührgerät schaumig rühren. Die Sahnemenge kann durchaus erhöht werden, wenn die Creme noch nicht spritzfähig ist.

GEFÜLLTE BRANDTEIGRINGE

30 Brandteigringe (Rezept Seite 224)
3 EL frisch gehackte Kräuter (Petersilie, Schnittlauch, Dill und Liebstöckel)
1/2 zerdrückte Knoblauchzehe

Eine Frischkäsecreme nach Grundrezept herstellen. Die Hälfte abnehmen, Kräuter und Knoblauch unterrühren. Die Brandteigringe mit einem scharfen Messer durchschneiden. Die zwei Cremes jeweils in Spritzbeutel mit Loch- oder Sterntülle füllen, auf die untere Hälfte der Ringe spritzen und die obere Hälfte daraufsetzen.

BUNTE KÄSESCHNITTEN

300 g Doppelrahmfrischkäse, 100 g Butter, 50 g Sahne
1/2 TL Salz, etwas frisch gemahlener Pfeffer
3 EL frisch gehackte Kräuter
1 Msp. Knoblauchpulver
1 EL Tomatenmark, 1 TL edelsüßes Paprikapulver
1/4 TL Salz, etwas Pfeffer
12 Scheiben Schwarzbrot oder Pumpernickel

Frischkäse, Butter, Sahne, Salz und Pfeffer zu einer Creme verarbeiten und in drei Teile aufteilen. Unter 1/3 der Creme die Kräuter und das Knoblauchpulver, unter 1/3 das Tomatenmark, das Paprikapulver, Salz und Pfeffer rühren. Jeweils 3 Scheiben Brot abwechselnd mit den 3 Käsecremes bestreichen, übereinanderschichten und mit einer vierten Scheibe abschließen. Mit einem Schneidebrett beschweren und im Kühlschrank fest werden lassen. Jeweils in 8 Stücke schneiden; so ergibt das Rezept 24 Häppchen.

Frisch und dekorativ

Crackers. Die Frischkäsecreme mit wenig zerdrücktem Knoblauch aromatisieren, dann auf die Crackers spritzen. Auf die Hälfte der Crackers edelsüßes Paprikapulver sieben und kleine, quadratische Scheiben von Edelpilzkäse darauflegen. Die restlichen Crackers mit gehacktem grünem Pfeffer und Rosetten aus Edamer-Scheiben garnieren.

Gefüllte Datteln. Frische oder getrocknete Datteln längs aufschneiden, den Kern entfernen und die Dattelhälften zum besseren Füllen auseinanderdrücken. Die Frischkäsecreme mit Cayennepfeffer würzen, in einen Spritzbeutel mit Sterntülle geben und damit die Datteln füllen. Zum Schluß mit gehackten Walnüssen garnieren.

Gefüllte Blätterteigkissen. Den Blätterteig in Rechtecke schneiden, mit Eigelb bestreichen und abwechselnd mit Mohn, weißen und schwarzen Sesamsamen bestreuen, dann backen. Das Blätterteiggebäck erkalten lassen, anschließend einen Deckel abschneiden, Frischkäsecreme auf die untere Hälfte spritzen und die obere Hälfte darauflegen.

Käsehäppchen mit Obst. Gruyère oder Comté in etwa 4 mm dicke Scheiben schneiden und in beliebiger Form ausstechen oder ausschneiden. Darauf jeweils eine Rosette aus Frischkäsecreme spritzen und mit frischen Früchten garnieren. Gut zum Kombinieren eignen sich sowohl exotische als auch heimische Früchte.

Gefüllte Tomaten. Von gelben und roten Babytomaten einen kleinen Deckel abschneiden und die Früchte zur Hälfte aushöhlen. Jeweils eine Messerspitze scharfen Senf hineingeben und eine Rosette aus Frischkäsecreme daraufspritzen. Zum Schluß mit Olivenstückchen und gehacktem grünem Pfeffer garnieren.

Käse-"Schillerlocken". Blätterteigtüten herstellen, wie nebenstehend beschrieben. Jeweils 1 TL gehackte, eingelegte Paprikaschoten hineingeben. Frischkäsecreme in einen Spritzbeutel mit Lochtülle füllen und die Blätterteigtüten damit auffüllen. Rautenförmig geschnittene Paprikastücke zum Garnieren verwenden.

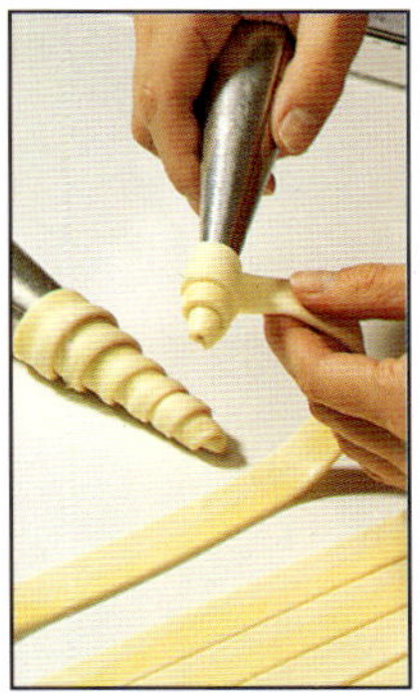

TÜTEN AUS BLÄTTERTEIG. Blätterteig 2 mm dick ausrollen und in 2 cm breite und 30 cm lange Streifen schneiden. Mit Eigelb bestreichen und um die Tütenformen wickeln. Sehr genau beachten, daß das Eigelb nicht über die Schnittkanten läuft, sonst geht der Teig an dieser Stelle nicht auf. Kümmel und grobes Salz darüberstreuen und backen.

KRÄUTER-ROQUEFORT-CREME

je 150 g Roquefort und Camembert (ohne Rinde)
70 g weiche Butter, 1 Eigelb
etwas Salz und frisch gemahlener Pfeffer
1 EL feingehackte Zwiebeln
1/2 zerdrückte Knoblauchzehe
2 EL frisch gehackte Kräuter (Petersilie, Thymian, Basilikum, Dill)
80 g Sahne

Den Roquefort und Camembert durch ein Sieb streichen und mit der Butter, dem Eigelb und den Gewürzen schaumig rühren. Dann die Kräuter und die Sahne unterrühren. Diese Creme paßt sehr gut zu Weißbrot und Gebäck aus Blätter- und gesalzenem Mürbteig.

GORGONZOLA-CREME

120 g reifer Gorgonzola (dolce latte)
50 g Magerquark (10% F.i.T.)
50 g geriebener Grana padano
1/2 zerdrückte Knoblauchzehe
etwas Salz, 1TL gehackter grüner Pfeffer
60 g Sahne

Den Gorgonzola mit dem Quark vermischen und mit einer Gabel zerdrücken, nicht cremig rühren. Dann den Grana padano, die Gewürze und zum Schluß die steifgeschlagene Sahne unterrühren. Die Creme schmeckt besonders gut zu geröstetem Weißbrot und als Füllung für Blätterteig- oder Brandteiggebäck.

Käsecremes

Mit Käseresten, natürlich nur bester Qualität, lassen sich delikate Kombinationen erfinden wie die Rezeptbeispiele auf dieser Seite zeigen. Die Käsecremes lassen sich nicht nur als Brotaufstrich verwenden, sie eignen sich ebenso gut als Füllung für Eclairs oder kleine Windbeutel, für Bouchées aus Blätterteig oder Gebäck aus Mürbteig, wie Schiffchen oder Torteletts.

MEERRETTICH-CREME

125 g Doppelrahmfrischkäse

je 80 g geriebener Greyerzer und Sbrinz

Salz, Pfeffer, Muskat, 1/2 zerdrückte Knoblauchzehe

1 EL frisch geriebener Meerrettich

100 g Sahne

2 TL edelsüßes Paprikapulver

Den Frischkäse schaumig rühren. Den geriebenen Greyerzer und den Sbrinz, die Gewürze und den möglichst fein geriebenen Meerrettich unterrühren. Zum Schluß die steifgeschlagene Sahne unterziehen. Die Creme soll luftig und locker sein. Man kann sie sowohl mit kräftig schmeckendem Schwarzbrot als auch mit zartem Brand- oder Blätterteig kombinieren. Edelsüßes Paprikapulver rundet den Geschmack ab.

SCHABZIEGER-CREME

100 g Schabzieger

100 g trockener Magerquark (10% F.i.T)

1 Msp. Salz, etwas frisch gemahlener Pfeffer

100 g Mayonnaise

2 EL frisch geschnittener Schnittlauch

Den Schabzieger-Käse fein reiben und mit dem Quark und den Gewürzen glattrühren. Dann die Mayonnaise und zum Schluß den Schnittlauch unterrühren. Mit ihrem kräftigen Aroma eignet sich die Creme sehr gut als Brotaufstrich auf dunklem Roggenbrot, aber auch als Füllung für kleine Windbeutel.

FROMAGE ROYAL ist eine würzige Creme aus drei verschiedenen Käsen und vielfältig einsetzbar: ideal als Brotaufstrich wie auch als feine Füllung für Gebäck aus Blätterteig, Mürbteig oder Brandteig. 200 g Bleu de Bresse oder Cambozola, 125 g Doppelrahmfrischkäse, 50 g Gruyère und 1 Eigelb cremig rühren. Mit Pfeffer und Salz abschmecken, dann 50 g Sahne und 1 EL gehackte Petersilie unterziehen. Eventuell kann man die Creme mit gehackten Chilischoten oder Cayennepfeffer schärfer würzen.

Petits fours und Canapés

Die kleinen Häppchen für den anspruchsvollen Geschmack können eine kalte Platte unvergeßlich machen. Durch die Käsevielfalt unserer Tage ist das kein Problem, wenngleich mit einiger Mühe verbunden. Denn ihre Zubereitung erfordert nicht nur eine ansprechende Gestaltung, man muß auch sorgfältig darauf achten, daß alle Komponenten geschmacklich harmonieren.

PETITS FOURS

Sie lassen sich besonders interessant und fein füllen. Die Hüllen aus geriebenem Teig werden blindgebakken, können also bestens auf Vorrat hergestellt werden, um dann aufgebacken und ganz beliebig mit Cremes gefüllt zu werden. Für die "luftigen Blumen" wird Brandmasse in eine Pergamenttüte gefüllt und in Form von Ornamenten auf ein leicht gefettetes und mit Mehl bestaubtes Blech gespritzt und gebacken.

Für den Teig:
250 g Mehl
125 g Butter, in grobe Würfel geschnitten
1 Eigelb
1 Prise Salz, 1 bis 2 EL Wasser

Einen Mürbteig zubereiten nach dem Grundrezept von Seite 213, kühlen und ausrollen. Damit kleine Förmchen auslegen und ohne Füllung (blind)backen.

Für die Käsefüllung:
je 100 g Stilton und reifer Camembert
50 g Magerquark oder Ricotta und 50 g Cheddar
50 g Parmaschinken
1 EL feingehackte Zwiebeln
1/2 zerdrückte Knoblauchzehe
1/2 TL scharfer Senf
etwas Salz und Pfeffer
1 EL frisch gehackte Kräuter (Petersilie, Basilikum, Thymian, Liebstöckel und Salbei)
Für die Frischkäse-Füllung:
200 g Doppelrahmfrischkäse
1 TL Zitronensaft, 1 EL Sauerrahm
etwas Salz, Pfeffer, Zucker

Für die Käsefüllung die Rinde des Camemberts abschneiden. Mit dem Stilton und dem Quark schaumig rühren. Den Cheddar und den Parmaschinken in kleine Würfel schneiden und mit der Zwiebel zu der Käsemasse geben. Dann alle Gewürze und Kräuter unterrühren. Die Käsefüllung sehr gut kühlen, bevor sie in die Hüllen aus Mürbteig gefüllt wird. Für die Frischkäse-Füllung alle Zutaten verrühren und würzen. Im Text links wird beschrieben, wie die Petits fours mit den beiden Käsecremes gefüllt werden. Durch zusätzliche Zutaten können sie geschmacklich und optisch variiert werden.

Petits fours - so werden sie gefüllt (von oben nach unten):
Frischkäse in Schiffchen spritzen, mit Paprikapulver besieben und mit Silberzwiebeln garnieren.
Je ein Stück Sardelle und Paprika in Tortelettes geben, darüber die Käsefüllung. Mit "Blume", Frischkäsecreme und Paprika garnieren.
Käsefüllung mit Currypulver besieben und mit einer Olivenscheibe garnieren.
Räucherlachsstückchen und Kapern in die Schiffchen füllen und mit Frischkäsecreme zuspritzen. Mit "Blume" und Olivenstückchen garnieren.
Käsefüllung mit gehackten Kräutern bestreuen und mit Chilischoten garnieren.
Tortelettes mit Frischkäsecreme füllen und mit Ornamenten aus Brandmasse sowie Kaviar garnieren.
In den quadratischen Tortelettes: Käsefüllung und Oliven.

Delikat gefüllt und dekorativ belegt

Havarti mit Sprotten und Rührei. Weißbrotscheiben dünn mit Butter bestreichen, mit etwas frisch gemahlenem Pfeffer bestreuen und jeweils mit einem Salatblatt belegen. Eine Scheibe Havarti oder Tilsiter darauflegen, darüber eine geräucherte Sprotte ohne Kopf und Schwanz sowie einen Löffel Rührei geben. Mit Schnittlauchröllchen bestreuen.

Mit Ziegenkäse und Früchten. Brotscheiben mit Butter bestreichen, mit Endiviensalat belegen und diesen mit einer Marinade aus Öl, Zitronensaft, Salz und etwas Zucker beträufeln. Darauf eine Scheibe frischen Ziegenkäse, beispielsweise Valençay, legen und mit frischen Früchten, wie Kiwis oder Mangostückchen und einer Himbeere, dekorieren.

Weißbrot französischer Art (Baguette) hat die ideale Größe für die kleinen Canapés. Man kann aber auch andere, deftige Brotsorten, zum Beispiel Vollkornbrot, verwenden, sofern es mit dem Belag harmoniert. Die Brotscheiben sollten dann auf ein entsprechendes Format zurechtgeschnitten werden. Grundsätzlich können die Brote vorher getoastet werden, sie bleiben so länger knusprig.

Schafkäse mit Kräutern auf Tomaten. Tomatenscheiben mit Salz, Olivenöl und Pfeffer 30 Minuten marinieren. Käse zerbröckeln, salzen und mit gehackten Kräutern (Petersilie, Thymian, Basilikum) sowie Paprikawürfeln mischen. Mit etwas Olivenöl und einem Schuß Cognac übergießen. Mit den Tomaten und Basilikum auf gebutterten Brotscheiben anrichten.

Mit Cheddar und Roastbeef. Brotscheiben auf einer Seite rösten und mit Sahnemeerrettich bestreichen. Mit Salatblättern belegen und mit etwas Vinaigrette beträufeln. Eine Scheibe Cheddar darauflegen. Die Roastbeefscheiben dünn mit Sahnemeerrettich bestreichen, aufrollen und mit einem Löffel Preiselbeerkompott auf den Cheddar geben.

Gebratene Garnele auf Steppenkäse. Butter mit etwas edelsüßem Paprikapulver mischen und auf Brotscheiben streichen. Mit einem Blatt Eissalat und einer Scheibe Steppenkäse belegen. Garnelenschwänze ohne Schale kurz in Butter braten und mit einer Rosette aus verrührtem Frischkäse auf die Canapés geben. Mit schwarzen Oliven und Dill garnieren.

Parma, Stilton und Melone. Dünn gebutterte Brotscheiben mit etwas Pfeffer bestreuen und mit einer dicken Scheibe Stilton belegen. Parmaschinken in dünne Scheiben schneiden, falten und über den Käse legen. Aus einer Melone Kugeln oder Oliven ausstechen, kurz in Vinaigrette marinieren und auf die Canapés legen. Mit Zitronenmelisse garnieren.

ROQUEFORT-KUGELN

100 g Butter, 200 g Roquefort
je 1 Msp. Salz und Pfeffer
1 TL gehackte Kapern
100 g Fontina-Käse
2 bis 3 Schwarzbrotscheiben, gerieben
4 EL gehackte Petersilie

Die Butter und der Roquefort werden mit einer Gabel zerdrückt. Das Salz, den Pfeffer und die Kapern zugeben. Fontina in 20 möglichst gleich große Stücke schneiden und jedes mit der Roquefort-Creme umhüllen. Die Hälfte der Kugeln in den Schwarzbrotbröseln, die andere in der Petersilie wälzen. Im Kühlschrank fest werden lassen. Die Mengen ergeben etwa 20 Kugeln.

PARMIGIANO als Vorspeise wird in der Emilia mit altem und süßem Aceto balsamico gereicht. Die Käsebröckchen werden einfach eingetaucht - ein Genuß.

PIKANTE PISTAZIEN-KUGELN

50 g Butter, 100 g mittelalter Gouda, gerieben
150 g milder Blauschimmelkäse (wie Cambozola)
1/2 zerdrückte Knoblauchzehe, Salz und Pfeffer
100 g roher Schinken, feingewürfelt
100 g gehackte Pistazien

Die Butter mit dem Gouda, dem Schimmelkäse und den Gewürzen schaumig rühren, dann den Schinken unterrühren. Davon etwa 30 bis 35 Kugeln formen und in den gehackten Pistazien wälzen. Im Kühlschrank fest werden lassen.

Stilton - einer der wichtigsten Beiträge Englands zur feinen Küche. Der echte Stilton stammt noch heute ausschließlich aus Leicestershire, wo bereits im Jahr 1730 sein Aufstieg zu überregionalem Ruhm begann. Denn nur dort, so die Experten, finden die "Stilton-Kühe" das spezielle Weidegras vor, das ihrer Milch den unverwechselbaren Geschmack gibt. Der Stilton (50% F.i.T) reift von innen nach außen, wodurch seine charakteristische grau-gefurchte Rinde entsteht. Der Reifeprozeß in kühlen, feuchten Kellern dauert sechs Monate. Der würzig scharfe Schimmelkäse kann auf verschiedene Arten genossen werden. Traditionalisten huldigen der Auffassung, Stilton sollte ausschließlich pur als Dessert zu Portwein genossen werden. Weniger puristische Käseliebhaber tränken Stilton mit Port, Sherry oder Madeira und lassen den Käse dann einen Monat lang ruhen (wie hier im Bild). Dazu wird von dem Käse das obere Drittel oder Viertel abgeschnitten und aus dem unteren Stück ein 6 bis 8 cm tiefer Zylinder herausgeschnitten. In diese Vertiefung gibt man den Port, Sherry oder Madeira und setzt den abgeschnittenen "Deckel" wieder darauf; dann den Käse mit einem Tuch oder einer Folie abdecken und ruhen lassen. Der weich gewordene Stilton wird mit einem Löffel gegessen.

Zum guten Schluß: mild und pikant

Kleine Käseplatten

für 2 bis 4 Personen sollen eine möglichst große Vielfalt bieten. Wie Gruyère, milden Butterkäse, Gorgonzola piccante, Rohmilch-Camembert und Pistazien-Kugeln (Bild oben). Oder eine pikantere Auswahl mit reifem Tilsiter, verschiedenen Ziegenkäsen, Roquefort und geräuchertem Schnittkäse (Bild unten).

PERE RIPIENE (GORGONZOLA-BIRNE). Für dieses typisch italienische Käsedessert werden 4 kleine, reife Birnen längs halbiert, vom Kernhaus befreit und die Schnittflächen mit etwas Zitronensaft beträufelt. 20 g Butter, 4 EL Sahne und 60 g Gorgonzola piccante schaumig rühren, mit Pfeffer und eventuell Salz abschmecken. Die Creme mit einem Löffel oder Spritzbeutel mit Sterntülle auf die Birnenhälften setzen. Zum Schluß mit 2 EL gehackten Walnüssen bestreuen. Als delikate Variante die Birnenhälften in Barolo dünsten. Dieser tiefrote Wein aus dem Piemont färbt die Birnen nicht nur wunderschön, sondern verleiht ihnen auch sein typisches Aroma.

SALATE

Beim Stichwort „Salat“ denkt man wohl zuerst an etwas Grünes und bringt es nicht auf Anhieb mit Käse in Verbindung. Aber bei näherer Betrachtung ist Käse in der modernen Salatküche unverzichtbar. Sei es als Zutat für Salatmischungen oder als wesentlicher Bestandteil von Salatsaucen. Fast alle Käsesorten lassen sich für Salate verwenden - als dominierende Zutat oder Teil einer Mischung, als deftiger Kontrapunkt in einer Kombination frischer Blattsalate oder als harmonische Ergänzung einer sättigenden Salat-Mahlzeit. Für viele Salatsaucen ist er Hauptzutat und Geschmackgeber. Das gilt vor allem für Frischkäse, Weichkäse und Blauschimmelkäse, oft in Verbindung mit Sahne oder Joghurt. In geringer Dosierung, zum Beispiel als Reibkäse, kann er willkommenes Gewürz sein. Ein gutes Beispiel moderner Salatküche zeigt das Bild unten: knackige, frische Blattsalate, mit Streifen von Gruyère und Würfeln von Roquefort und mit einer pikanten Sauce Vinaigrette angemacht. Solche Salate können als Vorspeise serviert werden oder, etwas reichlicher bemessen, mit frischem Brot als eine komplette, kleine Mahlzeit, die nicht belastet.

Salatsaucen mit und ohne Käse

Er kann dominante Zutat oder dezentes Gewürz sein, das heißt, sehr vielfältig für Salatsaucen verwendet werden. Insbesondere die verschiedenen Frisch- und Blauschimmelkäse geben der Sauce nicht nur Geschmack und Säure, sondern auch eine gewisse Sämigkeit, sind gleichzeitig Basis und Bindung. Käse-Salatsaucen eignen sich gleichermaßen für Blatt-, Gemüse-, Kartoffel- und Fleisch- oder Wurstsalate, wenn alle Zutaten aufeinander abgestimmt werden. Für viele Salatsaucen kann geriebener Käse ein willkommenes Gewürz sein, allen voran die „Extraharten" - vom Sbrinz bis zu harten Schafkäsen, wie Manchego oder Pecorino. So kann zum Beispiel eine Vinaigrette (im Bild ganz oben) durch geriebenen Kefalotiri eine ganz besondere Note bekommen. Für eine Vinaigrette 1 EL ganz feingehackte Schalotten mit 2 EL Weinessig, etwas Salz, Pfeffer und 5 EL feinstem Pflanzenöl aufschlagen und mit 2 EL geriebenem griechischem Schafkäse würzen. Zusätzlich können Kräuter verwendet werden.

Käse schneiden - in allen Formen. Je fester ein Käse ist, desto dünner und feiner läßt er sich schneiden. Die weicheren Sorten sollten in Würfel geschnitten, die extraharten zerbröckelt werden.

MASCARPONE-SALATSAUCE MIT KRÄUTERN

80 g Mascarpone
2 EL Magerjoghurt
3 EL gehackte Kräuter (Majoran, Petersilie, Kerbel und Schnittlauch)
1/2 durchgepreßte Knoblauchzene
Salz, weißer Pfeffer, 1/4 TL scharfer Senf
2 bis 3 EL Kräuteressig

Den Mascarpone mit dem Joghurt, den Kräutern und dem Knoblauch in einen Mixer geben. So lange laufen lassen, bis sich die Sauce leicht grün färbt. Mit Salz, Pfeffer, Senf und dem Kräuteressig abschmecken. Sollte die Sauce zu dick sein, noch etwas Joghurt zufügen. Die Salatsauce paßt zu allen Salaten, die durch Kräuter eine Aufwertung erfahren (im Bild unten).

ROQUEFORT-SALATSAUCE

60 g Roquefort
2 EL Joghurt, 1 bis 2 EL Sahne
1 bis 2 EL Zitronensaft, 2 bis 3 EL Haselnußöl
Salz und frisch gemahlener Pfeffer

Den Roquefort durch ein feines Sieb streichen, mit dem Joghurt, der Sahne und dem Zitronensaft glattrühren. Nach und nach das Öl einarbeiten, eventuell mit Salz und Pfeffer abschmecken. Vom Kopfsalat bis zur Kresse passen viele Salate zur Roquefort-Salatsauce (im Bild in der Mitte).

SALATSAUCE MIT ZIEGENKÄSE

70 g Ziegenfrischkäse
40 ml Joghurt
1 1/2 EL Sherryessig
3 bis 4 EL Olivenöl
Salz und frisch gemahlener Pfeffer
1 TL frisch gehackter Thymian

Den Käse durch ein Sieb streichen und mit dem Joghurt zu einer glatten Masse verrühren. Zunächst den Essig, dann nach und nach das Olivenöl unterrühren. Falls nötig, mit Salz und Pfeffer abschmecken, zum Schluß den Thymian untermischen. Eine Salatsauce für knackige Salate, wie Eisberg, Romain oder Feldsalat.

SALATSAUCE MIT GERIEBENEM KÄSE

3 EL Crème fraîche, 5 EL Magerjoghurt
60 g geriebener Käse (wie Parmesan, Pecorino, Sbrinz)
2 bis 3 feingehackte Sardellenfilets
1 kleine durchgepreßte Knoblauchzehe
2 bis 3 EL Rotwein- oder Weißweinessig
Salz und frisch gemahlener Pfeffer bei Bedarf

Die Crème fraîche mit dem Joghurt und dem geriebenen Käse glattrühen. Die Sardellenfilets mit dem Knoblauch unter die Sauce mischen und mit dem Essig abschmecken. Salz und Pfeffer werden in den wenigsten Fällen benötigt, da der Käse und die Sardellenfilets ausreichend Salz und Schärfe mitbringen.

SCHABZIEGER-SALATSAUCE

60 g Schabzieger
50 g Mascarpone
1 bis 2 EL Kräuteressig, 3 EL Sojaöl
Salz und frisch gemahlener Pfeffer
1/2 EL frisch gehackter Ziegerklee (Brunnenkresse oder Schnittlauch)

Den Schabzieger durch ein Sieb streichen und im Mixer oder mit dem Mixstab den Mascarpone einarbeiten. Nach und nach den Essig und das Öl unterrühren. Wenn nötig, mit Salz und Pfeffer abschmecken und den Ziegerklee zugeben. Diese Salatsauce eignet sich gut für Salate, die in Kombination mit Kartoffeln oder Tomaten zubereitet werden.

JOGHURT-SALATSAUCE MIT HÜTTENKÄSE

150 ml Joghurt
2 EL Zitronensaft
Salz, frisch gemahlener weißer Pfeffer
1 Prise Zucker
80 g Hüttenkäse

Den Joghurt mit Zitronensaft, Salz, Pfeffer und Zucker abschmecken, zum Schluß den Hüttenkäse unterheben. Diese Sauce eignet sich besonders für Salate, die aus heimischen und exotischen Früchten bestehen. Oder für Salate, bei denen Früchte mit Käse, Geflügel oder Krustentieren kombiniert werden.

MAYONNAISE

Als Basissauce hat sie zwar viel von ihrer Bedeutung verloren und wurde durch leichtere Produkte wie Joghurt ersetzt, aber sinnvoll und mäßig eingesetzt, ist sie für viele Rezepte einfach unverzichtbar geblieben.

2 Eigelb
1/4 TL Salz
1 TL heller scharfer Senf
etwas frisch gemahlener weißer Pfeffer
2 TL Zitronensaft oder Essig
1/4 l feines Pflanzenöl

Eine Mayonnaise herstellen, wie in den Arbeitsphasen beschrieben:

Eigelbe mit dem Salz und dem Senf verrühren und mit Pfeffer und Zitronensaft würzen.

Das Öl unter ständigem Rühren nur tropfenweise zugeben. Damit sich die Zutaten homogen verbinden, müssen sie die gleiche Temperatur haben.

Nachdem etwa 1/3 des Öls untergerührt ist, kann der Rest in dünnem Strahl, aber ebenfalls unter ständigem Rühren, zugegeben werden.

Die fertige Mayonnaise muß von halbfester Konsistenz sein und matt glänzen. Sie kann beliebig gewürzt und auch mit Sahne oder Joghurt verschnitten werden.

„EXPRESS-MAYONNAISE“ aus dem Mixer. Auch hier müssen die Zutaten die gleiche Temperatur haben. Nur im Mixer gelingt Mayonnaise auch aus ganzen Eiern. 2 Eier, 1 TL Salz, 1/2 TL frisch gemahlener weißer Pfeffer und 1 TL Weinessig oder Zitronensaft in den Mixer geben. Den Mixer auf niedrigster Stufe einschalten und 35 cl Öl durch die Öffnung im Deckel zugießen. Diese Mayonnaise ist in Sekunden fertig!

Salat-Mahlzeiten

Fast alle Käsesorten lassen sich für solche Salate verwenden. Für den kreativen Koch ergeben sich unzählige Kombinationsmöglichkeiten. Denn in Verbindung mit Fleisch, Wurst, Gemüsen aller Art und natürlich Nudeln oder gar Fisch lassen sich alle „Salatgelüste" befriedigen. Gemeint sind nicht nur schwere, deftige Salat-Mahlzeiten; mit Gemüse oder Blattsalaten kann man durchaus auch leichte Kreationen schaffen, darüberhinaus kommt es auch auf die Menge an. Schön auf Tellern arrangiert, kann man mit diesen Zutaten, entsprechend reduziert, auch ein „amuse-gueule" oder eine Vorspeise zubereiten.

NUDELSALAT

Nur ein Beispiel soll dieses Rezept sein, denn gerade die „Sattmacher" kann man fast endlos variieren, zumal Käse und Teigwaren grundsätzlich harmonieren. Vor allem die deftigeren Käsesorten bieten sich an in Kombination mit Fleisch, Wurst oder Gemüse. Mit Blattsalaten lassen sich solche Kombinationen von Zutaten „auflockern", und auch die Wahl der Salatsauce bestimmt letztlich das Ergebnis.

200 g Penne (Röhrennudeln)
150 g Brokkoli-Röschen
1 Bund Radieschen
2 Tomaten
100 g gekochter Schinken
200 g Bergkäse
50 g Tiefkühlerbsen
Für die Salatsauce:
3 EL feiner Weinessig, 1 EL gehackte Zwiebeln
1 zerdrückte Knoblauchzehe, Salz und Pfeffer
5 bis 6 EL Pflanzenöl

Die Nudeln in Salzwasser „al dente" kochen und kalt abbrausen. Die Brokkoli-Röschen in wenig Salzwasser weichdünsten und ablaufen lassen. Die Radieschen in Scheiben schneiden. Die Tomaten blanchieren, die Haut abziehen, halbieren und die Kerne entfernen. Das Fruchtfleisch in Scheiben schneiden. Den Schinken in Würfel und den Käse in Streifen schneiden. Alle Zutaten mit den Erbsen in einer entsprechend großen Schüssel vermischen. Für die Salatsauce alle Zutaten verrühren und den Salat damit anmachen.

KÄSE-WURST-SALAT

Auch dieses Rezept ist nur ein Vorschlag, denn mit Käse und Wurst sind fast alle Kombinationen möglich. Nicht nur mit Frischwurst-, auch mit Dauerwurstsorten lassen sich internationale Mischungen kreieren.

je 250 g Emmentaler und Jagdwurst
100 g Champignons, 1 rote Paprikaschote
2 hartgekochte Eier
Für die Salatsauce:
2 EL Rotweinessig
60 g Frühlingszwiebeln
Salz, Pfeffer, 1 TL scharfer Senf
5 EL feines Pflanzenöl
2 EL gehackte Kräuter (Petersilie, Schnittlauch, Pimpinelle, Dill und Basilikum)

Wurst und Käse in Scheiben schneiden. Die gewaschenen, rohen Champignons in hauchdünne Scheiben und die Paprika in dünne Streifen schneiden. Die Zutaten in einer entsprechend großen Schüssel vermischen. Für die Salatsauce die Zwiebeln in dünne Scheiben schneiden und mit Essig, Gewürzen, Senf und Öl verrühren. Den Salat damit anmachen, 1/2 Stunde durchziehen lassen und auf 4 Tellern anrichten. Mit den Eiern garnieren und den Kräutern bestreuen.

TETE DE MOINE MIT FEIGENSALAT

4 mittelgroße Feigen
Salz, Pfeffer
1 EL Rotweinessig
2 bis 3 EL roter Portwein
12 Tête-de-Moine-Nelken
12 Walnußkerne
etwas Frisée- oder Löwenzahnsalat

Die Feigen waschen und in Scheiben schneiden. Leicht salzen und pfeffern, den Essig mit dem Wein mischen und die Feigen darin etwa 10 Minuten marinieren, vor dem Anrichten auf Küchenkrepp abtropfen lassen. Den Käse auf Tellern anrichten, mit den Feigen, den Nußkernen und dem Salat garnieren, der mit etwas Marinade beträufelt wird.

PAPAYAS MIT HÜTTENKÄSE GEFÜLLT

400 g Hüttenkäse
1 mittelgroße, enthäutete Tomate
3 EL Blättchen vom Rettichgrün (Daikonkers) oder Kresse
1/2 TL frisch geriebener Meerrettich
Salz und frisch gemahlener weißer Pfeffer
3 mittelgroße Papayas

Den Hüttenkäse in einem Sieb abtropfen lassen. Die Tomate vierteln, entkernen und in kleine Würfel schneiden. Zusammen mit dem Rettichgrün und dem Meerrettich unter den Hüttenkäse mischen, mit Salz und Pfeffer abschmecken. Die Papayas längs halbieren und die Kerne entfernen. Eine Papaya schälen, das Fruchtfleisch in Würfel schneiden und unter die Hüttenkäsemischung geben. Die Papayahälften füllen.

CHEDDAR-GEFLÜGEL-SALAT IN DER MELONE

2 Ogen- oder Galliamelonen (à 450 bis 500 g)
150 g Cheddar
150 g gebratenes Geflügelfleisch (Hähnchen oder Pute)
2 Kiwis
2 Ananas-Ringe
Salz und Pfeffer
1 gewürfelte Peperoni
2 TL Zitronensaft, 1 EL Ananassaft
Für die Salatsauce:
1 EL Mayonnaise, 2 EL Joghurt, Salz und Pfeffer

Von den Melonen im Zackenschnitt jeweils 1/3 abschneiden, die Kerne entfernen und das Fruchtfleich in Kugeln ausstechen. Den Käse und das Geflügelfleisch in Streifen schneiden. Die Kiwis schälen und in Scheiben schneiden. Die Ananas in Stücke schneiden. Aus Salz, Pfeffer, Zitronen- und Ananassaft eine Marinade rühren und alle Zutaten darin 1 Stunde marinieren. Gut gekühlt in die Melonen füllen und die Salatsauce darübergeben.

Diese „Käseblüten" lassen sich besonders gut vom Tête de Moine aus der Schweiz schaben - etwas mühsam mit einem Messer, ganz leicht mit der Girolle, wie auf Seite 65 abgebildet.

Pecorino marinato, gerade in seiner Einfachheit so delikat. Dünn geschnitten, mit bestem Olivenöl mariniert und mit Salz sowie reichlich frisch gemahlenem Pfeffer gewürzt. Die knusprigen Selleriestücke sind geschmacklich ein guter Kontrast.

Genial einfach

könnte man die simplen, volkstümlichen Kombinationen von Käse und ganz einfachen Salatzutaten nennen. Aber sie überzeugen geschmacklich. Diese einfachen Spezialitäten sind in Variationen überall verbreitet: In den Mittelmeerländern wird Käse meist nur mit Olivenöl mariniert, in Zentraleuropa gern sauer angemacht. Das sind dann meist fettarme Sauermilchkäse, die sich für eine saure Marinade aus Essig und Öl bestens eignen. Aber auch Hartkäse, wie Emmentaler und Bergkäse, schmecken „sauer angemacht" vortrefflich, besonders, wenn dazu frisches Bier gereicht wird. Hartkäse aus Kuh- oder Schafmilch, wie Parmesan, Pecorino, Manchego oder Kefalotiri, bedürfen eigentlich nur eines feinen Olivenöls; und wenn schon Säure, dann nur ganz sparsam Zitronensaft verwenden oder alten Aceto balsamico, der mit zunehmender Reife milder und süßer wird und dann besonders gut mit Parmesan oder Pecorino harmoniert.

MOZZARELLA E POMODORI

In Süditalien ißt man Mozzarella gern mit Tomaten, wirklich einfach und delikat. Der verwendete Käse muß aber frisch sein und sollte wie originale Mozzarella aus Büffelmilch hergestellt sein. Er ist meist gelber als der aus Kuhmilch und herzhafter im Geschmack. Diese Kombinationen kann man aber auch als Basisrezepte verstehen, um daraus raffinierte Rezepte zu entwickeln.

600 g Tomaten
2 Mozzarella di bufala (à 150 g)
1 Bund Basilikum
Salz und Pfeffer
Olivenöl
16 schwarze Oliven
1 EL gesalzene Kapern

Die Tomaten, es sollten vollreife Salattomaten sein, waschen, trocknen und in Scheiben schneiden. Den Käse ebenfalls in gleichmäßig dicke Scheiben teilen. Auf einer Platte oder Tellern anrichten. Die abgestreiften Basilikumblättchen in Streifen schneiden oder besser zerzupfen, da sie so nicht schwarz werden. Mit Salz und reichlich frisch gemahlenem Pfeffer würzen. Mit erstklassigem Olivenöl, in der Menge ganz nach Wunsch, übergießen. Schwarze Oliven und gesalzene Kapern dazugeben, weil bei eingelegten Kapern der Essiggeschmack stören würde. Das sieht das Originalrezept zwar nicht vor, schmeckt aber fein.

KEFALOTIRI MIT PAPRIKA

400 g Kefalotiri, 2 rote Paprikaschoten
2 Knoblauchzehen, 4 EL feinstes Olivenöl
Saft von 1/2 Zitrone, Salz und Pfeffer
12 halbierte, grüne Oliven

Den Käse in dünne Scheiben, dann in Streifen schneiden. Stielansätze und Kerne der gewaschenen Paprikaschoten entfernen und die Schoten in dünne Ringe schneiden. Die Knoblauchzehen fein hacken, mit Olivenöl und Zitronensaft vermischen und über Käse und Paprika gießen. Mit Salz und reichlich frisch gemahlenem Pfeffer würzen. Mindestens 1 Stunde marinieren und, mit den Oliven garniert, servieren (Bild oben).

MARINIERTER ZIEGENKÄSE

2 Ziegenkäse (Selles-sur-Cher)
80 g Frühlingszwiebeln, 1 Knoblauchzehe
1 TL grüne Pfefferkörner, 1 EL guter Rotwein
4 EL feinstes Olivenöl, Salz und Pfeffer
1 EL Schnittlauchröllchen

Die Ziegenkäse in 1/2 cm dicke Scheiben schneiden und auf einer Platte anrichten. Die Frühlingszwiebeln in dünne Scheiben schneiden. Die Knoblauchzehe zerdrücken und die Pfefferkörner grob hacken. Mit Rotwein und Olivenöl vermischen und mit Salz, Pfeffer und Schnittlauch würzen. Über den Käse geben und gut durchziehen lassen (Bild unten).

FETA IN KRÄUTERMARINADE

400 g griechischer Feta aus Schafmilch
2 Knoblauchzehen
1 rote Peperoni
Salz und grob gemahlener Pfeffer
1 EL Kapern
2 EL grob gehackte Kräuter (Basilikum, Petersilie, Rosmarin, Thymian und Minze)
1/8 l Olivenöl bester Qualität

Den Fetakäse in Würfel von maximal 1 cm Kantenlänge schneiden. Die Knoblauchzehen ganz fein hacken. Stiel und Kerne der Peperoni entfernen und die Schote in hauchdünne Scheiben schneiden. Mit Salz, Pfeffer, Kapern und Kräutern, zuletzt mit dem Olivenöl mischen. Über den Käse gießen und über Nacht marinieren.

„Handkäs mit Musik" oder wie man Sauermilchkäse in Deutschland gern ißt. Dieser deftige Käse braucht nur „Musik" in Form von Zwiebelringen, reichlich Kümmel, Essig und Öl. So sauer, wie man es mag. Der österreichische Graukäse wird übrigens ebenso zubereitet.

SUPPEN MIT KÄSE

Fein oder deftig, leicht oder üppig, als appetitanregender Auftakt zu einem edlen Menü, als Vorspeise vor einem herzhaften Braten, als kleines Zwischengericht oder sättigendes Hauptmahl - Suppen sind von unseren Speisezetteln nicht wegzudenken. Wer in den klassischen Käseländern aus den Suppentöpfen probiert, wird schnell eine der beliebtesten Würzzutaten entdecken und herausschmecken: Käse. Der nämlich harmoniert hervorragend mit allem, was in Suppen Verwendung findet - mit Brot, Reis, Nudeln und Eiern, vor allem aber mit frischem Gemüse. Viele italienische Suppen (wie die abgebildete Minestrone, die klassische italienische Gemüsesuppe) werden, mit etwas geriebenem Hartkäse bestreut, unter dem heißen Grill oder im Backofen gratiniert und so perfekt abgerundet. Ähnlich in Frankreich - auch die deftige Zwiebelsuppe der Pariser Markthallen wird stets mit einer goldgelben Käsekruste gekrönt. Anderen Suppen wiederum verleiht reichlich Käse als Hauptzutat einen zarten Schmelz. Käse sorgt auch bei einem Thema mit ohnehin schon unendlicher Vielfalt für noch mehr Abwechslung: Suppeneinlagen. Sie ermöglichen, schlichte Kraftbrühen oder zarte Cremesuppen immer wieder anders zu servieren. Klassiker wie Eierstich, Eierpfannkuchen oder Biskuit bekommen durch geriebenen Käse eine besondere, würzige Note, bei Rezepten wie Quarkklößchen bildet Käse sogar die unverzichtbare Grundlage.

MILLE FANTI ist eine berühmte italienische Brotsuppe. 2 Eier mit 30 g geriebenem Parmesan und 20 g frischen Weißbrotkrumen verschlagen, unter Rühren in 1 l abgeschmeckte Rinderbrühe geben und aufkochen

ZUPPA PAVESE

1 l kräftige Fleischbrühe
Salz und frisch gemahlener Pfeffer
12 Scheiben Baguette
4 Eier
40 g frisch geriebener Parmesan

Den Grill vorheizen. Die Fleischbrühe aufkochen und mit den Gewürzen abschmecken. Die Brotscheiben rösten und in hitzebeständige, vorgewärmte Suppenteller oder -tassen legen. Je 1 Ei vorsichtig daraufschlagen und darauf achten, daß das Eigelb ganz bleibt. Dann die kochendheiße Brühe angießen, den geriebenen Parmesan aufstreuen und unter dem heißen Grill gratinieren. Die Zuppa Pavese sofort servieren, damit das Brot nicht zu sehr aufweicht und das Ei nicht zu hart wird. Eine mögliche Variation ist es, die Brotscheiben in Butter zu rösten und die Eier in heißer Butter, statt in der Brühe gar ziehen zu lassen.

BUSECCA

50 g Borlotti-Bohnen, je 60 g Weißkohl und Lauch
je 30 g Sellerie und Karotten
150 g überbrühte Kutteln
65 g Butter, 1 l Fleischbrühe
Salz, frisch gemahlener schwarzer Pfeffer
20 g Pancetta oder durchwachsener Räucherspeck
Für den Pesto:
1 Knoblauchzehe, je 2 Salbei- und Basilikumblätter
2 Scheiben Weißbrot, 50 g Parmesan

Die Bohnen über Nacht in Wasser einweichen. Am nächsten Tag alle Gemüse putzen und feinstifteln, die Kutteln in feine Streifen schneiden. 25 g Butter in einem großen Topf zerlassen, Gemüse und Kutteln darin anschwitzen. Die Bohnen zugeben, die Brühe angießen und mit Salz und Pfeffer würzen. Köcheln, bis die Bohnen weich sind (1 1/2 bis 2 Stunden). Den Backofen auf 200°C aufheizen. Pancetta oder Speck, den abgezogenen Knoblauch und die Kräuter fein hacken und im Mörser zerstoßen. Das Weißbrot würfeln und in der restlichen Butter in einer Pfanne goldbraun rösten. Die Speck-Kräuter-Paste unter die fertige Suppe mischen, erhitzen und würzig abschmecken. In Suppenteller verteilen, die Brotwürfel aufstreuen, den Parmesan reiben und ebenfalls darüberstreuen. Im heißem Backofen etwa 3 Minuten gratinieren.

PARISER ZWIEBELSUPPE

400 g Zwiebeln
40 g Butter
100 ml trockener Weißwein
800 ml kräftige Fleischbrühe
Salz, frisch gemahlener schwarzer Pfeffer
1 Knoblauchzehe
1 EL Olivenöl
8 Scheiben Baguette
50 g geriebener Beaufort oder Laguiole

Die Zwiebeln schälen und in feine Streifen schneiden, in der Butter in einem Topf andünsten. Mit dem Wein und der Brühe auffüllen und aufkochen, mit Salz und Pfeffer würzen, etwa 30 Minuten kochen. Den Grill vorheizen. Die Knoblauchzehe schälen, durch die Presse drücken und mit dem Öl verrühren. Die Brotscheiben damit bestreichen und rösten. Die Suppe in Teller umfüllen, die Brotscheiben darauflegen, mit dem Käse bestreuen und unter dem Grill gratinieren. Als Variation kann die Zwiebelsuppe mit Mehlbutter abgebunden und mit gerösteten Brotscheiben angerichtet werden. Der geriebene Käse wird dann extra dazu gereicht.

SAVOYER GEMÜSESUPPE

je 100 g küchenfertige Navets, Sellerie, Lauch, Zwiebeln und Kartoffeln
40 g durchwachsener Räucherspeck
800 ml Fleischbrühe
Salz, frisch gemahlener schwarzer Pfeffer
frisch geriebene Muskatnuß
200 ml Milch oder Sahne
25 g Butter
8 Scheiben Baguette
40 g Tomme de Savoie oder Beaufort

Die Gemüse waschen, wenn nötig schälen und wie die Zwiebeln und Kartoffeln kleinwürfeln. Den Speck ebenfalls würfeln und in einem Topf gut anschwitzen. Alle Gemüse zugeben und miteinander andünsten. Mit der Brühe aufgießen, würzen, aufkochen und bei milder Hitze in 25 bis 30 Minuten garen. Den Grill vorheizen. Die Milch aufkochen, durch ein Sieb in die Suppe gießen und die Butter unterrühren. Würzig abschmecken, in Suppenteller verteilen und die Brotscheiben hineinlegen. Den Käse kleinwürfeln und darüberstreuen, unter dem heißen Grill goldgelb gratinieren.

Gemüsesuppen mit Käse

Würzige Spezialitäten: Tomatensuppe mit Mascarpone, Soupe au Pistou aus der Provençe, Spinatsuppe mit Ziegenkäse, Gemüsesuppe mit Kräutern (von oben nach unten).

SOUPE AU PISTOU

500 g frische weiße Bohnenkerne oder vorgekochte weiße Bohnenkerne
250 g Kartoffeln, 200 g Karotten
250 g reife Tomaten, 150 g Lauch
Salz
250 g Zucchini, 200 g grüne Bohnen
60 g Makkaroni
Für das Pistou:
3 Knoblauchzehen
Salz, frisch gemahlener schwarzer Pfeffer
12 bis 15 frische Basilikumblätter
50 g geriebener Parmesan, 65 ml Olivenöl

Die frischen Bohnenkerne mit 2 l Wasser aufkochen und etwa 30 Minuten leise köcheln. Die Kartoffeln schälen und würfeln, die Karotten putzen, waschen und in Scheiben schneiden. Die Tomaten brühen, häuten, entkernen und würfeln, den Lauch putzen, waschen und in Ringe schneiden. Die Gemüse zu den Bohnen geben, salzen und alles zusammen noch etwa 45 Minuten köcheln, bis die Zutaten ganz weich sind. Inzwischen die Zucchini waschen, putzen und würfeln, die grünen Bohnen putzen, waschen und in große Stücke brechen. Zucchini, Bohnen und Makkaroni in den Topf geben, alles noch 20 Minuten kochen lassen. Währenddessen das Pistou zubereiten: Die Knoblauchzehen schälen, mit Salz, Pfeffer und den Basilikumblättern im Mörser grob zerstoßen. Etwas Parmesan untermischen und alles unter Zugabe von etwas Olivenöl zu einer glatten Paste verarbeiten. Weiter abwechselnd Käse und Öl zugeben, bis beides aufgebraucht ist. Das Pistou zur Suppe servieren. Jeder rührt sich davon nach Geschmack selbst in die Suppe.

Pesto ist eine italienische Kräuterpaste aus frischem Basilikum, viel Knoblauch, Olivenöl, Parmesan und gerösteten Pinienkernen. Er gibt vielen Suppen eine besondere Würze, wird aber auch zu Spaghetti und anderen Nudelgerichten serviert. Eine französische Abwandlung ist das Pistou, das ohne Pinienkerne zubereitet wird.

GEMÜSESUPPE MIT KRÄUTERN

300 g gemischte Gemüse (gleiche Teile Zwiebeln, Lauch, Karotten, weiße Rüben, Staudensellerie)
30 g Butter, 1 EL Weizenvollkornmehl
1 l Rinderbrühe
1 Knoblauchzehe, 1/4 Lorbeerblatt
100 ml Sahne , 100 g Pecorino
Salz, frisch gemahlener weißer Pfeffer
frisch geriebene Muskatnuß
3 EL gehackte Kräuter (Basilikum, Estragon, Kerbel, Kresse, Schnittlauch, Thymian)

Die Gemüse putzen, waschen und in kleine Stücke schneiden. Die Butter in einem Topf zerlassen, die Gemüse darin anschwitzen. Das Mehl darüberstauben und anschwitzen, unter Rühren mit der Brühe auffüllen. Zum Kochen bringen, den Knoblauch schälen, pressen und mit dem Lorbeer dazugeben. Alles bei schwacher Hitze etwa 25 Minuten köcheln lassen, anschließend den Lorbeer wieder entfernen. Die Sahne angießen und die Suppe wieder aufkochen. Mit gut der Hälfte des Pecorino im Mixer pürieren, mit Salz, Pfeffer und Muskat abschmecken. Vorsichtig salzen, der Käse würzt kräftig. Die Kräuter unterrühren, die Suppe anrichten und mit dem restlichen Pecorino bestreuen.

Fein und deftig: Käse als Würzmittel und Zutat

TOMATENSUPPE MIT MASCARPONE

30 g Butter
50 g Zwiebelwürfel
30 g Karottenwürfel
2 vollreife Flaschentomaten (150 g)
150 g doppelt konzentriertes Tomatenmark
1 EL Mehl
1 l Fleischbrühe
1 Würzsträußchen (aus Lauch, Knoblauch, Sellerie, Lorbeerblatt, Thymian)
Salz, frisch gemahlener weißer Pfeffer
Zucker
100 g Mascarpone
60 g geriebener Provolone piccante

Die Butter in einem Topf zerlassen, die Zwiebel- und die Karottenwürfel darin anschwitzen, ohne daß sie Farbe annehmen. Die Flaschentomaten waschen, kleinschneiden und zusammen mit dem Tomatenmark einrühren. Das Mehl darüberstauben und gut verrühren, die Brühe angießen und glattrühren. Zum Kochen bringen, das Würzsträußchen hineinlegen und alles bei schwacher Hitze in 20 bis 25 Minuten garen. Mit Salz, Pfeffer und Zucker abschmecken, den Mascarpone unterrühren und die Suppe durch ein Sieb passieren, das Würzsträußchen zuvor entfernen. Den geriebenen Provolone piccante extra dazu servieren. Als Einlage schmecken Quarkklößchen (siehe Seite 151), Tomatenwürfel oder kleine Ravioli mit Käsefüllung gut.

SPINATSUPPE MIT ZIEGENKÄSE

40 g Butter
25 g Zwiebelwürfel
200 g Kartoffelwürfel
1 l Ziegen- oder Kuhmilch (oder halb Milch und halb Brühe)
50 g Aborio-Reis
2 Prisen Safran-Fäden
200 g Blattspinat
120 g geriebener Valençay
Salz
frisch gemahlener weißer Pfeffer
1 kleine Knoblauchzehe
40 g geriebener Ragusano

30 g Butter in einem Topf zerlassen, die Zwiebelwürfel darin glasig werden lassen. Die Kartoffelwürfel zugeben und mit anschwitzen, mit der Milch aufgießen. Zum Kochen bringen, den Reis und den Safran einrühren und die Suppe bei schwacher Hitze köcheln lassen, bis Kartoffeln und Reis gar sind. Inzwischen den Blattspinat verlesen, waschen und gut abtropfen lassen und in Streifen schneiden. Die Streifen in der restlichen Butter dünsten, bis sie zusammenfallen. Den Valençay in die Suppe rühren und schmelzen lassen, dann den Spinat untermischen. Die Suppe wieder erhitzen, mit Salz, Pfeffer und zerdrücktem Knoblauch abschmecken und, mit dem Ragusano bestreut, sofort servieren.

Suppen-einlagen

KÄSEBISKUIT

je 2 Eigelb und Eiweiß
1/4 TL Salz, etwas Muskatnuß
30 g Mehl
40 g geriebener Emmentaler oder Sbrinz
15 g Butter

Aus den Zutaten eine Biskuitmasse zubereiten, wie in den Arbeitsphasen beschrieben. Auf ein Blech streichen und im vorgeheizten Ofen bei 200°C 8 bis 10 Minuten backen. Zur Sicherheit aber schon vorher prüfen, denn solche dünnen Gebäcke reagieren sehr schnell auf Hitze, und die Temperaturen von Backöfen differieren bekanntlich vom einen zum anderen. Die im Rezept angegebenen Mengen sind für 8 Portionen bemessen.

Die Eigelbe mit dem Schneebesen kräftig verrühren und würzen. Die Eiweiße zu einem steifen Schnee schlagen.

Den steifen Schnee zu den Eigelben geben, etwas unterheben und dann das mit dem Käse vermischte Mehl einlaufen lassen und vorsichtig unterziehen.

Die Butter zerlaufen lassen, sie soll lauwarm sein, und unter die Masse ziehen. Nicht unnötig rühren.

Die Biskuitmasse auf ein mit Pergamentpapier ausgelegtes Blech 1 cm dick streichen. Sofort backen.

Die gebackene Biskuitplatte auf die Arbeitsfläche stürzen und etwas abkühlen lassen. Das Papier abziehen und die Teigplatte in kleine Quadrate schneiden.

KÄSETOAST ist eine knusprige Einlage für Kraftbrühen, Zwiebel- und Tomatensuppen. Dafür werden 50 g geriebener Gruyère, 1 Eigelb und 1 TL Weißwein oder Bier verrührt, mit Delikateß-Paprika gewürzt und auf 2 dünne, geröstete Toastscheiben gestrichen. Die Scheiben werden bei 250°C im Ofen goldgelb gebacken und dann in Rauten geschnitten.

EIERSTICH MIT KÄSE

70 ml Milch, 1 Ei
Salz, frisch gemahlener weißer Pfeffer
frisch geriebene Muskatnuß
30 g geriebener Gruyère
Butter für die Form

Die Milch erhitzen. Das Ei verquirlen, die Milch unterrühren und mit Salz, Pfeffer und Muskat würzen. Durch ein feines Sieb gießen und den geriebenen Käse untermischen. Eine hitzebeständige Form mit Butter ausstreichen und die Eiermilch hineingießen. Sie soll etwa 1 cm hoch sein. Im Wasserbad im vorgeheizten Ofen bei 130°C in 45 bis 50 Minuten stocken lassen. Den Eierstich erkalten lassen, stürzen und in Stücke schneiden oder attraktive Formen ausstechen. Als Einlage in heißer Kraftbrühe oder Tomatensuppe servieren.

QUARKKLÖSSCHEN

15 g Butter, 1 Eigelb
80 g Schichtkäse
Salz, frisch geriebene Muskatnuß
etwas gehacktes Basilikum oder gehackter Estragon
25 g Weißbrot

Die Butter zerlassen. Das Eigelb cremig rühren und mit der Butter vermischen. Den Schichtkäse dazugeben, mit Salz, Muskat und den Kräutern würzen. Alles glatt verrühren. Das Weißbrot reiben oder zerbröckeln, unter die Käsemasse rühren und 30 Minuten quellen lassen.

Gleichmäßige Klößchen erhält man am besten, wenn man den Teig auf die Handfläche gibt und mit einem Teelöffel kleine Portionen absticht.

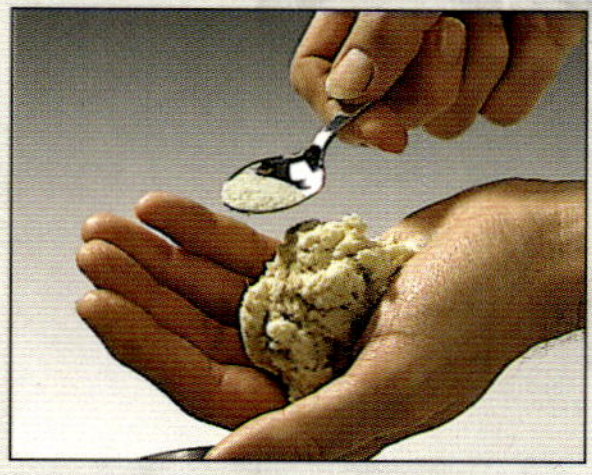

Alle Portionen werden exakt gleich, wenn man mit der Innenseite des Teelöffels an der Handfläche entlangstreift.

Der Teig wird dann mit dem Zeigefinger möglichst glatt vom Löffel in kochendes Salzwasser geschoben. Im Salzwasser in 4 bis 5 Minuten gar ziehen lassen.

In einer klaren Kraftbrühe kommt der Geschmack der Suppeneinlagen mit Käse meist am besten zur Geltung. Sie passen sich geschmacklich aber auch Cremesuppen an. Wichtig ist aber, daß sie, und das gilt vor allem für gebackene Einlagen, erst unmittelbar vor dem Servieren eingelegt werden.

ROQUEFORT-KUGELN

(ohne Abbildung)
1/8 l Wasser, 30 g Butter
1 Msp. Salz
100 g Mehl, 2 Eier
60 g Roquefort

Das Wasser mit der Butter und dem Salz in einer entsprechend großen Kasserolle zum Kochen bringen. Das Mehl zuschütten und rühren, bis sich ein Kloß bildet. Den Teig in eine Schüssel geben und die Eier nacheinander unterrühren. Den Käse mit einer Gabel zerdrücken und unter den Brandteig mischen, bis er sich vollständig aufgelöst hat. Mit dem Spritzbeutel und Lochtülle Nr. 6 kleine Kügelchen auf ein Blech spritzen und im vorgeheizten Ofen bei 220°C goldbraun backen.

EIERPFANNKUCHEN MIT KÄSE

45 g Mehl
100 ml Milch, 1 Ei
Salz, frisch gemahlener weißer Pfeffer
1/2 EL zerlassene Butter
50 g geriebener Parmesan
1 EL Schnittlauchröllchen
Butter zum Ausbacken

Die Eierpfannkuchen wie folgt zubereiten:

Zuerst werden Mehl und Milch glatt verquirlt, danach kommen das Ei, Gewürze, zerlassene Butter, geriebener Käse und Schnittlauchröllchen dazu. Der Teig sollte mindestens 30 Minuten quellen.

Nur soviel Butter in einer Pfanne erhitzen wie nötig. Dann den Teig eingießen und die Pfanne schwenken. Nur eine dünne Schicht sollte den Boden bedecken.

Sobald der Pfannkuchen auf einer Seite goldbraun ist, wird er vorsichtig gewendet und auf der anderen Seite ebenfalls goldbraun gebacken. Nach und nach den ganzen Teig verarbeiten.

Die Pfannkuchen nebeneinander auskühlen lassen, damit sie nicht weich werden. Zum Schneiden übereinanderlegen und in 1/2 cm breite Streifen schneiden. Sie dürfen durchaus etwas abtrocknen, bevor sie in die Suppe kommen.

EIER TOAST UND AUFLÄUFE

Eier und Käse: harmonisch und abwechslungsreich.

Diese beiden Grundprodukte passen fast immer zusammen. Vor allem können Eier mit beinahe allen Käsesorten kombiniert werden; gleichgültig, ob scharf oder mild, es kommt nur auf die Käsemenge an.

PFANNKUCHEN MIT ROQUEFORT-FÜLLUNG.
Einen Crêpes-Teig nach dem Grundrezept (Seite 163) zubereiten. 8 Pfannkuchen ausbacken und abkühlen lassen. Für die Füllung je 100 g Ricotta und Roquefort durch ein Sieb streichen und mit 2 Eiern glattrühren. 60 g geriebenen Parmesan, 40 g geröstete Vollkorn-Roggenflocken sowie frisch gehackte Kräuter (je 1 EL Basilikum, Petersilie und Schnittlauch) untermischen. Die Füllung eventuell mit Salz, Pfeffer und Muskat abschmecken und mindestens 1 Stunde quellen lassen. Nun die Füllung auf die Pfannkuchen verteilen und sie einrollen. Mit etwa 25 g weicher Butter eine Auflaufform ausbuttern und die Pfannkuchen bestreichen. In die Form legen und im Backofen auf mittlerer Schiene 10 Minuten bei 220°C backen. Mit 60 g geriebenem mittelaltem Gouda und 20 g geriebenem Parmesan bestreuen und bei 250°C auf mittlerer Schiene 2 bis 3 Minuten gratinieren. 2 Tomaten enthäuten, halbieren, entkernen und in Würfel schneiden. Die Tomaten mit Salz, Pfeffer und Zucker würzen und in einer Kasserolle in 25 g heißer Butter schwenken. Dann mit 1 EL Kräutern (Petersilie, Basilikum und Schnittlauch) bestreuen und über die Pfannkuchen geben.

Jeder schmilzt anders

Welchen Käse man für ein bestimmtes Gericht zum Überbacken verwendet, wird meist von verschiedenen Faktoren bestimmt. Daß er mit den übrigen Zutaten harmoniert, hat in der Regel absolute Priorität. Dann stellt sich aber gleich die Frage, wie sich der Käse beim Schmelzen verhält, also ob er seine Form behält oder stark läuft und welche Konsistenz er in warmem, geschmolzenem Zustand hat. Es gibt Sorten, die stark Fäden ziehen, und andere, die "kurz" und fast "brüchig" bleiben. Für das Schmelzverhalten ist sicher zuallererst die Relation von Wassergehalt zu Trockenmasse maßgebend. Weichkäse mit hohem Feuchtigkeitsanteil schmilzt sicher schneller als, nur um das andere Extrem zu nennen, Extrahartkäse. Aber auch Alter und Fettgehalt sind nicht unwichtig. Junger Käse reagiert auf Hitze in der Regel spontaner als gut ausgereifter. Sehr alte Käse, die man schon wegen ihres oft sehr ausgeprägten, pikanten Geschmacks bevorzugen würde, taugen meist nicht zum Überbacken, weil sie sozusagen "auslaufen", das heißt, sich das Fett durch die Hitzeeinwirkung von der festen Masse trennt. Welche Sorte man auch verwendet, der ideale Käse ist in den meisten Fällen der reife, weder zu junge, noch zu alte. Das Schmelzergebnis einiger Sorten wird auf der rechten Seite gezeigt. Für kreative Köche ist dies aber sicher nicht ausreichend; deshalb sollte man sich im Zweifelsfall die Mühe machen, ein kleines Stück zur Probe zu schmelzen. So läßt sich einwandfrei feststellen, ob der Käse für den gewünschten Zweck der richtige ist, denn unterschiedliche Gerichte verlangen auch eine differenzierte Reaktion des Käses.

Toast, frisch aus dem Ofen. Mit dem beliebten Zwischen- und Schnellgericht kann man am besten testen, welchem Käse man für die geschmolzenen Scheiben den Vorzug gibt. Auf alle Fälle sollten es Käsesorten sein, die nicht zu sehr laufen, was nämlich zur Folge hätte, daß sich mehr Käse neben als auf dem Toast befände. Gut eignen sich Cheddar, Gouda-Typen (wie im Bild oben), Trappisten- und Steppenkäse. Wenn man auf Naturkäse verzichten will, bieten sich die speziell zum Toasten entwickelten Schmelzkäsescheiben an.

Die Käsesorten wurden alle bei gleichen Bedingungen und gleicher Temperatur, 200°C Strahlungshitze von oben, getestet.

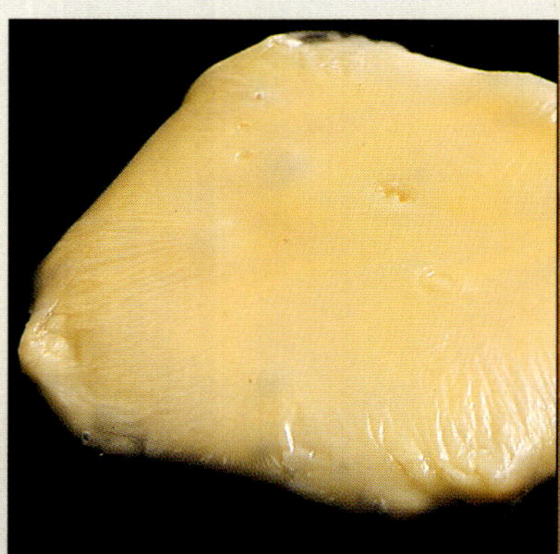

Geringer Fettgehalt, wie bei diesem Gouda mit 30% F.i.T., war keine gute Voraussetzung zum Schmelzen. Er lief zwar kaum, war aber von "gummiartiger" Konsistenz.

Käse schmelzen, scheibchenweise

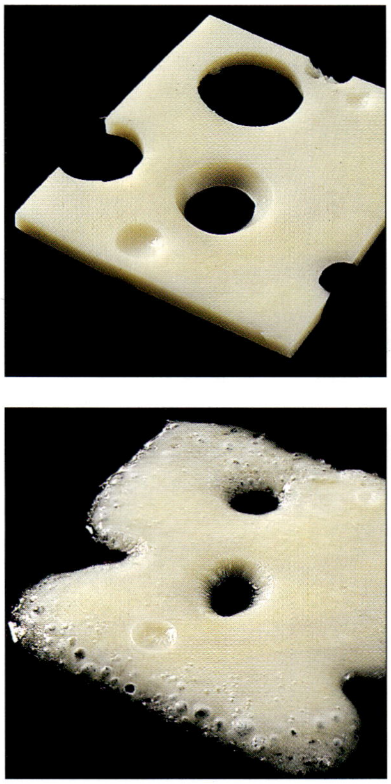

Emmentaler garantiert geschmacklich ein gutes Ergebnis. Er reagiert aber sehr plötzlich auf Hitzeeinwirkung und läuft an den Rändern. Gerieben oder geraspelt eignet er sich ideal für Aufläufe oder Gratins.

Roquefort schmilzt angenehm, jedoch nur der helle Käseteig. Die Schimmeladern bleiben fest. Sehr pikant, schon wegen seines hohen Salzgehalts, der beim Kombinieren geschmacklich berücksichtigt werden muß.

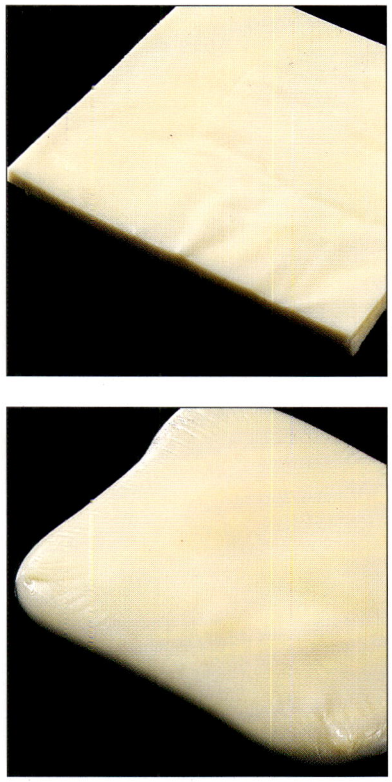

Schmelzkäsescheibe. Es gibt Sorten, die ganz speziell für das Überbacken entwickelt wurden. Sie laufen nur ganz wenig, sind von einer dünnen Haut überzogen, bleiben aber trotzdem im Inneren geschmeidig und weich.

Ramequin, der traditionsreiche Käseauflauf aus der Westschweiz, ist ein gutes Beispiel für geschmolzenen Käse in Scheiben. Der leicht schmelzende Emmentaler, der dafür verwendet wird, ist ideal, weil er sich bestens mit den Brotscheiben verbindet.

Trappistenkäse. Diese ganze Käsefamilie hat gute Schmelzeigenschaften. Sie verändern ihre Form kaum, werden aber durch und durch weich und sehr geschmeidig. Ideal für Toasts, Pizzen, aber auch für Gratins.

Fontina. Dazu gehört auch der verwandte Fontal. Sie schmelzen besonders leicht, verlaufen allerdings auch extrem stark. Sind also bestens geeignet, wenn sich der Käse mit der Unterlage gut verbinden soll.

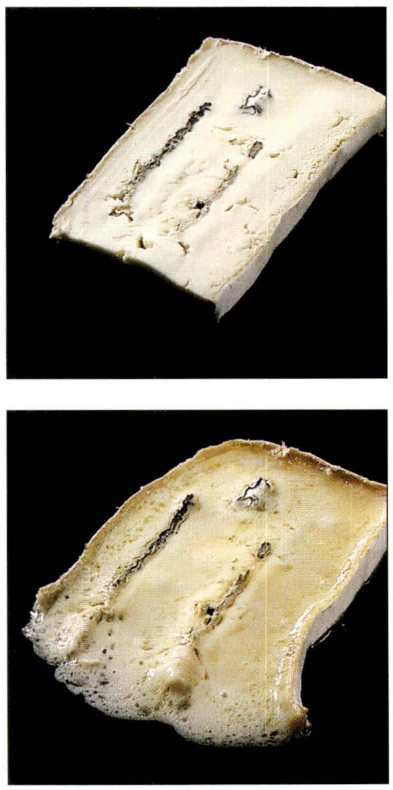

Weichkäse mit Schimmelrinde. Sein fettreicher, weicher Teig schmilzt schnell, Rinde und blauer Innenschimmel bleiben aber "stehen". Die Rinde schmeckt oft unangenehm bitter, also nach dem Schmelzen lieber abschneiden.

WELSH RABBIT (RAREBIT) - reifer Cheddar in Bier geschmolzen. Für dieses traditionelle britische Gericht in einem Topf etwas Butter zerlassen, dann helles Bier zufügen. Salzen und pfeffern. Mehrere Handvoll geraspelten Cheddar in das Bier geben und bei mittlerer Temperatur schmelzen. Mit Senf und Worcestersauce geschmacklich abrunden (Bild oben). Die cremige Masse über ein gebuttertes Röstbrot verteilen (Bild Mitte) und kurz im vorgeheizten Ofen grillen, bis die Oberfläche hellbraun ist (Bild unten).

TOAST MIT LAMM-MEDAILLON

250 g Lammrückenfilet in 8 gleich schwere Medaillons schneiden, flachklopfen, salzen und pfeffern. Eine mittelgroße Zucchini waschen, in Scheiben schneiden und ebenfalls salzen und pfeffern. 250 g frische Champignons putzen und in Scheiben schneiden. 4 Scheiben Weißbrot toasten. Die Medaillons und Zucchini in 30 g Butter braten und die Champignons in 10 g Butter anziehen lassen. Zucchini, Medaillons und Champignons auf den Brotscheiben anrichten und 1/2 TL gehackten Thymian darüberstreuen. 100 g Hartkäse aus Schafmilch (zum Beispiel Manchego) in feine Streifen schneiden und auf die Toasts verteilen. Bei 250°C auf oberster Schiene überbacken.

THUNFISCH-TOAST MIT MOZZARELLA

2 mittelgroße Zwiebeln schälen, halbieren, in Scheiben schneiden und in 30 g Butter dünsten. 200 g Thunfisch in Öl (1 Dose) abtropfen lassen. 1 Pfefferschote (Peperoni) entkernen und in dünne Ringe schneiden. Jeweils 12 grüne und schwarze Oliven halbieren und entkernen. 4 Scheiben Weißbrot toasten. 1 Mozzarella (150 g) in 8 Scheiben schneiden. Die gedünsteten Zwiebeln auf die Weißbrotscheiben verteilen und mit dem Thunfisch, den Pfefferschoten und den Oliven belegen. 1 EL gehackte Kräuter darüberstreuen. Zum Schluß auf jeden Toast 2 Scheiben Mozzarella legen und diese mit 40 g Parmesan bestreuen. Bei 250°C überbacken.

CHEDDAR-TOAST MIT LEBER UND CALVADOS-ÄPFELN

2 Äpfel schälen, halbieren, entkernen und in Spalten schneiden. Mit 5 cl Calvados beträufeln und 1/2 TL Zucker bestreuen. Die Äpfel mit 100 ml Sahne aufkochen und in 3 bis 4 Minuten garziehen lassen. 1/2 rote Zwiebel schälen, in feine Scheiben schneiden und in wenig Butter glasig dünsten. 4 Scheiben Weißbrot rösten. 200 g Kalbsleber in 4 gleiche Scheiben schneiden, salzen und pfeffern und in 30 g Butter in etwa 3 Minuten rosa braten. Auf jede Brotscheibe ein Stück Leber geben und mit 4 Apfelspalten belegen. Mit den Zwiebelringen sowie grünen Pfefferkörnern bestreuen und jeweils mit 1 Scheibe Cheddar à 30 g bedecken. Bei 250°C auf oberster Schiene goldgelb überbacken.

TOAST MIT STILTON UND PORTWEIN-BIRNE

2 mittelgroße Birnen schälen, halbieren, entkernen und in 200 ml rotem Portwein in etwa 15 bis 20 Minuten garen, dann abkühlen lassen. Die Birnenhälften auf Küchenkrepp abtropfen lassen und fächerartig einschneiden. 4 Scheiben Vollkorn-Toast rösten und noch warm dünn mit Butter bestreichen, damit sie in das Brot einziehen kann. Die Birnen auf die Brote verteilen, mit 8 Scheiben Stilton (200 g) belegen und bei 250°C auf oberster Schiene gratinieren - aber Vorsicht, der Stilton schmilzt schnell. Vor dem Servieren mit Zitronenmelisse und frischen grünen Pfefferkörnern garnieren.

Frisch aus dem Ofen

So schmecken mit Käse überbackene Brote einfach am besten, erst dann entfalten sie ihr volles Aroma. Es ist auch gar nicht so schwierig, sie zum richtigen Zeitpunkt frisch aus dem Ofen auf den Tisch zu bringen. Fast alle Toasts lassen sich so weit vorbereiten, daß man sie nur noch überbacken braucht.

Delikat und exklusiv - eine Kombination, die man probieren sollte. Scheiben von reifem Brie de Meaux (ohne Rinde) auf geröstetem Weißbrot schmelzen und mit reichlich Kaviar krönen.

CROSTINI MIT PECORINO UND SARDELLEN

50 g Ricotta, 150 g geriebener Pecorino romano
1 Ei, 1 Eigelb, 2 EL Weißwein
8 Sardellenfilets
1 TL gehackte Kräuter (Thymian und Petersilie)
2 gepreßte Knoblauchzehen, Salz und Pfeffer
4 Scheiben Weißbrot

Den Ricotta durch ein Sieb streichen, mit dem Pecorino, dem Ei, dem Eigelb und mit dem Weißwein vermischen. 4 Sardellenfilets hacken und mit den Kräutern und dem Knoblauch zufügen, mit Salz und Pfeffer abschmecken. Das Brot toasten, mit der Käsemasse bestreichen und auf oberster Schiene bei 250°C gratinieren. Mit jeweils 1 Sardellenfilet garnieren und sofort servieren!

SPANISCHE CROSTADA

300 g Schafkäse (junger Manchego)
100 ml Weißwein
Salz, Pfeffer, 1 TL Oregano
3 gepreßte Knoblauchzehen
4 Scheiben Bauernbaguette
2 EL Olivenöl, 1 Ei
1 EL feingehackte Petersilie

Den Schafkäse durch ein grobes Sieb streichen oder fein zerkrümeln und mit dem Weißwein zu einer glatten Masse verarbeiten. Mit Salz und Pfeffer abschmecken und den Oregano sowie den Knoblauch zugeben. Das Brot mit dem Olivenöl beträufeln und der Käsemasse bestreichen. Das Ei verquirlen und die Oberfläche der Crostadas damit bestreichen. Im Backofen bei 250°C etwa 3 Minuten gratinieren und mit Petersilie bestreuen.

GEBACKENER CAMEMBERT. 125 g Camembert (1 Schachtel) in 8 Keilstücke schneiden. 1 Ei und 1 EL Öl verquirlen. 25 g geriebenes Weißbrot und 25 g geriebene Walnußkerne vermischen. Die Käseecken in Mehl wenden und durch das verquirlte Ei ziehen. Dann in der Weißbrot-Nuß-Mischung wälzen und diese gut festdrücken. Die Camembertecken schwimmend in 180°C heißem Öl goldbraun backen.

APPENZELLER-WÜRFEL

75 g Mehl, 110 ml Weißwein, 1 Ei
1 Prise Salz, 1/2 TL Zucker
300 g Appenzeller
Öl zum Fritieren

Das Mehl in eine Schüssel sieben und mit dem Weißwein glattrühren. Das Ei trennen und das Eigelb unter den Teig rühren. Den Teig salzen, dann 20 bis 30 Minuten ruhen lassen. Den Appenzeller in Würfel von etwa 2 cm Kantenlänge schneiden. Das Eiweiß unter langsamer Zugabe des Zuckers zu steifem Schnee schlagen und unter den Teig heben. Die Käsewürfel in Mehl wälzen, durch den Teig ziehen und schwimmend in heißem Öl bei 180°C in etwa 2 Minuten goldgelb ausbacken. Auf Küchenkrepp abtropfen lassen.

KÄSE-SCHINKEN-FRITTERS

(ohne Abbildung)
400 g mittelalter Gouda
120 g durchwachsener Räucherspeck
Mehl, 1 Ei, 150 g Semmelbrösel zum Panieren
Öl zum Ausbacken
Zahnstocher

Den Käse in Würfel von etwa 2 1/2 cm Kantenlänge und den Räucherspeck in dünne Scheiben schneiden. Eine halbe Speckscheibe um jeden Käsewürfel wickeln und mit einem Zahnstocher festhalten. Im Mehl wenden, durch das verrührte Ei ziehen und zweimal mit den Semmelbröseln panieren. In Öl bei 180°C ausbacken und auf Küchenkrepp abtropfen lassen.

CROQUE AU GRUYERE

30 g Butter, 35 g Mehl, 1/4 l Milch
2 Eigelb, 50 g Gruyère, 30 g Pecorino
1 Prise Muskat, eventuell Salz
1 Zweig Thymian
Mehl, 1 Ei, 150 g Semmelbrösel zum Panieren
Öl zum Ausbacken

Die Butter in einem Topf zerlaufen lassen und das Mehl darin farblos anschwitzen. Mit der Milch aufgießen, glattrühren und 20 Minuten kochen, dabei ständig rühren, damit die Béchamelsauce nicht ansetzt. Den Topf von der Kochstelle nehmen und die Eigelbe nacheinander in die Flüssigkeit einrühren. Alles nochmals aufkochen lassen und durch ein feines Sieb passieren. Den geriebenen Gruyère und Pecorino, die Gewürze und die abgestreiften Thymianblättchen zugeben. Die Masse auf einer gebutterten Alufolie auf 16 x 12 cm ausstreichen, mit Folie bedecken und 1 bis 1 1/2 Stunden kühlen. Danach die Platte längs in drei gleiche Teile und quer in etwa 1,5 cm breite Streifen schneiden. Die Kroketten zweimal panieren und 2 bis 3 Minuten in 180°C heißem Öl fritieren, anschließend auf Küchenkrepp abtropfen lassen.

KÄSE-PLÄTZCHEN

40 g Edelpilzkäse, 100 g Schichtkäse

1 Ei, 30 g Butter, 20 g geriebener Sbrinz

50 g geriebenes Weißbrot

1 Bund Schnittlauch, Pfeffer, Salz, Muskat

Öl zum Braten

Den Edelpilzkäse und den Schichtkäse durch ein Sieb streichen und vermengen. Das Ei in einer Schüssel verrühren und mit der flüssigen Butter zum Käse geben. Den Sbrinz und die Weißbrotbrösel unterrühren und die Gewürze sowie den gehackten Schnittlauch dazugeben. 2 bis 3 Stunden quellen lassen. Aus der Masse mit geölten Händen 8 gleich große, flache Plätzchen formen. In einer Pfanne in heißem Öl unter mehrmaligem Wenden 3 bis 4 Minuten braten.

QUESO FRITO

250 g Schafkäse (zum Beispiel junger Manchego)

Salz, schwarzer Pfeffer

3 EL gehackte Kräuter (Petersilie und Thymian)

4 gepreßte Knoblauchzehen

Mehl, 1 Ei und 1 Eigelb zum Panieren

Öl zum Ausbacken

Den Käse in 8 gleich dicke Scheiben schneiden, salzen und pfeffern. Den Knoblauch mit den Kräutern vermischen und damit die Käsescheiben beidseitig bestreichen. Die Käsescheiben im Mehl wenden und durch die verquirlten Eier ziehen. Darauf achten, daß das Mehl mit der Eimasse gut durchtränkt wird. Bei 180°C in reichlich heißem Fett 2 bis 3 Minuten in der Pfanne ausbacken und auf Küchenpapier abtropfen lassen.

KNUSPRIGER ZIEGENKÄSE

(ohne Abbildung)

400 g Ziegenschnittkäse (wie Ziegengouda)

1 EL edelsüßes Paprikapulver, 2 EL Mehl, 1 Ei und 150 g Semmelbrösel zum Panieren

Öl zum Ausbacken

Den Ziegenkäse ohne Rinde in Stangen von 1 1/2 cm Stärke und 6 cm Länge schneiden. Das Paprikapulver mit dem Mehl vermischen. Die Käsestangen darin wälzen, durch das verquirlte Ei ziehen und mit den Semmelbröseln zweimal panieren, dabei die Semmelbrösel fest andrücken. In 180°C heißem Öl hellbraun ausbacken und auf Küchenkrepp abtropfen lassen.

Zwischen Brotscheiben gebacken

Dieses traditionelle italienische Rezept ist ein exzellentes Beispiel, wie gut geschmolzener Käse zwischen Brotscheiben und in knuspriger Hülle schmecken kann. Mozzarella ist dafür natürlich bestens geeignet. Aber auch andere Käse kann man auf die gleiche Art zubereiten, wie zum Beispiel die Gorgonzola-Schnitten auf dieser Seite. Eine ganz delikate Variante läßt sich mit Tomme de Savoie herstellen. Wie für Mozzarella in Carozza werden Weißbrotscheiben mit Eiermilch getränkt und eine Hälfte von ihnen mit Dijon-Senf bestrichen. Darauf wird eine Scheibe Tomme de Savoie, 1/2 cm dick und ohne Rinde, gelegt. Weiterverarbeiten, wie in den nebenstehenden Arbeitsphasen beschrieben.

MOZZARELLA IN CARROZZA

2 Mozzarella (à 150 g)

2 Eier, 150 ml Milch

24 dünne Scheiben Baguette

4 Sardellenfilets, gehackt

Salz, schwarzer Pfeffer

Paniermehl

160 g Butterschmalz

Die Mozzarella-Schnitten zubereiten, wie in den nebenstehenden Zubereitungsphasen beschrieben. Jeweils 2 Mozzarella auf einem Teller anrichten. Dazu kann Salat gereicht werden.

Zubereitung von Mozzarella in Carrozza:

Die gut abgetropften Mozzarella mit einem geeigneten Messer in je 6 Scheiben schneiden.

Die Eier in eine Schüssel schlagen und die Milch zugießen. Alles mit einem Schneebesen verquirlen.

Mit Hilfe einer Gabel die Brotscheiben unter Wenden mit der Eiermilch tränken.

Die Mozzarella-Scheiben auf die Brote legen, mit den Sardellen bestreuen und kräftig würzen. Die restlichen Brotscheiben darauflegen und fest andrücken.

Das Paniermehl auf einen flachen Teller geben und die belegten Brotschnitten darin wenden.

Mit den Händen das Paniermehl andrücken, damit es gut haften bleibt.

In einer Pfanne das Butterschmalz erhitzen und die panierten Brotschnitten hinein legen.

Die Schnitten unter Wenden auf beiden Seiten goldbraun braten.

GORGONZOLA-SCHNITTEN. Von 8 Scheiben Toastbrot die Rinde abschneiden. 250 g Gorgonzola in Scheiben schneiden, deren Kantenlängen 1 cm kürzer sind als die der Brotscheiben. 30 g Parmaschinken feinwürfeln. 1 Ei mit 75 ml Sahne verquirlen und die Toastscheiben darin wenden. Eine Hälfte der Toastscheiben mit Gorgonzola und Parmaschinken belegen, die andere darauflegen und festdrücken. In Paniermehl wenden und in 80 g heißem Butterschmalz goldgelb braten.

POCHIERTES EI MIT SAUCE MORNAY

Ein klassisches Beispiel für eine gelungene Kombination von Ei und Käse. Pochierte Eier eignen sich besonders gut, Spinat rundet das Ganze hervorragend ab.

Für die Sauce:

25 g Butter, 30 g Mehl, 1/2 l Milch

Salz, Pfeffer, Muskat

1 Eigelb, 100 ml Sahne, 30 g geriebener Parmesan

1 bis 2 EL geschlagene Sahne

Für den Spinat:

300 g Blattspinat, 30 g Butter, Salz, Pfeffer, Muskat

Für die Eier:

4 pochierte Eier

Eine Sauce Mornay zubereiten, wie unten beschrieben. Den küchenfertigen Spinat in der heißen Butter zusammenfallen lassen und mit den Gewürzen abschmecken. Die Eier pochieren, auf dem Blattspinat anrichten und mit der Sauce Mornay bedecken. 2 bis 3 Minuten bei 250°C überbacken.

Sauce Mornay:

Die Butter zerlaufen lassen, das Mehl zugeben und unter Rühren in 1 bis 2 Minuten farblos anschwitzen.

Die Milch zugeben, glattrühren und mit den Gewürzen abschmecken. Etwa 20 Minuten unter ständigem Rühren kochen.

Eigelb und Sahne verquirlen. Die Sauce damit legieren und unter Rühren einmal kräftig aufkochen.

Die Sauce nun durch ein feines Sieb passieren, um eventuell entstandene Klümpchen herauszufiltern. Nochmals erhitzen.

Den Käse zugeben und unter Rühren auflösen. Dann erst die geschlagene Sahne unterheben.

POCHIERTE EIER

Eier

1 l Wasser, 50 ml Weißweinessig

leicht gesalzenes Wasser

In das Pochierwasser wird nie Salz gegeben, sondern nur Essig. Denn Salzwasser wird als "Stopp-Wasser" zum Unterbrechen des Garvorganges verwendet. Das Essigwasser aufkochen, die Hitzezufuhr drosseln und die Eier einzeln pochieren. Die Eier sind gar, wenn das Eigelb auf leichten Fingerdruck noch nachgibt.

Pochieren: Garen ohne Schale

Die gut gekühlten Eier einzeln aufschlagen und in das siedende Wasser gleiten lassen. Mit einer Schöpfkelle auffangen, um das Ei in Form zu halten.

Das Ei in 3 bis 4 Minuten garziehen lassen. Das fertige Ei in der Schöpfkelle vorsichtig aus dem Essigwasser herausnehmen.

Das pochierte Ei in vorbereitetes, lauwarmes Salzwasser legen. Auf diese Weise wird verhindert, daß es hart wird.

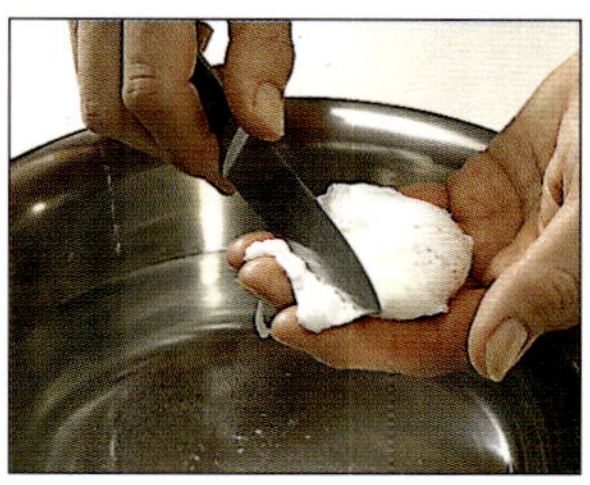

Die Eiweißfäden abschneiden. Vor dem Servieren die Eier in 55 bis 60°C heißem, leicht gesalzenem Wasser erwärmen.

RÜHREI MIT KÄSE. 8 Eier mit 8 EL Sahne verschlagen, mit Salz und weißem Pfeffer abschmekken. 150 g gewürfelten Bergkäse zu der Eiermasse geben. 1 Bund Schnittlauch in feine Röllchen schneiden. 40 g Butter in einer Pfanne bei niedriger Temperatur zerlassen. Die Eier-Käse-Masse hineingeben und mit einem Holzlöffel rühren, bis sie zu zarter Konsistenz stockt. Auf Tellern anrichten und mit Schnittlauch bestreuen.
Tip: Mehr als zwei Portionen sollte man nicht auf einmal zubereiten.

KÄSE-OMELETTE

Für dieses klassische Rezept eignen sich auch andere Käsesorten: wie Käse der Gruyère-Familie oder pikanter Schafkäse, Fontina oder fettreicher Edelpilzkäse.

Für die Omelette:

3 Eier, 30 g geriebener Parmesan, Salz und Muskat

Für das Gemüse:

1 mittelgroße Tomate, 40 g Zucchini, 2 EL Olivenöl

1 Prise Zucker, Schnittlauch, Petersilie

Zum Garen:

10 g Butter

Die im Rezept angegebenen Mengen ergeben eine Portion. Die Tomate brühen, enthäuten, Kerne entfernen und das Fruchtfleisch würfeln. Die Zucchini in feine Streifen schneiden und im Olivenöl andünsten, dann die Tomatenwürfel und den Zucker dazugeben und kurz anziehen lassen. Die gehackten Kräuter darüberstreuen. Für die Omelette mit einem Schneebesen die Eier mit dem Parmesan verquirlen und mit Salz und Muskat würzen. Dann wie folgend weiterarbeiten:

Die Butter in einer Pfanne erhitzen und die Ei-Käse-Masse hineingeben.

Die Omelette-Masse mit einer Gabel rühren, bis sie zu stocken beginnt. Dabei nicht die Bodenschicht der Omelette verletzen.

Die Omelette mit einer Gabel an den Pfannenrand schieben und durch Klopfen auf den Pfannenstil überklappen lassen.

Die fertig gebackene Omelette in eine vorgewärmte Auflaufform gleiten lassen.

Das bereits gedünstete Gemüse über die Omelette geben und servieren.

Aus der Pfanne und dem Ofen

EIER IM NÄPFCHEN

60 g Emmentaler, 60 g gekochter Schinken

10 g Butter, 60 ml Sahne

Salz und Pfeffer, 4 Eier

1 EL feingeschnittener Schnittlauch

Den Emmentaler und den Schinken in kleine Würfel schneiden. Vier kleine Auflaufförmchen mit der Butter ausstreichen und die Käse-Schinken-Masse darauf verteilen. Die Sahne erhitzen, mit Salz und Pfeffer würzen und mit einem Löffel in die Förmchen geben (Bild unten). Ein Ei in jedes Förmchen geben, mit Schnittlauch bestreuen und mit Alufolie abdecken (Bild ganz unten). Im Wasserbad in 10 bis 12 Minuten im vorgeheizten Backofen bei 180° garziehen lassen. Sofort servieren.

SCHNELLE EIERPFANNE. Butter in einer Pfanne zerlassen, 2 Scheiben Salami einlegen und 2 Eier darüberschlagen. 2 Scheiben Emmentaler darauflegen, mit Salz und Kräutern würzen und bei geschlossenem Deckel garen.

Crêpes-Teig mit Käse:

Das Mehl in eine Rührschüssel geben, die Milch zufügen und mit dem Mehl glattrühren.

Die Eier aufschlagen, dazugeben und mit einem Schneebesen unterrühren.

Die zerlassene, lauwarme Butter unter Rühren in einem dünnen Strahl dazugeben.

Diese Masse durch ein feines Sieb passieren. Den Käse zugeben und alles etwa 1 Stunde ruhen lassen.

In einer Pfanne etwas Butterschmalz zerlassen. Dann die Pfanne dünn mit dem Crêpes-Teig ausgießen.

Die Crêpes auf beiden Seiten goldgelb backen und auf einem flachen Teller auskühlen lassen.

PALATSCHINKEN

Für den Teig:
50 g Mehl, 150 ml Milch, 2 Eier
je 1 Prise Salz und Pfeffer
20 g zerlassene Butter, 25 Grana padano
30 g Butterschmalz zum Ausbacken
Für die Füllung:
1/2 mittelgroße Zwiebel, 20 g Butter
450 g Champignons, Salz und Pfeffer
350 ml Sahne, 1 TL gehackte Petersilie
Für den Guß:
100 g Schichtkäse oder Ricotta
2 Eier, 100 ml Sahne, 30 g geriebener Grana padano
Salz, Pfeffer, Muskat
etwas Butter für die Form

Einen Crêpes-Teig zubereiten, wie in den nebenstehenden Arbeitsphasen beschrieben. Für die Füllung die Zwiebel in feine Würfel schneiden und in der erwärmten Butter andünsten. Die Champignons küchenfertig vorbereiten, zu den Zwiebeln geben und mit Salz und Pfeffer würzen. Wenn der Fond, der sich gebildet hat, verdunstet ist, den aufgekochten, passierten Rahm zugeben und einkochen lassen. Die Füllung auf die fertiggebackenen Crêpes verteilen, diese aufrollen und in eine ausgebutterte Auflaufform setzen. Für den Guß den Schichtkäse durch ein Sieb streichen und mit den Eiern sowie der Sahne glattrühren. Würzen und über die Crêpes gießen und den Grana padano darüberstreuen. Im vorgeheizten Backofen bei 220°C auf mittlerer Schiene 10 bis 12 Minuten überbacken.

KÄSE-SOUFFLE

Leichter und luftiger kann man Käse nicht genießen. In Frankreich gehört das "Soufflé au fromage" zum Küchen-Alltag, und es gibt eigentlich keinen Grund, den Erfolg zu bezweifeln, wenn man die nebenstehende Arbeitsabfolge beachtet. Unter eine Béchamelsauce wird Eischnee gezogen und das Ganze gebacken. Wie bei allen Teigen, die Eischnee zur Lockerung enthalten, muß man nur das richtige "timing" finden, um den hochempfindlichen Eischnee so unter die Käsesauce zu heben, daß er möglichst wenig an Volumen verliert. Das heißt, sobald er steif und geschmeidig ist, ohne Verzögerung unter die Käsesauce heben.

60 g Butter, 30 g Mehl, 1/4 l Milch

1/2 TL Salz, frisch gemahlener Pfeffer

etwas geriebene Muskatnuß

4 EL Sahne, 5 Eigelb

150 g geriebener alter Gouda oder Gruyère

5 steifgeschlagene Eiweiß

Butter zum Fetten der Form

Das Käse-Soufflé, wie beschrieben, zubereiten. Für die angegebenen Mengen benötigt man eine Souffléform mit 1 l Inhalt. Bei 180°C wird das Soufflé 20 Minuten auf unterer Schiene gebacken, dann 20 bis 25 Minuten bei 200°C. Es ist fertig, wenn es kräftig gebräunt und hoch aufgegangen ist. Sofort servieren!

Zubereitung eines Soufflés:

Die Butter in einer Kasserolle zerlaufen lassen und dann erst das Mehl auf einmal hinzufügen.

Bei schwacher Hitze wie bei einer Mehlschwitze etwa 2 bis 3 Minuten kräftig rühren.

Die Milch nach und nach unterrühren. Alles würzen, aufkochen und 15 Minuten leise köcheln lassen.

Mit dem Schneebesen durchrühren, dabei am Topfboden entlang fahren, um ein Ansetzen zu verhindern. Die Sahne zugießen.

Die Eier trennen und die Eigelbe nacheinander unterrühren. Erst wenn ein Eigelb ganz untergemischt ist, das nächste zugeben.

Den geriebenen Käse zuletzt zugeben. Die Masse in eine Rührschüssel umfüllen und etwas abkühlen lassen.

Die zu steifem Schnee geschlagenen Eiweiße mit einem Spatel unter die noch lauwarme Käsesauce heben.

Den fertigen Teig in die gefettete Souffléform füllen. Sofort in den vorgeheizten Backofen schieben.

QUARKAUFLAUF MIT PORTWEIN-SAUCE

In Portionsförmchen von etwa 1/8 l Inhalt kann man eigentlich alle Soufflés zubereiten, wenn es erforderlich ist. Insbesondere natürlich in der Gastronomie, aber auch im privaten Haushalt hat dies Vorteile, da sie schon in der Küche auf Tellern angerichtet werden können.

Für die Quarkmasse:

100 g Ricotta, 3 Eigelb

25 g Dreikornflocken

60 g geriebener Provolone piccante

Salz, schwarzer Pfeffer, Muskat

4 Eiweiß

Zum Ausfetten der Förmchen:

10 g Butter, 25 g gehackte Dreikornflocken

Für die Portwein-Sauce:

10 g Butter, 1 feingehackte Schalotte

je 100 ml weißer Portwein, Fleischbrühe und Sahne

1/2 TL Mehlbutter

Salz und Pfeffer

8 rote Weinbeeren, 1 EL gehackte Walnußkerne

Den Ricotta durch ein Sieb streichen und mit den Eigelben glattrühren. Die Dreikornflocken sowie den geriebenen Käse untermischen und die Masse mit den Gewürzen kräftig abschmecken. Die Förmchen ausbuttern und mit den Flocken ausstreuen. Nun die Eiweiße mit einer Prise Salz steifschlagen und unter die Ricotta-Masse heben. Im Wasserbad bei 220°C im vorgeheizten Backofen in 12 bis 15 Minuten garziehen lassen. Für die Sauce die Schalotte in der Butter goldgelb dünsten und mehrmals mit dem Portwein ablöschen. Mit der Brühe auffüllen und auf die Hälfte reduzieren lassen. Die Sahne zugeben, die Flüssigkeit etwas einkochen lassen und mit der Mehlbutter binden. Mit Salz und Pfeffer abschmecken. Die Soufflés auf Teller stürzen und mit der Sauce, den halbierten, entkernten Weinbeeren und den gehackten Nüssen anrichten.

SOUFFLE VON BLAUSCHIMMELKÄSE

Ein Beispiel, wie man mit ganz unterschiedlichen Käsesorten zu einem guten "Soufflé-Ergebnis" kommt. Hier wurde milder Gorgonzola dolce mit scharfem Roquefort kombiniert; so kommt der typische Geschmack des Schimmelkäses gut zur Geltung, ohne penetrant zu schmecken. Kreativen Köchen bietet sich eine Vielzahl interessanter Kombinationen, vom milden Port-du-Salut über Münster bis hin zum scharfen bayerischen Weißlacker, wenn man dazu Bier trinken möchte.

30 g Butter, 40 g Mehl

je 100 ml Milch und Weißwein

1 Ei, 2 Eigelb

je 100 g Gorgonzola dolce und Roquefort

3 Eiweiß

Salz, Pfeffer und Muskat, 1 Bund Schnittlauch

Butter zum Ausfetten der Förmchen

Das Mehl in der Butter farblos anschwitzen. Mit der Milch und dem Weißwein glattrühren und aufkochen. Unter kräftigem Rühren das Ei und die Eigelbe einzeln einarbeiten. Den Gorgonzola dolce und den Roquefort durch ein Sieb streichen und unter die Masse mischen. Die Eiweiße mit wenig Salz steifschlagen und unter die Soufflémasse heben. Mit Salz, Pfeffer und Muskat abschmecken, den Schnittlauch feinschneiden und untermischen. Die Masse auf die gebutterten Förmchen verteilen und im Wasserbad bei 220°C im vorgeheizten Ofen in 25 bis 30 Minuten garziehen lassen.

MEHLBUTTER ist in der Profiküche ein probates Mittel zum Binden von Flüssigkeiten, wie für die Portwein-Sauce. 100 g Butter mit 120 g Mehl zu einem Teig verkneten und bei Bedarf in der gewünschten Portion verwenden.

PASTA, POLENTA

UND RISOTTO

Ohne Käse einfach unvorstellbar. Überhaupt zeigt die italienische Küche eine ganz besondere Vorliebe für Käse und kann auch aus der großen Vielfalt italienischer Käse schöpfen - von den leicht schmelzenden Fontina bis hin zu den krümeligen, relativ fettarmen Extrahartkäsen der Parmesan-Familie. Mit Nudeln, Mais und Reis verträgt sich Käse wirklich außergewöhnlich gut. Ohne die Unsitte rechtfertigen zu wollen, über alles, was italienisch klingt, geriebenen Käse zu streuen, muß man doch zugestehen, daß die meisten Pasta-Gerichte mit Käse harmonieren. Andererseits gibt es auch eine ganze Reihe von Kombinationen, die Käse geschmacklich stören würde: Wenn zum Beispiel bei Pasta- und Risotto-Gerichten Muscheln, Meeresfrüchte oder Fisch verwendet werden oder ein relativ zartes Aroma, wie milde Kräuter, bei einem Pasta-Gericht dominieren soll. Aber dies sind Ausnahmen. Die geschmackliche Harmonie von Nudeln und Käse hat auch Vorteile für die Zubereitung, denn schmelzender Käse gibt Gerichten eine gewisse Sämigkeit und Bindung sowie beim Gratinieren die Kruste. Nicht jede Kombination von Teigwaren mit Käse ist jedoch notwendigerweise italienisch. Man denke nur an die alemannischen Spätzle und die Knöpfli aus der Schweiz, die man im Allgäu als Kässpatzen kennt; und an die vielen Zubereitungs-Varianten von Knödeln oder Nocken in den Alpenländern, die man als Gnocchi in Italien findet.

GRUNDREZEPT NUDELN

Das ideale Rezept für Nudelteig gibt es ebensowenig wie die „ideale Nudel", denn hierzu hat jeder seine ganz individuelle Vorstellung. Die Frage, ob man nun ganze Eier, Eiweiß oder Eigelb überwiegen läßt und ob der Teig mit oder ohne Öl zubereitet werden soll, muß daher unbeantwortet bleiben. Das folgende Rezept hat viele kritische Feinschmecker überzeugt.

225 g Mehl

2 Eier, 1 Eigelb

1/2 TL Salz

Den Nudelteig, wie in den folgenden Arbeitsphasen beschrieben, zubereiten:

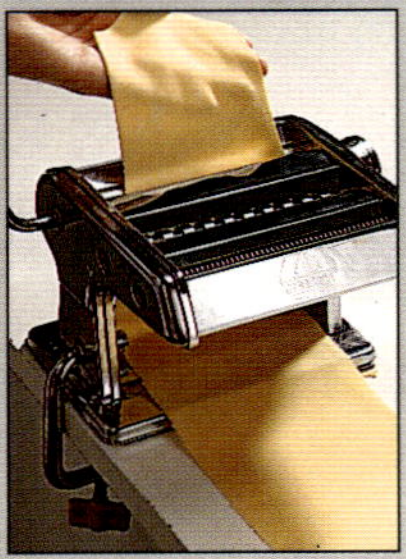

Nudeln mit der Maschine herstellen. Den fertigen, zu einer Kugel geformten Nudelteig in Scheiben schneiden und mit der Nudelmaschine dünn auswalzen. Dann die Teigplatte mit den Messerwalzen in die gewünschte Breite schneiden.

Das Mehl auf die Arbeitsfläche sieben und in die Mitte eine Mulde drücken. Eier hineinschlagen, Eigelb und Salz zugeben.

Von der Mitte aus Eier und Mehl mit der Hand vermischen, bis das Mehl ganz untergearbeitet ist.

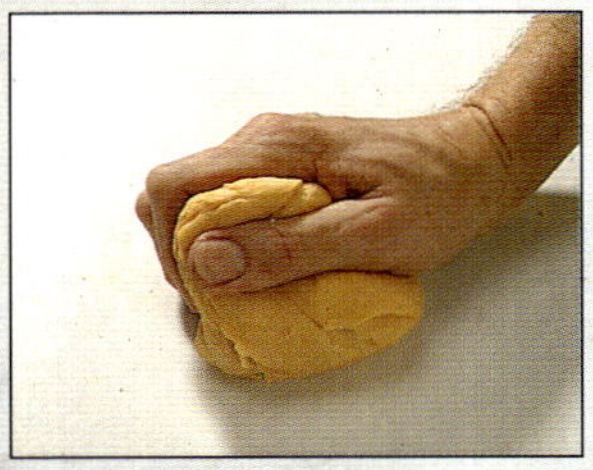

Den Teig kneten, bis er glatt und elastisch ist. Wenn nötig, je nach Festigkeit Mehl oder Wasser zufügen. In Folie gewickelt, 1 Stunde entspannen lassen.

Den entspannten Teig so dünn wie möglich zu einem Rechteck ausrollen. Dabei die Arbeitsfläche mit möglichst wenig Mehl bestauben.

Für Bandnudeln den Teig ganz kurz antrocknen lassen, damit er nicht klebt. Die Teigplatte zur Mitte hin zweimal einschlagen.

Mit einem scharfen Messer 1/2 cm breite Streifen schneiden. Zum Trocknen auseinander rollen und auf einem bemehlten Tuch verteilen.

Nudeln selbstgemacht in allen Farben

Darüber, ob man Nudeln fertig kauft oder sich die Mühe macht, sie selbst zuzubereiten, braucht man wohl kaum zu diskutieren. Heutzutage werden Nudeln von höchster Qualität angeboten; sie schmecken vielleicht anders als selbstgemachte Teigwaren, jedoch sicherlich nicht schlechter. Deshalb ist es „reine Geschmackssache", wie man sich entscheidet. Bei selbstgemachten Nudeln hat man jedenfalls bei der Farbe die Wahl, denn Nudelteig läßt sich relativ einfach färben. Ganz leicht gelingt es mit Safran oder Tomatenmark, während eine grüne Färbung schon etwas mehr Mühe macht, denn dem Spinat muß erst der Farbstoff entzogen werden. Für schwarze Nudeln verwendet man die Tinte vom Sepia (Tintenfisch).

Alles Wissenswerte über selbstgemachte Nudeln

GRÜNE NUDELN

Für etwa 10 g Spinatmatte:
200 g Spinat, 2 bis 3 EL Wasser
Für die Nudeln:
160 g Mehl, 5 bis 6 Eigelb
1 EL Olivenöl
1/2 TL Salz, 40 g Butter
Muskatnuß, Salz

Mit der „Spinatmatte" lassen sich nicht nur Nudeln färben. Sie ist weitgehend geschmacksneutral und eignet sich daher auch für Saucen, Farcen und Süßspeisen. Wie der Farbstoff gewonnen wird, zeigt die Arbeitsfolge unten. Eine Küchenmaschine mit Knethaken kann bei der Teigzubereitung eine große Hilfe sein. Alle Zutaten in die Rührschüssel geben und bei kleinster Umdrehung den Teig mit dem Knethaken bearbeiten, bis ein Teigkloß entstanden ist. Dieser muß allerdings auf einer bemehlten Arbeitsfläche noch einmal kräftig mit den Händen durchgeknetet werden, bis er schön glatt ist.

Salsa di pomodori. Aus frischen, reifen Tomaten zubereitet und mit etwas Knoblauch gewürzt paßt sie zu allen Nudelsorten. Mit frisch geriebenem Parmesan ist sie eine Delikatesse für sich!

„Spinatmatte":

Wenige Spinatblätter mit 2 bis 3 EL Wasser im Cutter fein pürieren. Den restlichen Spinat nach und nach zufügen und zerkleinern.

Das Spinatpüree in ein Passiertuch geben. Den Saft durch Zusammendrehen des Tuches auspressen und auffangen. Zu zweit geht es leichter!

Den Spinatsaft in einem Topf auf etwa 65°C erhitzen, nicht kochen. Mit einem Teesieb das sich zusammenziehende Blattgrün (Chlorophyll) abschöpfen und abtropfen lassen.

Teig färben:

Die Spinatmatte zu den Teigzutaten geben und alles zu einem glatten, geschmeidigen Teig verkneten. Wenn nötig, Mehl oder Wasser zugeben.

Den Teig zu einer Kugel formen und mit Klarsichtfolie vor dem Austrocknen schützen. Mindestens 1 Stunde ruhen lassen.

Nudeln richtig kochen:

Wichtig ist ausreichend sprudelnd kochendes Salzwasser! Pro 100 g Nudeln etwa 1 l, damit es nach der Zugabe der Nudeln nicht aufhört zu kochen.

Die fertig gekochten Nudeln (sie sollten „al dente" sein) sofort auf einmal in ein entsprechend großes Sieb abgießen, damit der Garprozeß unterbrochen wird.

Kalt abschrecken? Natürlich, damit die Nudeln nicht zusammenkleben! Pasta-Spezialisten lehnen dies aber ab, weil sich dann Nudeln mit Sauce und Käse nicht so gut verbinden.

Nudeln richtig zu kochen, erfordert viel kochendes Wasser und genaues Beobachten. Der Garprozeß darf nicht unterbrochen werden, und die Nudeln müssen, sobald sie gar sind, abgegossen und serviert oder weiterverarbeitet werden. Nur ganz frische, heiße Nudeln verbinden sich gut mit den übrigen Zutaten, vor allem mit dem Käse.

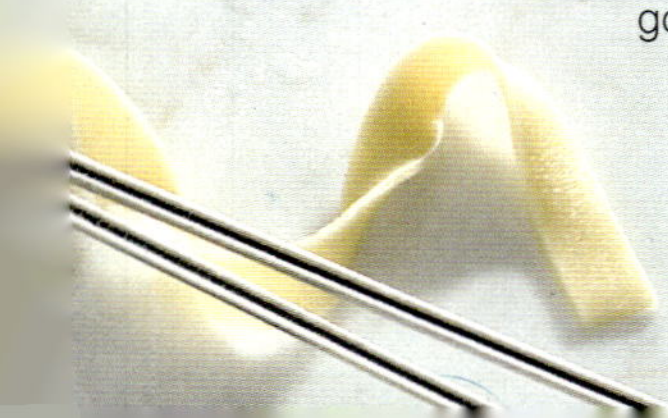

Fettuccine, Butter und Parmesan

- oder die einfachste Art, Nudeln mit Käse zu kombinieren. Doch gerade die einfachen Rezepte erfordern die besten Zutaten, und schon die geringsten qualitativen Zugeständnisse stellen ein gutes Ergebnis in Frage. Das trifft natürlich auch für die Zubereitung zu, die zwar einfach ist, aber auch etwas Wissen erfordert. Ein gutes Beispiel ist das Thema „Nudeln richtig kochen" auf Seite 169. Der Schlüssel zum Erfolg: Sie müssen „frisch aus dem Topf" serviert werden. Dies gilt für gekochte Nudeln im allgemeinen, aber erst recht, wenn Nudeln mit Käse kombiniert werden.

je 125 g Weizenmehl und Hartweizengrieß
3 Eier, 1 Eigelb, 1/2 TL Salz
leicht gesalzenes Wasser zum Kochen
100 g Butter
100 g frisch geriebener Parmesan

Einen Nudelteig, wie auf Seite 168 beschrieben, zubereiten und zu Fettuccine verarbeiten. „Al dente" kochen, abgießen und in ein vorgewärmtes Gefäß geben. Keinesfalls abbrausen, denn bei diesem Gericht können sich die Nudeln sonst nicht optimal mit dem Käse verbinden. Man sollte sogar etwas Kochwasser zurückbehalten, um gegebenenfalls die Nudeln nachträglich zu befeuchten, falls sie zu trocken werden. So schnell wie möglich die Butter und den Parmesan mit einer Gabel unter die Nudeln heben. Sofort servieren.

Die Auswahl an Reibkäsen ist groß und hört nicht beim Parmesan auf. Zur Familie der Extrahartkäse rechnet man auch den Grana padano und den Grana trentino, einen besonders feinen Extrahartkäse aus Rohmilch. Aber auch fettreichere Käse wie Sbrinz und Provolone piccante harmonieren mit Nudeln. Schafkäse aus den Pecorino- und Manchego-Familien verleihen Nudelgerichten eine besondere Note.

Für Pasta einfach nur das Beste

ROTE TAGLIATELLE MIT FONDUTA UND KAVIAR

Frisch gekochte Tagliatelle und eine frisch zubereitete Fonduta allein sind eine Delikatesse. Ein kräftiger Löffel Kaviar macht das Ganze allerdings zum Erlebnis.

Für den Nudelteig:
250 g Mehl
3 bis 4 Eigelb
50 g zerlassenes Butterschmalz, Salz
30 bis 40 g Tomatenmark
etwa 50 ml Wasser
Für die Fonduta:
300 g Fontina oder Emmentaler
250 ml Milch
50 g Butter
3 Eigelb
Sevruga-Kaviar
frische Basilikumblättchen zum Garnieren

Einen Nudelteig zubereiten und Tagliatelle herstellen, wie auf Seite 168 beschrieben. Den Käse in hauchdünne Scheiben schneiden, in eine kleine Schüssel legen, mit der Milch bedecken und mindestens 2 Stunden weichen lassen. Die Butter in einer Pfanne zerlassen, den aufgeweichten Käse mit der Hälfte der Milch zugeben und bei geringer Hitze unter ständigem Rühren zu einer cremigen Masse verarbeiten. Die Eigelbe nacheinander in die Sauce schlagen und sofort verrühren. Die Nudeln in Salzwasser „al dente" kochen und abgießen. Die Sauce unter die frischen, heißen Nudeln mischen und auf vorgewärmten Tellern anrichten. Man kann das Mischen auch dem Gast überlassen, also die Sauce über die bereits auf Tellern angerichteten Nudeln geben. Zum Schluß mit Kaviar und Basilikum dekorieren.

VOLLKORNSPAGHETTI MIT GORGONZOLA

Dem Trend zur vollwertigen Ernährung ist diese Nudel-Variante zu verdanken, die kräftig und aromatisch schmeckt und bestens mit Käse harmoniert.

Für den Nudelteig:
400 g feingemahlener Weizen, 1 EL Sojamehl
2 Eier, 2 TL Kräutersalz, 3 EL Sonnenblumenöl
5 EL warmes Wasser
Für die Gorgonzola-Sauce:
1 Knoblauchzehe
1 kleine Zwiebel
50 g Staudensellerie
2 Tomaten
40 g schwarze Oliven
6 Sardellenfilets
30 g Butter
Pfeffer und Salz
100 g Gorgonzola piccante, in Würfel geschnitten
30 g geriebener Parmesan

Einen Nudelteig herstellen wie auf Seite 168, dünn ausrollen, in breite Streifen schneiden und durch die Spaghettiwalze der Nudelmaschine drehen. Die Nudeln „al dente" kochen und im Sieb abtropfen lassen. Die Knoblauchzehe und die Zwiebel schälen und fein hacken. Den Staudensellerie waschen und in schmale Streifen schneiden. Die Tomaten enthäuten, entkernen und in Würfel schneiden. Die Oliven entkernen und grob hakken, die Sardellenfilets mit dem Messer zerkleinern. Zwiebel, Knoblauch und Staudensellerie in der Butter gar dünsten. Tomatenwürfel und Sardellenfilets zugeben, kurz angehen lassen und mit Pfeffer würzen, wenn nötig salzen. Nun die Oliven und die gekochten Nudeln in die Sauce geben, alles gut mischen und auf Teller verteilen. Die Gorgonzolawürfel und den Parmesan darübergeben und im Ofen bei 220°C gratinieren, bis der Käse schmilzt.

Zu dem Vollkorn- und Sojamehl die Eier geben. Salzen, Öl und Wasser zugießen und alles zu einem glatten, geschmeidigen Teig verkneten.

Mit Sauce und Sahne

- und natürlich Käse! Eine Vielzahl von Pasta-Gerichten wird traditionell mit diesen Zutaten zubereitet. Ein kreativer Koch wird sicher noch andere und neue erfinden, indem er mit Produkten experimentiert, die gerade vorhanden sind, wie zum Beispiel Gemüse, Schinken, Pilzen oder duftenden, frischen Kräutern. Solche Pasta-Gerichte sind aufgrund ihrer Zusammensetzung recht gehaltvoll, und man benötigt pro Portion keine große Menge. Sie eignen sich auch vortrefflich als Vorspeisen, doch dann sollte man höchstens die Hälfte oder ein Drittel der Menge servieren, die für ein Hauptgericht vorgesehen ist.

FETTUCCINE ALFREDO

BANDNUDELN MIT SAHNE UND KÄSE

Dieses nach einem römischen Pastakoch benannte Gericht ist geradezu ein Paradebeispiel von Einfachheit auf höchstem Niveau. Zugleich auch ein Beispiel dafür, daß nur beste Zutaten zu einem guten Ergebnis führen. Dafür lohnt es sich, die Nudeln selbst zu machen.

(ohne Abbildung)

300 g Fettuccine, Salzwasser, 60 g Butter
120 frisch geriebener Parmesan, 1/4 l Sahne
Salz, frisch gemahlener weißer Pfeffer
1 Prise frisch geriebene Muskatnuß

Die Fettuccine in reichlich sprudelndem Salzwasser „al dente" kochen. Die Butter in einer großen Kasserolle zerlassen und die gut abgelaufenen Nudeln kurz darin schwenken. Den Parmesan dazugeben und mit 2 Gabeln untermischen. Die Sahne darübergießen und durch Wenden der Nudeln gut unterheben. Mit den Gewürzen abschmecken und sofort servieren.

PENNE AL MASCARPONE

RÖHRENNUDELN MIT MASCARPONE

400 g Penne rigate, Salzwasser
12 Cocktail-Tomaten, 50 g Butter
60 g geriebener Parmesan, 100 g Mascarpone
80 g in Würfel geschnittener Schinken
Salz, frisch gemahlener Pfeffer, etwas Muskatnuß

Die Nudeln in Salzwasser „al dente" kochen. Die Cocktail-Tomaten waschen, den Stielansatz entfernen und die Tomaten halbieren. 10 g Butter in einer Pfanne erhitzen, die Tomaten bei starker Hitze kurz anbraten und warm halten. Nudeln abgießen und in eine vorgewärmte Schüssel geben. Die restliche Butter zerlassen und mit dem Parmesan und dem Mascarpone untermischen, bis der Käse geschmolzen ist. Würzen und die Schinkenwürfel darüberstreuen. Auf vorgewärmten Tellern anrichten und mit den Tomaten garnieren.

MACCHERONI CON LE ZUCCHINE ALLA PANNA

MAKKARONI MIT ZUCCHINI IN RAHM

1 Zucchini (200 g), 1 gelbe Paprikaschote (100 g)
1 gewürfelte Zwiebel, 1 zerdrückte Knoblauchzehe
50 g Butter, 200 ml Sahne (Rahm)
etwas Salz und Pfeffer
400 g Makkaroni
30 g geriebener Parmesan, 100 g geriebener Fontina

Die Zucchini in Scheiben schneiden, die Paprikaschote würfeln. Die Hälfte der Butter zerlassen, die Zwiebel und den Knoblauch darin hell anschwitzen. Die Gemüse zugeben und etwa 5 Minuten dünsten. Die Sahne zugießen, würzen und bis zum Siedepunkt erhitzen. Zwischenzeitlich die Makkaroni in Salzwasser „al dente" kochen, abgießen und sofort mit der restlichen Butter, den Gemüsen und dem Käse mischen. Sofort servieren.

SCHWARZE NUDELN AUF PAPRIKAGEMÜSE

Ein besonders attraktives Gericht, das aber nicht weniger delikat schmecken würde, nähme man ganz normale, gelbe Nudeln. Die Tinte der Sepia macht es möglich, die Nudeln so brillant tiefschwarz zu färben, ohne daß sie an Wohlgeschmack einbüßen. Sepia ist ein völlig geschmacksneutrales Färbemittel, das dem Nudelteig zugesetzt wird. Die schwarzen Nudeln verlieren auch beim Kochen nichts von ihrer Farbkraft, und das Wasser bleibt völlig klar (siehe Tip Seite 180).

Für die Nudeln:
300 g Mehl, 2 Eier, 10 ml Olivenöl
1/2 TL Salz, 20 g Sepiatinte
Für das Paprikagemüse:
2 gelbe Paprikaschoten, 1 Knoblauchzehe
60 g Schalotten, 2 EL Olivenöl, Salz und Pfeffer
1/4 l Sahne, 180 g Fontal oder Fontina, 40 g Butter
Kerbelblättchen zum Garnieren

Einen Nudelteig zubereiten, wie im Grundrezept auf Seite 168 beschrieben. Die Paprikaschoten halbieren, Stiel und Kerne entfernen und das Fruchtfleisch feinwürfeln. Die Knoblauchzehe und die Schalotten schälen und ebenfalls feinwürfeln. Das Öl in einer Pfanne erhitzen, Schalotten und Knoblauch darin hell anschwitzen. Die Paprikawürfel zugeben, mit Salz und Pfeffer abschmecken und unter Rühren glasig dünsten, warm halten. Die Sahne zum Kochen bringen und etwa zur Hälfte reduzieren. Die Nudeln in Salzwasser „al dente" kochen und in ein Sieb abgießen. Das Paprikagemüse auf 4 Teller verteilen und die Nudeln darüber anrichten. Den in Streifen geschnittenen Käse daraufgeben und mit der heißen Sahne übergießen. Die Nudeln mit der zerlassenen Butter beträufeln und im vorgeheizten Ofen bei 250°C überbacken, bis der Käse geschmolzen ist. Mit Kerbelblättchen garnieren.

GRÜNE LASAGNE NACH BOLOGNESER ART

Die Lasagne reicht für 4 bis 8 Personen, je nachdem, ob sie Vorspeise, Zwischen- oder Hauptgericht ist.

Für den Teig:
320 g Mehl, 10 bis 12 Eigelb, 2 EL Olivenöl
1TL Salz, 80 g Butter, Muskatnuß, Salz
20 g Spinatmatte (Rezept S. 169)
Für die Füllung:
je 60 g Sellerie, Karotten und Zwiebeln
500 g mageres Hackfleisch (halb Rind, halb Schwein)
40 g Butterschmalz, Salz, schwarzer Pfeffer
3 EL Tomatenmark, 1/2 l Fleischbrühe
1 EL gehackte Petersilie
Für die Béchamelsauce:
25 g Butter, 30 g Mehl, 1/2 l Milch
Salz, weißer Pfeffer, geriebene Muskatnuß
80 g geriebener Parmesan
Butter für die Form

Einen Nudelteig wie auf Seite 168 herstellen, dünn ausrollen und zu Platten schneiden, die der Breite der Auflaufform entsprechen. Die Lasagne-Blätter „al dente" kochen, kalt abspülen und abtropfen lassen. Die Gemüse schälen, waschen und feinwürfeln. Das Hackfleisch im heißen Butterschmalz kräftig anbraten, Gemüse und Tomatenmark zugeben. Mit Salz und Pfeffer würzen, dann Brühe und Petersilie zugeben und bei mittlerer Hitze 30 Minuten kochen. Für die Béchamelsauce das Mehl in der Butter farblos anschwitzen. Mit Milch auffüllen, alles glattrühren und aufkochen. Die Sauce würzen und bei schwacher Hitze etwa 20 Minuten unter ständigem Rühren kochen, dann durch ein Sieb passieren. Den Boden der gebutterten Auflaufform mit Lasagne-Blättern auslegen und einer Schicht Fleischsauce bedecken. Lasagne-Blätter darauflegen und etwas Béchamelsauce darübergießen. In dieser Reihenfolge alle Zutaten verarbeiten. Den Abschluß sollte eine Schicht Béchamelsauce bilden, die mit Parmesan bestreut wird. Im vorgeheizten Ofen auf mittlerer Schiene bei 220°C in etwa 20 Minuten goldbraun backen.

Die fertige Lasagne in Rechtecke schneiden. So läßt sie sich portionsweise herausnehmen.

GRÜNE RAVIOLI MIT ZIEGENKÄSE GEFÜLLT. 150 g Ziegenkäse mit 1 Ei, 60 g geriebenem Parmesan, 20 g Butter und frisch gehacktem Basilikum vermischen. Ravioli wie nebenstehend zubereiten und mit dem Ziegenkäse füllen. Mit in Butter gedünsteten und mit Knoblauch gewürzten Tomatenvierteln anrichten.

RAVIOLI MIT FLEISCHFÜLLUNG

Für den Nudelteig:

300 g Mehl, 1 Ei, 1 Eigelb, 2 EL Olivenöl

70 ml Wasser, 1 TL Salz

Für die Füllung:

100 g Schweinefleisch, 80 g Kalbsleber

Salz und weißer Pfeffer

1 1/2 EL Butterschmalz, 60 g geriebener Parmesan

1 EL feingehackte Zwiebeln, 1 EL Butter

3 EL gemischte gehackte Kräuter, Muskatnuß

1 Ei, 1 Eigelb, Salz, weißer Pfeffer

60 g geriebener Parmesan, 40 g Butter

Für den Teig das Mehl auf eine Arbeitsplatte sieben und in die Mitte eine Vertiefung drücken. Ei, Eigelb, Olivenöl, Wasser und Salz hineingeben. Alle Zutaten gut mischen und zusammenkneten. Den Teig zu einer Kugel formen und, in Klarsichtfolie gewickelt, ruhen lassen. Das Schweinefleisch und die Kalbsleber salzen und pfeffern und im Butterschmalz rasch anbraten. Zum Auskühlen in ein Sieb geben. Die Zwiebeln in der Butter goldgelb dünsten, die Kräuter zufügen und erkalten lassen. Das Fleisch, die Leber und die Zwiebeln vermischen, mit Muskatnuß würzen und durch die feinste Scheibe des Fleischwolfs drehen. In diese Masse Ei, Eigelb und Gewürze einarbeiten. Den Teig dünn zu zwei gleich großen Teigplatten ausrollen, am besten mit einer Nudelmaschine. Auf einer Teigplatte Quadrate markieren und jeweils auf ihre Mitte etwas Füllung setzen. Die Zwischenräume mit Wasser oder Eigelb bestreichen. Mit der zweiten Teigplatte bedecken und sie gut andrükken. Mit einem Teigrädchen Quadrate schneiden. Die Ravioli in kochendem Wasser garen, abtropfen lassen und auf vorgewärmten Tellern anrichten. Mit Parmesan bestreuen und flüssige Butter darübergeben.

TORTELLI MIT RICOTTAFÜLLUNG

Für den Nudelteig:

160 g Mehl, 5 Eigelb

Salz, 1 EL Olivenöl

Für die Füllung:

60 g blanchierter Spinat

60 g Ricotta oder Schichtkäse

80 g geriebener Parmesan

Salz, Pfeffer, Muskatnuß

4 Eier, 40 g Butter,

1 kleine weiße Trüffel

Aus den Zutaten einen Nudelteig nach dem Grundrezept von Seite 168 zubereiten und ruhen lassen. Für die Füllung den Spinat ausdrücken und fein hacken. Den Ricotta durch ein Sieb streichen und mit dem Spinat und 50 g Parmesan vermischen. Mit Salz, Pfeffer und Muskatnuß würzen. Den Nudelteig dünn ausrollen und jeweils 4 Rondelle von 10 cm bzw. 11 cm Durchmesser ausstechen. Die Spinat-Käse-Füllung auf die kleineren Rondelle setzen und in die Mitte eine Vertiefung drükken. Die Eier trennen und ein Eigelb in jede Mulde geben. Die kleineren Rondelle am Teigrand mit Eiweiß bestreichen, mit den größeren Rondellen bedecken und fest andrücken. Die Tortelli in kochendes Salzwasser geben und 3 bis 4 Minuten kochen, dann abtropfen lassen. Auf vorgewärmten Tellern anrichten, mit 30 g Parmesan bestreuen und der flüssigen Butter begießen. Zum Schluß dünne Trüffelscheiben darüberhobeln. Tortelli sind sozusagen eine Pasta im Portionsformat, gerade richtig, um als Vorspeise serviert zu werden.

SCHLUTZKRAPFEN MIT SPINATFÜLLUNG

Für den Nudelteig:

je 150 g Roggenmehl und Weizenmehl

1 Ei, 4 Eigelb

Salz, 1 EL Öl, lauwarmes Wasser

Für die Füllung:

600 g Blattspinat, 3 EL gehackte Petersilie

1 mittelgroße Zwiebel, 15 g Mehl

30 g Butter, 1/4 l Milch

Salz, weißer Pfeffer, geriebene Muskatnuß

70 g geriebener Parmesan

60 g Butter und Schnittlauchröllchen

Einen Nudelteig zubereiten und ruhen lassen. Den Spinat putzen, waschen und blanchieren. Dann kalt abschrecken, gut ausdrücken und mit der Petersilie fein pürieren. Das Mehl in 10 g Butter farblos anschwitzen, mit der Milch auffüllen, glattrühren und etwa 20 Minuten kochen lassen. Die Zwiebel schälen, feinwürfeln und in 20 g Butter dünsten. Das Spinat-Petersilie-Püree zufügen und 2 bis 3 Minuten schwitzen. Die Sauce auf das Püree passieren, vermischen und aufkochen. Mit den Gewürzen abschmecken, 20 g Parmesan untermischen und alles auskühlen lassen. Den Teig dünn ausrollen, Ovale ausstechen und auf jedes etwas Füllung setzen. Die Teigränder mit Wasser oder Ei bestreichen, die Teigovale zusammenklappen und ihre Ränder festdrükken. Rasch arbeiten, um das Austrocknen der Oberfläche sowie das Durchweichen des Bodens zu vermeiden. In kochendes Salzwasser geben und 3 bis 5 Minuten ziehen lassen. Herausnehmen und abtropfen lassen. Die Schlutzkrapfen auf Tellern anrichten, mit dem restlichen Parmesan bestreuen, der leicht gebräunten Butter übergießen und mit Schnittlauch garnieren.

CANNELLONI MIT GEMÜSEFÜLLUNG

8 Cannelloni-Hülsen

Für die Béchamelsauce:

20 g Butter, 25 g Weizenmehl, 1/2 l Milch

Salz und Muskat, 2 Eigelb, 100 ml Sahne

60 g geriebener Grana padano

Für die Gemüsefüllung:

40 g feingehackte Frühlingszwiebeln, 80 g Lauch

140 g Karotten, 100 g Staudensellerie

80 g rote Paprikaschoten, 160 g Zucchini

130 g Brokkoli, 30 g Butter, 400 ml Gemüsebrühe

30 g geriebener Grana padano

etwas Butter für die Form

Petersilie zum Garnieren

Eine Béchamelsauce zubereiten, wie auf Seite 164 in den Arbeitsphasen 1 bis 6 beschrieben. Die Cannelloni-Hülsen in reichlich Salzwasser nicht zu weich kochen, herausnehmen und ablaufen lassen. Die küchenfertigen Gemüse in kleine Würfel schneiden, den Brokkoli in kleine Röschen zerteilen. Die Gemüse, außer Brokkoli und Zucchini, in Butter andünsten, mit Gemüsebrühe auffüllen und zum Kochen bringen. 4 Minuten kochen, dann Brokkoli und Zucchini zugeben und weitere 4 Minuten garen. Mit dem Schaumlöffel herausnehmen und sehr gut abtropfen lassen. Dann im Topf 2 bis 3 Minuten abdämpfen, bis die Gemüse trockensind. Mit 2/3 der Sauce vermischen und die Cannelloni damit füllen - am besten mit Spritzbeutel und Lochtülle. In eine gebutterte Auflaufform setzen, mit der restlichen Sauce begießen und dem Grana bestreuen. Im vorgeheizten Backofen bei 250°C auf mittlerer Schiene 20 Minuten überbacken. Mit Petersilie garnieren.

Junger, frischer Spinat gehört zu den traditionellen Füllungen für Pasta-Gerichte und sollte nur im Notfall durch Tiefkühlspinat ersetzt werden.

Polenta

Sie gehört zu den einfachen Gerichten, die schon seit vielen Generationen mit Käse verfeinert werden. Das Rezept liest sich ganz einfach - 1 Liter Wasser, 1 Teelöffel Salz und 200 g Maisgrieß, dazu Butter ganz nach Belieben und natürlich Käse. Das kann ein extraharter Parmesan oder Pecorino sein oder ein Bergkäse aus den Alpenregionen. Dort verstand man sich schon immer auf die richtige Zubereitung, zu der ein Kupferkessel, ein direktes Holzfeuer und viel Zeit gehören. Kupferkessel und Holzfeuer kann man zwar ersetzen, schnell läßt sich eine Polenta allerdings auch heute noch nicht kochen, soll sie von guter Qualität sein. Die Bildfolge zeigt die traditionelle Methode, Polenta in einem Kupferkessel auf einem mit Holz befeuerten Herd zuzubereiten, aber mit einem modernen Edelstahltopf und Gas- oder Elektroherd geht es natürlich auch. Die Polenta kann wie im nebenstehenden Rezept weiterverarbeitet werden. Die Polenta-Schnitten kann man aber auch in der Pfanne mit reichlich Butter von beiden Seiten kroß braten und als Beilage zu Fleisch- oder Wildgerichten reichen. Zusammen mit einem frischen Salat ist sie zwar ein einfaches, aber feines Hauptgericht. Kenner knabbern die Kruste, die an der Kesselwand zurückbleibt, zu einem Glas Wein.

Voraussetzung für eine gute Polenta ist, immer nur in einer Richtung zu rühren - und das fast eine Stunde lang.

Traditionell im Kupferkessel:

Wenn der Brei beginnt, dick zu werden, wird das Rühren zu harter Arbeit.

Ist die Polenta gar, löst sie sich vom Kessel. Zurück bleibt eine feste Kruste an der Kesselwand.

Den Polenta-Kloß auf ein Brett stürzen. Butter und Käse werden aber noch im Kessel untergearbeitet.

POLENTA MIT KÄSE UND KRÄUTERN

600 ml Wasser, 1 TL Salz

180 g mittelfeiner Maisgrieß

frisch gemahlener Pfeffer, geriebene Muskatnuß

150 g Butter, 120 g geriebener Parmesan

2 zerdrückte Knoblauchzehen

2 EL gehackte Kräuter (Basilikum, Petersilie, Salbei)

In einem entsprechend großen Topf das Salzwasser zum Kochen bringen und den Maisgrieß in feinem Strahl ein- fließen lassen. Dabei sollte die Temperatur des Wassers nicht unter den Siedepunkt fallen, weil sich sonst Klumpen bilden können. Würzen und ständig weiterrühren, wie es die nebenstehende Bildfolge zeigt. Unter die fertig gekochte Polenta die Hälfte der Butter und des Käses rühren, wenn nötig, nachwürzen und auf einem gebutterten Blech etwa 2 cm dick ausstreichen und erkalten lassen. Eine feuerfeste Form mit etwas Butter ausstreichen, die restliche Butter in einer Pfanne zerlaufen lassen und den Knoblauch sowie die Kräuter darin andünsten. Die Polenta in gleich große Rechtecke schneiden und in die Form schichten. Die Kräuterbutter darüber verteilen und mit dem restlichen Käse bestreuen. Im vorgeheizten Backofen bei 220°C knusprig braun werden lassen.

Gnocchi

Sie gehören zu den Teigwaren, die mit Käse besonders gut harmonieren - die traditionellen italienischen Rezepte beweisen es. Gnocchi sind ebenso beliebt als Hauptgericht wie als Beilage zu Fleisch- und Gemüse-Gerichten.

GNOCCHI DI PATATE

KARTOFFELNOCKEN MIT KÄSE

750 g mehligkochende Kartoffeln, Salz
3 Eigelb
100 g Mehl
160 g geriebener Parmesan
geriebene Muskatnuß und Salz
1 EL gehackte Kräuter (Thymian, Petersilie und Schnittlauch)
50 g Butter

Die geschälten und, wenn nötig, halbierten Kartoffeln in gesalzenem Wasser gar kochen, abschütten und im heißen Backofen trockendämpfen. Durch die Kartoffelpresse drücken und die Eigelbe schnell einarbeiten. Zuerst das Mehl, dann 100 g Käse unterarbeiten und mit den Gewürzen abschmecken. 2 cm lange, ovale Nocken formen und in die Mitte mit einem Messerrücken eine Vertiefung drücken. Die Nocken in kochendes Salzwasser geben, aufkochen und in etwa 3 Minuten gar ziehen lassen. Herausnehmen, abtropfen lassen und anrichten. Mit dem restlichen Käse und den Kräutern bestreuen. Die Butter in einer Pfanne hellbraun werden lassen und über die Nocken gießen. Eine feine Variante sind gratinierte Nocken. Sie werden zusätzlich mit reduzierter Sahne übergossen und im vorgeheizten Backofen bei 230°C hellbraun überbacken.

GNOCCHI ALLA ROMANA

GRIESSNOCKEN

1/2 l Milch
30 g Butter
1/2 TL Salz, weißer Pfeffer
geriebene Muskatnuß
75 g Hartweizengrieß
2 Eigelb, 1 Ei
60 g geriebener Parmesan
30 g flüssige Butter

Einen Grießbrei nach der nebenstehenden Anleitung kochen und gut ausquellen lassen. Auf ein geöltes oder mit Wasser bestrichenes Blech gießen und glattstreichen. Der Brei soll etwa 2 cm dick sein. Mit dem geriebenen Parmesan bestreuen und auskühlen lassen. Eine Auflaufform mit etwas der flüssigen Butter ausstreichen. Den Grießbrei halbmondförmig ausstechen, in die Form setzen und mit der restlichen Butter beträufeln. Im vorgeheizten Ofen bei 220°C goldbraun überbacken.

Grießbrei zubereiten:

Die Milch mit der Butter zum Kochen bringen. Salzen und mit frisch gemahlenem Pfeffer und Muskatnuß würzen.

Den Grieß dazuschütten, sobald die Milch zu kochen beginnt, dabei ständig rühren.

Ei und Eigelbe nacheinander unter den ausgequollenen Grieß rühren. Nochmal kräftig aufkochen.

Knöpfli oder Spätzle? Für die Qualität der Kässpätzle unwichtig, wenngleich für die original „Allgäuer" die runden Spätzle, in der Schweiz treffend „Knöpfli" genannt, verwendet werden.

ALLGÄUER KÄSSPATZEN

Wie bei vielen regionalen Spezialitäten, gibt es auch für Kässpatzen unterschiedliche Rezepte. Eine sehr pikante, aber empfehlenswerte Version: Emmentaler zur Hälfte durch reifen Romadur oder Limburger ersetzen.

350 g Mehl

6 Eier

40 ml Wasser

Salz

150 g geriebener Allgäuer Emmentaler

2 mittelgroße Zwiebeln

60 g Butter

Das Mehl in eine Schüssel sieben und mit Eiern, Wasser und Salz zu einem Teig verarbeiten. So lange schlagen, bis er Blasen wirft, dann einige Minuten stehen lassen. Mit einem Spätzlehobel in reichlich kochendes Wasser schaben und gar ziehen lassen. Die gegarten, an die Oberfläche steigenden Spätzle mit einer Schaumkelle herausnehmen und in ein Sieb geben. Die Spätzle mit dem Käse lagenweise in eine Schüssel schichten und im Ofen warm halten. Die Zwiebeln schälen, in Ringe schneiden und in der Butter goldgelb und kroß rösten. Vor dem Servieren die Zwiebeln mit der Butter über die Spätzle geben. Tip: Die Spätzle können selbstverständlich auch mit der Hand geschabt werden, das bedarf allerdings einiger Übung.

KASNOCKEN

Auch von diesen lockeren Knödeln aus Südtirol sind Varianten der Zubereitung bekannt. Früher wurden sie mit Graukäse, einem Tiroler Sauermilchkäse, zubereitet. Eine sehr schmackhafte Kombination: halb Bergkäse, halb reifer Graukäse.

250 g altbackenes Knödelbrot (Brötchen oder Weißbrot)

200 ml Milch, 1 mittelgroße Zwiebel, 10 g Butter

250 g Emmentaler oder Bergkäse

15 g Mehl, 2 Eier, 1 Eigelb

2 EL gehackte Kräuter (Petersilie und Schnittlauch)

Salz, Pfeffer, Muskatnuß

50 g geriebener Parmesan, 80 g Butter

Das Brot in dünne Scheiben schneiden, die warme Milch darübergießen und durchziehen lassen. Die Zwiebel schälen, feinwürfeln und in der Butter goldgelb dünsten. Den Käse in kleine Würfel schneiden, zusammen mit der Zwiebel, dem Mehl, den Eiern und dem Eigelb zu dem Brot geben und unterarbeiten. Die Kräuter unter die Masse mischen und mit den Gewürzen abschmecken. Dann mit einem Eßlöffel, in der nassen Hand, zu eigroßen Nocken formen. In kochendes Salzwasser geben und in 12 bis 15 Minuten gar ziehen lassen. Herausnehmen, auf einem Tuch (oder Küchenkrepp) abtropfen lassen und anrichten. Mit Parmesan bestreuen, die Butter bräunen und darübergießen.

Risotto

Reis in seiner feinsten Form. Reis, eine der ältesten Kulturpflanzen, ist eine Säule der italienischen Küche. Die diversen Risotto-Gerichte gehören zum Besten, was sie zu bieten hat, und bei den meisten Rezepten ist - natürlich - Käse mit im Spiel. Für einen gelungenen Risotto sind nur die qualitativ besten Zutaten gerade gut genug. Bei Reis sind es die traditionellen italienischen Sorten, die sich besonders gut eignen: Arborio oder Vialone. Es sollte die höchste Qualitätsstufe „fino“ sein, denn bei dem sehr feuchten Risotto ist es wichtig, daß die Reiskörner möglichst viel Flüssigkeit aufnehmen, ohne ihre Form zu verlieren. Zweitens kann Risotto nur gelingen, wenn auch die Fleischbrühe von bester Qualität ist; ob vom Rind, Kalb oder Huhn, hängt davon ab, womit die Zutaten harmonieren, und natürlich vom persönlichen Geschmack. Die nebenstehenden Arbeitsphasen zeigen die „offene Methode“. Der Topf wird nicht geschlossen, und der Reis ab und zu umgerührt, bis er alle Flüssigkeit absorbiert hat. Die Feuchtigkeit des Risottos kann man so durch Zugabe von Brühe beeinflussen. Die andere Möglichkeit ist, die gesamte Fleischbrühe dazuzugießen, den Topf zu schließen und so die Flüssigkeit aufnehmen zu lassen. Das Ergebnis liegt in der Konsistenz dann zwischen klassisch feuchtem Risotto und Pilaw. Das folgende Grundrezept kann mit anderen Zutaten (Gemüse, Fleisch, Kräutern und Gewürzen) variiert werden:

GRUNDREZEPT RISOTTO

400 g Arborio-Reis, 50 g Butter

1 mittelgroße, feingehackte Zwiebel

150 ml Weißwein, 1 bis 1,2 l Fleischbrühe, Salz

Noch ein wichtiger Punkt: Wie stark der Risotto gesalzen wird, hängt vom Salzgehalt der Brühe ab.

„Offene Methode“:

Die Butter in einem Topf erhitzen und die Zwiebel darin farblos anschwitzen.

Den Reis auf einmal dazuschütten und ihn bei starker Hitze unter sofortigem Rühren andünsten.

Ständig in Bewegung halten, bis der Reis glasig ist. Weder Zwiebel noch Reis dürfen braun werden.

Mit dem Wein ablöschen. Ebenfalls auf einmal hineingießen und unter Rühren reduzieren.

Die Fleischbrühe nach und nach zugießen, dabei ständig rühren, damit der Reis nicht anhängt.

Den Risotto salzen und in 12 bis 15 Minuten fertig kochen. Nach Bedarf Brühe zugießen.

Den geriebenen Käse und die Butter zugeben, den Topf zudecken und vom Herd nehmen.

Wie feucht Risotto sein soll, darüber gehen die Meinungen weit auseinander. Aus diesem Grund und wegen der unterschiedlichen Verdunstung während des Kochens bei der „offenen Methode“ sind genaue Angaben zur Menge der Flüssigkeit nicht möglich.

VOLLKORN-RISOTTO

80 g Butter
1 mittelgroße, feingehackte Zwiebel
400 g Naturreis
1 bis 1,2 l Fleischbrühe
Muskatnuß und Salz
2 kleine Karotten, 1/2 Stange Lauch
2 Stangen Staudensellerie
50 g geriebener Ragusano oder Provolone piccante
2 EL gehackte Kräuter (Kerbel, Petersilie, Basilikum)

Die Zwiebel in der Hälfte der Butter andünsten, den Reis zugeben und glasig dünsten. Mit der Fleischbrühe nach und nach aufgießen, würzen und unter mehrmaligem Rühren 35 Minuten kochen. Die Gemüse küchenfertig herrichten. Die Karotten und den Lauch in Würfel, den Staudensellerie in schmale Scheiben schneiden. Die Gemüse in der restlichen Butter kurz anschwitzen und von der Herdplatte nehmen. Dann zum Reis geben und zusammen in 10 bis 15 Minuten garen. Den Käse unter den Risotto rühren und die Kräuter darüberstreuen.

STEINPILZ-RISOTTO. Den Risotto wie auf Seite 179 zubereiten. 250 g Steinpilze putzen und in Scheiben schneiden. In der Butter rasch anziehen lassen und unter den Risotto mischen.

RISOTTO NERO

80 g Butter
1 mittelgroße, gehackte Zwiebel
400 g Arborio-Reis
150 ml Barolo-Rotwein
20 g Sepiatinte
1 bis 1,2 l Fleischbrühe
Salz, 40 g geriebener Parmesan
gekochter Langustenschwanz und Kerbel zum Garnieren

Die Zwiebel in 50 g Butter farblos anschwitzen, den Reis zugeben und glasig dünsten. Mit dem Barolo ablöschen und reduzieren lassen. Die mit etwas Fleischbrühe verdünnte Sepiatinte unter den Reis mischen. Die Brühe nach und nach zugießen, salzen und dabei ständig rühren, bis der Reis in etwa 12 bis 15 Minuten fertig gekocht ist. Die restliche Butter und den Parmesan unterrühren. Mit Scheiben von dem gekochten Langustenschwanz und Kerbel garnieren.
Tip: So gewinnt man die Tinte vom Sepia. Den Kopf mit den Innereien aus dem Rumpf ziehen. Den Tintenbeutel am unteren Ende entfernen, aufschneiden und die schwarze Masse herausdrücken. Mit etwas kalter Flüssigkeit verrühren und durch ein Sieb passieren. Man erhält ein geschmacksneutrales Färbemittel.

RISOTTO MIT ERBSEN UND SPECK

(ohne Abbildung)

80 g Pancetta (geräucherter Schweinebauch)
50 g Zwiebelwürfel
50 g Staudensellerie in Würfeln
300 g Rundkornreis, Salz und Pfeffer
1 l Hühnerbrühe
200 g Erbsen (frisch oder tiefgefroren)
40 g Butter, 60 g geriebener Asiago

Pancetta würfeln und in einer Kasserolle anlaufen lassen. Zwiebeln und Sellerie darin kurz andünsten. Den Reis zugeben, würzen und glasig dünsten. Mit der Brühe aufgießen und etwa 5 Minuten ohne Deckel garen. Die Erbsen zugeben und fertig garen. Butter und Käse zugeben, den Deckel schließen und 3 bis 4 Minuten durchziehen lassen. Vor dem Servieren umrühren.

SAFRAN-RISOTTO

Dies ist der klassische „Risotto alla milanese“, der geschmacklich durch die Kombination von Rindermark, Safran und Weißwein dominiert wird. Ein frischer Pinot bianco ist dafür der ideale Wein. Beim Safran sollte man das qualitativ nicht nachprüfbare Pulver meiden und nur frische Safranfäden verwenden, die genaue Menge allerdings selbst ausprobieren. Das heißt, die Fäden in kleinen Portionen zugeben, denn mit diesem teuren Gewürz kann man sehr schnell des Guten zuviel tun - in Farbe und Geschmack.

30 g Rindermark, 70 g Butter
1 mittelgroße, feingehackte Zwiebel
1/2 zerdrückte Knoblauchzehe
400 g Arborio-Reis
150 ml Weißwein
1 bis 1,2 l Fleischbrühe
Salz, etwa 1/4 TL Safranfäden
80 g geriebener Parmesan

Das gut gewässerte Rindermark in kleine Würfel schneiden und mit 30 g Butter auslassen. Die Zwiebel mit dem Knoblauch zugeben und andünsten. Den Reis zuschütten und glasig werden lassen. Mit dem Weißwein ablöschen, etwas einkochen lassen und mit der Brühe nach und nach aufgießen, das Salz und den Safran zugeben und unter mehrmaligem Rühren in 12 bis 15 Minuten garen. Zum Schluß den Käse und die restliche Butter unterrühen. Eventuell mit Butterröllchen garnieren.
Tip: Einen Teil der Butter oder das Rindermark durch Pancetta ersetzen. Das unterstreicht den typischen Risotto-Geschmack, wie ihn die Italiener lieben.

TOMATEN-RISOTTO

80 g Butter
1 mittelgroße, feingehackte Zwiebel
400 g Vialone-Reis
1 bis 1,2 l Fleischbrühe
40 g Tomatenmark (doppelt konzentriert)
200 ml Tomatensaft
Salz, 1 Prise Zucker, Pfeffer
2 enthäutete Tomaten
40 bis 50 g geriebener Pecorino
Schnittlauch zum Garnieren

Die Zwiebel in der Hälfte der Butter farblos andünsten, den Reis zugeben und glasig werden lassen. Mit etwas Brühe ablöschen, dann Tomatenmark und -saft zugeben und gut durchrühren. Würzen und die Brühe nach und nach zugießen, dabei des öfteren umrühen. Der Reis ist in 15 bis 18 Minuten gar gekocht. Die Tomaten würfeln und zum Risotto geben. Die restliche Butter und den Käse vorsichtig unter den Risotto mischen.

FISCH, FLEISCH UND GEFLÜGEL

Für die Kombination von Fleisch und Fisch mit Käse gibt es in der internationalen Kochkunst einige populäre Beispiele. Man denke nur an Cordon bleu: Schinken und Käse in ein paniertes Kalbsschnitzel gehüllt. Diese Methode kann mit unterschiedlichen Fleischsorten, vor allem mit Geflügel wie Truthahnbrust, variiert werden. Die Auswahl an Schnitt- und Blauschimmelkäsen ist groß genug, Füllungen abwechslungsreich zu gestalten. Weitere Kombinationen zum Füllen von Fleisch und Fisch sind auch mit Pilzen, Gemüse oder Früchten möglich und empfehlenswert, denn mit Käse allein kann eine Füllung sehr schnell zu opulent geraten. Umgekehrt sind die Möglichkeiten, Fisch oder Fleisch in eine Mischung mit Käse zu hüllen, ähnlich vielfältig. Sei es eine Panade mit Semmelbröseln und geriebenem Käse oder, wie bei der berühmten Piccata alla milanese, eine Kruste aus Eiern und Käse. Phantasievolle Kombinationen sind in alle Richtungen möglich. Und daß Fleisch- und Fischgerichte erfolgreich mit Käsesaucen oder Käse pur überbacken werden können, beweisen die vielen Rezepte. Die Grenze zu erkennen, ob Käse als dominierende Zutat oder untergeordnetes Gewürz verwendet werden soll oder ob man ganz auf ihn verzichtet, ist in der feinen Küche sehr wichtig. Das abgebildete Fischgericht ist ein gutes Beispiel: Eine gekräuterte Streifenbarbe (Rouget de roche) wird mit Salz, Pfeffer und frischen Kräutern gefüllt und gebraten. Mit reichlich frischer Butter ist sie eine Delikatesse, aber noch steigerungsfähig, wenn sie mit einer Mischung aus 2/3 Semmelbröseln und 1/3 geriebenem Parmesan bestreut, mit genügend Butter beträufelt und im Ofen knusprig braun gebacken wird. Dazu werden gebratene Minitomaten und eine Sauce aus gelben Paprikaschoten gereicht. Für den kreativen und experimentierfreudigen Koch lohnt es sich also, mit Käse zu würzen und zu kochen, auch in Kombination mit Produkten, die als nicht sehr “käsefreundlich” gelten.

POULET FARCI AU FROMAGE

GEFÜLLTE HÄHNCHEN

2 Hähnchen (à 700 g)

etwas Salz und Pfeffer

Für die Füllung:

1 1/2 altbackene Brötchen, 30 g Butter

30 g Zwiebelwürfel, 1 zerdrückte Knoblauchzehe

40 g durchwachsener Räucherspeck

50 g Hühnerleber, 1/8 l Milch, 1 Ei

3 EL gehackte Kräuter (Petersilie, Basilikum und Thymian)

Salz und Pfeffer

100 g Gruyère

flüssige Butter zum Braten

Die Hähnchen innen und außen leicht salzen und pfeffern. Das halbe Brötchen in kleine Würfel schneiden und in der Hälfte der Butter rösten. Die restliche Butter erhitzen und Zwiebeln, Knoblauch und den gewürfelten Speck darin hell anschwitzen. Die kleingeschnittene Hühnerleber etwa 1 Minute mitbraten. Die Füllung zubereiten, wie nebenstehend erklärt. Den Ofen auf 200°C vorheizen. Die Hähnchen mit flüssiger Butter bestreichen und auf dem Gitterrost 40 bis 45 Minuten braten. Erst nach etwa 30 Minuten Garzeit mit den restlichen Kräutern bestreuen und nochmals kräftig buttern.

So wird das Hähnchen gefüllt:

Von einem Brötchen die Rinde abschneiden, mit der lauwarmen Milch übergießen und durchziehen lassen.

Das Ei, die Hälfte der Kräuter und die vorbereitete Mischung aus Zwiebeln und Räucherspeck zugeben. Mit Salz und Pfeffer würzen.

Die gerösteten Brotwürfel und den in kleine Würfel geschnittenen Gruyère zugeben und alles gut vermischen.

Die Käsefüllung zu gleichen Teilen mit einem Löffel in die Hähnchen geben. Sie dürfen nicht zu straff gefüllt werden.

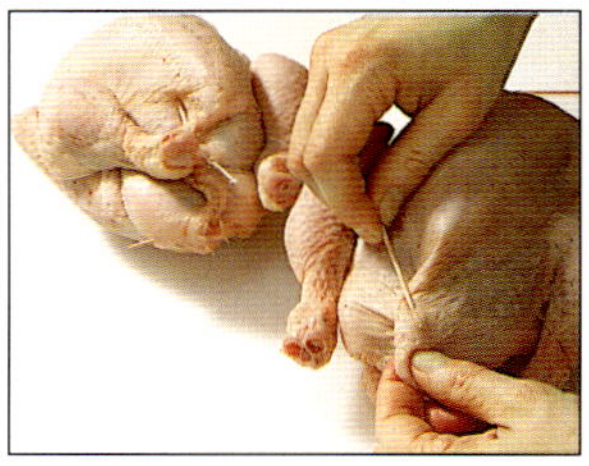

Mit Zahnstochern oder einer Nadel und Baumwollfaden die Öffnung verschließen. Die Keulen mit Hilfe eines Fadens in Form halten und am Gelenk zusammenbinden.

Die frisch gebratenen Hähnchen mit Folie bedecken und 8 bis 10 Minuten ruhen lassen. So lassen sie sich leichter halbieren und bleiben schön saftig.

CORDON BLEU

MIT KÄSE GEFÜLLTES KALBSSCHNITZEL

Dieses Gericht gehört schon fast zu den Klassikern der internationalen Kochkunst, aber es stammt, wie so viele berühmte Käsegerichte, aus der Westschweiz. Das ursprüngliche Rezept sieht Schweineschnitzel vor, die mit deftigem Gruyère gefüllt werden. Also eine höchst empfehlenswerte Variante. Gewicht und Größe von Schinken und Käse sollen im folgenden Rezept der Größe des Schnitzels entsprechen.

4 Kalbsschnitzel aus der Oberschale
Salz, Pfeffer, etwas Paprikapulver
4 Scheiben gekochter Schinken
4 Scheiben Emmentaler
Mehl, 1 Ei und Semmelbrösel zum Panieren
Butter zum Braten

Die Tasche für die Füllung schon beim Abschneiden der Schnitzel vom Fleischstück einschneiden, indem man beim ersten Schnitt das Fleisch nicht ganz durchtrennt. Innen und außen würzen, jeweils mit einer Schinken- und Käsescheibe füllen und das Schnitzel fest zusammendrücken. In Mehl wenden, durch das verrührte Ei ziehen und dann in den Semmelbröseln panieren. Die Butter in der Pfanne zerlaufen lassen und das Cordon bleu auf beiden Seiten jeweils in 3 bis 4 Minuten schön knusprig braun braten. Kurz auf Küchenkrepp abtropfen lassen und mit beliebigen Beilagen servieren.

DORADE FARCI

MIT KÄSE GEFÜLLTER BRASSEN

Mit Blauschimmelkäse gefüllt und mit Parmesan überbacken - zwei Methoden, die sich in diesem Fall geschmacklich bestens ergänzen.

1 Dorade (Gold- oder Rotbrassen), 500 bis 600 g
Salz und Pfeffer
40 g Bleu de Causses, 50 g Butter
1 Knoblauchzehe
1 kleine Zucchini, 2 Tomaten
Salz
je 1 EL Semmelbrösel, geriebener Parmesan, gehackte Petersilie zum Gratinieren

Ein Rezept für 2 Personen. Den ausgenommenen Fisch schuppen und alle Flossen abschneiden. Unter fließendem Wasser waschen und mit Küchenkrepp trockentupfen. Die Bauchhöhle salzen, pfeffern, mit dem Blauschimmelkäse füllen und mit Zahnstochern verschließen. Die Hälfte der Butter in einer entsprechend großen Auflaufform zerlaufen lassen, die zerdrückte Knoblauchzehe, die Zucchinischeiben und die halbierten Tomaten kurz anbraten und salzen. Den gefüllten Fisch darauflegen. Semmelbrösel, Parmesan und Petersilie mischen, über den Fisch verteilen und mit der restlichen zerlassenen Butter übergießen. Im vorgeheizten Ofen bei 200°C in 10 bis 12 Minuten knusprig braun backen.

Käse - als Hülle und Fülle

KALBSRÖLLCHEN MIT GOUDA IN TOMATIERTER SAUCE

Gouda und Parmaschinken harmonieren hervorragend mit Kalbfleisch, aber aus der großen Auswahl der Schnitt- und halbfesten Schnittkäse lassen sich in Kombination mit anderen Schinkensorten interessante Füllungen kreieren. Ein gutes Beispiel sind Putenschnitzel, gefüllt mit gekochtem Schinken und Roquefort.

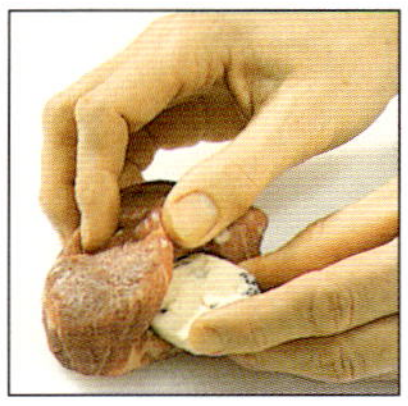

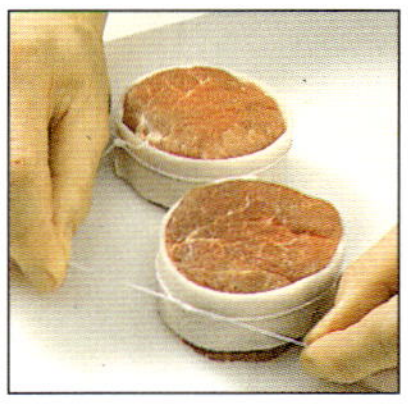

Filetsteak mit Stilton gefüllt - eine geschmacklich feine Kombination. Damit der Käse beim Braten nicht auslaufen kann, das gefüllte Filet mit grünem Speck umwickeln und mit Küchengarn fixieren.

Für die Röllchen:

8 Kalbsschnitzel aus der Unterschale (à 70 g)
3 EL Olivenöl
200 g mittelalter Gouda
8 kleine Scheiben Parmaschinken
8 kleine Salbeiblätter
Salz und weißer Pfeffer

Für die Sauce:

2 mittelgroße, feingewürfelte Zwiebeln
120 g Tomatenmark (doppelt konzentriert)
2 Msp. Zucker
1/2 l Fleischbrühe
2 kleingeschnittene Tomaten

Für das Gewürzbündel:

1 mittelgroße Knoblauchzehe
je 1 Lauchblatt und Thymianzweig
6 Petersilienstengel

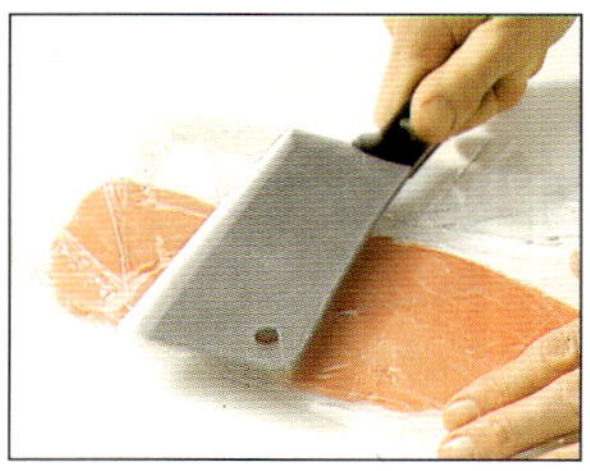

Füllen und zubereiten der Kalbsröllchen:

Die Kalbsschnitzel zwischen 2 mit Öl bestrichene Klarsichtfolien legen und plattieren, das heißt, mit der flachen Seite des Hackbeils klopfen. Den Gouda in 8 gleich große Stücke schneiden, die 3 bis 4 cm schmaler sind als die Schnitzel. Jedes Käsestück mit einem Salbeiblatt in eine Scheibe Schinken wickeln.

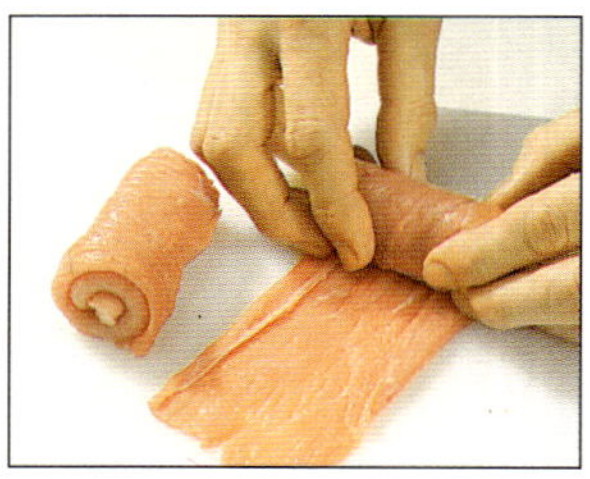

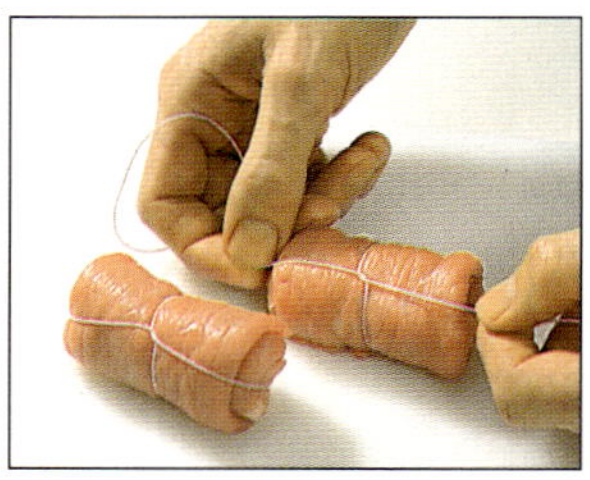

Das Fleisch salzen und pfeffern. Die Schinken-Käse-Röllchen darauflegen, die Fleischränder seitlich einschlagen und das Schnitzel so aufrollen, daß es die Füllung ganz umhüllt. Die Kalbsröllchen mit Küchengarn fixieren.

Das Öl in einer Kasserolle erhitzen, die Kalbsröllchen darin rundherum goldbraun anbraten und auf ein Abtropfgitter legen. Die Zwiebeln zum Bratöl geben und dünsten. Das Tomatenmark und den Zucker zufügen und mitanziehen lassen. Mehrmals mit Brühe ablöschen, reduzieren und das Fleisch wieder hineingeben.

Die Tomaten zufügen. Mit Brühe auffüllen, aufkochen und abschäumen. Das Gewürzbündel zusammenbinden, zu den Röllchen geben und alles in 50 bis 55 Minuten gar ziehen lassen. Die Röllchen mit der Sauce anrichten. Als Beilage können tournierte Zucchini mit Tomatenwürfeln und Grießnocken gereicht werden.

Piccata von Lotte (Seeteufel). Dieser fast grätenlose Fisch läßt sich gut in Scheiben schneiden. Für die Piccata sollten sie etwa 1 cm dick sein. Das Rezept ist dasselbe wie das nebenstehende für die Piccata alla milanese. Die Fischscheiben werden sehr sparsam gesalzen, gemehlt und wie in der Bildfolge unten durch die Ei-Käse-Masse gezogen und dann gebraten. Dazu passen Zucchini-Paprika-Gemüse und Tomatensauce.

PICCATA ALLA MILANESE

PICCATA NACH MAILÄNDER ART

Das sind kleine Kalbsschnitzel in einer Hülle aus Ei und Käse. Nach dieser Methode können natürlich auch Geflügel oder Fisch zubereitet werden.

8 kleine Kalbsschnitzel aus der Keule (à 40 bis 50 g)
3 Eier, 2 EL Olivenöl
60 g geriebener Parmesan
Mehl, Salz und weißer Pfeffer
60 g Butter zum Braten

Die Schnitzel mit der flachen Seite eines Hackbeils plattieren. Weiterarbeiten wie folgt:

Die Eier in eine Schüssel schlagen, das Öl zufügen und alles mit einem Schneebesen verquirlen.

Den Käse zu der Eiermasse geben, mit dem Schneebesen unterrühren und 10 bis 15 Minuten stehen lassen.

Das Mehl auf einen flachen Teller geben. Dann die Schnitzel salzen und pfeffern und im Mehl wenden.

Die Schnitzelchen durch die Ei-Käse-Masse ziehen und überschüssige Masse mit den Fingern abstreifen.

Die Butter in einer Pfanne erhitzen. Die Schnitzel einlegen und unter mehrmaligem Wenden goldgelb braten

Die Piccata mit Beilagen anrichten. Unser Vorschlag: gedünsteter Brokkoli, schwarze Nudeln und Tomatensauce.

MIT KÄSE PANIEREN

Eine sehr pikante Art zu panieren und dann empfehlenswert, wenn die geschmacklich kräftige Kruste in Kontrast zu einem milden Inhalt stehen soll. Das kann Kalb- oder Geflügelfleisch sein, aber auch Fisch. Der Unterschied zum üblichen Panieren besteht nur darin, daß die Semmelbrösel im Verhältnis 1:1 mit geriebenem Käse gemischt werden; der Käseanteil kann aber auch reduziert werden. Käse aus der Parmesan-Familie eignen sich besonders gut.

Das gewürzte und in Mehl gewendete Fleisch mit einer Gabel durch das verrührte Ei ziehen und am Gefäßrand abstreifen.

In die Mischung aus Semmelbröseln und Parmesan legen und fest andrücken. Will man eine starke Kruste, den Vorgang wiederholen.

Mit Käse überbacken

JAKOBSMUSCHELN MIT CHAMPAGNERSAUCE ÜBERBACKEN

Für die Sauce:
1 feingehackte Schalotte, 10 g Butter
1/4 l Champagner
300 ml weißer, gelierter Kalbsfond
1/4 l Sahne
1 TL Mehlbutter, 1 Eigelb
Salz und weißer Pfeffer
40 g geriebener Provolone
Für das Gemüse:
250 g Blattspinat, 30 g Butter
Salz, weißer Pfeffer, geriebene Muskatnuß
Außerdem:
Muskelfleisch von 4 großen Jakobsmuscheln
Salz und weißer Pfeffer
10 g Butter, 100 ml Champagner

Für die Sauce die Schalotte in Butter farblos dünsten. Mehrmals mit Champagner ablöschen und mit dem Fond auffüllen, etwa zur Hälfte reduzieren. Währenddessen 2/3 der Sahne reduzieren und in den Fond passieren. Die Sauce mit der Mehlbutter leicht binden. Das Ei mit der restlichen Sahne verquirlen und die Sauce damit legieren. Aufkochen, salzen, pfeffern und passieren. Den küchenfertigen Blattspinat in der erhitzten Butter zusammenfallen lassen und würzen. Das Muskelfleisch quer halbieren, salzen und pfeffern. Eine Kasserolle mit Butter ausstreichen, das Muskelfleisch hineinsetzen und mit Champagner bedecken. Vorsichtig gar ziehen ("absteifen"), herausnehmen und abtropfen lassen. Den Pochierfond stark einkochen und zur Sauce geben. Den Spinat abtropfen lassen und in die gesäuberten, angewärmten Muschelschalen verteilen. Das Muskelfleisch darauflegen, mit der Sauce bedekken und dem Käse bestreuen. Im vorgeheizten Ofen auf oberster Schiene bei 200°C goldgelb überbacken.

AUSTERN MIT SHERRY-RAHM-SAUCE ÜBERBACKEN

(ohne Abbildung)
Für die Sauce:
1 feingewürfelte Schalotte, 10 g Butter
100 ml Sherry, medium dry
100 ml weißer Kalbsfond
1/4 l Sahne
Außerdem:
12 Austern
10 g Butter
50 ml Sherry, medium dry
Salz, Pfeffer, Cayennepfeffer
20 g geriebener junger Provolone

Mit den hier angegebenen Mengen zubereitet, ist das Gericht eine edle Vorspeise. Dazu die Schalotte in der Butter farblos dünsten, mit Sherry ablöschen und mit dem Kalbsfond aufgießen. Dann um die Hälfte reduzieren lassen. Die Sahne separat einkochen, in die Sauce passieren und sämig kochen. Die Austern aus der Schale nehmen und säubern, dabei das Austernwasser auffangen. Eine Kasserolle mit Butter ausstreichen, die Austern einlegen, Sherry und Austernwasser zugießen und bei geringer Temperatur gar ziehen lassen. Die Austern herausnehmen, den Fond stark einkochen und zur Sherrysauce geben. Die Sauce abschmecken und passieren. Die Austern in den sauberen, angewärmten Schalen anrichten, mit der Sherry-Rahm-Sauce bedekken und dem Käse bestreuen. Im vorgeheizten Ofen bei 250°C goldgelb gratinieren.

Käse-Fleisch-Spieße. Damit der Käse (zum Beispiel Bergkäse) beim Braten nicht zerläuft, wird er in dünne Räucherspeckscheiben gewickelt. Abwechselnd mit Würfeln von Schweinefleisch, Zwiebeln und Paprikaschoten aufspießen. Zusätzlich kann man die Spieße panieren.

REHMEDAILLONS MIT FEIGEN UND BLEU D'AUVERGNE

Für die Sauce:

10 g Butter, 1 feingehackte Schalotte

1/2 EL Tomatenmark

100 ml roter Portwein, 400 ml Wildjus

Salz und weißer Pfeffer

Zum Garnieren:

4 mittelgroße Feigen, geschält und halbiert

Salz, weißer Pfeffer, 10 g Butter, 6 cl roter Portwein

Außerdem:

8 Medaillons aus dem Rehrücken

Salz und weißer Pfeffer, 30 g Butterschmalz

8 Scheiben Bleu d'Auvergne (160 g)

Die Schalotte in Butter anschwitzen, das Tomatenmark zufügen und mitdünsten. Mehrmals mit Portwein ablöschen und mit Jus auffüllen. Aufkochen, abschäumen und bei geringer Hitze köcheln. Die Feigen würzen und in Butter anbraten. In eine Kasserolle setzen und den Portwein zugießen. Unter Wenden in 3 bis 4 Minuten gar ziehen lassen, dann herausnehmen. Den Fond stark einkochen, zur Sauce geben, mit den Gewürzen abschmecken und passieren. Die Medaillons plattieren, salzen, pfeffern und im Butterschmalz in 4 bis 5 Minuten unter Wenden rosa braten. Herausnehmen, die Feigen darauflegen, mit dem Käse bedecken und im vorgeheizten Ofen schmelzen. Die Medaillons anrichten und mit der Sauce umgießen.

ÜBERBACKENE LAMMKOTELETTES

Für die Käsemasse:

1 Ei, 100 g geriebener Gruyère

40 g gekochter Schinken

2 EL Schnittlauchröllchen

2 EL geschlagene Sahne

Salz und Pfeffer

Außerdem:

8 Lammkotelettes (à 80 g)

Salz und Pfeffer

40 g Butterschmalz

400 ml Lammjus

Für die Käsemasse das Ei aufschlagen und mit dem geriebenen Gruyère mischen. Den Schinken in Würfel schneiden und mit dem Schnittlauch und der Sahne unter die Käse-Ei-Masse heben. Die Kotelettes plattieren, salzen und pfeffern. Das Butterschmalz in einer Pfanne erhitzen und die Lammkotelettes von beiden Seiten rosa braten, herausnehmen und auf ein Gitter legen. Das Fett aus der Pfanne gießen, den Lammjus hineinfüllen und um die Hälfte reduzieren lassen. Die Käsemasse gleichmäßig auf die Lammkotelettes verteilen und unter dem vorgeheizten Grill in etwa 3 Minuten goldgelb überbacken. Die Lammkotelettes auf Tellern anrichten und die Sauce verteilen.

Käse Saucen

Saucen mit Käse können höchst delikat sein, wenn man sie mit Fisch, Krustentieren, Fleisch oder Geflügel kombiniert, aber sie müssen sich geschmacklich anpassen. Gerade das ist jedoch durch den mehr oder weniger strengen Käsegeschmack gar nicht so einfach. Beim Experimentieren mit Käse als Würzmittel für Saucen sollte man daher grundsätzlich mit kleinen Mengen beginnen und Käsesorten mit viel Säure meiden. Dabei ist es gleichgültig, ob die unpopuläre Mehlschwitze, wie bei der "Mornay", oder reduzierter Fond und Sahne Basis der Sauce sind.

Auch für Scampi läßt sich das nebenstehende Rezept "Hummer Mornay" verwenden. Die ausgebrochenen Schwänze werden in kleinen, gebutterten Gratinformen mit der Sauce überzogen und, mit Käse bestreut, gratiniert.

HUMMER MORNAY

Für die Sauce Mornay:
30 g Butter, 30 g Mehl, 1/2 l Milch
Salz, Pfeffer, Muskat, 1 Lorbeerblatt
2 bis 3 EL Sahne, 2 Eigelb
50 g geriebener Gruyère
Außerdem:
2 in Court-Bouillon gegarte Hummer (à 700 bis 800 g)
Butter zum Ausfetten der Gratinform
40 g geriebener Gruyère zum Gratinieren

Eine Sauce Mornay zubereiten, wie auf Seite 161 beschrieben. Die gekochten Hummer längs halbieren und den Darm entfernen. Das Fleisch aus den Schalen herauslösen und in Scheiben schneiden. Die Scheren kann man mit einem schweren Messer anbrechen, damit beim Essen das Scherenfleisch leichter auszulösen ist. In die leeren Schalen etwas Sauce füllen, die Hummerscheiben überlappend hineinschichten und mit der restlichen Sauce bedecken. Die Hummerhälften mit dem Käse bestreuen und im vorgeheizten Ofen bei 220°C etwa 10 Minuten gratinieren, bis die Oberfläche goldbraun ist. Dazu schmeckt am besten geröstetes Weißbrot und frischer Blattsalat.

ENTENBRUST MIT CHIANTI-BIRNE UND ROQUEFORT-SAUCE

Für die Chianti-Birne:
2 Birnen, 1/2 TL Zucker, 1/4 l Chianti
1/2 Zimtstange, 2 Gewürznelken
2 zerdrückte Pfefferkörner, 1 Prise Kardamom
Für die Sauce:
1/2 feingewürfelte Zwiebel, 10 g Butter
2 EL Rotweinessig, 4 EL Rotwein
1/4 l Entenjus, 100 ml Sahne, 50 g Roquefort
Salz und weißer Pfeffer
Außerdem:
2 Entenbrüste ohne Haut und Knochen (à 300 g)
Salz und weißer Pfeffer
25 g Butterschmalz
Minze zum Garnieren

Die Birnen schälen, vierteln und das Kerngehäuse entfernen. In einem Topf den Zucker leicht karamelisieren und mit Chianti auffüllen. Die Gewürze zugeben und aufkochen. Die Birnen einlegen, etwa 10 Minuten leise kochen, die Gewürze entfernen und die Chianti-Birnen beiseite stellen. Die Zwiebel in der Butter goldgelb dünsten, mit dem Essig und dem Wein ablöschen. Mit dem Jus auffüllen und stark einkochen, dann die Sahne zugießen und die Sauce kochen, bis sie sämig ist. Die Sauce passieren und mit einem Pürierstab den Roquefort einarbeiten. Falls nötig, mit Salz und Pfeffer abschmecken. Die Entenbrüste salzen und pfeffern und im heißen Butterschmalz unter Wenden in 8 bis 10 Minuten rosa braten. Zum Ruhen auf ein Gitter setzen. Die Birnen in Fächer schneiden. Den Birnensud auf 1/16 l einkochen und einen Teil zur Sauce geben. Die Entenbrüste schräg in Scheiben schneiden und zusammen mit den Birnenfächern, Herzogin-Kartoffeln und der Sauce auf Tellern anrichten und mit einem Minzeblatt garnieren.

GEMÜSE UND KARTOFFELN

Das Angebot an Gemüse ist heutzutage überaus reichhhaltig und vor allem völlig unabhängig vom natürlichen Zyklus der Jahreszeiten. Das liegt einmal am gut funktionierenden Welthandel, der uns das Sommergemüse der südlichen Hemisphäre mitten im Winter beschert, und an unseren Gemüsebauern, die mit Hilfe von Treibhäusern und modernster Technik die Jahreszeiten überlisten. Das heißt, das Angebot von Gemüse ist nicht saisongebunden, und Käse gibt es, von einigen wenigen Sorten abgesehen, ohnehin das ganze Jahr. Gemüse- und Kartoffelgerichte sind nicht nur Beilagen zu Fleisch- und Fischgerichten, sondern auch eigenständige Hauptgerichte, insbesondere in Kombination mit Käse. Ein Paradies für kreative Köche also, zumal Gemüse grundsätzlich mit Käse harmoniert, und sich bei der großen Auswahl zu jedem Gemüse auch der passende Käse finden läßt. Die Käseauswahl für Kartoffelgerichte ist groß und wird letztlich allein dadurch bestimmt, wie dominierend der Käsegeschmack sein soll; so reicht die Auswahl von mildem jungem Gouda bis zu herzhaftem Romadur.

KARTOFFELGRATIN MIT CHEDDAR.
1 kg Kartoffeln waschen, schälen und mit dem Gemüsehobel in dünne Scheiben schneiden. 300 g Cheddar reiben. Die Kartoffelscheiben in eine gebutterte Form schichten und den Käse dazwischenstreuen. Mit Salz und Pfeffer würzen und mit 1/2 l Sahne übergießen, so daß die Kartoffeln fast bedeckt sind. Bei 200°C im vorgeheizten Ofen in 60 bis 70 Minuten knusprig braun backen (im Bild).

GRATIN VON GEKOCHTEN KARTOFFELN.
1 kg gekochte und geschälte Kartoffeln vom Vortag in Scheiben schneiden und mit einer gehackten Zwiebel in eine gebutterte Form schichten. 250 g gewürfelten Käse (wie Tomme de Savoie) darübergeben, salzen, pfeffern und mit 400 ml Sahne übergießen. Bei 220°C 30 bis 40 Minuten backen.

KARTOFFELN MIT KRÄUTERN. Frische Pellkartoffeln mit einer Mischung aus 2/3 Magerquark und 1/3 geriebenem Bergkäse füllen. Wenn nötig, mit etwas Sahne verdünnen. Mit Salz, Pfeffer und reichlich frisch gehackten Kräutern würzen.

KARTOFFELGRATIN MIT REBLOCHON

Dieser Käse gibt dem Gratin eine ganz besondere Note, mild und trotzdem aromatisch. Eine pikantere Variante entsteht mit Saint-Nectaire, dessen Rinde vor der Verwendung aber vollständig abgeschnitten werden muß.

1 kg Kartoffeln
je 1/8 l Rinderbrühe und Sahne
500 g Reblochon
Salz, Pfeffer, Muskatnuß
30 g Butter
1 Knoblauchzehe
1 EL feingehackte Zwiebeln

Die Kartoffeln waschen, schälen und in Würfel von ungefähr 1 cm Kantenlänge schneiden. In Salzwasser 4 bis 5 Minuten kochen, abgießen und mit kaltem Wasser kräftig auswaschen. Sehr gut abtropfen lassen. Die Brühe mit der Sahne erwärmen. Von dem Käse die Rinde ganz dünn abschneiden oder besser nur die äußere Schicht abkratzen. In dünne Scheiben schneiden und in der Sahnemischung bei ganz geringer Hitze langsam schmelzen. Mit Salz, Pfeffer und Muskatnuß würzen. Die Butter in einer Auflaufform zerlassen und darin den zerdrückten Knoblauch und die gehackten Zwiebeln hell anschwitzen. Die Kartoffelwürfel darübergeben, mit der Käse-Sahne-Mischung übergießen und in dem auf 220°C vorgeheizten Ofen in etwa 20 Minuten garen. Dann die Hitze auf 180°C reduzieren und weitere 40 bis 50 Minuten backen, bis die Kartoffeln weich sind.

KARTOFFEL-ZUCCHINI-GRATIN

Die Kombination von Kartoffeln und Zucchini für ein Gratin bringt ein erstaunlich gutes Ergebnis. Ideal als Beilage für Lamm-, Zicklein- und Kaninchengerichte.

400 g Zucchini, 600 g Kartoffeln
50 g Schalotten, 1 Knoblauchzehe
40 g Butter, 1/4 l Fleischbrühe
Salz und frisch gemahlener Pfeffer
1 TL Thymianblättchen
2 TL gehacktes Basilikum
50 g Butter
60 g geriebener Parmesan, 30 g Semmelbrösel
Butter zum Ausfetten der Form

Die Zucchini unter fließendem Wasser sauberbürsten und die Stielansätze abschneiden. Die Zucchini in etwa 2 cm dicke Scheiben schneiden. Die Kartoffeln (sie sollten etwa den gleichen Durchmesser wie die Zucchini haben) waschen, schälen und in gleichmäßig dicke Scheiben schneiden. Die Schalotten schälen und fein hacken. Die Knoblauchzehe ebenfalls schälen und zerdrücken. Die Butter in einer Pfanne zerlaufen lassen und die Schalotten sowie den Knoblauch darin hell anschwitzen. Mit der Fleischbrühe aufgießen und 3 bis 4 Minuten kochen lassen. Eine entsprechend große Auflaufform mit Butter ausstreichen. Abwechselnd die Zucchini- und Kartoffelscheiben so einschichten, daß sie schräg stehen. Mit den Gewürzen bestreuen, dann die Fleischbrühe darübergießen und die Butter in kleinen Flöckchen daraufsetzen. Den Käse mit den Semmelbröseln mischen und auf das Gratin streuen. Im vorgeheizten Backofen bei 200°C auf der mittleren Schiene 40 bis 45 Minuten backen.

Kartoffeln und Käse

Sie ergänzen sich geschmacklich auf das Beste. Kartoffel-Rezepte mit Käse findet man in jedem Haushalt, aber auch im Repertoire von Top-Restaurants. Kartoffeln als auch Käse sind einfach unverzichtbar und haben eines gemeinsam, sie passen sich geschmacklich hervorragend an. Eine schlichte Ofenkartoffel mit Käse oder gratinierte Kartoffeln können schon für sich eine Delikatesse sein und bedürfen keiner weiteren Schnörkel. Hobelt man aber eine Trüffel über diese Gerichte oder setzt einen Löffel Kaviar darauf, avancieren sie zum Höhepunkt einer Speisenfolge. Diese Kartoffelgerichte können Hauptgericht sein, zum Beispiel mit frischem Blattsalat serviert, oder Beilage zu Fleisch, Fisch oder Geflügel. Die Rezepte dieses Kapitels sind als Hauptgericht für 4 Portionen berechnet, so daß sie als Beilage für 8 Portionen ausreichend sind.

KÄSE-KARTOFFELN MIT KÜMMEL

Sie können natürlich auch anders gewürzt werden, wie zum Beispiel mit Pfeffer, Majoran, Origano oder Paprikapulver; nur mit Kümmel gewürzt, schmecken Käse-Kartoffeln aber besonders gut.

8 große Kartoffeln

150 g geraspelter Greyerzer oder Allgäuer Bergkäse

Kümmel

Die Kartoffeln waschen, gut bürsten und in Salzwasser fast gar kochen, sie sollen noch fest sein. Die Kartoffeln längs halbieren, dick mit dem geriebenen Käse bestreuen und auf ein gefettetes Backblech setzen. Bei 220°C im vorgeheizten Ofen etwa 10 Minuten überbacken, bis der Käse geschmolzen ist, und mit Kümmel bestreuen.

TESSINER KARTOFFELN

Dafür sollte man möglichst gleich große Kartoffeln aussuchen, damit sie zur gleichen Zeit gar werden.

1 kg mehligkochende Kartoffeln

2 EL feines Pflanzenöl, 30 g Butter

Salz

100 g geriebener Parmesan

Die Kartoffeln waschen, schälen und in Abständen von maximal 1/2 cm etwa 2/3 tief einschneiden. Die Butter mit dem Öl erhitzen und die Kartoffeln mit etwas von dieser Mischung bepinseln, dann mit Salz bestreuen. In eine entsprechend große, gefettete Auflaufform setzen und in dem auf 200°C vorgeheizten Ofen backen. Zwischendurch nochmals mit der Öl-Butter-Mischung bepinseln und, je nach Größe der Kartoffeln, nach etwa 30 bis 40 Minuten mit dem Käse bestreuen und in weiteren 10 bis 15 Minuten fertig garen. Eine vorzügliche Variante: Je 1/8 l Fleischbrühe und Sahne in eine Auflaufform gießen und die Kartoffeln mit einer Mischung aus 50 g geriebenem Parmesan und 100 g feingeriebenem Emmentaler bestreuen, dann weiterarbeiten, wie oben beschrieben.

REIBEKUCHEN MIT KÄSE UND PAPRIKA

- *je 80 g rote, grüne und gelbe Paprikaschoten*
- *3 Eier, 4 EL Sahne, 6 EL Mehl*
- *1 kg mehligkochende Kartoffeln*
- *2 feingehackte Zwiebeln*
- *1 feingehackte Knoblauchzehe*
- *60 g feingewürfelter, durchwachsener Bauchspeck*
- *150 g kleingewürfelter Bergkäse*
- *Butter und Öl zum Backen*

Die Paprikaschoten halbieren und ihre Stielansätze entfernen. Die Schoten waschen und in 1/2 cm große Würfel schneiden. Die Eier, die Sahne und das Mehl in einer großen Schüssel vermischen. Die Kartoffeln waschen, schälen und fein raspeln. Dann kurz in kaltes Wasser geben, herausnehmen und mit Hilfe eines Küchentuchs ausdrücken. Die Kartoffelraspeln, Paprikawürfel, Zwiebeln, den Knoblauch, Bauchspeck und die Käsewürfel in die Eiermasse geben und alles gut vermengen. Zu gleichen Teilen Öl und Butter in einer kleinen Pfanne erhitzen, einen gehäuften Eßlöffel Teig in die Pfanne geben, glattstreichen und von beiden Seiten anbraten. Nacheinander 16 Reibekuchen ausbacken.

Rösti. Ein gutes Schweizer Rösti ist kaum zu verbessern - es sei denn mit Käse. Auf diese "Super"-Bratkartoffeln gibt man nach dem Wenden geriebenen Käse und läßt ihn zerlaufen. Vom Emmentaler bis zum Appenzeller passen alle Käsesorten - man kann also ganz nach eigenem Geschmack wählen.

MAIS-PFANNKUCHEN MIT KÄSE

- *1/8 l Milch*
- *2 Eier*
- *4 EL Mehl*
- *1/2 TL Salz*
- *etwas frisch gemahlener Pfeffer*
- *100 g Bauchspeck*
- *120 g Latwijskij*
- *4 Zuckermaiskolben*
- *Butter und Öl zum Backen*

Aus der Milch, den Eiern und dem Mehl einen Pfannkuchenteig zubereiten und mit Salz und Pfeffer würzen. Den Bauchspeck feinwürfeln und den Käse in Würfel von 1/2 cm Kantenlänge schneiden. Von den Maiskolben die Blätter und die Fasern entfernen. Die Maiskörner mit einem Messer vom Stielansatz zur Spitze hin vom Kolben lösen. Den Mais, den Speck und die Käsewürfel unter den Teig mischen. Zu gleichen Teilen Butter und Öl in einer Pfanne erhitzen, einen gehäuften Eßlöffel Teig hineingeben und glattstreichen. Nacheinander 8 Pfannkuchen unter Wenden goldgelb ausbacken.

ZUCCHINI-TÖRTCHEN

Für den Teig:
250 g Mehl, 125 g Butter, 1 Eigelb
1 Prise Salz, 1 bis 2 EL Wasser
Für die Füllung:
400 g Zucchini, 6 enthäutete Tomaten
Für den Guß:
1/4 l Sahne, 2 Eier
Salz, etwas Pfeffer
1/2 TL scharfes Paprikapulver
je 100 g geriebener Montasio und Parmesan
Butter zum Fetten der Förmchen
Petersilie zum Garnieren

Die angegebenen Mengen sind für 8 Förmchen mit einem Durchmesser von 11 cm berechnet. Einen Mürbteig wie auf Seite 213 herstellen, damit die gebutterten Förmchen auslegen und blindbacken. Die Zucchini waschen und in feine Scheiben schneiden. Die Tomaten entkernen und würfeln. Sahne, Eier, Gewürze und Käse mit einem Schneebesen vermischen. Etwas Käsemasse in die vorgebackenen Förmchen geben, die Zucchinischeiben fächerartig einschichten, die Tomatenwürfel zwischen die Scheiben legen und die restliche Käsemasse darüber verteilen. Bei 200°C im vorgeheizten Ofen in 20 Minuten goldgelb backen, mit Petersilie bestreuen und servieren.

CHAMPIGNON-TÖRTCHEN

2 Schalotten
300 g Champignons
30 g Butter
Salz und schwarzer Pfeffer
1 Prise Muskat
200 g Blätterteig
2 Eier, 50 g geraspelter Comté
1 Bund feingeschnittener Schnittlauch
Butter zum Fetten der Förmchen

Die angegebenen Mengen sind für 4 Förmchen à 10 cm Durchmesser berechnet. Die Schalotten schälen und fein hacken. Die Champignons waschen, putzen und blättrig schneiden. Die Schalotten in heißer Butter andünsten, die Champignons zugeben und dünsten, bis die Flüssigkeit verdampft ist. Mit den Gewürzen abschmecken und alles abkühlen lassen. Den Blätterteig 1/2 cm dick ausrollen und damit die gefetteten Förmchen auslegen. Die Eier mit dem Käse vermischen und mit Salz und Pfeffer abschmecken. Die Champignons auf die Förmchen verteilen, mit Schnittlauch bestreuen und die Eier-Käse-Masse einfüllen (Bild oben). Im vorgeheizten Backofen bei 220°C auf der untersten Schiene 10 Minuten backen. Dann die Temperatur auf 200°C reduzieren und die Törtchen auf mittlerer Schiene weitere 10 Minuten backen. Die Champignon-Törtchen noch warm servieren.

Mit Käse überbacken

Die Auswahl an Gemüsegerichten, die mit Käse überbacken werden können, ist groß. Fast alle Gemüsesorten eignen sich, nur sollten die Gemüse vorher gedünstet werden.

GRATINIERTE MANGOLDSTIELE

800 g Mangold
Salzwasser
50 g durchwachsener Räucherspeck
40 g Butter
1 TL Mehl
3/8 l Milch
Salz, Pfeffer und Muskatnuß
100 g geriebener alter Provolone

Den Mangold waschen und mit einem Messer die Blätter von den Stielen trennen. Von den inneren, zarten Stielen das Blattgrün nicht abschneiden. Das Gemüse in etwa 5 cm lange Stücke schneiden und 5 Minuten in Salzwasser kochen, herausnehmen und gut abtropfen lassen. Den Speck kleinwürfeln und in einem entsprechend großen Topf anbraten, das Fett abgießen, die Butter zugeben und zerlaufen lassen. Den Mangold darin etwa 5 Minuten dünsten. Das Mehl mit der Milch und den Gewürzen mischen, zu dem Mangold gießen und bei schwacher Hitze 8 bis 10 Minuten köcheln. Ab und zu umrühren. Die Butter in einer Auflaufform zerlassen, das Gemüse hineingeben und mit dem geriebenen Käse bestreuen. Im vorgeheizten Ofen bei 220°C goldgelb gratinieren.

FENCHEL MIT SAHNE UND PARMESAN

800 g Fenchelknollen
Salzwasser
60 g Butter
1/8 l Sahne
frisch gemahlener Pfeffer
100 g geriebener Parmesan

Die Fenchelknollen putzen, waschen und, wenn nötig, die harten äußeren Rippen entfernen. Die grünen Stiele abschneiden. Die Knollen halbieren oder vierteln, wenn sie sehr groß sind. Die Stücke im sprudelnden, leicht gesalzenen Wasser etwa 10 Minuten kochen lassen, herausnehmen und gut abtropfen lassen. In einer Auflaufform die Butter zerlassen, die Fenchelstücke hineinlegen und auf dem Herd kurz anbraten. Die Sahne darübergießen, mit Salz und Pfeffer würzen und zum Schluß mit dem Parmesan bestreuen. Im vorgeheizten Backofen bei etwa 200°C 20 Minuten backen, bis der Käse knusprig und hellbraun wird.

Käseauswahl zum Gratinieren. Wenn Gemüse mit Käse überbacken wird, werden eigentlich immer die gleichen Käsesorten verwendet. Allen voran Parmesan, und mit gutem Grund, denn Käse aus dieser Extrahartkäse-Familie haben nicht nur einen angenehm pikanten Geschmack, sie bilden aufgrund ihres geringen Fettgehalts auch eine knusprige Kruste. Natürlich kann man grundsätzlich auch mit anderen Käsesorten gratinieren, zum Beispiel mit allen Sorten aus den Gruyère- und Emmentaler-Familien, wenngleich sie Fäden ziehen. Eine schöne Kruste ist auch mit letzteren zu erzielen, wenn man den geriebenen Käse mit Semmelbröseln mischt.

Feines Gemüse unter einer goldgelben Kruste

GRATINIERTER CHICOREE

3 Chicorée (à 200 g)
Salzwasser oder Fleischbrühe
6 Scheiben gekochter Schinken
6 Scheiben mittelalter Gouda
1/4 l Fleischbrühe, 1/8 l Sahne
60 g geriebener Parmesan
Salz und Muskatnuß
1 EL gehackte Kräuter (Petersilie und Thymian)
2 EL Semmelbrösel
40 g Butter

Die Chicorée waschen und den bitteren Strunk herausschneiden. Die Chicorée in Salzwasser oder Fleischbrühe 10 Minuten ganz leise kochen lassen. Herausnehmen, abtropfen lassen und längs halbieren. Jede Schinkenscheibe mit einer Käsescheibe belegen und jeweils eine Chicoréehälfte darauflegen und einwickeln. In eine entsprechend große Form legen. Die Fleischbrühe mit der Sahne und dem Käse mischen, mit Salz, Muskatnuß und den Kräutern würzen und über den Chicorée gießen. Mit den Semmelbröseln bestreuen und Butterflöckchen daraufsetzen. Im vorgeheizten Ofen bei 200°C in etwa 20 Minuten goldgelb überbacken.

MELANZANE CON MOZZARELLA

Ein Gemüseauflauf aus Auberginen, der vor allem in Süditalien sehr beliebt ist.

1 kg Melanzane (Auberginen)
1 gehäufter EL Salz
800 g Tomaten
100 g Zwiebeln
3 EL feines Olivenöl
1 Knoblauchzehe
Salz und Pfeffer
1/8 l trockener Weißwein
etwas Mehl
3 EL feines Olivenöl zum Braten
300 g Mozzarella
40 g geriebener Parmesan

Die gewaschenen Auberginen in Scheiben schneiden und in eine Schüssel schichten. Mit dem Salz bestreuen und, mit einem Gewicht beschwert, 1 Stunde ziehen lassen. Die Tomaten enthäuten und entkernen. Die gehackten Zwiebeln im heißen Öl hell anschwitzen, das zerkleinerte Tomatenfleisch zugeben und mit der zerdrückten Knoblauchzehe, Salz und Pfeffer würzen. Den Weißwein zugießen und die Sauce bei schwacher Hitze etwa 40 Minuten kochen. Die durch das Salz freigesetzte Flüssigkeit der Auberginen abgießen und die Auberginenscheiben in Mehl wenden. Das Öl in einer Pfanne erhitzen und die Auberginenscheiben darin von beiden Seiten leicht anbraten. Eine feuerfeste Form mit dem in der Pfanne verbliebenen Öl ausgießen, eine Schicht Auberginenscheiben einlegen, darauf Mozzarellascheiben und dann eine Schicht Tomatensauce geben. Diesen Vorgang wiederholen, bis die Zutaten aufgebraucht sind. Die letzte Schicht sollte Tomatensauce sein. Mit Parmesan bestreuen und die Melanzane bei 200°C etwa 30 Minuten backen.

GEFÜLLTE TOMATEN. Von 8 reifen Tomaten einen "Deckel" abschneiden. Die Tomaten aushöhlen, salzen und pfeffern. Ziegenkäse-Spinat-Füllung (im Rezept links) hineingeben. Mit 50 g geriebenem Provolone bestreuen und je 1 Butterflöckchen daraufsetzen. Im vorgeheizten Backofen bei 200°C 30 Minuten backen.

GEFÜLLTE CHAMPIGNONS MIT ZIEGENKÄSE UND SPINAT

18 große Champignons, geputzt und gewaschen

Für die Füllung:

250 g Spinat, 1 EL Zitronensaft

15 g Butter, 4 EL trockener Weißwein

2 feingehackte Schalotten

2 feingehackte Knoblauchzehen

1 TL gehackter Thymian

Salz und Pfeffer

100 g Valençay

20 g geriebenes Weißbrot

20 g geriebener Ragusano bianco

15 g Butterflöckchen

Butter zum Ausfetten der Form

Den Spinat putzen und die Stiele entfernen. Dann waschen, trockenschleudern und grob hacken. Die Stiele der Champignons abdrehen und fein hacken, die Köpfe mit Zitronensaft beträufeln. Den Wein und die Butter in einem Topf aufkochen, Schalotten, Knoblauch, Thymian und die gehackten Pilzstiele 3 bis 4 Minuten andünsten. Den Spinat zugeben und zusammenfallen lassen. Mit Salz und Pfeffer abschmecken. Den Ziegenkäse zerbröckeln und mit 2 Gabeln unterheben. Die Füllung auf die Champignons verteilen und in eine gefettete Auflaufform setzen. Den geriebenen Ragusano mit dem geriebenem Weißbrot mischen, über die Füllung streuen und je 1 Butterflöckchen daraufsetzen. Im vorgeheizten Backofen bei 180°C 20 Minuten backen.

GEFÜLLTE ZUCCHINI

4 Zucchini (à 200 g)

Für die Füllung:

1 EL Olivenöl, 120 g feingehackte Zwiebeln

1/2 feingehackte Knoblauchzehe

150 g alter Asiago

500 g gemischtes Hackfleisch

je 1 TL Salz und edelsüßes Paprikapulver, Pfeffer

2 Eier

1 EL gehacktes Basilikum

1/2 TL getrockneter Thymian

40 g geriebener Parmesan

40 g geriebenes Weißbrot

50 g Butterflöckchen

Butter zum Ausfetten der Form

Die Zucchini waschen, den Blütenansatz und Stiel entfernen. Die Zucchini längs halbieren, aushöhlen und das Fruchtfleisch in feine Würfel schneiden. Das Öl in einer Pfanne erhitzen und die Zwiebeln sowie den Knoblauch darin glasig dünsten. Den Asiago in kleine Würfel schneiden. Das Hackfleisch mit dem Käse, den Zwiebeln, dem Knoblauch, den Zucchiniwürfeln, Eiern, Kräutern und Gewürzen in eine Schüssel geben. Alles gut mischen und auf die Zucchinihälften verteilen. Das geriebene Weißbrot mit dem geriebenen Parmesan mischen und über die gefüllten Zucchini streuen. Die Butterflöckchen daraufgeben und im vorgeheizten Backofen bei 220°C 20 bis 25 Minuten backen.

TSCHUSCHKI SIS SIRENE

PAPRIKASCHOTEN MIT SCHAFKÄSE-FÜLLUNG

4 grüne Paprikaschoten

Für die Füllung:

150 g bulgarischer Schafkäse ("Sirene") oder Feta aus Schafmilch

1 Ei, 2 EL saure Sahne

1/2 TL Salz

4 EL Öl

Öl zum Ausfetten der Form

Für dieses bulgarische Käsegericht die Schoten waschen und trockentupfen. Auf ein Backblech legen und im vorgeheizten Ofen bei 200°C backen, bis ihre Haut aufspringt, dann in einem geschlossenen Topf 10 Minuten abkühlen lassen. Ihre Haut abziehen und die Schoten längs bis zum Stielansatz aufschneiden und aufklappen. Die Kerne und weißen Rippen entfernen. Den Käse mit einer Gabel zerdrücken und mit dem Ei und der sauren Sahne verrühren. Die Schoten mit der Käsemasse füllen, zusammenklappen und in eine gefettete Auflaufform legen. Mit Salz bestreuen und mit Öl beträufeln. Im Backofen bei 180°C in etwa 40 Minuten garen.

Käsesaucen zum Gemüse

Es kann die klassische Sauce Mornay sein oder eine Art von Fonduta, wie sie in Italien beliebt ist. Käsesaucen sind jedenfalls die ideale Ergänzung zu gedünstetem Gemüse. Vor allem die Kombination mit Kohlsorten, wie Blumenkohl, Brokkoli und Rosenkohl, führt zu einem delikaten Ergebnis. Man kann sie natürlich auch gratinieren und zusätzlich mit geriebenem Käse bestreuen.

BLUMENKOHL MIT SAUCE MORNAY

1 Blumenkohl oder Romanesco, 800 g

Salzwasser zum Kochen

Für die Sauce:

25 g Butter, 30 g Mehl, 1/2 l Milch

Salz, Pfeffer, Muskatnuß

1 Eigelb, 100 ml Sahne

30 g geriebener Parmesan

1 bis 2 EL geschlagene Sahne

Den Blumenkohl waschen und den Strunk abschneiden. In Salzwasser etwa 20 Minuten kochen, bis er gar, aber keinesfalls zu weich ist. Gut ablaufen lassen und auf eine Platte setzen. Aus den angegebenen Zutaten, wie auf Seite 161 beschrieben, eine Käsesauce zubereiten. Dabei ist es wichtig, daß die Grundsauce, also die "Béchamel", sehr gut durchgekocht wird. Den heißen Blumenkohl mit der Sauce übergießen und sofort servieren.

Dekorativer, grüner Romanesco ist sehr mild und gewinnt daher, im Gegensatz zu weißem Blumenkohl, wenn er zusätzlich mit geriebenem Parmesan oder Pecorino überbacken wird.

GRÜNER SPARGEL MIT SAUCE MORNAY ÜBERBACKEN

Dieses Rezept kann natürlich auch mit weißem Spargel realisiert werden, aber besonders gut eignet sich der kräftigere grüne Spargel.

1 kg grüner Spargel

Salzwasser zum Kochen

30 g Butter

Für die Sauce:

20 g Butter, 20 g Mehl, 3/8 l Milch

Salz und Pfeffer

2 Eigelb, 100 ml Sahne, 60 g Fontina

30 g geriebener Parmesan zum Bestreuen

40 g flüssige Butter

Den Spargel waschen und nur den unteren Teil dünn schälen. Zu 4 Bündeln zusammenbinden und in so viel leicht gesalzenes, sprudelnd kochendes Wasser geben, daß die Bündel gerade davon bedeckt sind. Dann bei mittlerer Hitze 15 bis 20 Minuten, je nach Stärke der Stangen, leise köcheln lassen. Der Spargel sollte keinesfalls zu weich werden. Herausnehmen und gut ablaufen lassen. Die Butter in einer entsprechend großen Form zerlaufen lassen, die Spargelstangen in der Mitte teilen und in die Form schichten. Von den angegebenen Zutaten eine Béchamelsauce zubereiten, sie soll mindestens 20 Minuten kochen. Dann den in Würfel geschnittenen Käse untermischen. Über den Spargel gießen und mit Parmesan bestreuen (Bild oben). In dem auf 200°C vorgeheizten Ofen etwa 20 Minuten gratinieren. Mit flüssiger Butter beträufeln und sofort servieren.

GRATIN VON STANGENSELLERIE

Die in diesem Rezept verwendete Käsemischung aus geriebenem Parmesan und Pecorino harmoniert geschmacklich besonders gut mit Sellerie.

1 kg Stangensellerie

50 g Butter, 1 EL gehackte Schalotten

1/2 l Fleischbrühe

Salz und Pfeffer

50 g gewürfelter Parmaschinken

Für die Sauce:

1/4 l Sahne

60 g geriebener Pecorino romano

80 g geriebener Parmesan

Den Sellerie waschen und in Stücke schneiden, die der Größe der Auflaufform entsprechen. Dabei das unterste Ende abschneiden und, wenn die Stangen sehr dick sind, längs halbieren. Die Butter in einer großen Kasserolle erhitzen. Die Schalotten darin hell anlaufen lassen und die Selleriestangen zugeben. Mit der Brühe aufgießen und mit Salz und Pfeffer würzen. Etwa 20 Minuten dünsten, bis die Brühe fast verdampft ist; es sollte ungefähr 1/8 l Brühe übrigbleiben. Die Selleriestangen in eine Auflaufform schichten und mit den Schinkenwürfeln bestreuen. Die restliche Brühe mit der Sahne und dem Käse vermischen, dann über den Sellerie verteilen (Bild oben). Im heißen Ofen bei 220°C gratinieren, bis die Oberfläche knusprig braun ist. Mit etwas gehacktem Grün der inneren, zarten Sellerieblätter servieren.

Käsereibe aus Edelstahl. Mit einer solchen, sowohl dekorativen als auch praktischen Reibe kann Extrahartkäse bei Bedarf frisch gerieben werden. Der geriebene Käse wird in der Lade unter der Reibefläche aufgefangen.

Châtenay
Neuchâtel

FONDUE UND RACLETTE

Oder kochen am Tisch mit Käse als Hauptzutat. Diese beiden Spezialitäten erfunden zu haben, wird von den Schweizern reklamiert, genauer gesagt von den West-Schweizern, die bekanntlich mit Käse umzugehen wissen. Die Heimat von Fondue und Raclette ist also die Schweiz, auch wenn andere Länder die Urheberschaft für sich beanspruchen. In Bezug auf Raclette beispielsweise mit der Geschichte des französischen Holzfällers, der ein Stück harten Käse über das Lagerfeuer hielt und dann mit dem Messer goldgelben, fließenden Käse abschaben konnte.

Das (oder die) Fondue hat weniger Probleme, sein Herkunftsland zu bestimmen, denn als wirklich „demokratisches Gemeinschaftsessen", das rustikal und delikat zugleich ist, kann es eigentlich nur aus der französischen Schweiz stammen. Es sollte eigentlich nur „die" Fondue heißen (vom französischen „la fondue"), wenn nicht die Deutsch-Schweizer die Fondue „zur Sache" gemacht hätten. Dorthin hatte sich dieses ebenso nahrhafte wie gesellige Gericht zunächst ausgedehnt, bevor es in den fünfziger Jahren in Form einer regelrechten „Fondue-Welle" über die Schweizer Grenzen hinaus bekannt wurde. Und beim sächlichen „das" Fondue blieb es. Heutzutage hat das Käsefondue seinen festen Platz, soll bei einer zünftigen Einladung mit einem Minimum an Aufwand ein maximaler Effekt erreicht werden. Die Qualität eines Fondues kann nur so gut sein wie der verwendete Käse - also aus bestem reifem Käse zubereiten, der weder zu jung noch zu alt ist. Das gleiche gilt für den Wein, von dem das Gelingen eines Fondues ebenfalls abhängt. Er muß genügend Säure haben, denn die bindet den Käse; im Zweifelsfall hilft etwas Zitronensaft. Einige Fondue-Rezepte sehen zusätzlich noch 1 Gläschen Kirschwasser vor, das zusammen mit der Speisestärke eingerührt wird. Aber einen Schluck Kirschwasser kann man zur Verdauung auch während des Essens genießen. Im übrigen ist als Getränk heißer schwarzer Tee zu empfehlen, denn kalten Wein zum heißen Käse verträgt nur ein kräftiger Magen. Und das ideale Brot? Halbweißes Bauernbrot mit viel Kruste oder Baguette.

GRUNDREZEPT FONDUE

600 g Käse, 1 Knoblauchzehe
300 ml trockener Weißwein, 2 TL Speisestärke
frisch gemahlener Pfeffer, geriebene Muskatnuß

Das Rezept ist für 4 Portionen bemessen. Wichtig ist, den Wein und den Käse unter Rühren langsam zu erhitzen. Auch während des Essens immer wieder durchrühren und mit den auf die Gabeln gespießten Brotstückchen dicht am Boden rühren, damit das Fondue über der Flamme nicht anbrennen kann. Sollten sich Käse und Wein trennen, muß die Masse mit dem Schneebesen über starker Hitze glattgeschlagen werden. Das Fondue zubereiten wie im folgenden:

Den Käse reiben, grob raffeln oder noch besser in ganz kleine Würfel schneiden. So löst er sich schön gleichmäßig und langsam auf.

Die Knoblauchzehe halbieren und damit das Caquelon ausreiben. Dann den Wein hineingießen.

Die Hälfte des Käses zugeben (immer zuerst den härteren Käse) und unter Rühren langsam erhitzen.

Wenn er fast aufgelöst ist, den restlichen Käse (die weichere Sorte) zufügen. Das Fondue darf nur leise köcheln.

Die mit etwas Wein verrührte Stärke zugießen und das Fondue damit binden. Rühren, bis es cremig-glatt ist.

Zum Schluß die Gewürze zugeben, das Fondue auf ein Rechaud setzen und leise köchelnd auf den Tisch bringen.

Weiße Trüffeln sind das exklusive Gewürz der italienischen Fonduta. Mit ihrem kräftigen Aroma kontrastieren sie wohltuend zum milden Fontina-Käse.

NEUENBURGER FONDUE

Es gilt als das „Ur-Fondue" - zumindest aus der Sicht der Neuenburger. Deftiger Gruyère und milder, nussiger Emmentaler ergänzen sich auf das Beste.

je 300 g Gruyère und Emmentaler
1 Knoblauchzehe, 300 ml Weißwein
2 TL Speisestärke, 40 ml Kirschwasser
Pfeffer und Muskatnuß

Wie im Grundrezept zubereiten, die Speisestärke im Kirschwasser auflösen und damit das Fondue binden.

WAADTLÄNDER FONDUE

Eine Variante mit Raclette-Käse, der geschmacklich durch reifen Gruyère verstärkt wird.

400 g Gruyère, 200 g Raclette-Käse
1 Knoblauchzehe
300 ml Weißwein (möglichst aus dem Waadtland)
3 TL Speisestärke, 60 ml Kirschwasser
frisch gemahlener Pfeffer

Wie im Grundrezept zubereiten. Möchte man ein Festessen daraus machen, eine große, frische schwarze Trüffel darüberhobeln.

FONDUE MOITIE-MOITIE

Das aus der Heimat des Vacherin, Fribourg, stammende „halb-halb-Fondue" bringt diesen milden, leicht säuerlichen Käse gut zur Geltung.

je 300 g Gruyère und Vacherin
1 Knoblauchzehe
300 ml spritziger Weißwein
3 TL Speisestärke
60 ml Kirschwasser
Pfeffer und Muskatnuß

Zubereiten wie im Grundrezept.

FONDUTA

300 g Fontina
1/4 l Milch
3 Eigelb
50 g Butter
frisch gemahlener Pfeffer
4 Scheiben Weißbrot
1 weiße Trüffel

Den Käse in kleine Würfel schneiden und, mit der Milch bedeckt, einige Stunden weichen lassen. Bei geringer Hitze, möglichst im Wasserbad, schmelzen. Die Eigelbe mit etwas Milch verrühren und langsam unter die Käsemasse rühren. Die geschmolzene Butter ebenfalls unterrühren und alles pfeffern. Auf 4 Teller verteilen und mit dem gerösteten Weißbrot servieren. Als Krönung die weiße Trüffel hauchdünn darüberhobeln.

Raclette, eine Tradition aus dem Wallis

Unbestritten gehört es zu den einfachsten Käsegerichten und war wohl ursprünglich ein Essen der Bauern und Sennen aus dem Westschweizer Wallis. Ein Essen, das sich nur in dieser Landschaft entwickeln konnte, denn Basis sind die Walliser Bergkäse, die alle nötigen Voraussetzungen mitbringen. Sie kommen aus verschiedenen Tälern und tragen auch deren Namen, wie Bagnes, Illiez, Simplon, Gomser, Binn oder Osières. Das ideale Alter eines solchen Käses liegt zwischen 3 und 5 Monaten. Sein cremiger Teig schmilzt leicht, aber läuft nicht. Schon deshalb muß man sich vor oft empfohlenen „Ersatzkäsen" hüten, wie dem Fontina-Käse, der zwar gut schmilzt, aber zu stark läuft. Raclette ist das richtige Essen für ein Fest im Freien, wo die Glut eines Holzfeuers für die nötige Hitze sorgt. Ein halber Käselaib wird dann auf einem Stein mit der Schnittfläche an das Feuer geschoben. Sobald sie sich dunkelgelb verfärbt und zu glänzen beginnt, kann man mit einem Messer die erste Schicht auf einen Teller abstreichen. Dann beginnt die Prozedur von neuem. Es empfiehlt sich jedoch, einen kalten Stein als Unterlage zu benutzen, weil sonst die Rinde des Käses aufweicht. Traditionell sind auch die Beilagen schlicht: Pellkartoffeln, Cornichons und Essigzwiebeln. Das bedeutet aber nicht, daß man diese Liste nicht ganz nach persönlichem Geschmack erweitern kann. Es passen zum Beispiel auch Senffrüchte, eingelegte Artischokkenherzen oder -böden und andere Sauergemüse bestens dazu. Heutzutage ermöglichen entsprechende Raclette-Öfen ein solches geselliges Essen auch zu Hause. In die elektrisch beheizten Geräte kann der Käse mit der Schnittfläche nach oben eingesetzt werden. Auf diese Weise kann die geschmolzene Käseschicht nicht wegfließen.

Mit Holzkohle ist leichter umzugehen als mit einem Holzfeuer. Bevor der Käse an die Glut geschoben wird, die Asche abblasen, da sie sonst beim kleinsten Windstoß gegen die Schnittfläche des Käses gewirbelt wird.

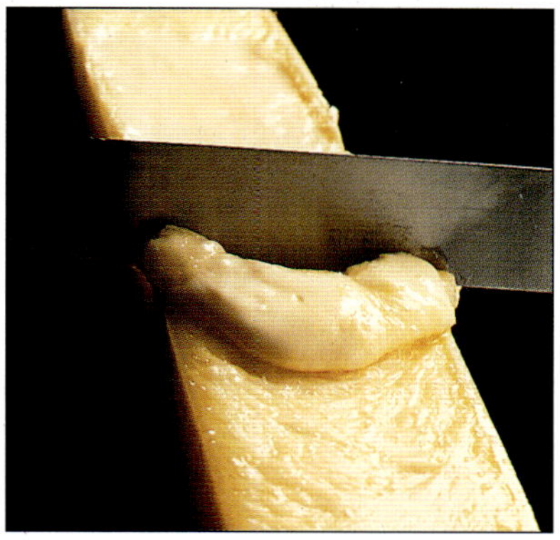

Mit einem Messer die geschmolzene Käseschicht auf einen Teller streifen. Den Käse sehr genau beobachten, damit er nicht zu weich wird. Ein guter Walliser Raclette-Käse läuft allerdings nicht so schnell weg.

So ein „Freiluft-Raclette" läßt sich mit recht einfachen Mitteln durchführen und kann eine echte Alternative zur obligatorischen Grill-Party sein. Aber Vorsicht bei den Getränken: Wie beim Fondue verträgt sich heißer, geschmolzener Käse nicht mit kalten Getränken, Schnaps ausgenommen.

Käse, die schön schmelzen, sind auch zum Gratinieren ideal. Daß Raclette-Käse (im Bild ganz oben) an erster Stelle steht, ist selbstverständlich. Auch pikanter Gruyère (im Bild zweiter von oben), mild-säuerlicher und leicht schmelzender Vacherin aus Fribourg (im Bild dritter von oben) und der sehr ähnliche Fontina-Käse (im Bild ganz unten) sind hierfür ideal. Aber auch die meisten anderen Sorten können verwendet werden, inklusive der Blauschimmelkäse, und wenn es sehr pikant sein soll, auch reife Rotschmierkäse.

Im Pfännchen geschmolzen

Mit dem Walliser Original hat dieses Raclette überhaupt nichts mehr zu tun, denn es gilt: „erlaubt ist, was gut schmeckt". Die einzige Gemeinsamkeit besteht nur noch im Schmelzen des Käses. Aber mit diesen kleinen Pfännchen und dem dazugehörenden Gerät läßt sich am Tisch tatsächlich vortrefflich mit Käse bruzzeln und mit Fleisch, Gemüse, Fisch oder Obst kombinieren. Die Käseauswahl ist fast unbegrenzt, denn man kann auch stark laufende Sorten verwenden, da sie ja im Pfännchen zusammengehalten werden. Im Grundrezept werden, wie die Bildfolge unten zeigt, nur Käsescheiben geschmolzen und die traditionellen Raclette-Beilagen gereicht. Für die raffinierteren Kombinationen auf der rechten Seite sind die Vorbereitungen am Tisch schon umfangreicher. Teilweise kann man diese aber schon in der Küche erledigen, zum Beispiel, wenn Zwiebeln angeschwitzt oder Gemüse vorgedünstet werden müssen. Die Oberfläche der meisten Geräte ist als Herdplatte ausgebaut, auf der man in den Pfännchen Zutaten anbraten und die man zum Vorheizen der Pfännchen nutzen kann. Die Mengenangaben der nebenstehenden Rezepte sind ausreichend für 4 Pfännchen oder 1 Portion.

Den Raclette-Käse in etwa 1/4 cm dicke Scheiben schneiden. Den Käse entsprechend der Größe der Förmchen zurechtschneiden und in das Raclette-Pfännchen legen.

Den Raclette-Grill vorheizen, bis die Grillschlangen rot glühen. Dann das Pfännchen mit dem Käse in das Gerät schieben.

Die Schmelzzeit für den Käse hängt von der verwendeten Käsesorte und vom jeweiligen Gerät ab. Der Käse darf aber nicht zu braun werden, weil er sonst bitter schmeckt.

Den geschmolzenen Käse auf den Teller gießen oder gleich über eine geschälte Kartoffel. Wenn nötig, mit einem Holzspatel nachhelfen.

Die moderne Variante eines Schweizer Traditiongerichts

Mit Tomaten. 20 g Butter und 30 g gewürfelten, durchwachsenen Räucherspeck in einer Pfanne erhitzen und 100 g Zwiebelringe darin anlaufen lassen. Auf die Pfännchen verteilen, mit Tomatenscheiben (etwa 150 g) belegen und mit Salz und Pfeffer bestreuen. Basilikumblätter darauflegen und mit 150 g in Scheiben geschnittenem Fontina-Käse überbacken.

Mit Ananas und Parmaschinken. 20 g Butter in den Pfännchen schmelzen. 150 g frische Ananas in Stückchen schneiden und in der Butter dünsten. Mit Salz und frisch gemahlenem Pfeffer würzen und mit je einer Scheibe Schinken belegen. Dann 150 g gewürfelten Raclette-Käse auf die Pfännchen verteilen und überbacken.

Mit Zwiebeln und Speck. 50 g durchwachsenen Räucherspeck in einer Pfanne zerlassen und das Fett abgießen. 120 g Zwiebeln in Ringe schneiden, zugeben und glasig dünsten. Auf die Pfännchen verteilen, mit Salz, Pfeffer und eventuell Paprikapulver würzen. Mit 160 g in Scheiben geschnittenem Gruyère überbacken.

Mit scharfen Garnelen. In 20 g Butter 40 g gewürfelte Schalotten, 1/2 zerdrückte Knoblauchzehe und 1 kleine, in Scheiben geschnittene Peperonischote glasig dünsten. Zusammen mit 8 Garnelenschwänzen auf die Pfännchen verteilen, salzen und etwas anbraten. Dann mit 120 g in Scheiben geschnittenem Vacherin überbacken.

Mit Steaks und Roquefort. 30 g Schalotten würfeln und in 20 g Butter glasig dünsten. 4 Scheiben Rinderfilet (à 50 g) darin von einer Seite anbraten. Die gedünsteten Schalotten auf die Pfännchen verteilen, jeweils mit einem Rinderfilet belegen und salzen. Mit je 80 g in Scheiben geschnittenem Roquefort und Raclette-Käse überbacken.

Mit Gemüse. In einer Pfanne 30 g Zwiebelwürfel in 20 g Butter anschwitzen. Darin 80 g Zucchinischeiben und je 40 g Lauch, Karotten und Paprikaschoten, alles kleingewürfelt, etwa 3 Minuten dünsten. Auf die Pfännchen verteilen, salzen und pfeffern und mit 150 g in Scheiben geschnittenem Raclette-Käse überbacken. Mit gehackter Petersilie bestreuen.

Frische Kartoffeln im Korb. Diese traditionelle und schlichte Beilage zu Raclette kann natürlich auch zu dieser modernen Raclette-Variante gereicht werden.

BACKEN MIT KÄSE

Ein zweigeteiltes Thema - süß und pikant, wenngleich letzteres ungleich wichtiger ist. Denn „süßes Backen“ mit Käse beschränkt sich weitgehend auf die verschiedenen Frischkäsesorten, wie Quark, Ricotta und Doppelrahmfrischkäse.

Käse hat in der Backstube international seinen festen Platz. Jedes Land hat seinen Käsesorten entsprechende eigene Gebäck-Variationen entwickelt, meist einfache Kombinationen, entstanden aus den Produkten des Landes. Daß die erfolgreichsten Spezialitäten aus den Landesteilen rund um das Mittelmeer kommen, ist nicht verwunderlich, denn diese klimatisch begünstigten Regionen können aus dem vollem schöpfen: bestes Getreide, Gemüse, Öl und natürlich auch höchst unterschiedliche Käsesorten aus Kuh-, Schaf- oder Ziegenmilch. Aber auch Zentral- und Nordeuropa haben ihre Backtraditionen. Für Selbstgebackenes spricht vieles, im besonderen für das Backen mit Käse, da das große Angebot höchst interessanter Käsesorten genutzt sein will und zu Experimenten geradezu herausfordert. Doch nur die konsequente Einhaltung der Rezepte und die Verwendung qualitativ hochwertiger Zutaten führt zum Erfolg, denn im Gegensatz zum Kochen, läßt sich am Backergebnis nichts mehr ändern. Die Basisrezepte, die im folgenden Kapitel in Arbeitsphasen erklärt werden, lassen genügend Spielraum, neue Kombinationen auszuprobieren, und die Warenkunde vermittelt die nötige Hintergrundinformation über Käsesorten.

Mürb und knusprig

MÜRBES KÄSEGEBÄCK

Frisch aus dem Ofen am besten. Genau so gut ist kurz im vorgeheizten Ofen aufgebackenes Käsegebäck!

150 g Butter
60 g geriebener Sbrinz
120 g geriebener Greyerzer
1/2 Tasse Sahne
1/2 TL Salz, 1 TL edelsüßes Paprikapulver
250 g Mehl, 1/2 TL Backpulver
2 Eigelb
Zum Verzieren:
Mohn, Sesamsamen, gehackte Pistazien, Kümmel, grobes Salz, abgezogene und halbierte Mandeln

Den Mürbteig mit Käse wie folgt zubereiten:

Mürbteig mit Käse:

Die weiche Butter, den Käse und die Gewürze in eine Rührschüssel geben. Die Sahne dazugießen und alles mit einem Kochlöffel zu einer glatten Masse verarbeiten. Es dürfen keine Butterstücke mehr sichtbar vorhanden sein.

Das Mehl mit dem Backpulver auf die Arbeitsfläche sieben und mit den Händen unter die Buttermasse kneten. Dabei wird alles bröselig verrieben, vergleichbar der Herstellung von Streuseln.

Zu einem glatten Teig verkneten. Möglichst rasch arbeiten, denn zu langes Kneten des Teigs macht ihn kurz und brüchig. Zu einer Kugel formen und, in Folie gewickelt, etwa 2 Stunden im Kühlschrank ruhen lassen. Den Teig auf der leicht mit Mehl bestaubten Arbeitsfläche mit einem Wellholz 1/2 cm dick ausrollen.

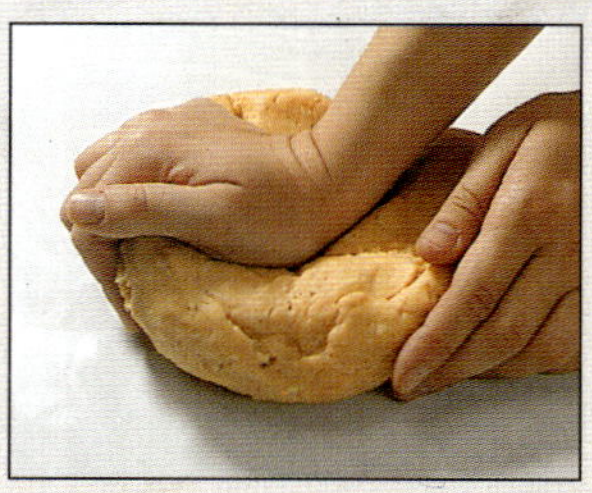

Verschiedene Formen ausstechen und auf ein ungefettetes Backblech legen. Denn der Teig enthält genug Fett, um ein Ankleben zu verhindern. Die Plätzchen mit Eigelb bestreichen und jeweils mit Mohn, Pistazien, Sesamsamen, grobem Salz, Kümmel oder Mandeln bestreuen. Im vorgeheizten Backofen bei 200°C 10 bis 15 Minuten backen.

MÜRBTEIG-SCHIFFCHEN

Gesalzener Mürbteig eignet sich gut für Teighüllen, die beispielsweise mit Frischkäsecreme oder Käsesalat gefüllt werden können. Das Gebäck wird blindgebacken, das heißt mit einer „Ersatz-Füllung" aus Linsen. Solche Mürbteighüllen lassen sich gut einfrieren und mühelos bei 220°C aufbacken.

250 g Mehl

125 g Butter, in grobe Würfel geschnitten

1 Eigelb

1 Prise Salz

1 bis 2 EL Wasser

Die Mürbteigschiffchen herstellen, wie in den nebenstehenden Arbeitsphasen beschrieben.

Gesalzener Mürbteig:

Das Mehl auf die Arbeitsfläche sieben. In der Mitte eine Mulde formen und die Butter, das Eigelb und das Salz hineingeben. Mit einer Palette gut vermischen und zu Krümeln hacken.

Das Wasser zugeben. Mit den Händen alles zu einem glatten Teig verkneten und zu einer Kugel formen. Dabei rasch arbeiten, damit die Butter nicht zu weich wird.

Die Teigkugel in Folie wickeln und etwa 30 Minuten kühlen. Den Teig dünn ausrollen und über die gefetteten, aneinander gestellten Förmchen legen.

Den Teig etwas in die Vertiefungen der Förmchen hineindrücken und dann mit einem Wellholz darüberrollen. So wird er an den Kanten abgeschnitten.

Mit dem Daumen den Teig vorsichtig an die Förmchen andrücken. Darauf achten, daß zwischen Teig und Förmchen keine Luftblasen entstehen.

Überstehenden Teig mit einem Messer abschneiden. Den Teig am Boden der Förmchen mit einer Gabel mehrmals einstechen, damit sich beim Backen keine Luftblasen bilden können.

Blindbacken:

Als eine Art „Ersatz-Füllung" gibt man getrocknete Linsen in die Förmchen, damit beim Backen die Teigränder nicht abrutschen.

Im vorgeheizten Ofen bei 180°C in etwa 10 Minuten hellbraun backen. Die Linsen mit einem Löffel aus den Förmchen entfernen. Dann die Hüllen vorsichtig aus den Förmchen stürzen.

FÜR DEN KÄSESALAT: 80 g Paprikaschoten (rot, grün, gelb) kleinwürfeln und 120 g jungen Gouda in feine Streifen schneiden. Eine Marinade aus 20 g feingehackten Zwiebeln, 1 EL Essig, 2 EL Öl, 1 EL gehacktem Schnittlauch sowie Salz und Pfeffer herstellen. Alle Zutaten vermischen und den Käsesalat auf 10 Mürbteig-Schiffchen verteilen.

Herzhafte Kuchen

Ohne Käse fast nicht denkbar, von der klassischen Quiche Lorraine bis zur bäuerlichen Käswähe. Und in allen Formaten machbar, als Kuchen zum Wein oder als Vorspeise, mit raffinierten Zutaten angereichert. Die unterschiedlichsten Käsesorten können verwendet werden, Basis ist aber immer eine Mischung aus Käse, Eiern und Milch oder Sahne. Pikante Kuchen sollten immer ofenfrisch genossen werden, dann entfalten sie ihr volles Aroma. Trotzdem kann man sie auf Vorrat herstellen, denn sie lassen sich leicht und ohne Qualitätsverlust „aufbacken". Der Boden für pikante Kuchen

Als warme oder kalte Mahlzeit: Käsekuchen

muß nicht unbedingt aus Mürbteig sein, man kann auch Hefe- oder Blätterteig verwenden, wenngleich Mürbteig die meisten Vorteile bietet: Er bäckt knusprig durch, läßt sich leicht „aufbacken" und auch gut schneiden. Hefeteig sollte dünn ausgerollt werden und vor dem Füllen schon etwas aufgehen. Bei Blätterteig bekommt der Kuchen zwar einen knusprigen, blättrigen Rand, aber der Boden geht bei der mehr oder minder flüssigen Füllung nicht auf und bleibt teigig.

QUICHE MIT ZWIEBELN UND SPECK

Für den Teig:

200 g Mehl, 100 g Butter

1 Eigelb, 1/2 TL Salz, 1 EL Wasser

Für die Füllung:

30 g Butter, 120 g geschälte Zwiebeln

80 g feingewürfelter durchwachsener Räucherspeck

250 g geraspelter Gruyère

Für den Guß:

30 g Mehl, je 1/8 l Milch und Sahne

je 2 Eigelb und Eiweiß

1/2 TL Salz, etwas frisch gemahlener Pfeffer

Die angegebenen Mengen sind für eine Springform von 26 cm Durchmesser bemessen. Aus den Zutaten einen Mürbteig wie auf Seite 213 zubereiten und, in Folie gewickelt, 1 Stunde im Kühlschrank entspannen lassen. Auf der bemehlten Arbeitsfläche rund ausrollen und damit die ungefettete Form auslegen. Den Rand andrücken und überstehende Teigreste mit einem Messer abschneiden. Für die Füllung die Zwiebeln in dünne Ringe schneiden und in der erwärmten Butter glasig dünsten. Den Räucherspeck zugeben und 5 Minuten anlaufen lassen. Abkühlen lassen und auf dem Teig verteilen. Den Gruyère darüberstreuen. Für den Guß die Milch-Sahne-Mischung mit dem Mehl, den Eigelben, Salz und Pfeffer vermischen. Die Eiweiße steifschlagen und mit dem Schneebesen unterziehen. Den Guß gleichmäßig über den Belag verteilen und die Quiche bei 200°C in 35 bis 40 Minuten goldbraun backen.

KRÄUTER-SPECKKUCHEN

Für den Teig:

200 g Grahammehl, 100 g gewürfelte Butter

1/4 TL Salz, 4 EL Wasser

Für die Füllung:

200 g durchwachsener Räucherspeck

150 g geraspelter Emmentaler

4 Eier, 1/4 l Sahne

1/4 TL Salz und frisch gemahlener Pfeffer

2 bis 3 EL frisch gehackte Kräuter (Petersilie, Basilikum und etwas Thymian)

Die angegebenen Mengen sind für eine Springform von 24 cm Durchmesser berechnet. Einen Mürbteig zubereiten, wie auf Seite 213 in den Phasen 1 bis 3 beschrieben, und wie in der nebenstehenden Bildfolge weiterarbeiten. Den Speckkuchen im vorgeheizten Backofen bei 200°C auf auf mittlerer Schiene 35 Minuten backen.

Den Kräuter-Speckkuchen zubereiten und füllen:

Den gleichmäßg dick ausgerollten Teig mit einem Rollholz aufnehmen und ihn über der Form wieder abrollen.

Mit den Fingern oder einer Teigkugel den Rand andrücken. Überstehenden Teig mit einem Messer abschneiden.

Den in kleine Würfel geschnittenen Räucherspeck in eine Rührschüssel geben und den geraspelten Käse zufügen.

Die Eier zugeben. Einzeln aufschlagen und prüfen, ob sie auch in Ordnung sind!

Salz, Pfeffer und die gehackten Kräuter zugeben und zum Schluß die Sahne zugießen.

Mit einem Schneebesen alle Zutaten kurz verrühren, aber nicht schlagen, damit sich die Masse nicht grün verfärbt.

In die mit Teig ausgelegte Form gießen und die Oberfläche mit einem Teigschaber glattstreichen.

TARTELETTES SUISSES

Für den Teig:
250 g Mehl, 125 g Butter, 1 Ei
1/4 TL Salz, 1 bis 2 EL Wasser
Für die Füllung:
je 10 ml Sahne und Milch, 3 Eier
200 g geriebener Greyerzer
100 g geriebener Emmentaler
Salz, Pfeffer, Muskat

Die angegebenen Mengen sind für 15 Förmchen von 8 cm Durchmesser berechnet. Das Mehl auf die Arbeitsfläche sieben und in die Mitte eine Vertiefung drücken. Die in Stücke geschnittene Butter, das Wasser und das Salz hineingeben und rasch zu einem glatten Teig verarbeiten. In Folie verpackt, 1 bis 2 Stunden im Kühlschrank ruhen lassen. Sahne, Milch und Eier mit einem Schneebesen glattrühren. Den Käse unterrühren und mit Salz, Pfeffer und Muskat abschmecken. Die Arbeitsfläche mit Mehl bestauben, den Teig dünn ausrollen und die Förmchen damit auslegen. Die Käsemasse bis knapp unter den Rand der Förmchen einfüllen (Bild oben). Im vorgeheizten Backofen bei 220°C in etwa 25 Minuten backen.

Für eine deftige Variante der Käse-Törtchen (im Rezept oben) werden 100 g Coppa oder Räucherspeck in dünne Streifen geschnitten und mit 1 EL gehackter Petersilie der Füllung zugefügt.

SESAM-KÄSE-TÖRTCHEN

Für den Teig:
200 g Grahammehl, 100 g Butter
1/4 TL Salz, 4 EL Wasser
Für die Füllung:
3 Eigelb, 150 g Sahne
100 g geriebener Manchego
150 g geriebener Bergkäse
Salz, Pfeffer und Cayennepfeffer
3 steifgeschlagene Eiweiß
weißer und schwarzer Sesamsamen

Die Mengen sind für 8 Förmchen von 10 cm Durchmesser berechnet. Aus den Teigzutaten einen Mürbteig herstellen (siehe Seite 213) und im Kühlschrank mindestens 1/2 Stunde ruhen lassen. Für die Füllung die Eigelbe und die Sahne miteinander vermischen und den geriebenen Käse dazugeben. Alles mit den Gewürzen kräftig abschmecken. Den Mürbteig ausrollen und die Förmchen damit auslegen. Den Eischnee vorsichtig unter die Käsemasse heben. Die Füllung in die mit Teig ausgelegten Förmchen verteilen und mit Sesam bestreuen (Bild oben). Im vorgeheizten Backofen bei 200°C 20 bis 25 Minuten backen.

OBWALDER KÄSEKUCHEN

Dieser klassische pikante Käsekuchen aus der Schweiz wird ohne Schnörkel, nur aus Käse, Eiern, Milch und Sahne zubereitet. Salz und Pfeffer als Gewürze sind ausreichend.

Für den Teig:

200 g Mehl, 100 g weiche Butter

50 g geriebener Sbrinz

80 ml Wasser, 1/2 TL Salz

Für die Füllung:

je 150 g geriebener Sbrinz und Emmentaler

je 200 ml Milch und Sahne

je 2 Eigelb und Eiweiß

Salz und frisch gemahlener Pfeffer

Die Mengen sind für eine Form von 28 cm Durchmesser berechnet. Aus den Teigzutaten einen Mürbteig zubereiten, wie auf Seite 213 beschrieben, in Folie einschlagen und im Kühlschrank 1 Stunde entspannen lassen. Dann auf einer bemehlten Arbeitsfläche rund ausrollen und eine ungefettete Kuchenform damit auslegen. Den Teig mit einer Gabel mehrmals einstechen und mit den gemischten Emmentaler und Sbrinz bestreuen (kleines Bild oben). Für die Füllung die Milch mit der Sahne und den Eigelben gut vermischen. Die Eiweiße steifschlagen, vorsichtig unterheben und würzen. Die Eiermilch darübergießen und, wenn nötig, mit einem Teigschaber verteilen (kleines Bild unten). Den Kuchen auf ein Backblech stellen und im vorgeheizten Backofen bei 200°C 30 bis 35 Minuten backen, bis die Füllung gestockt und die Oberfläche goldbraun ist.

Beim Obwalder Käsekuchen wird zuerst der gemischte, geriebene Käse auf den Mürbteig gestreut, dann die Eiermilch gleichmäßig darübergegossen.

KÄSEWAFFELN

Ganz frisch aus dem Waffeleisen und noch warm schmekken sie am besten. Man kann aber auch je zwei abgekühlte Waffeln mit einer pikanten Käsecreme füllen und zu Streifen schneiden.

200 g Butter, 1/2 TL Salz, 4 Eier
200 g gesiebtes Mehl, 1/2 TL Backpulver
80 g geriebener Chester
1 TL scharfes Paprikapulver
6 bis 8 EL lauwarme Milch
Öl zum Einstreichen des Waffeleisens

Damit der Teig möglichst locker wird, die Eier nacheinander mit der Butter schaumig schlagen. Noch luftiger wird er, wenn die Eier getrennt werden. Dann die Eigelbe mit der Butter cremig und die Eiweiße zu Schnee schlagen. Den steifen Schnee vorsichtig mit dem Mehl unter die Buttermasse heben. Die im Rezept angegebenen Mengen ergeben 10 quadratische Waffeln. Die Zubereitung wird in den Arbeitsphasen beschrieben:

Butter und Salz mit einem Handrührgerät schlagen. Die Eier einzeln unterrühren und nach jedem Ei 1 EL Mehl untermischen, um so eine Gerinnung zu vermeiden.

Käse, restliches Mehl, Backpulver und Paprikapulver mit einem Kochlöffel unterrühren. Milch zugeben und die Masse zu einem glatten Teig verarbeiten.

Etwas Teig mit einem Eßlöffel auf dem vorgeheizten, geölten Waffeleisen verteilen. 2 Minuten bei 200°C backen, mit einer Zweizinkengabel herausheben.

WATRUSCHKI

Für den Teig:
300 g Mehl, 1/2 TL Backpulver, 1/2 TL Salz
80 g Butter, 1 Ei, 1/8 l saure Sahne
Für die Quarkfüllung:
500 g Magerquark, 1 EL saure Sahne, 2 Eier
1/2 TL Salz, frisch gemahlener Pfeffer, 1 TL Zucker
1 Eigelb zum Bestreichen

Das Mehl mit dem Backpulver in eine Schüssel sieben, in die Mitte eine Vertiefung drücken, das Salz und die weiche Butter hineingeben und mit etwas Mehl vermengen. Das Ei und die Sahne zufügen und alles mit einem Kochlöffel zu einem glatten Teig verarbeiten. Zu einer Kugel formen und in Pergamentpapier gewickelt mindestens 45 Minuten kühl stellen. Den Quark gut ablaufen lassen, durch ein Sieb streichen und mit Sahne, Eiern und Gewürzen verrühren. Ebenfalls mindestens 45 Minuten kühl stellen. Aus dem 2 bis 3 mm dick ausgerollten Teig je 12 Rondelle von 9 und 12 cm Durchmesser ausstechen. Auf die Mitte der größeren Teigplatten mit einem Löffel etwas Füllung setzen und jeweils mit einer kleineren Teigplatte bedecken. Die Ränder mit verquirltem Eigelb bestreichen. Die überstehenden Ränder der unteren Teigplatten nach oben schlagen und mit den Fingern zu kleinen Fältchen zusammenkneifen (Bild oben). Die Watruschki mit Eigelb bestreichen und mehrmals einstechen. Im vorgeheizten Backofen bei 200°C etwa 20 Minuten backen (Bild unten). Die im Rezept angegebenen Mengen ergeben 12 Stück.

Pikante Vielfalt: Waffeln, russische Watruschki und Quarkblätterteig

BLÄTTERTEIG MIT QUARK

Eigentlich kein „echter" Blätterteig, denn im Gegensatz zu diesem kommt die Butter gleich von Anfang an in den Teig und sollte nicht total untergearbeitet werden. Sie darf also noch kleine Klümpchen zeigen. Dadurch geht der Teig dann „blättriger" auf. Außerdem gibt die Säure des Quarks dem Teig zusätzlichen Auftrieb und das Resultat ist ein sehr luftiges, lockeres Gebäck.

Für den Teig:
500 g Mehl, 500 g Quark
500 g Butter, 1 TL Salz
1 verquirltes Eigelb
Für die Schinken-Käse-Füllung:
50 g feingehackte Zwiebeln
200 g kleingewürfelter Schinken
70 g geriebener Manchego
Salz und Pfeffer
1 steifgeschlagenes Eiweiß
Für die Champignon-Käse-Füllung:
80 g feingehackte Zwiebeln
200 g feingehackte Champignons
1 EL feingehackte Petersilie
1 EL Butter
100 g kleingewürfelter Bergkäse
Salz und Pfeffer
1 verquirltes Ei

Der Quarkblätterteig läßt sich wie der klassische Blätterteig verarbeiten, ausstechen oder ausschneiden. Runde Formen lassen sich nicht so ökonomisch herstellen, weil die verbleibenden Teigreste wieder zusammengeknetet werden müssen und deshalb nicht mehr so schön aufgehen. Wie quadratische Blätterteig-Taschen entstehen, zeigt die Bildfolge. Das Rezept ergibt insgesamt 32 Blätterteig-Taschen, also je 16 Stück mit der Schinken-Käse-Füllung und der Champignon-Käse-Füllung. Für die Füllung mit Schinken alle Zutaten in einer Schüssel vermengen, das Eiweiß steifschlagen und unterrühren. Für die Füllung mit Champignons werden Zwiebeln, Champignons und Petersilie in Butter 3 bis 4 Minuten gedünstet. Unter die abgekühlte Masse Käse, Gewürze und Ei rühren. Die Blätterteig-Taschen im vorgeheizten Ofen bei 220°C etwa 20 Minuten backen, ofenfrisch servieren.

Alle Zutaten bereitstellen. Das Mehl auf die Arbeitsfläche sieben und in der Mitte eine weite Mulde formen. Die kleingeschnittene Butter, den Quark und das Salz hineingeben.

Mit einer Palette die Zutaten hacken, bis das Mehl vollständig untergearbeitet ist. Dabei immer von außen nach innen arbeiten. Dann mit den Händen rasch zu einem Teig verarbeiten. Zugedeckt im Kühlschrank etwa 30 Minuten ruhen lassen.

Touren legen. Den Teig mit einem Wellholz zu einem Rechteck von 20 x 35 cm und etwa 1 cm Stärke ausrollen. Jetzt die kürzeren Seiten zur Mitte hin übereinanderschlagen. Etwa 30 Minuten lang kühl stellen und anschließend den ganzen Vorgang zweimal wiederholen.

Die Hälfte des Teigs ausrollen (30 x 30 cm). Mit dem Teigrädchen 8 Rechtecke (7,5 x 15 cm) schneiden, eine Füllung daraufsetzen. Die Ränder mit Eigelb bestreichen. Teig zusammenklappen und mit einer Gabel die Ränder festdrücken. Die Teigoberfläche mit Eigelb bestreichen.

MÜRBE KÄSESTANGEN

Der kräftige Käsegeschmack dieser Mürbteig-Stangen entsteht durch die Kombination von zwei recht pikanten Käsesorten: dem Allgäuer Bergkäse als Füllung, weil er gut schmilzt und sich so mit dem Teig leicht verbindet, und dem Parmesan zum Bestreuen.

250 g Mehl, 125 g Butter, 1 Ei

etwas Salz, 1 EL Wasser

150 g feingeriebener Allgäuer Bergkäse

100 g geriebener Parmesan

1 Eiweiß

Aus dem Mehl, der Butter, dem Ei, dem Salz und dem Wasser einen Mürbteig herstellen, wie auf Seite 213 in den Arbeitsphasen 1 bis 3 beschrieben, im Kühlschrank mindestens 1 Stunde ruhen lassen und weiterverarbeiten, wie unten beschrieben:

Zu einer Platte von 16 x 60 cm gleichmäßig dick ausrollen, zur Hälfte mit reichlich Eiweiß bestreichen und mit dem Bergkäse bestreuen. Dann die andere Hälfte ebenfalls mit Eiweiß bestreichen.

Die Teigplatte zusammenklappen. Die Oberfläche mit Eiweiß bestreichen und mit dem Parmesan bestreuen. Mit einem Teigrädchen ringsum saubere Ränder schneiden und die Teigplatte längs halbieren.

Mit einem Backrädchen und mit Hilfe eines Lineals Stangen von 1,5 x 8 cm schneiden. Die Käsestangen auf das Backblech legen und im Backofen bei 200°C in 10 bis 12 Minuten goldgelb backen.

KÄSE-SABLES

Dieses knusprige Käsegebäck kann man je nach verwendeter Käsesorte milder oder pikanter im Geschmack zubereiten. Für dieses Rezept wurde der französische Laguiole, ein Verwandter des Cantal, verwendet. Die Sablés schmecken dadurch höchst aromatisch. Eine milde Variante: 120 g mittelalter Gouda und 70 g geriebene Mandeln ersetzen den Laguiole.

200 g weiche Butter, 50 ml Milch

170 g geriebener Laguiole

1 Ei, 5 g Salz

350 g Mehl, 1 Msp. Backpulver

Die angegebenen Mengen ergeben 150 Käse-Sablés. Die weiche Butter, die Milch, den Käse, das Ei und die Gewürze in eine Schüssel geben und gut verrühren. Das Backpulver mit dem Mehl vermischen und in die Masse einarbeiten. Den Teig auf der Arbeitsfläche kurz durchkneten und zu Rollen von 3 cm Durchmesser formen. Die Rollen etwa 30 Minuten im Kühlschrank ruhen lassen. Dann weiterarbeiten, wie in den Arbeitsschritten erklärt:

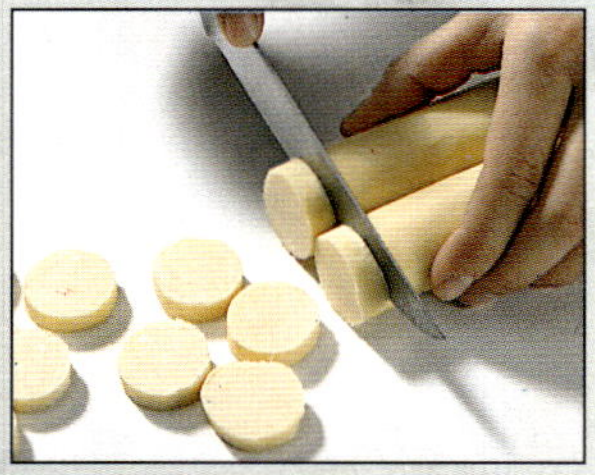

Die Rollen mit einem Messer in etwa 1/2 cm dicke Scheiben schneiden. Mit zwei Rollen nebeneinander geht es doppelt so schnell.

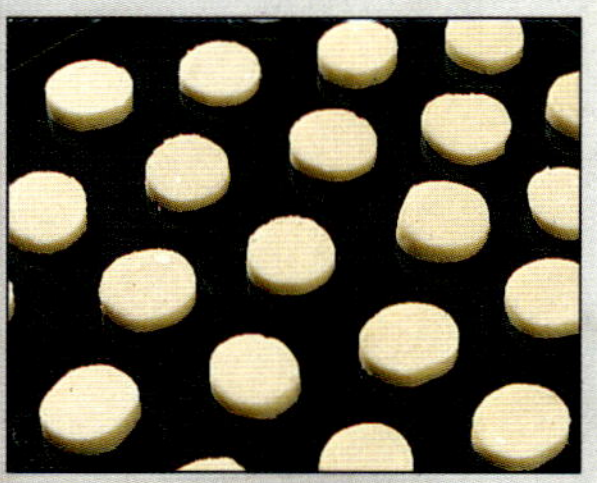

Die Teigtaler auf ein Backblech legen (genügend Zwischenraum lassen) und im vorgeheizten Ofen bei 200°C etwa 8 bis 10 Minuten backen.

CROISSANTS MIT SCHINKEN-KÄSE-FÜLLUNG

Für den Teig:

300 g tiefgekühlter Blätterteig (1 Paket)

Für die Füllung:

50 g roher Schinken, in kleine Würfel geschnitten

50 g geriebener Cantal oder Cheddar

20 g Frischkäse, 1 Eigelb

Salz, Pfeffer, Muskat

1 Eigelb zum Bestreichen

Für die Füllung die vorbereiteten Zutaten miteinander vermischen und mit Salz, Pfeffer und Muskat abschmekken. Den Blätterteig auf 45 x 30 cm ausrollen. Die Teigplatte längs halbieren (45 x 15 cm) und in Dreiecke mit einer Grundlinie von 9 cm schneiden. Es ergeben sich 20 Stück. Die Dreiecke in der Mitte ihrer Schmalseite 2 bis 3 cm einschneiden. Nun die Füllung gleichmäßig auf die Teigdreiecke verteilen und wie im folgenden weiterarbeiten:

Die Spitze der Dreiecke mit Eigelb bepinseln, aber die Schnittkanten freilassen. Die eingeschnittene Schmalseite etwas auseinanderziehen, über die Füllung legen und einmal überschlagen.

Zuletzt die Spitze überschlagen und auf der Unterseite fest andrücken. Die Oberfläche mit Eigelb bestreichen und Sesam bestreuen. Im vorgeheizten Backofen bei 220°C 12 bis 15 Minuten backen.

SBRINZ-SCHLEIFEN

Mit diesem Extrahartkäse aus der Schweiz schmeckt dieses knusprige Blätterteiggebäck besonders fein. Man kann den Sbrinz aber auch durch eine Sorte aus der Parmesan-Familie ersetzen.

300 g tiefgekühlter Blätterteig (1 Paket)

1 Eigelb, 20 g feingeriebener Sbrinz

Salz und Pfeffer

Den Blätterteig auf 20 x 30 cm ausrollen. Die Teigplatte quer in 3 gleiche Teile (10 x 20 cm) schneiden. 2 dieser Teigstreifen dick mit Eigelb bestreichen, damit der Käse besser haftet. Mit dem Käse bestreuen und mit Pfeffer und Salz würzen. Die beiden Teigplatten so aufeinanderlegen, daß der Käse oben liegt. Dann wie in der Arbeitsabfolge weiterarbeiten:

Die dritte Teigplatte dick mit Eigelb bestreichen, auf die Teigplatten legen. Mit einem Wellholz auf 11 x 22 cm ausrollen und fest andrücken, damit sich die Teigplatten gut verbinden. Die Kanten gerade schneiden.

Streifen von 1 cm Breite schneiden. Ein sehr scharfes Messer verwenden, denn der Teig kann sich nur optimal entwickeln, wenn er wirklich geschnitten und nicht gedrückt wurde.

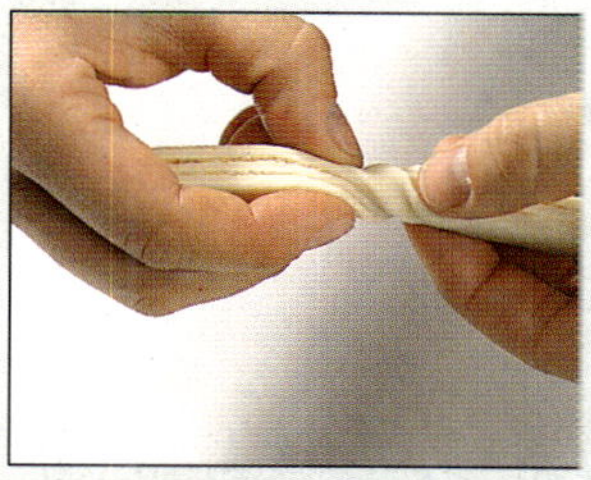

Um 180° drehen. Dabei die Streifen vorsichtig mit beiden Händen in der Mitte fassen (nicht drücken) und drehen.

Mit einer Schnittkante nach unten auf das ungefettete Backblech legen und im vorgeheizten Backofen bei 200°C in 10 bis 12 Minuten goldgelb backen. Genügend Zwischenraum lassen.

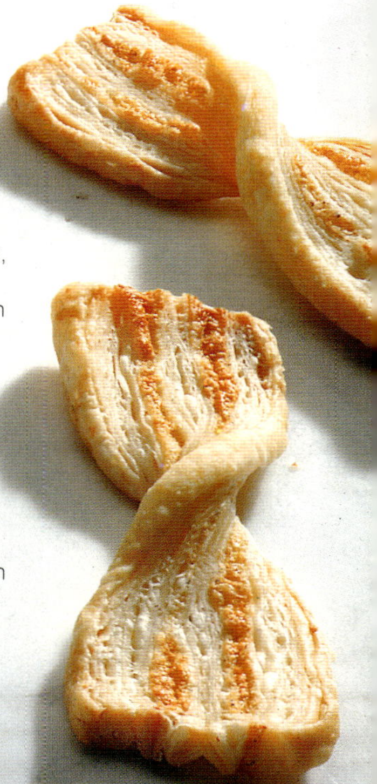

KÄSESTANGEN

300 g Blätterteig
100 g geriebener mittelalter Asiago, grober Pfeffer
2 mit Wasser verquirlte Eigelb, Kümmel

Aus den Zutaten die Käsestangen zubereiten, wie in den Arbeitsphasen unten beschrieben.

PIKANTE KÄSE-FLEISCH-TASCHEN

Für die Füllung:
1 kleine Zwiebel, 1 Knoblauchzehe
60 g Paprikaschoten (rote, grüne und gelbe)
80 g Bergkäse, 100 g Hackfleisch
1 TL Senf, 1 EL gehackte Petersilie
1/2 TL gehackte grüne Pfefferkörner, Salz
Außerdem:
300 g Blätterteig, 1 Eigelb

Die Zwiebel und den Knoblauch fein hacken, die Paprika und den Käse in kleine Würfel schneiden. Mit dem Hackfleisch, dem Senf, der Petersilie mischen und mit den Gewürzen abschmecken. Den Teig zu einem Quadrat mit 33 cm Kantenlänge ausrollen und in 9 Quadrate von 11 cm Kantenlänge schneiden. Die Füllung auf die Quadrate verteilen, die Ränder mit Eigelb bestreichen und zu einem Dreieck zusammenklappen. Die Teigränder mit einer Gabel festdrücken und die Taschen auf ein mit Wasser benetztes Blech setzen. Im heißen Ofen bei 225°C in 12 bis 15 Minuten goldbraun backen.

Käsestangen herstellen:

Den Blätterteig auf 30 x 30 cm ausrollen und mit Eigelb bestreichen. Eine Hälfte mit Käse bestreuen und pfeffern. Die Teigplatte zusammenklappen.

Mit dem Wellholz mehrmals darüber rollen, um Käse und Teig zu verbinden. Mit einem Teigrädchem und mit Hilfe eines Lineals 1 cm breite Streifen schneiden.

Die Streifen an den Enden mit den Händen fassen. Vorsichtig mehrmals in sich drehen und auf ein mit Wasser benetztes Backblech legen.

Die Käsestangen mit dem restlichen Eigelb bestreichen und mit Kümmel bestreuen. Im vorgeheizten Backofen bei 220°C in etwa 10 Minuten goldbraun backen.

Die Käsestangen lassen sich geschmacklich leicht variieren: zum Beispiel zubereitet mit Pecorino oder Parmesan und mit grobem Salz, Mohn oder Sesam bestreut.

Pikant gefüllt

Neutraler, also nur gesalzener Blätterteig erlaubt natürlich auch pikante Füllungen, wie das folgende Beispiel zeigt. Man kann aber auch leichtere Füllungen wählen: beispielsweise geschlagene Sahne, die mit pikantem, geriebenem Käse und entsprechenden Gewürzen vermischt wird, oder Kombinationen aus schaumig gerührtem Frischkäse, geriebenem Käse und reichlich geschlagener Sahne.

FRISCHKÄSE-TORTE

300 g Blätterteig
Für die Füllung:
750 g Frischkäse, etwa 100 ml Sahne
1 TL Salz, weißer Pfeffer, 2 TL Zitronensaft
100 g feingewürfelte rote Paprikaschoten
1 EL feingehackte Zwiebeln
1 EL edelsüßes Paprikapulver
50 g feingewürfelte grüne Paprikaschoten
1 EL gehackte, gemischte Kräuter
5 grüne Oliven, 2 TL Kapern, 1/2 Knoblauchzehe
Zum Garnieren:
50 g gehobelte, geröstete Mandeln
einige gefüllte Oliven, 1 gekochte Karotte
Petersilie
Piri-Piri (kleine eingelegte Chilischoten)

Den Blätterteig in grobe Stücke schneiden und kurz zusammenkneten, damit er beim Backen nicht zu stark aufgeht. Dann in 3 gleiche Stücke teilen, zu Kugeln formen und zu runden Teigplatten von 26 cm Durchmesser ausrollen. Das Backblech mit Pergamentpapier belegen und die Teigplatten darauflegen, mit einer Gabel einstechen und nach 15 Minuten Ruhezeit im heißen Backofen 12 bis 15 Minuten backen. Den Frischkäse mit einem Rührgerät oder Schneebesen schaumig rühren. Die Sahne halbsteif schlagen und unterrühren. Die Creme sollte die Konsistenz von sehr steif geschlagener Sahne haben. Mit Salz, Pfeffer und Zitronensaft würzen. Die Käsecreme zu gleichen Teilen auf 3 Schüsseln verteilen, um die 3 Füllungen herzustellen. Die Paprikawürfel, die feingehackte Zwiebel und das Paprikapulver in eine der Cremes einrühren. Damit einen Blätterteigboden gleichmäßig bestreichen und mit einem zweiten bedecken. Für die zweite Füllung die grünen Oliven und die Kapern hacken, die Knoblauchzehe zerdrücken. Zusammen mit den grünen Paprikawürfeln und den Kräutern unter die zweite Creme mischen. Die obere Blätterteigplatte damit bestreichen, den dritten Boden darauflegen und diesen dünn mit etwas der verbleibenden Frischkäsecreme bestreichen. Auf der Oberfläche der Torte 16 Stücke markieren. Die restliche Frischkäsecreme in einen Spritzbeutel mit Sterntülle Nr.7 füllen und die Torte dekorieren. Den Rand und die Mitte der Torte mit gerösteten Mandelblättchen bestreuen. Jedes Stück mit Karotten- und Olivenscheiben, Petersilie und Piri Piri garnieren.

Pikante Torten wie diese, sollten erst kurz vor dem Servieren zubereitet werden, denn die feuchte Füllung weicht die knusprigen Blätterteigböden auf. Sie können aber vorgebacken und kurz vor dem Füllen im vorgeheizten Backofen aufgebacken werden.

Brandmasse mit und ohne Käse

Brandteig oder Brandmasse ist die ideale Basis für viele pikante Gebäcke, da dieser Teig grundsätzlich ohne Zucker hergestellt wird und deshalb auch gut mit Käse zu kombinieren ist. Der Käse kann unter den Teig gerührt und mitgebacken werden, oder ein neutraler, gebackener Brandteig wird mit einer Käsecreme oder einem Käsesalat gefüllt. Zum Mitbacken eignen sich vor allem pikantere Hart- und Schnittkäse. Also alten, gut gelagerten Emmentaler oder Gruyère bevorzugen oder Extrahartkäse, wie Parmesan oder Pecorino, verwenden. In jedem Fall aber die Salzmenge für den Teig halbieren, denn der Käse bringt bereits Salz mit. Dies gilt ganz besonders, wenn das Gebäck noch zusätzlich mit Salz bestreut wird.

GRUNDREZEPT

je 1/8 l Milch und Wasser

125 g Butter, 1/2 TL Salz

220 g Mehl, 5 bis 6 Eier

grobes Salz und Kümmel

Zusätzlich für Brandmasse mit Käse:

150 g geriebener Gruyère

So wird Brandmasse hergestellt:

In einer Kasserolle Wasser, Milch, Butter und Salz aufkochen.

Das Mehl auf einmal in die kochende Flüssigkeit geben und die Masse sofort mit einem Kochlöffel glattrühren.

Für das Abbrennen der Masse den Teig so lange rühren, bis sich ein Kloß bildet und eine weiße Haut den Topfboden überzieht.

Den Teig in eine Rührschüssel umfüllen und etwas abkühlen lassen. Die Eier nacheinander zu dem Teig geben.

Erst wenn jedes Ei vollständig in den Teig eingearbeitet ist, das nächste zugeben.

Für die Brandmasse mit Käse wird zum Schluß der geriebene Käse zugegeben und vollständig untergerührt.

Käse-Knusperchen. Brandmasse mit Käse in einen Spritzbeutel mit Lochtülle Nr. 7 füllen, mit ausreichend Abstand auf ein Backblech spritzen und mit Salz und Kümmel bestreuen. Frisch servieren. Sie lassen sich aber auch einfrieren und bei Bedarf aufbacken.

Diese Brandteig-Ringe werden vor dem Backen mit grobem Salz und Kümmel bestreut. Nach dem Backen auseinandergeschneiden und mit der Frischkäsecreme von Seite 128 füllen.

Gougère-Ring mit pikanter Käse-Sahne-Füllung. Dieser Brandteig-Ring ist eine Variante der originalen Gougère-Bällchen. Die Bällchen werden kranzförmig auf ein Backblech gespritzt und im vorgeheizten Backofen bei 230°C 20 bis 22 Minuten mit Schwaden gebacken. Die gebackene Gougère wird mit einem geeigneten Messer längs halbiert (Bild oben), und die Käse-Sahne-Füllung mit einem Löffel auf dem "Boden" verteilt (Bild Mitte). Dann wird die obere Hälfte des Brandteig-Rings auf die Füllung gesetzt.

GOUGERE

BÄLLCHEN AUS BRANDTEIG

1 1/2 Tassen Wasser

125 g Butter, 1 Prise Salz

250 g gesiebtes Mehl

5 große Eier

225 g Gruyère, in Stückchen geschnitten

Salz und frisch gemahlener Pfeffer

1 Ei zum Glasieren

Aus den Zutaten einen Brandteig herstellen, wie links beschrieben. Den Teig in kleinen Bällchen auf ein gebuttertes Blech spritzen. Das Ei schaumig schlagen und vor dem Backen das Gebäck damit glasieren. Die Brandteig-Bällchen werden bei 230°C 15 Minuten mit Schwaden gebacken, das heißt, nach dem Einschieben wird eine Tasse Wasser auf den Boden des Backofens gegossen und die Ofentür sofort geschlossen. Der entstehende Dampf (Schwaden) hilft dem Gebäck, sich noch stärker zu entwickeln.

KÄSE-SAHNE-FÜLLUNG FÜR DEN GOUGERE-RING

150 g Ziegenfrischkäse

150 g Doppelrahmfrischkäse

60 g geriebener Gruyère

gehackte Petersilie

Salz und Pfeffer

1/4 l geschlagene Sahne

Alle Zutaten außer der Sahne mit einem Schneebesen vermischen. Dann die Sahne nach und nach unter die Masse heben.

Gougère, ein Brandteiggebäck mit Käse, ist eine Spezialität aus dem Burgund. Gougère wird kalt oder lauwarm gegessen und paßt vorzüglich zu den burgundischen Weinen. Pur oder gefüllt - delikate Appetithappen.

Zubereitung von Hefeteig für Pizza:

In das Mehl eine Mulde drücken, die Hefe hineinbröckeln und das Wasser über die Hefe gießen.

Mit einem Kochlöffel oder mit den Fingern die Hefe auflösen. Diesen "Vorteig" mit einer Mehlschicht bedecken und gehen lassen.

Wenn der Vorteig deutliche Risse in der Oberfläche zeigt, ist er ausreichend gegangen. Dann das Öl zugeben.

Die Zutaten mit einem Kochlöffel oder gleich mit den Händen zu einem Teig verarbeiten. Den Teigkloß aus der Schüssel nehmen.

Auf einer bemehlten Arbeitsfläche zu einem glatten Teig kneten. Er soll fest, aber trotzdem elastisch sein. Nochmals zu doppeltem Volumen aufgehen lassen.

Der portionierte, zu Kugeln geschliffene Teig läßt sich problemlos einfrieren und so in Vorrat halten. Zum Einfrieren in Frischhaltefolie wickeln.

Den Teig in Stücke teilen, diese mit der Hand zu Kugeln rollen und dann mit einem Rollholz zu Fladen ausrollen.

Die Fladen mit der bemehlten Hand von innen nach außen streichen, damit der Rand etwas dicker wird. Mehrmals mit einer Gabel einstechen.

Die Teigfladen in der richtigen Reihenfolge mit den Zutaten belegen. Den etwas erhabenen, dickeren Rand aber freilassen.

Pizza

Sie ist eines der pikanten Gebäcke aus der italienischen Küche, die ohne Käse fast undenkbar wären. Darüber hinaus ein Thema mit unzähligen Varianten, denn auf der knusprigen Unterlage aus Hefeteig läßt sich recht unbeschwert mit Gemüse, Schinken, Wurst und sogar mit Fisch und Meeresfrüchten kombinieren. Tomaten nicht zu vergessen, die wie Käse zu den Zutaten fast jeder Pizza gehören.

GRUNDREZEPT HEFETEIG FÜR PIZZA

300 g Mehl, 20 g Hefe, 1/8 l lauwarmes Wasser

1/2 TL Salz, 2 EL Olivenöl

Ein ganz einfaches Hefeteigrezept, ohne Eier, Butter oder Milch - nur mit Wasser. Gerade dadurch wird der Teig schön knusprig, wenn er wie in der nebenstehenden Bildfolge zubereitet wird. Er kann aber auch ohne Vorteig, im "All-in-Verfahren" hergestellt werden, muß dann allerdings etwas länger gehen. Der fertige Teig soll fest, dennoch elastisch sein, damit er gut "ausgezogen" werden kann, so wie es die neapolitanischen "Pizzaiolis" machen. Denn der Rand sollte immer etwas dicker als das Innere der Pizza sein. Sonst läuft beim Backen die Flüssigkeit der Tomaten und des Belags in den Ofen.

PIZZA AL FORMAGGIO

500 g Pizzateig
(entspricht dem Grundrezept Hefeteig)

400 g Tomaten, 2 Knoblauchzehen

Salz und Pfeffer, 2 EL Olivenöl

80 g Gorgonzola piccante, 80 g Fontal oder Fontina

Den Teig zu 2 Fladen von etwa 27 cm Durchmesser ausziehen. Die Tomaten kurz blanchieren, die Haut abziehen, die Kerne entfernen, halbieren und auf die Fladen verteilen. Die Knoblauchzehen in hauchdünne Scheiben schneiden, darübergeben, salzen und pfeffern und mit Öl beträufeln. Mit den Gorgonzolascheiben belegen und den gewürfelten Fontal darüberstreuen. Im vorgeheizten Ofen bei 220°C in etwa 20 Minuten knusprig braun backen.

Sfincione, die sizilianische Pizza

Unverzeihlich wäre es, diese sizilianische Spezialität eine „Pizza“ zu nennen. Auch wenn es eine unbestreitbare Verwandtschaft zur Pizza der Neapolitaner gibt, ist die Sfincione doch ein typisch sizilianisches Gebäck, hergestellt aus den Produkten, die das Land hervorbringt. Die Sizilianer behaupten auch, daß sie schon lange existierte, bevor Italien auch nur daran dachte, Pizzen zu backen. Sie ist ein „Arme-Leute-Essen“, ein Gebäck der Bauern und Tagelöhner. Trotzdem gibt es eine ganze Menge Varianten des Belags und vor allem der Würzung; die Grundzutaten bleiben aber immer die gleichen. Sfincioni werden meist in kleinen, runden Fladen gebacken, aber auch als größere Kuchen auf dem Blech.

Sfincione, diese bäuerliche Spezialität aus Sizilien, wird hier noch auf traditionelle Weise in einem alten Steinbackofen gebacken. Das „Angebot“ des eigenen Gartens bestimmte in dieser armen Gegend, womit Sfincioni belegt wurden.

Diesen ganz typischen Pizzateig bereitet die sizilianische Hausfrau ohne Vorteig zu. Der Hefeteig soll weich genug zum Kneten sein. Vor allem soll er sich leicht zu kleinen, runden Fladen von etwa 20 cm Durchmesser „ausziehen“ lassen.

Für den Belag geschälte, kleingeschnittene Tomaten und Zwiebelringe mit Salz und gehacktem Knoblauch in Olivenöl marinieren. Auf den Teigplatten verteilen. Schwarze Oliven entsteinen, halbieren und mit Origano daraufgeben. Mit zerbröckeltem Schafkäse bestreuen.

Das knusprige Ergebnis aus dem Steinbackofen ist mit dem Elektroherd nicht ganz zu erreichen. Im vorgeheizten Elektroherd werden die Sfincioni bei mindestens 220°C etwa 15 bis 20 Minuten gebacken. Nach dem Backen sofort mit feinem Olivenöl beträufeln.

Für die Pizza: gerieben oder in Scheiben

Ob man eine Pizza mit Käse belegt oder bestreut, hängt weitgehend von der Käsesorte ab, die Verwendung findet. Und da wiederum gibt es solche, die man, wegen ihrer guten Schmelzeigenschaften, als ideale „Pizza-Käse" bezeichnen kann. In jedem Fall gehört dazu der „neutrale" Mozzarella, der sich hervorragend jeder Geschmacksrichtung anpaßt. Da er weich ist, wird er natürlich in Scheiben geschnitten. Zum Reiben hingegen eignen sich milde Gouda- oder Steppenkäse, und natürlich die typischen harten Reibkäse, wie Parmesan und Verwandte. Ihres kräftigen Aromas wegen werden sie allerdings mehr als Gewürz denn als Zutat verwendet, manchmal auch zusätzlich zum milden Pizza-Käse.

Schön zerlaufen, je nach Sorte gelb bis hellbraun (niemals dunkel) sollte der Käse auf der gebackenen Pizza sein. Doch ist die Backdauer von Teig und Belag nicht immer identisch. Soll der Käse hell bleiben, gibt man ihn am besten erst nach einem Drittel oder gar der Hälfte der Backzeit über die Pizza.

So wird die „Margherita" belegt:

Die Tomaten in einem Sieb abtropfen lassen, grob zerkleinern und den Teig damit belegen.

Die Mozzarella-Scheiben gleichmäßig auf der Pizza-Oberfläche verteilen, alles mit Salz und Pfeffer bestreuen.

Die frischen Basilikumblätter darüberlegen. Gehackt verteilen sie sich geschmacklich besser, doch die ganzen Blätter sind dekorativer.

Das Olivenöl mit einem Löffel oder, noch besser, der typischen italienischen Ölkanne über die Pizza träufeln.

Knuspriger Teig und saftigweicher Belag, so muß die Pizza Margherita aus dem Ofen kommen.

PIZZA MARGHERITA

Grünes Basilikum, weißer Mozzarella, rote Tomaten: die berühmte Pizza in den Farben der italienischen Flagge wurde, so heißt es, von einem neapolitanischen Pizzabäcker zu Ehren der Königin Margherita von Savoyen kreiert. Das folgende Rezept ist für eine Pizza in der Größe eines normalen Backblechs (33 x 43 cm) gedacht. Man kann den Teig aber auch teilen und 2 runde Pizzen für je 2 Personen (wie im Bild) zubereiten.

Für den Teig:
300 g Mehl, 20 g Hefe
1/8 l lauwarmes Wasser
1/2 TL Salz, 2 EL Olivenöl
Für den Belag:
1 große Dose enthäutete Tomaten (850 g)
2 Kugeln Mozzarella
Salz, schwarzer Pfeffer
20 Basilikumblätter, 1/8 l Olivenöl

Die angegebenen Zutaten zu einem glatten, luftigen Hefeteig verarbeiten, wie auf Seite 195 beschrieben. Die Arbeitsfläche mit Mehl bestauben, den Teig gleichmäßig dick ausrollen, dann auf das leicht gefettete Backblech legen und mehrmals mit einer Gabel einstechen. Die Pizza belegen, wie in der nebenstehenden Bildfolge gezeigt. Nochmals 10 bis 15 Minuten gehen lassen. Zum Schluß mit dem Olivenöl beträufeln und in dem auf 220°C vorgeheizten Backofen auf der mittleren Schiene 18 bis 22 Minuten backen.

PIZZA VERDURE

GEMÜSE-PIZZA

Für den Teig:

300 g Mehl, 20 g Hefe

1/8 l lauwarmes Wasser

1/2 TL Salz, 2 EL Olivenöl

Für den Belag:

1 Zwiebel, 500 g Tomaten, 300 g Zucchini

2 gelbe Paprikaschoten

2 Kugeln Mozzarella

100 g italienische Salami

1 TL Salz, schwarzer Pfeffer

2 EL Basilikum und Oregano

4 EL Olivenöl, 10 schwarze Oliven

Aus den angegebenen Zutaten einen Hefeteig bereiten, wie auf Seite 226 beschrieben. Den fertigen Teig auf einer mit Mehl bestreuten Arbeitsfläche ausrollen, auf ein leicht gefettetes Blech legen und mehrmals mit einer Gabel einstechen. Für den Belag die Gemüse vorbereiten. Die Zwiebel in Ringe, die Tomaten und die Zucchini in Scheiben, die Paprikaschoten in Streifen schneiden. Die Gemüse abwechselnd mit dem in Scheiben geschnittenen Mozzarella und den Salamischeiben auf dem Teig anordnen und mit den Gewürzen bestreuen. Die Pizza nochmals etwa 10 Minuten gehen lassen, dann mit dem Öl beträufeln und mit den Oliven belegen. Auf der mittleren Schiene in den auf 220°C vorgeheizten Backofen schieben und 20 bis 25 Minuten backen.

Mini-Pizzen, mehr Abwechslung durch kleine Formate

Kleine Portions-Pizzen sind schon deshalb so beliebt, weil sie für den "kleinen Hunger" ausreichen. Für den "großen Hunger" dürfen es dann auch zwei sein, aber natürlich unterschiedlich belegt. Einen Hefeteig wie im Grundrezept auf Seite 226 zubereiten. 100 g Teig pro Pizza zu Fladen von etwa 16 cm Durchmesser ausziehen und belegen. Wie reichhaltig, ist weitgehend abhängig vom persönlichen Geschmack. Deshalb wurde bei den folgenden Vorschlägen auf Mengenangaben verzichtet. Die Pizzen im vorgeheizten Backofen bei 200°C in etwa 15 Minuten knusprig backen. Wie bei allen Flachgebäcken ist es auch bei Pizzen nötig, das letzte Drittel der Backzeit "auf Sicht" zu kontrollieren, um die optimale Garzeit zu erreichen.

MIT MUSCHELN

Frische Miesmuscheln in gewürztem Wasser kochen, bis sie sich öffnen. Aus den Schalen nehmen und mit reichlich in Ringe geschnittenen Zwiebeln und zerdrückter Knoblauchzehe auf dem Teig verteilen. Geschälte und zerkleinerte Tomaten darübergeben und mit gewürfeltem Provolone bestreuen. Salzen, pfeffern, mit gehacktem Basilikum bestreuen und mit Olivenöl beträufeln (im Bild ganz oben).

SCHARF, MIT PEPERONI

Zuerst geschälte, gehackte Tomaten auf dem Teig verteilen, darüber einige Zwiebelwürfel geben und mit abgezogenen gelben Paprikaschoten belegen. Leicht salzen und halbierte, sorgfältig geputzte Peperoni darübergeben. Mit geraffeltem Asiago bestreuen. Nach der halben Backzeit mit Oliven garnieren und fertig backen (im Bild zweite von oben).

MIT TOMATEN UND SALSICCIA

Über den Teig wenig Zwiebelwürfel und etwas zerdrückte Knoblauchzehe streuen, dann mit halben, geschälten Tomaten belegen. Dazwischen Scheiben von Salsiccia und Fontina legen. Die Pizza leicht salzen, pfeffern und mit geriebenem Parmesan bestreuen (im Bild dritte von oben).

MIT MELANZANE

Eine Melanzane (Aubergine) in Würfel schneiden und mit etwas Öl 3 bis 4 Minuten in der Pfanne braten. Auf dem Teig verteilen, mit Zwiebelringen und geschälten, gewürfelten Tomaten bestreuen. Mit Salz, Pfeffer und Thymian würzen. Geraffelten Provolone darübergeben und mit etwas geriebenem altem Pecorino bestreuen (im Bild ganz unten).

PIKANTE BRÖTCHEN UND SCHNECKEN

500 g Grahammehl
1 Päckchen frische Hefe (42 g)
je 1/8 l Wasser und Milch
1 Ei, 1 TL Salz
Füllung für die Schnecken oder Brötchen:
120 g durchwachsener Räucherspeck
60 g Zwiebelwürfel
160 g Gruyère
etwas frisch gemahlener Pfeffer
2 EL gehackte Kräuter (Petersilie, Schnittlauch)
80 g Butter für die Form
Eigelb zum Bestreichen
grobes Salz, Mohn, Sonnenblumenkerne und Sesam zum Bestreuen

Die angegebenen Mengen ergeben etwa 20 Schnecken oder Brötchen. Das Mehl in eine Schüssel geben, in die Mitte eine Vertiefung drücken und die Hefe hineinbröckeln. Mit der lauwarmen Mischung aus Milch und Wasser auflösen und über diesen Vorteig eine Schicht Mehl streuen. Mit einem Tuch zugedeckt, an einem warmen Ort gehen lassen, bis die Mehlschicht deutliche Risse zeigt (15 bis 20 Minuten). Das Ei und Salz zugeben und alles zu einem glatten Hefeteig verarbeiten. Auf der Arbeitsfläche kräftig durchkneten, in die Schüssel zurückgeben und nochmals etwa 1/2 Stunde gehen lassen, bis sich das Teigvolumen verdoppelt hat. Für die Füllung wird der Speck feingewürfelt und mit den Zwiebelwürfeln in 2 bis 3 Minuten glasig gedünstet. Erkalten lassen und mit dem feingewürfelten Käse, dem Pfeffer und den Kräutern mischen. Den Hefeteig zu einem Rechteck von etwa 60 x 30 cm ausrollen und mit der Käsemasse bestreichen, dabei auf einer Längsseite einen Rand freilassen. Diesen mit Wasser bestreichen und die Teigplatte von der gegenüberliegenden Seite her aufrollen. 3 cm dicke Stücke von der Teigrolle abschneiden. In einer Form die Butter zerlassen, darin die Schnecken mit dem Rand wälzen und dann mit einer Schnittfläche nach oben hineinlegen. Die Schnecken nochmals etwa 1/2 Stunde zugedeckt gehen lassen, dann im vorgeheizten Ofen bei 220°C in etwa 25 Minuten knusprig braun backen.
Für die Brötchen den Teig zu einer Rolle formen und in 20 gleich große Stücke teilen. In der hohlen Hand rund schleifen, dann zu Fladen von etwa 10 cm Durchmesser flachdrücken. Jeweils einen Löffel der Füllung daraufgeben, die Teigränder zusammenkneifen und die Brötchen rund rollen. Mit ausreichend Abstand auf ein Backblech legen. Zugedeckt an einem warmen, zugfreien Ort gehen lassen, bis sie ihr Volumen etwa verdoppelt haben. Vor dem Backen die Oberfläche mit Eigelb bestreichen und wahlweise mit grobem Salz, Sesam, Sonnenblumenkernen, Mohn oder Käse bestreuen.

BUCHTELN MIT QUARKFÜLLUNG

Sie gehören zu den typischen Beispielen von österreichischem „Backwerk“, das bei genauerer Betrachtung vermutlich aus Böhmen stammt. Quark ist neben „Powidl“ (Pflaumenmus) die ideale Füllung für Buchteln. Ob zum Kaffee oder als Dessert mit Vanillesauce oder Pflaumenkompott, sie sollten immer so frisch wie möglich, also „ofenfrisch“ und noch lauwarm, serviert werden, dann kommt das „Buttrige“ der Kruste zur Geltung. Die begehrtesten Buchteln sind deshalb die vom Rand.

Für den Teig:
500 g Mehl, 25 g Hefe, 200 bis 250 ml Milch
70 g Butter, 50 g Zucker, 1/4 TL Salz
abgeriebene Schale von 1/2 Zitrone, 2 Eier
Für die Füllung:
1/4 l Milch, 80 g Zucker, 1 EL Vanillezucker
20 g Speisestärke, 2 Eigelb, 350 g Quark
100 g Rosinen, 20 ml Rum
100 g Butter zum Fetten der Form
Puderzucker zum Besieben

Ob Topfen oder Schichtkäse, alle trockenen Quarksorten sollten passiert werden, wenn sie zum Backen oder für Cremes verwendet werden. Mit einem Gummispatel durch ein rundes Sieb drücken oder noch einfacher durch ein Holzrahmensieb passieren.

Das Mehl in eine Schüssel sieben, in der Mitte eine Mulde formen und die Hefe hineinbröckeln. Mit der lauwarmen Milch auflösen und mit einer Mehlschicht bedecken. Nach 15 Minuten Ruhen an einem warmen Ort zeigt die Oberfläche des Vorteigs Risse. Ein Zeichen dafür, daß er genügend gegangen ist. Die Butter zerlassen und mit Zucker, Salz, abgeriebener Zitronenschale und Eiern cremig rühren. Zum Vorteig geben und zu einem glatten, trockenen Hefeteig verarbeiten, der sich vom Schüsselrand lösen sollte. Wenn nötig, etwas Milch zugeben. Zugedeckt 15 Minuten gehen lassen. Die Milch mit Zucker und Vanillezucker aufkochen. Mit der mit Milch angerührten Speisestärke binden und unter Rühren durchkochen. Vom Herd nehmen, nacheinander die Eigelbe, dann den passierten Quark unterrühren. Die in Rum eingeweichten Rosinen unterziehen. Weiterarbeiten wie nebenstehend.

Die Buchteln füllen:

Den Hefeteig zu Stückchen von 100 g abwiegen und diese jeweils vierteln, also sollte jedes Stück 25 g wiegen.

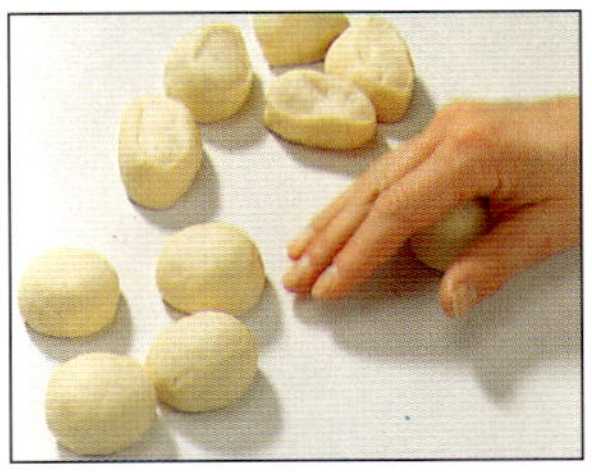

Die Teigstückchen „rund schleifen“. Das heißt, in der hohlen Hand durch kreisende Bewegung zu Kugeln formen.

Mit einem Rollholz die Teigkugeln zu kleinen Fladen von 8 bis 10 cm Durchmesser gleichmäßig dick ausrollen.

Die Füllung mit einem Löffel auf die Teigfladen verteilen. Exakt in die Mitte setzen, um die Buchteln leichter verschließen zu können.

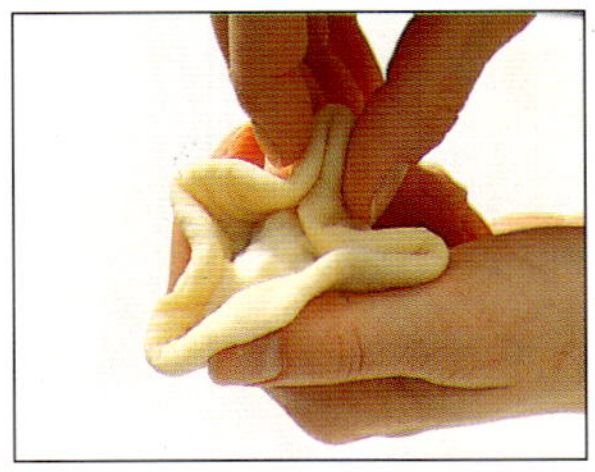

In der hohlen Hand halten und die Teigränder nach oben ziehen. Sorgfältig über der Füllung zukneifen und wieder zu einer Kugel rollen.

Die Buchteln in der flüssigen Butter drehen und dann aneinandersetzen. So lassen sie sich nach dem Backen leicht trennen.

QUARK-STREUSEL-KUCHEN

Diese Kombination von Hefeteig, Quark und knusprigen Streuseln harmoniert besonders gut und läßt sich hervorragend mit frischen Früchten ergänzen. So können zum Beispiel Aprikosen oder Pflaumen, entsteint und halbiert, auf die Quarkcreme gelegt und dann mit Streuseln bedeckt werden. Die Backzeit verlängert sich dann allerdings um einige Minuten.

Für den Teig:
375 g Mehl, 25 g Hefe, 1/8 l Milch, 80 g Butter
50 g Zucker, 1/2 TL Salz
abgeriebene Schale von 1 unbehandelten Zitrone
1 Msp. Pimentpulver, 2 Eier
Für die Quarkcreme:
1/4 l Milch, 90 g Zucker, 20 g Speisestärke
3 Eigelb, 350 g Quark
Saft und abgeriebene Schale von 1/2 unbehandelten Zitrone
1 EL Rum
Für die Streuseln:
350 g Mehl, 200 g Butter
200 g Zucker, 1/2 Vanilleschote

Die angegebenen Mengen sind für ein Backblech von 43 x 33 cm berechnet. Aus den Zutaten einen Hefeteig zubereiten, wie im Rezept links für Buchteln beschrieben. Dann auf der bemehlten Arbeitsfläche auf Backblechgröße ausrollen und auf das Blech legen. Mit einer Gabel in kurzen Abständen einstechen, damit der Teig beim Backen keine Blasen wirft. Für die Füllung die Milch mit dem Zucker aufkochen. Die Speisestärke mit etwas Milch anrühren und damit die Milch binden. Erst die Eigelbe, dann den Quark, den Zitronensaft, die abgeriebene Schale und den Rum unterrühren, abkühlen lassen und auf den Teig streichen. Wer Rosinen mag, kann die Quarkcreme mit 100 g Rosinen anreichern. Mehl mit Butter, Zucker und Vanillemark zu Streuseln reiben und gleichmäßig über den Kuchen verteilen. Bei 210°C 20 bis 25 Minuten backen. Den abgekühlten Kuchen in Stücke von etwa 10 x 6 cm schneiden. Ergibt 21 Stücke.

Quarkcreme:

Milch und Zucker zum Kochen bringen und mit der angerührten Speisestärke binden. Gut durchkochen, dann die Hitze abschalten.

Die Eigelbe nacheinander unterrühren, dann den passierten Quark und die Gewürze zugeben.

Käsekuchen füllen:

Den Schichtkäse durch ein feinmaschiges Sieb streichen, vorher aber gut ablaufen lassen, damit er möglichst trocken ist.

Die Eier trennen. Mit einem Schneebesen oder Handrührgerät die Eigelbe und die Hälfte des Zuckers unterrühren und schaumig schlagen.

Die Butter erhitzen, klären und unter Rühren in dünnem Strahl einlaufen lassen. Das Mehl hineinsieben, Salz und abgeriebene Zitronenschale zugeben.

Die in Rum eingeweichten Rosinen zufügen und nur kurz unterrühren, weil die Masse sonst unansehnlich braun würde.

Die Eiweiße mit dem restlichen Zucker zu steifem Schnee schlagen und mit einem Holzspatel vorsichtig unter die Quarkmasse heben.

Quark gegen Ricotta austauschen! Vor allem, wenn es Ricotta aus Schafmilch ist, läßt sich damit ein höchst pikanter Käsekuchen backen. Wie im nebenstehenden Rezept zubereiten.

In den vorgebackenen Mürbteigboden die Masse einfüllen. Der Boden wird, wie auf Seite 213 beschrieben, blindgebacken.

Die Oberfläche glattstreichen und den Kuchen im vorgeheizten Ofen bei 160°C in etwa 45 Minuten goldgelb backen. Dann auf ein Drahtgitter stürzen.

Den ausgekühlten Kuchen wieder umdrehen und die Oberfläche mit Puderzucker besieben. Mit einem glühenden Draht ein Gittermuster einbrennen.

KÄSEKUCHEN

Für den Mürbteig:

220 g Mehl, 120 g Butter, 50 g Puderzucker

1 Eigelb, 1 Msp. Salz

Für die Quarkmasse:

500 g Schichtkäse, 4 Eier, 160 g Zucker

100 g Butter, 60 g Mehl, 1 Msp. Salz

abgeriebene Schale von 1 unbehandelten Zitrone

80 g Rosinen, 20 ml Kirschwasser oder Rum

Puderzucker zum Besieben

Die Zutaten sind für eine Kuchen- oder Springform von 26 cm Durchmesser berechnet. Einen Mürbteig zubereiten wie auf Seite 213. 1 bis 2 Stunden im Kühlschrank ruhen lassen. Zu einer runden Platte von etwa 33 cm Durchmesser ausrollen. Die Kuchenform damit auslegen, den Rand andrücken und überstehenden Teig abschneiden. Den Boden mit einer Gabel mehrmals einstechen. Blindbacken, wie auf Seite 213 beschrieben. Die Quarkmasse wie in den nebenstehenden Arbeitsphasen zubereiten. Ganz besonders wichtig ist, den Kuchen keinesfalls wärmer als bei 150 bis 160°C zu backen, weil er sonst sehr stark aufgehen und auch aufreißen, dann aber zusammenfallen würde. Bei niedriger Temperatur geht er nur wenig auf, trotzdem bindet das Eiweiß ab, und der Kuchen bleibt locker und saftig.

Mit Aprikosen und Käsesahne werden diese Tartelettes gefüllt. Sie können nach dem nebenstehenden Rezept zubereitet werden - natürlich auch in Form einer Torte.

TORTE MIT KÄSECREME UND SAUERKIRSCHEN

Diese Käsecreme aus Ziegenfrischkäse wird besonders harmonisch durch Sauerkirschen ergänzt.

Für den Teig:
160 g Butter, 70 g Puderzucker
abgeriebene Schale von 1/2 unbehandelten Zitrone
1 Msp. Salz, 1 Eigelb, 250 g Mehl
Für die Füllung:
1 Glas Sauerkirschen (Fruchteinwaage 450 g)
170 g Zucker, 1 Msp. Zimt, 2 TL Speisestärke
3 Eigelb, 1 Msp. Salz
150 ml Milch, 5 Blatt Gelatine
350 g Ziegenfrischkäse
abgeriebene Schale von 1/2 unbehandelten Zitrone
1 EL Zitronensaft, 1/2 l Sahne
Kakaopulver zum Besieben

Die angegebenen Zutaten sind für eine Obstkuchenform von 24 cm Durchmesser berechnet. Die Butter mit dem Zucker auf der Arbeitsfläche zu einer glatten Masse verarbeiten, das Eigelb und zum Schluß das Mehl zugeben. Rasch unterkneten, den Mürbteig zu einer Kugel formen und, in Folie gewickelt, im Kühlschrank 1 Stunde ruhen lassen. Die Form mit dem entsprechend groß ausgerollten Mürbteig auslegen, den Rand mit dem Daumen an die Form drücken und überstehenden Teig mit einem Messer abschneiden. Wie auf Seite 213 blindbacken, nach etwa 15 Minuten die Hülsenfrüchte herausschütten und den Boden in 10 bis 15 Minuten knusprig braun backen. Für die Füllung die Sauerkirschen in einem Sieb ablaufen lassen, den Saft auffangen und mit 30 g Zucker und dem Zimt zum Kochen bringen, dann mit der mit etwas Saft angerührten Speisestärke binden. Die Kirschen zugeben, vorher einige zum Dekorieren beiseite legen, und alles vollständig abkühlen lassen. Die Eigelbe mit dem restlichen Zucker, dem Salz und der Milch mischen und, wie auf Seite 236 beschrieben, „bis zur Rose abziehen". Die Gelatine in der Creme auflösen und den passierten Ziegenfrischkäse unterrühren. Anschließend die abgeriebene Zitronenschale und den Zitronensaft zugeben, dann 2/3 der steifgeschlagenen Sahne unter die etwas abgekühlte Käsecreme rühren. Mit einem Spritzbeutel und Lochtülle Nr. 12 einen Teil der Käsesahne in Form von Ringen auf den Mürbteigboden spritzen und mit den gebundenen Sauerkirschen füllen. Die restliche Käsesahne darübergeben und glattstreichen. Die Torte im Kühlschrank erstarren lassen. Die Oberfläche mit Kakaopulver besieben, mit der restlichen Sahne eine Rosette auf jedes Stück spritzen und jeweils mit einer Kirsche garnieren.

Frische Beerenfrüchte sind eine feine Ergänzung für eine Käsesahnetorte. Die Früchte, wenn nötig, zuckern, dann auf den Mürbteigboden verteilen und die Käsesahnecreme darübergeben.

Die Käsesahnecreme zubereiten:

Eigelbe, Zucker und Salz mit der Milch kräftig verrühren. Bei Mittelhitze unter Rühren langsam erhitzen.

„Bis zur Rose abziehen" nennt es der Profi, die Creme zu erhitzen, bis sie merklich dickflüssiger wird, aber noch nicht kocht.

Die Gelatine in kaltem Wasser einweichen, wieder gut ausdrücken und in der heißen Creme auflösen.

Den Quark in eine Schüssel passieren und mit der leicht abgekühlten Creme übergießen. Dann beides verrühren.

Rühren, bis eine glatte Creme entstanden ist, und abkühlen lassen, bis sie nur noch lauwarm ist.

Die steifgeschlagene Sahne unter die Quarkcreme rühren. Mit einem Schneebesen geht es schneller, schonender aber mit einem Holzspatel.

Auf den Mürbteigboden füllen, der mit einem Tortenring umstellt ist, und die Oberfläche mit einem Teigschaber glattstreichen. Die Torte kühl stellen.

Den Tortenring entfernen und die Mürbteigdecke daraufschieben. Dieser Boden muß noch warm in die gewünschte Stückzahl geteilt werden, da er sonst bricht.

KÄSESAHNETORTE

Nur Quark bester Qualität sollte man für die Käsesahnetorte verwenden. Wie bei allen anderen Käsekuchen ist dies ausschlaggebend für ein gutes Backergebnis. Der Quark soll frisch-säuerlich schmecken und trocken sein, weil zuviel Molke Konsistenz und Geschmack des Kuchens beeinträchtigen würde. Den Quark, wenn nötig, 1 bis 2 Stunden ablaufen lassen. Deshalb mehr einkaufen, als im Rezept angegeben, um den Flüssigkeitsverlust gewichtmäßig auszugleichen. Delikate Varianten lassen sich mit Obst herstellen, denn fast alle Obstsorten harmonieren mit der leicht säuerlichen Quarksahnecreme, vor allem Erdbeeren, Himbeeren und Brombeeren, die frisch unter die Creme gezogen werden. Stein- und Kernobst vorher blanchieren oder Kompottfrüchte verwenden. Die Menge der Zutaten für die Quarkcreme kann dann reduziert werden.

Für den Mürbteig:
120 g Butter, 60 g Puderzucker
1 Eigelb, 210 g Mehl
Für die Käsesahnecreme:
4 Eigelb, 200 g Zucker
abgeriebene Schale von 1 unbehandelten Zitrone
1 Msp. Salz, 1/4 l Milch, 7 Blatt Gelatine
500 g trockener Quark oder Schichtkäse
1/2 l Sahne
Puderzucker zum Besieben

Butter, Puderzucker, Eigelb und Mehl zu einem Mürbteig verarbeiten und etwa 1 Stunde kühl ruhen lassen. Den Teig zu 2 Böden von 26 cm Durchmesser ausrollen und hellbraun backen. Die Füllung wie in nebenstehender Bildfolge zubereiten und die fertige Torte mit Puderzucker besieben.

FLOCKENTORTE MIT KÄSESAHNE UND PREISELBEEREN

Zu der leicht säuerlichen Quarksahne-Füllung stehen die kräftig schmeckenden Preiselbeeren geschmacklich in angenehmem Kontrast, und die knusprig gebackene Brandmasse rundet das Ganze ab. Diese leichte Sahnetorte sollte möglichst nicht mehr als 2 bis 3 Stunden vor dem Servieren zubereitet werden, da sonst der relativ hohe Feuchtigkeitsgehalt der Füllung den knusprigen Teig durchweicht.

Für den Teig:
1/4 l Wasser, 125 g Butter, 1/2 TL Salz
220 g Mehl, 5 bis 6 Eier
Für die Füllung:
3 Eigelb, 130 g Zucker, 1 Msp. Salz
150 ml Milch, 5 Blatt Gelatine
350 g trockener Quark oder Schichtkäse
3/4 l steifgeschlagene Sahne
250 g Preiselbeerkompott
Puderzucker zum Besieben

Einen Brandteig wie auf Seite 224 herstellen. Auf dünn mit Mehl bestaubten Backblechen 5 Böden von 26 cm Durchmesser bei 220 bis 250°C knusprig hellbraun backen. Die 3 schönsten Böden zum Füllen auswählen und die beiden übrigen für die Flocken in kleine Stücke schneiden oder brechen. Für die Füllung eine Creme zubereiten, wie es die Bildfolge auf der linken Seite zeigt. Etwa die Hälfte der steifgeschlagenen Sahne unter die Quarkcreme rühren. Für die erste Schicht die Hälfte der Käsesahnecreme auf den ersten Boden streichen und ebenfalls die Hälfte des Preiselbeerkompotts in Häufchen daraufgeben. Mit dem zweiten Boden bedecken, diesen fest andrücken und die restliche Käsesahnecreme und das Preiselbeerkompott (etwas zum Dekorieren beiseite stellen) darauf verteilen. Den dritten Boden als Abschluß daraufsetzen und festdrücken. Die Torte mit etwas von der restlichen Sahne einstreichen und dicht mit den Brandmasseflocken einstreuen. Die Oberfläche mit Puderzucker besieben, mit der restlichen Sahne Rosetten aufspritzen und mit Preiselbeerkompott garnieren.

DESSERTS

Dies ist die Domäne der frischen, der weißen Käse, denn sie eignen sich ganz besonders gut für süße Kreationen. Außerdem ist die gesamte Quark-Familie durch die Entwicklung, heutzutage beim Kochen auch an die Gesundheit zu denken, wieder in Mode gekommen. Zu Recht, denn erstens bringt Quark selbst alle Voraussetzungen mit, die an ein gesundes Lebensmittel gestellt werden; darüber hinaus läßt er sich bestens mit Früchten, Körnern, Keimen und Samen kombinieren, und das ohne große geschmackliche Zugeständnisse. Aber auch die traditionellen Quarkdesserts, die in Süddeutschland, Böhmen und Österreich auch gern als Hauptgerichte serviert werden, verdienen Beachtung. Sie lassen sich im "Kleinformat" in zeitgemäße Menüs einbauen und durch unterschiedliche Füllungen oder raffinierte Saucen fast unbeschränkt variieren. Es wird heute eine nie gekannte Vielfalt an Quark- oder Topfensorten angeboten, inklusive der Ricotta-Käse, die für süße Desserts optimal geeignet sind. Außerdem lohnt es sich, die diversen Ziegenfrischkäse zu berücksichtigen; sie haben ein zartes, frisches Aroma, und der typische "Ziegen-Charakter" gereifter Käse kommt bei ihnen kaum durch. Sie sind also für süße Desserts, ganz besonders in Verbindung mit frischen Früchten, ebenfalls bestens geeignet. Für viele der Frischkäse-Desserts ist kein kompliziertes Rezept erforderlich, denn ein frischer Fromage blanc mit einem Hauch Zucker oder Honig, kombiniert mit frischen Beeren, kann zu einer unvergeßlichen Nachspeise werden - vorausgesetzt, alle Zutaten sind frisch und von bester Qualität. Sehr delikat läßt sich Frischkäse auch mit Fruchtsalaten mischen oder in Früchte füllen. Zum Beispiel ein Fruchtsalat mit Hüttenkäse (im kleinen Bild): Frische Früchte, in diesem Fall eine Kombination aus Erdbeeren, Brombeeren, Himbeeren, halbierten Physalis, Feigen und einer Karambole, beides in Scheiben geschnitten, werden auf einem Teller angerichtet. Unter den Hüttenkäse wird etwas steifgeschlagene Sahne gezogen, dann wird er über die Früchte gehäuft und mit Himbeersauce übergossen.

TOPFENGRATIN ÜBER ERDBEEREN

1/4 l Milch, 1/2 Vanillestange
70 g Puderzucker, 1 Msp. Salz
2 TL Speisestärke
2 Eigelb, 200 g trockener Topfen (20%)
2 Eiweiß, 1/8 l Sahne
250 g Erdbeeren
Puderzucker zum Besieben
geröstete Mandelscheiben

Die angegebenen Mengen ergeben 4 bis 8 Portionen. Das Gratin wie in nebenstehender Bildfolge zubereiten.

TOPFENGRATIN MIT EXOTISCHEN FRÜCHTEN

1/4 l Milch, 1/2 Vanillestange
100 g Zucker, 1 Msp. Salz
3 TL Speisestärke, 3 Eigelb
400 g trockener Topfen (20%), 3 Eiweiß
300 g frische, exotische Früchte (Mango, Guaven, Kiwi etc.)
Puderzucker zum Besieben

Die angegebenen Mengen ergeben 4 bis 8 Portionen. Das Gratin wie in der nebenstehenden Bildfolge zubereiten, aber ohne Sahne. Die zerkleinerten Früchte auf Teller oder Gratinplatten verteilen und mit dem Topfengratin überziehen.

Ein Topfengratin zubereiten:

Die Milch, die Vanillestange und die Hälfte des Zuckers in einer entsprechend großen Kasserolle zum Kochen bringen.

Die Speisestärke mit etwas Milch anrühren und damit die kochende Milch binden. Kräftig durchkochen. Die Vanillestange herausnehmen.

Die Hitze abstellen und die beiden Eigelbe nacheinander mit einem Schneebesen unterrühren.

Den Topfen durch ein feines Sieb passieren und mit dem Schneebesen unter die Creme ziehen.

Die Eiweiße mit dem restlichen Zucker zu steifem, schnittfähigem Schnee schlagen und unter die Topfencreme rühren.

Die steifgeschlagene Sahne mit dem Schneebesen vorsichtig unter die Creme ziehen. Noch schonender geht es mit einem Holzspatel.

Die Erdbeeren auf Teller verteilen und die Topfencreme darübergießen. Unter dem Grill gratinieren, bis die Oberfläche braun ist.

Das Gratin mit etwas Puderzucker besieben und mit einigen gerösteten Mandelscheibchen garnieren. Sofort servieren.

TOPFEN-LIWANZEN

Das böhmische Originalrezept sieht zwar keinen Quark im Teig vor, dafür aber reichlich als Füllung. Das folgende Rezept mit Quarkanteil ergibt einen Teig von besonders zarter Konsistenz, und die Säure im Topfen harmoniert bestens mit dem typischen Hefeteig-Geschmack. Die angegebenen Mengen ergeben 16 bis 20 Liwanzen, die entweder in einer echten "Liwanzenpfanne" mit einer Vertiefung von 8 cm Durchmesser gebacken werden, oder man verwendet eine normale Pfanne. Dann darf der Teig aber nicht zu dünnflüssig sein, damit keine Pfannkuchen daraus werden.

250 g Mehl, 15 g Hefe, 1/4 l Milch

40 g Butter, 1 Ei, 1/2 TL Salz, 30 g Zucker

abgeriebene Schale von 1/2 unbehandelten Zitrone

100 g trockener Topfen (10%)

Butter zum Ausfetten der Pfanne

Für die Füllung:

200 g trockener Topfen (10%), 1 Eigelb

1 TL Zitronensaft, 60 g Zucker

100 g Preiselbeerkompott

Puderzucker zum Besieben

Das Mehl in eine Schüssel sieben und in der Mitte eine Mulde formen. Die Hefe hineinbröckeln und mit der lauwarmen Milch auflösen. Diesen Vorteig mit Mehl bestreuen und, mit einem Tuch zugedeckt, an einem warmen Ort etwa 15 Minuten gehen lassen, bis die Oberfläche deutliche Risse zeigt. Die Butter zerlassen und mit Ei, Salz, Zucker und der abgeriebenen Zitronenschale mischen, zu dem Vorteig geben und davon einen glatten, fast flüssigen Hefeteig rühren. Den Topfen unterrühren und, wenn nötig, den Teig mit etwas Milch noch weiter verdünnen und nochmals gehen lassen. Die Pfanne mit flüssiger Butter reichlich ausfetten, den Teig hineingießen und bei Mittelhitze von beiden Seiten (etwa 2 Minuten pro Seite) schön hellbraun backen, dann warm stellen. Für die Creme den passierten Topfen mit dem Eigelb, Zitronensaft und Zucker verrühren. Je 2 Liwanzen mit Quarkcreme und einem Löffel Preiselbeerkompott füllen und mit Puderzucker besieben.

QUARKSTRUDEL

Ein echtes Strudelrezept kommt natürlich aus Österreich, doch dort heißt er Topfenstrudel. Er sollte übrigens immer lauwarm serviert werden, so schmeckt er am besten. Dazu zum Beispiel eine kalte Fruchtsauce.

Für den Teig:

170 g Mehl, 1 Eigelb, 1/4 TL Salz

20 ml Öl

Butter für das Backblech

Für die Füllung:

500 g abgelaufener Schichtkäse

120 g Zucker, 2 Eier

Schale und Saft von 1/2 unbehandelten Zitrone

1 EL Speisestärke, 40 g Rosinen, 20 ml Rum

120 g Butter zum Bestreichen

Puderzucker zum Besieben

Das Mehl auf die Arbeitsfläche sieben, eine Vertiefung formen und das Eigelb, Salz und Öl hineingeben. Mit einer Gabel zuerst kurz verrühren und dann mit den Händen zu einem glatten, geschmeidigen Teig kneten. Zu einer Kugel formen, in Folie einwickeln und mindestens 30 Minuten ruhen und entspannen lassen. Den Teig dann auf einer bemehlten Arbeitsfläche ausrollen. Ein Leinentuch auf den Tisch legen, gleichmäßig mit Mehl bestauben und den ausgerollten Teig darauflegen. Jetzt wird er mit beiden Händen von der Mitte zum Rand "ausgezogen", bis er schön gleichmäßig dünn ist. Für die Füllung den abgelaufenen Schichtkäse durch ein Sieb streichen und in einer Schüssel mit Zucker, Eiern, Zitrone und Speisestärke verrühren. Die Rosinen läßt man etwas im Rum weichen und gibt sie zum Schluß darunter. Auf den Strudelteig streichen, dabei einen Streifen an den Rändern frei lassen. Durch Anheben des Tuches den Strudel aufrollen und vorsichtig auf ein gebuttertes Backblech legen. Im vorgeheizten Ofen bei 200°C in etwa 40 Minuten schön hellbraun und knusprig backen. Noch heiß mit der geklärten Butter bestreichen, mit Puderzucker besieben und in Stücke schneiden.

Preiselbeeren gehören zu den Früchten, die besonders gut mit süßem Quark harmonieren. Ihr kräftiger Geschmack verträgt sich bestens mit der Säure frischer Käse.

MASCARPONE-CREME

Sie kann in Gläsern oder Schalen angerichtet werden, auf mit Mokka oder Kaffeelikör getränkten Biskuits, oder man füllt sie in Mürbteig-Tartelettes, Windbeutel oder, wie unten im Bild, in Hippenrollen.

Für den Teig:
180 g Puderzucker
50 g Marzipan-Rohmasse
1 Msp. Zimt, 3 Eier
150 g Mehl, 50 ml Sahne
Für die Creme:
3 Eigelb, 100 g Puderzucker
250 g Mascarpone
Kuvertüre zum Garnieren

Den Puderzucker mit der Marzipan-Rohmasse, dem Zimt und zunächst einem Ei glattrühren, dann die restlichen Eier und das Mehl zugeben. Den Teig 1 Stunde ruhen lassen und dann die Sahne unterrühren. Auf gefetteten und gemehlten Blechen den Teig rund aufstreichen (mit einem Durchmesser von etwa 10 cm) und im vorgeheizten Ofen bei 190°C hellbraun backen. Jetzt heißt es ganz schnell arbeiten. Das Backblech etwa zur Hälfte aus dem Ofen ziehen und bei geöffneter Ofentür die Hippenfladen einzeln nacheinander vom Blech nehmen, sofort auf ein rundes Holz rollen und gleich wieder abstreifen, denn die Hippenrollen werden sehr schnell hart. Für die Füllung die Eigelbe mit dem Puderzucker zu einer schaumigen, sämigen Masse schlagen, dann den Mascarpone unterrühren. In einen Spritzbeutel mit Sterntülle füllen und in die vorbereiteten Hippen spritzen. Die Kuvertüre in eine Papiertüte füllen und über die Hippen spritzen.

Mascarpone-Creme in Gläsern. Zerbröckelte Löffelbiskuits in Gläser geben, mit Mokka und Kaffeelikör beträufeln und die Creme darauf füllen. Mit geraspelter Schokolade (Kuvertüre) überstreuen und mit etwas Puderzucker besieben.

Hippenrollen mit Mascarpone-Creme. Sie sollen möglichst erst unmittelbar vor dem Servieren gefüllt werden, weil die knusprigen Hippenrollen durch die Creme relativ schnell weich werden.

Die leichte, fruchtige Alternative

Luftige Cremes mit Quark

ZITRONEN-CREME MIT RICOTTA

Saft und abgeriebene Schale von 2 unbehandelten Zitronen
120 g Zucker, 300 g Ricotta
2 Eigelb, 1/4 l Sahne, 2 Eiweiß
250 g frische Beeren (Johannisbeeren, Himbeeren und Walderdbeeren)
20 ml Maraschino, 1 EL Bienenhonig

Die Zitronen unter heißem Wasser abbürsten und die Schale nur hauchdünn abreiben. Mit dem Zitronensaft und der Hälfte des Zuckers in einer Kasserolle etwa bis zu 1/4 einkochen, dann erkalten lassen. Den Ricotta passieren und mit dem Zitronensaft und den Eigelben verrühren. Die Sahne steifschlagen und kühl stellen. Die Eiweiße mit dem restlichen Zucker zu steifem Schnee schlagen, unter die Ricottamasse rühren und zum Schluß 2/3 der Sahne unterheben. Die gewaschenen Beeren auf Gläser verteilen (einige Johannisbeeren zum Garnieren beiseite stellen), mit dem Maraschino und dem Honig begießen und die Creme darauf verteilen. Die restliche Sahne in einen Spritzbeutel mit Sterntülle füllen, damit jeweils eine Rosette auf die Creme spritzen und mit Johannisbeeren garnieren.

QUARK-ORANGEN-CREME MIT FRÜCHTEN UND MARACUJASAUCE

abgeriebene Schale von 1 unbehandelten Orange
1/8 l Orangensaft (je nach Größe von 1 bis 2 Orangen)
120 g Zucker, 3 Eigelb
6 Blatt Gelatine
400 g Magerquark
1/8 l Sahne, 3 Eiweiß
Für die Sauce:
1 TL Butter, 100 g Zucker
Saft von 2 Orangen
4 Maracujas

Die angegebenen Mengen sind für 6 Förmchen à 0,12 l Inhalt berechnet. Die Orange unter heißem Wasser gut abbürsten und die Schale dünn abreiben. Mit dem Saft, der Hälfte des Zuckers und den Eigelben in eine entsprechend große Kasserolle geben. Die Gelatine in kaltem Wasser einweichen. Mit einem Schneebesen unter Rühren diese Mischung aus Orangensaft und Eigelb bis kurz vor den Siedepunkt erwärmen. Die Gelatine ausdrücken und darin auflösen. Den Quark passieren und unterrühren. Die Sahne steifschlagen und kühl stellen. Dann die Eiweiße mit dem restlichen Zucker zu steifem Schnee schlagen und mit dem Schneebesen unter die Qurkmasse ziehen. Anschließend die Sahne unterheben. Sofort in die Förmchen füllen und kühlen. Nach etwa 1 Stunde können sie gestürzt werden. Dazu die Förmchen kurz in heißes Wasser halten, damit sich die Creme lösen kann. Für die Maracuja-Karamel-Sauce in einer Kasserolle den Zucker mit der Butter unter ständigem Rühren schmelzen. Den Orangensaft auf einmal zugießen, dann das Innere der Maracujas zugeben und die Sauce so lange kochen, bis sich der Karamel vollständig gelöst hat. Mit frischen Früchten und der abgekühlten Sauce servieren.

Cannoli heißen diese süßen Röllchen in Italien. Sie werden mit einer Creme aus Ricotta und kandierten Früchten gefüllt, die in Amaretto mariniert wurden.

APRIKOSENKNÖDEL

Ein Quarkteig oder, wie man in Österreich, der Heimat der Knödel, sagt, Topfenteig paßt geschmacklich und in seiner Konsistenz sehr gut zu Früchten wie Aprikosen, Mirabellen oder Zwetschgen. Die Zubereitung macht zwar etwas Mühe, da der Teig relativ weich und es somit gar nicht so einfach ist, ihn mit der Fruchtfüllung zu schönen, runden Knödeln zu rollen. Im Zweifelsfall kann er mit Semmelbröseln etwas fester gehalten werden, aber nur so viel, wie unbedingt nötig, hinzufügen.

500 g Schichtkäse oder trockener Quark
40 g weiche Butter, 30 g Zucker, 1/4 TL Salz
abgeriebene Schale von 1/2 unbehandelten Zitrone
2 Eier, 80 g Semmelbrösel, 120 g Weizengrieß
16 Aprikosen, 16 Stück Würfelzucker
Für die Bröselkruste:
100 g Semmelbrösel, 30 g Butter
Puderzucker zum Besieben
80 g gebräunte Butter

Die angegebenen Mengen sind als Hauptgericht für 4 Portionen berechnet, zum Dessert serviert man pro Portion 1 bis 2 Knödel. Den Schichtkäse durch ein feines Sieb passieren und mit der weichen, fast flüssigen Butter, dem Zucker, Salz und der abgeriebenen Zitronenschale verrühren. Dann die Eier zugeben, unterrühren und zum Schluß Semmelbrösel und Grieß einarbeiten. Diesen weichen Teig mindestens 1/2 Stunde quellen lassen und anschließend auf der bemehlten Arbeitsfläche zu einer Rolle formen. Die Aprikosen waschen, aufschneiden und den Stein entfernen. Sind die Aprikosen reif und süß, kann man natürlich auf den Würfelzucker verzichten. Die Semmelbrösel werden in einer Pfanne in der zerlaufenen Butter unter ständigem Rühren schön hellbraun geröstet. Die Knödel wie in der nebenstehenden Bildfolge zubereiten. Die fertigen Knödel noch mit etwas Puderzucker besieben und mit gebräunter Butter servieren.

Aprikosenknödel füllen und kochen:

Auf der bemehlten Arbeitsfläche aus dem Teig eine Rolle formen und mit einem Messer in 16 gleichmäßig große Stücke teilen.

Mit bemehlten Händen zu Plätzchen formen und je eine Aprikose, gefüllt mit einem Stück Zucker, daraufsetzen.

Die Aprikosen mit dem Teig einhüllen, diesen zusammenkneifen und in der Hand locker zu einem runden Knödel rollen.

Die Knödel in kochendes, leicht gesalzenes Wasser geben und 12 bis 15 Minuten leise köcheln lassen, bis sie zur Wasseroberfläche steigen.

Die Knödel gut abtropfen lassen und in den gerösteten Semmelbröseln wälzen, bis sie vollständig eingehüllt sind.

Nur unbehandelte Zitronen verwenden, diese aber trotzdem vorher unter heißem Wasser abbürsten. Ausschließlich die äußerste, gelbe Schale abreiben.

Die Aprikosen lassen sich gut gegen Zwetschgen austauschen. Aber nur trockene, reife Früchte mit wenig Wassergehalt verwenden. Wenn sie zu sauer sind, hilft, wie bei den Aprikosen, ein Stück Würfelzucker.

QUARKSOUFFLE

Ein Rezept, das mit frischen Früchten angenehm vielseitig variiert werden kann. Zum Beispiel mit Erdbeeren, Himbeeren oder Aprikosen, die auf dem Boden der Form ausgelegt werden.

1/4 l Milch, 120 g Zucker
1/2 Vanilleschote
je 20 g Speisestärke und Mehl
5 Eigelb
300 g trockener Quark
80 g Rosinen, 20 ml Rum
5 Eiweiß
Butter und Zucker für die Form

Die Milch mit der Hälfte des Zuckers und der Vanilleschote zum Kochen bringen. Mit dem Mehl und der Speisestärke, beide mit etwas Milch angerührt, binden. Kräftig durchkochen lassen und die Vanilleschote herausnehmen. Die Eigelbe unterziehen, dann den passierten Quark zugeben. Die in Rum eingeweichten Rosinen kurz unterrühren. Die Eiweiße mit dem restlichen Zucker zu steifem Schnee schlagen und vorsichtig unter die Quarkmasse heben. Die Masse in eine gebutterte und mit Zucker ausgestreute Souffléform füllen und die Oberfläche glattstreichen. Die Form in ein Wasserbad von mindestens 80°C stellen, der Wasserspiegel sollte mindestens bis zur halben Höhe der Form reichen. Bei 200°C im vorgeheizten Ofen in etwa 45 Minuten garen.

TOPFENPALATSCHINKEN

Die dünnen Pfannkuchen aus der Wiener Mehlspeisenküche können mit jeder Marmelade oder süßen Füllungen bestrichen und dann aufgerollt werden.

100 g Mehl, 1/8 l Milch, 1/16 l Sahne, 2 Eier
1 Prise Salz, 1 TL Zucker, 1 EL Öl
Butter zum Backen
Für die Füllung:
50 g Rosinen, 20 ml brauner Rum
50 g Butter, 100 g Zucker, 1/4 TL Salz
abgeriebene Schale von 1 unbehandelten Zitrone
2 Eigelb, 400 g Quark, 2 Eiweiß
Für die Royale:
1 Ei, 1/16 l Sahne, 1 EL Zucker
Zum Bestreuen und Besieben:
Butterflöckchen, Puderzucker

Das Mehl in eine Schüssel geben. Mit Milch, Sahne, Eiern, Salz, Zucker und Öl zu einem glatten, dünnen Teig verrühren. Etwa 1 Stunde ruhen lassen. Durchrühren, dann in einer Pfanne von 18 cm Durchmesser 8 bis 10 dünne Pfannkuchen in Butter backen. Für die Füllung die Rosinen etwa 1 Stunde im Rum einweichen. Die weiche Butter mit der Hälfte des Zuckers, dem Salz und der Zitronenschale schaumig rühren, dann die Eigelbe einrühren. Mit Quark und Rosinen vermengen. Die Eiweiße mit dem restlichen Zucker steifschlagen und unter die Quarkmasse ziehen. Auf jeden Pfannkuchen in die Mitte einen dicken Quarkstrang geben und die Seiten darüberschlagen. Eine Auflaufform buttern und die Pfannkuchen mit den übergeschlagenen Seiten nach unten hineinlegen. Für die Royale Ei, Sahne und Zucker verquirlen und darübergießen. Butterflöckchen daraufsetzen und im vorgeheizten Ofen bei 200°C 25 Minuten backen. Mit Puderzucker besieben. Sofort servieren.

Eine Sauce von Blutorangen paßt gut zu dem Soufflé und zu den Palatschinken. Ihr Fruchtsaft wird mit Zucker reduziert und mit bitterem Campari ganz nach Belieben gewürzt.

Käse und Wein

DIE SEHR SUBJEKTIVE BETRACHTUNG EINES ALTEN THEMAS

Oder warum in diesem Buch auf die (sicher erwarteten) Weinempfehlungen verzichtet wurde. Die Gründe dafür sind zahlreich. So würde eine seriöse Behandlung dieses komplexen Problems auf beschränktem Raum weder dem Käse, noch dem Wein gerecht werden. Ganz davon abgesehen, möchte man eine "Diskriminierung" der Mehrheit der Käsekonsumenten vermeiden. Schließlich wird Käse weltweit in riesigen Mengen auch dort konsumiert, wo man Wein wenig oder fast überhaupt nicht trinkt, oder auch bei Mahlzeiten, wie beispielsweise zum Frühstück, für einen Cheeseburger oder als schlichten Brotbelag, zu denen Tee, Fruchtsaft oder reichlich Bier getrunken werden. Nicht zu vergessen, daß sich eine Reihe von "Bierkäsen" hervorragend mit dem Gerstensaft vertragen oder daß ein Glas frische Milch mit Käse und Brot ein wahrer Genuß sein kann.

WEIN IST DER IDEALE BEGLEITER

Käse und Wein haben bei näherer Betrachtung durch ihre jahrhundertealte Tradition einiges gemeinsam: beides Naturprodukte mit ähnlichen Herstellungsverfahren, sorgsam gepflegt und nicht selten auch zusammen konsumiert. Das Verhältnis von Käse und Wein wird jedoch oft inniger dargestellt, als es tatsächlich ist. Ein guter Käse bedarf nicht unbedingt des Weins, um zu schmecken, und umgekehrt genießt man einen wirklich großen Wein einfach pur.

REGIONAL KOMBINIEREN

Ein Glas Wein, daneben ein Stück Käse und knuspriges Brot - das ist sozusagen der Inbegriff vom einfachen Leben und vom reinen Genuß, zugleich ein Bild von geschmacklicher Harmonie. Solche Stilleben kennt man quer durch alle Stilepochen und hat sie sicher auch schon selbst erlebt. Vielleicht hat man in der Toscana einen jungen Pecorino probiert, zu dem der fruchtbetonte Chianti bestens paßt, oder man erinnert sich an die geniale Kombination eines Ziegenkäses von der Loire mit einem frischen Sancerre. Das sind grundsolide Produkte aus Regionen, wo der Käse ebenso gepflegt wird wie der Wein. Dort konnte die Harmonie zwischen Käse und Wein wachsen, ganz langsam, bis zur Vollendung. So sind regionale Kombinationen durchaus empfehlenswert, wenngleich nicht ohne Risiko, denn es gilt aus der großen Käseauswahl von heute, die tradtionellen, gewachsenen Sorten auszuwählen.

PROBLEMATISCHE EMPFEHLUNGEN

Obwohl sich engagierte Gourmets und Spezialisten beider Bereiche seit jeher bemühen, die besten Kombinationen "herauszuschmecken", kann man die Resultate nur sehr schwer als generelle Empfehlung werten, denn sie beziehen sich immer auf die aktuelle Degustation. Schließlich handelt es sich um lebende, sich ständig verändernde Produkte, die eine möglichst ideale geschmackliche Verbindung eingehen

Daß Weine richtig temperiert sein sollen, ist wohl selbstverständlich. Aber auch der Käse muß die richtige Temperatur haben, die je nach Sorte zwischen 15 und 20°C liegt: für die frischen, jungen Käse etwas kühler, für die reifen sowie für Schnitt- und Hartkäse entsprechend wärmer. Also früh genug aus dem Lagerraum oder Kühlschrank nehmen, damit sich der Käse (zugedeckt) langsam der Raumtemperatur anpassen kann.

sollen. Trotzdem kann der Feinschmecker aus solchen Ergebnissen, zusammen mit den eigenen Erfahrungen zu brauchbaren Schlüssen gelangen und durch Experimente neue Kombinationen kreieren. Bei allem Vorbehalt haben einige grundsätzliche Empfehlungen immer Gültigkeit:

- Rotweine harmonieren im allgemeinen mit den einzelnen Käsesorten weit weniger als Weißweine. Es sind die fruchtbetonten, leichten Rotweine, die sich dem Käse am besten anpassen. Meist sind es die einfachen, schlichten Weine. Es empfehlen sich Merlot und Pinot Noir.
- Tanninreiche Rotweine vertragen sich nur in Ausnahmefällen mit sehr aromatischen Käsen, oder wenn sich der Gerbstoff in höherem Alkoholgehalt rund und weicher gibt.
- Sauber ausgebaute, ausgewogene Weißweine harmonieren mit vielen Käsesorten. Frische, fruchtige Weine mit ausreichend Säure, nicht zu hoch im Alkoholgehalt und mit niedrigem Tanningehalt sind in der Regel die richtigen. Empfehlenswert sind Weißburgunder, Silvaner und Riesling.
- Trockene, frische Rosé-Weine eignen sich für Weichkäse, die zum Frischkäse tendieren, oder für frische Ziegenkäse.
- Spritzige, trockene Champagner können gut mit frischen Ziegenkäsen oder Weichkäsen mit Weißschimmel kombiniert werden.
- Für süße Weine gibt es in Kombination mit Käse wenig Auswahl. Beerenauslesen, Sauternes oder ein Vin Sauto harmonieren mit Blauschimmelkäsen, wenn sie genügend Säure besitzen.

"KÄSE-GELEGENHEITEN"

Die unterschiedlichen Gewohnheiten und Anlässe, Käse zu verzehren, zeigen, wie schwierig die richtige Zuordnung von Wein ist. Die Gelegenheiten, Käse pur zu genießen, sind gar nicht so häufig. Eine einzelne Käsesorte ißt man meist in Form von Happen, nebenbei zu einem Glas Wein. Dafür kann man den Wein ganz gezielt aussuchen. Für eine Käseauswahl von 4 bis 5 Sorten mit interessanten Geschmacksvarianten kommt man schon kaum mehr mit einem Wein aus. Käse wird überwiegend im Verbund mit anderen Produkten serviert, in der kalten Küche beispielsweise mit Schinken- oder Wurstwaren, Gemüse, Obst etc. Da kommt es oft darauf an, wie stark der Käse quantitativ vertreten ist, und ob es milde Sorten sind, die sich geschmacklich unterordnen, oder pikante, die oft schon durch ihren Duft dominieren. In solchen Fällen wird die Wahl des Weines immer auf einen Kompromiß hinauslaufen. Bei warmen Speisen, wenn der Käse zu den wesentlichen Zutaten gehört, ist er geschmacklich meist so dominierend, daß der Wein auf ihn abgestimmt werden sollte.

Lexikon und Warenkunde

Dieses Register enthält alle im warenkundlichen Teil dieses Buches erwähnten Namen. Bei mehreren Erwähnungen eines Namens ist die Seitenzahl, die sich auf den Haupteintrag (Abbildung) bezieht, fettgedruckt.

A

B

C

Q

R

S

T

Käse-Küchenpraxis

Küchentechnik und Rezepte

REGISTER

Literaturverzeichnis

AID/Auswertungs- und Informationsdienst für Ernährung, Landwirtschaft und Forsten e.V., 1090 Käse (Niederauer, T., bearbeitet von Beyer, F.). Bonn 1989.

ANAOF: Les fromages d'appellation d'origine. Paris 1984.

Androuët, P.: Le Livre d'Or du Fromage. Paris 1984.

—: Les fromages de chèvre. Tours 1986.

Arroyo Gonzalez, M. und Fernandez de Arroyo, C.: Los quesos en Cantabria. Santander 1981.

Association de l'Industrie de la Fonte de Fromage de la CEE (ASSIFONTE): Rapport Annuel 1988/89. Paris, Bonn 1989.

Cantin, C.: Les Fromages. Paris 1978.

Carr, S.: Guía de los Quesos. Barcelona 1988.

Centre de Publicationes de l'Université de Caen: Historie et Géographie des Fromages. Caen 1987.

Corato di, R.: Formaggio in Tavola e in Cucina. Milano 1986.

Davis, J.G.: Cheese, Vol. III. Manufacturing methods. London 1976.

Deutsche Landwirtschafts-Gesellschaft: DLG-Prüfbestimmungen für Milch und Milchprodukte einschließlich Speiseeis. Frankfurt 1989, 3. Aufl.

Eck, A.: Le Fromage. Paris 1986.

—: Cheesemaking. Paris 1987.

Eekhof-Stork, N.: Der große Käseatlas. Bern 1979.

Food and Agriculture Organization of the United Nations: Codex Alimentarius Vol. XVI. Rom 1984.

—: La fromagerie et les variétés de fromages du bassin Méditerranéen (Ramet, J.P.). Rom 1985.

Hartner, H.: Roquefort, Stilton & Co. Düsseldorf 1989.

International Dairy Federation: Production and Utilization of Goat's and Ewe's Milk. Doc. 158. Brüssel 1983.

—: World Dairy Situation in 1989. Bulletin N° 243. Brüssel 1989.

Kammerlehner, J.: Labkäse-Technologie, Bde. I. und II. Gelsenkirchen-Buer 1986 und 1988.

Kielwein, G. und Luh, H.K.: Internationale Käsekunde. Stuttgart 1979.

Klupsch, H.J.: Saure Milcherzeugnisse - Milchmischgetränke und Desserts. Gelsenkirchen-Buer 1984.

Kosikowski, F.V.: Cheese and Fermented Milk Foods. Michigan 1977.

Le Jaouen, J.C.: La fabrication du fromage de chèvre fermier. Paris 1982.

Lolkema, H. und Blaauw, J.: Kaasbereiding. Apeldoorn 1974.

Luquet, F.M.: Laits et Produits Laitiers, Bd. 2. Paris 1985.

Mair-Waldburg, H.: Handbuch der Käse. Kempten 1974.

Marcos, A.: Spanish and Portuguese Cheese Varieties, in: Cheese. Vol. 2 (Ed. Fox, P.F.). London 1987.

Mietton, B.: Les technologies pâtes molles et dérivés, in: Luquet, F.M.: Laits et Produits Laitiers, Bd. 2. Paris 1985.

Milchindustrie-Verband: Milchindustrie 1988/89. Geschäftsbericht und Statistischer Anhang. Bonn 1989.

Mills, S.: The World Guide to Cheese. New York 1988.

Ministerio de Agricultura: Catalogo de Quesos Españoles. Madrid 1973.

Ministero dell'Agricoltura e delle Foreste: Käse aus Italien. Handbuch. Milano 1984.

Mit Messer, Draht und Käsespaten. Neuwied 1982.

National Cheese Institute: Cheese Varieties and Descriptions. USDA Agriculture Handbook 54. Washington/D.C. 1978.

Peeters, E.-G.: Le Guide de la Diététique. Verviers 1971.

Price, W.V.: Cheese. Atascadero/California 1979.

Renner, E. und Renz-Schauen, A.: Nährwerttabellen für Milch und Milchprodukte. Gießen 1986.

Rossi, G.: Manuale di Tecnologia Casearia. Bologna 1977.

Scott, R.: Cheesemaking Practice. London 1986.

Souci, S., W. Fachmann, W. und Kraut, H.: Die Zusammensetzung der Lebensmittel Nährwert-Tabellen 1989/1990. Stuttgart 1989.

Stobart, T.: Lexikon der Gewürze, Kräuter und Würzmittel. Bonn 1972.

Sunset: Cheese. Menlo Park/California 1986.

Waren- und Verkaufskunde Käse in Bedienung. Bonn-Bad Godesberg, Remagen-Rolandseck 1988.

Wilster, G.H.: Practical Cheese Making. Corvallis/Oregon 1980.

Zentrale Markt- und Preisberichtstelle für Erzeugnisse der Land-, Forst- und Ernährungswirtschaft: ZMP Bilanz '88 Milch. Bonn 1989.

Bildnachweis:

Zeichnung Seite 10 Marginalspalte: Helmuth D. Flubacher; 7 Fotos Seite 14 und 15: Fritz Grunder; 3 Fotos Seite 71 rechts oben, rechts unten und Marginalspalte: Marktinformationsstelle der Dänischen Molkereiwirtschaft; 2 Fotos Seite 70 rechts: Roquefort Société; 1 Foto Seite 71 Marginalspalte: Dirk Rüther; 2 Fotos Seite 26 links und oben, 3 Fotos Seite 27 unten, 3 Fotos Seite 29 oben, 1 Foto Seite 30 links, 2 Fotos Seite 116 links oben, 2 Fotos Seite 118 links und Seite 207 Mitte rechts: Schweizerische Käseunion.

Wir danken

allen, die durch ihre Beratung, Hilfe und tatkräftige Unterstützung zum Gelingen dieses Buchs beigetragen haben.

Insbesondere danken wir für ihre Beiträge:

Dr. R. Arnold, Regierungsdirektor, Referat Ernährung und Ernährungswissenschaft, Bayerisches Staatsministerium für Ernährung, Landwirtschaft und Forsten, München (Gesunder Käse).

Dr. G. Kautz, Käserei Champignon, Bereich Forschung und Produktentwicklung, Heising/Allgäu (Die Milch, Die Herstellung von Käse).

Dr. W. Sturm, Stellvertretender Direktor, Leiter Technik, Alcan Rorschach AG, Rorschach/Schweiz (Verpacken zum Qualitätserhalt).

Des weiteren danken wir:

L.A. Barrón del Castillo, Chief, Meat and Dairy Service, Animal Production and Health Division, Food and Agriculture Organization of the United Nations, Rom; Dr. L. Bartoli, Direttore, Istituto di Tecnica e Sperimentazione, Lattiero-Casearia, Thiene/Italien; Dipl.agr. F. Beyer, Direktor, Milchwirtschaftliche Untersuchungs- und Versuchsanstalt, Kempten/Allgäu; Dr. G.C. Emaldi, Istituto Sperimentale Lattiero Caseario, Lodi (Mi)/Italien; D. Emmons, Food Research Centre Agriculture Canada, Ottawa/Canada; Food and Drug Administration, Department of Health and Human Services, Washington, D.C./USA; M. Hardy, Fromagerie Hardy, Affineur, Meusnes, Selles-sur-Cher/Frankreich; J. Hennart, Hennart Frères, Affineur, Sequedin/Frankreich; G. Hölzle, Direktor, Vorsitzender, Süddeutsche Butter- und Käse-Börse, Kempten/Allgäu; J. Hueber, Président, Association Nationale des Appellations d'Origine des Fromages (ANAOF), Paris; P. Jachnik, Chef du Service Economique et des Affaires Internationales, Fédération Nationale des Coopératives Laitières, Paris; o. Prof. Dr. H. Klostermeyer, Direktor, Institut für Chemie und Physik, Süddeutsche Versuchs- und Forschungsanstalt für Milchwirtschaft, Freising-Weihenstephan, Inhaber des Lehrstuhls für Milchwissenschaft, Technische Universität, München; Dipl. Landwirt H. Mairock, Direktor, Landesvereinigung der Bayerischen Milchwirtschaft, München; Dr. A. Nienhaus, Geschäftsführung, Centrale Marketinggesellschaft der Deutschen Agrarwirtschaft (CMA), Bonn; Prof. N.F. Olson, Department of Food Science, University of Wisconsin, Madison/USA; W.J. Roth, Obmann INTERLAB, Schweiz; Prof. Dr. V. Sadini, Università Padova, ehedem Kommission der Europäischen Gemeinschaften, Generaldirektion VI Landwirtschaft, Brüssel; Dr. D. Scheer, C.Fr. Scheer, Willstätt-Sand, Präsident, Union Européenne du Commerce des Produits Laitiers et Dérivés, Brüssel; P. Staal, past Secretary General, E. Hopkin, Secretary General, International Dairy Federation, Brüssel; Prof. Dr. G. Terplan, Inhaber des Lehrstuhls für Hygiene und Technologie der Milch der Ludwig-Maximilians-Universität München, München; Ir. J.M. van der Bas, Direktor, Zuivelcontrole Instituut, Netherlands Controlling Authority for Milk and Milkproducts, Leusden/Niederlande; Ir. E. Verhenne, Dienstchef, Ost- und Westflandern, Nationale Zuiveldienst, Melle/Belgien; RA G. Werner, Geschäftsführer, Milchindustrie-Verband, Bonn; Wisconsin Department of Agriculture, Trade and Consumer Protection, Madison/USA.

Androuët, Affineur, Paris; Katja Bremer, SOPEXA, Förderungsgemeinschaft für französische Landwirtschaftserzeugnisse, Düsseldorf; Frau Chmielewski, Roquefort-Société (Informationsbüro), Frankfurt; Geschäftsstelle für Appenzeller Käse, St. Gallen; Herr Ginsburg, Frau G. Schärer, Frau L. Stähli, alle Schweizerische Käseunion, Bern; Caroline Gledhill, Paxton & Whitfield, London; Hugo Hieber, Chalet de fromage, München; ICE, Istituto Nazionale Commercio Estero (Italienisches Institut für Außenhandel), Düsseldorf; Herr Klopsch, Informationszentrum ungarische Weine, Hamburg; Königlich Dänisches Generalkonsulat, München; Königlich Norwegisches Generalkonsulat - Handelsabteilung, Düsseldorf; Herr Lang, Käsereigenossenschaft, Lehern; Milk Marketing Board of England and Wales; Molkerei-Zentrale Bayern, Nürnberg/Kempten; Moorhayes Farm, Wincanton, England; Niederländisches Büro für Milcherzeugnisse, Aachen; Jytte Nielsen, Marktinformationsstelle der Dänischen Molkereiwirtschaft, Düsseldorf; Norske Meierier GmbH, Hamburg; G.S. Overbeek, Benschop, Holland; Kristina Polzin, Schwedischer Außenwirtschaftsrat, Düsseldorf; John Sanders, "Jame's Cheesemongers", Beckenham; Schwedische Botschaft - Handelsabteilung, Bonn; SGWH, Schweizer Gesellschaft für Weich- und Halbhartkäse, Bern; Société Fromagère de la Brie, Saint Siméon; Spanisches Generalkonsulat - Handelsabteilung, Düsseldorf; Herr Steineck, Beck Import GmbH, München; Käserei Stich, Ruderatshofen; K. Toft und P. Tuborgh, beide MD Foods Deutschland GmbH, Flensburg; Wisconsin Milk Marketing Board, Madison/USA.

4. Auflage 1995

Fotos Christian Teubner, Dorothee Gödert, Kerstin Mosny (Bildreportage) (außer den im Bildnachweis erwähnten)

Redaktionelle Leitung Hildrun Lachmann

Redaktion Hildrun Lachmann, Angelika Ilies (Lexikon und Warenkunde)
Sabine B. Seitz (Küchenpraxis)

Desk Top Publishing Birgit Braun (Lexikon und Warenkunde)
Susanne Mühldorfer (Küchenpraxis)

Herstellung/Layout Birgit Braun

Reproduktion der Farbbilder PHG-Lithos GmbH, D-82152 Planegg

Druck Neue Stalling GmbH u. Co KG, D-26123 Oldenburg

Alleinauslieferung für den gesamten Buch- und Fachhandel Gräfe und Unzer GmbH
Isabellastr. 32 • D-80796 München

ISBN 3-7742-3354-3